奉贤区公路市政道路志

《奉贤区公路市政道路志》编纂委员会 编

主 编 于光新

方志出版社

图书在版编目（CIP）数据

奉贤区公路市政道路志 /《奉贤区公路市政道路志》编纂委员会编. —北京：方志出版社，2018.7
ISBN 978-7-5144-3154-4

Ⅰ.①奉… Ⅱ.①奉… Ⅲ.①道路工程—概况—奉贤区②市政工程—概况—奉贤区 Ⅳ.①F542.851.3 ②TU99

中国版本图书馆CIP数据核字（2018）第173847号

奉贤区公路市政道路志

编　　者：《奉贤区公路市政道路志》编纂委员会
责任编辑：徐　宏
出 版 人：冀祥德
出 版 者：方志出版社
　　　　　地址　北京市朝阳区潘家园东里9号（国家方志馆4层）
　　　　　邮编　100021
　　　　　网址　http：//www.fzph.org
发　　行：方志出版社图书经销中心
　　　　　电话　（010）67110500
经　　销：各地新华书店
印　　刷：上海光扬印务有限公司
开　　本：787×1092　1/16
印　　张：22
字　　数：456千字
版　　次：2018年7月第1版　2018年7月第1次印刷
印　　数：0001-1500册
ISBN 978-7-5144-3154-4　定价：260.00元

领导关怀 >>>

1995 年 5 月 23 日，中共中央总书记江泽民为奉浦大桥题词：奉浦大桥

1995 年 10 月，举行奉浦大桥通车仪式

2015 年奉浦大桥

1996年6月5日，上海市副市长谢丽娟（女，前右二）考察江海镇市政道路建设

1997年4月25日，上海市委原书记陈国栋（二排右二）、市人大常委会原主任胡立教（前排左一）、上海市原市长汪道涵（前排中）在奉贤县县长金建忠（二排左二）陪同下考察江海镇市政道路建设

1997年8月29日，上海市副市长夏克强（前右五）参加亭大公路建成通车典礼

1998年10月21日，上海市委副书记龚学平（前中）、市委常委金炳华（前左一）在奉贤县委副书记刘正贤（前右一）陪同下考察江海镇市政道路建设

1999年4月1日，上海市委副书记王力平（右三）、市政协副主席朱达人（左二）在奉贤县委书记施南昌（左一）陪同下考察江海镇菜场路建设工程

2008年4月，上海市建设委员会主任黄融（左一）、奉贤区副区长徐剑萍（中）在奉贤区公路管理署署长胡怀（右一）陪同下检查奉贤区乡村公路建设

2009年秋，奉贤区委书记张立平（前排右二）检查沪金高速公路出口处年丰路建设

2009年7月15日，奉贤区副区长徐剑萍（左三）、奉贤区建设和交通委员会主任施连规（左二）参加乡村公路管理站揭牌仪式

2010年8月，奉贤区区长时光辉（中）到乡村公路——张牛路检查路况

2013年3月，上海市公路管理处处长严炯浩（右二）到奉贤区检查乡村道路建设

2014年11月，上海市建设交通委员会主任孙建平（左三）、上海市路政局局长戴晓坚（左四）在古华山庄召开上海市农村道路工作会议

2014年11月，奉贤区委书记周平（左一）检查新奉公路整治工作

2017年3月，奉贤区建设和管理委员会、奉贤区交通委员会主任施连规（左一）、奉贤区建设发展（集团）有限公司党委书记金拥军（左二）等在奉贤区公路管理所党总支书记于光新（右一）陪同下检查公路管养工作

路桥风采 >>>

1997 年建成的亭大公路

2002 年竣工通车的沪金高速公路

2005 年竣工通车的上海绕城高速公路（G1501）南桥镇区路段

2004 年竣工通车的沪芦高速公路（S2）四团镇拾村村路段

2015年林海公路青村镇路段

2016 年金海公路南桥镇路段

2016 年海湾镇随塘河路

2016 年南亭公路南桥镇路段

2016 年沪杭公路南桥镇路段

2016 年平庄西路庄行镇路段

2016 年南奉公路青村镇路段

2016 年团青公路青村镇路段

2016 年川南奉公路奉城镇路段

1984 年 9 月的奉柘公路

2016 年奉柘公路青村镇申隆二村路段

2016年航塘公路奉城镇路段

2016年南桥城区市政道路
（照片中纵向路段为环城北路，
横向路段为环城东路）

2016年南桥新城年丰路

2016年南桥新城望园南路

2016年南桥镇南桥路

2016年南桥镇江海路

2016年南桥镇解放中路

2016年南桥镇轿行路

2010 年南桥镇环城西路

2010 年奉浦大道

2016 年沿钱公路

2016 年南桥镇环城南路

2010 年南亭公路南桥镇镇区夜景

2010 年南奉公路南桥镇路段夜景

2016 年南桥镇人民北路

2016 年南桥镇人民南路

2016 年南桥镇沿江路

2016 年南桥镇南星路

2010年5月，闵浦二桥公交层通车

2016年沪杭公路浦南运河桥

2016年金海公路浦南运河桥

2010年大叶公路S4互通式立交桥

2010年沪金高速公路南桥南奉公路跨线桥

2016年平庄西路金汇港桥

2016 年上海绕城高速公路沪金高速公路互通式立交桥

2016 年团汇公路金汇港大桥

2016 年林海公路浦南运河桥

2016 年新林路金汇港桥

2016 年南桥镇远东路浦南运河桥

1995 年 12 月所摄坍塌的贝港桥（南桥镇新建西路）

1996 年重建的南桥镇新建西路贝港桥（2016 年 摄）

2011 年改建的南桥镇南中路贝港彩虹桥

2016 年奉城镇老街西门桥

2016 年庄行镇老街毓秀桥（油车桥）

2010 年光明镇（三官堂）老街仁寿桥

2016 年南桥镇横泾港南石桥（积善桥）

2016 年青村镇市河永寿桥

2016 年南桥镇古华公园南塘第一桥

管理养护 >>>

2010 年铣刨路面设备

2010 年拌料运输设备

2010 年路面摊铺设备

2010 年路面压实作业

2010 年路面抢修

2010 年公路应急抢修

2010 年，对市政桥梁进行健康检查

2010 年，对公路桥梁进行监控检查

2012 年抢修公路桥梁

2013 年奉柘公路金汇港桥改建

2010 年，进行道路绿化养护

2014 年，古华路整修后的人行道

2015 年，奉贤区公路路政管理中队在拆除违章广告牌

区公路市政管理所强化道路环境整治、违法超限运输等专项整治

还奉贤良好有序的道路环境

区公路市政管理所路政大队以奉贤生态环境综合治理为契机，跨前一步，积极行动，着重推进道路环境整治、违法超限运输等专项整治行动，多举措、全方位，不断提升奉贤区整体道路环境面貌。

开展道路环境整治，维护路产路权

以提升道路环境质量为重点，建立定期道路环境整治机制，采取有效措施，组织配备机械设备和人员对航南公路、航塘公路、奉柘公路、平庄公路等20条公路为重点路段，利用一个月时间，集中开展以公路红线内两侧存乱堆放、乱搭建、非法设置道口、非法接坡等行为为主的专项整治，同步跟进设施完善，从而基本改变公路沿线脏乱差现象。专项整治期间，累计清理公路两侧违规堆放的木材、玻璃瓦、铁桶和各类建筑垃圾、杂物等堆积物25处、360吨，拆除乱搭乱建设施9处、移除各类非公标志11块，铲除硬化场地、非法接坡约139平方米，安装波形护栏1.5公里，补种绿化面积为100平方米。路政大队主动揽职，协调属地政府和相关职能部门，联合市路政、城管、市场监督等部门开展"组团执法"，由公路养护公司参与，对市管公路林海公路、浦星公路、大叶公路沿线乱设摊开展专项整治。

强化管理，加大治超执法力度

以"立足源头、依法严管、标本兼治、长效管理"为宗旨，结合本市开展百日治超专项行动，加强治超管理。其一，源头治超。在全区开展百日治超专项行动期间，路政执法人员主动走进奉贤两大港口码头进行执法检查和发放超限宣传资料，营造治超氛围，从源头上遏制违法超限运输。其二，依法行政，加大治超执法力度。路政大队制定周密的执法工作计划和建立工作机制，针对超限车辆易发路段、投诉集中区域，以海思路、燎钦公路、随塘河路、浦星公路为重点，坚持固定检测站治理与

2016 年 9 月 16 日，《奉贤报》关于公路专项整治的报道

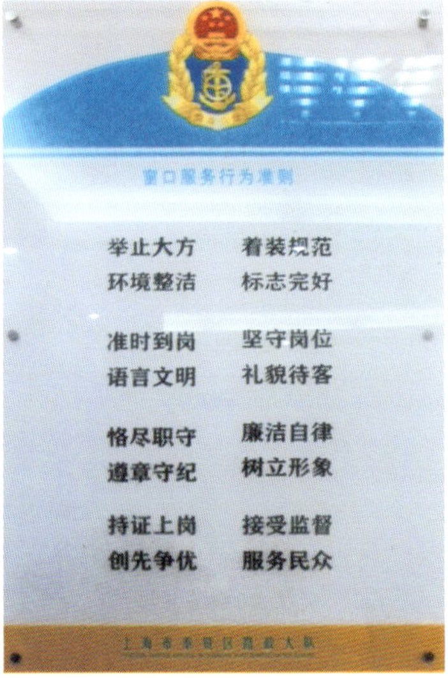

2016 年奉贤区路政管理大队路政业务受理窗口服务行为准则

道路文化 >>>

2009 年，市公路行业协会制作的上海公路行业旗的涵义

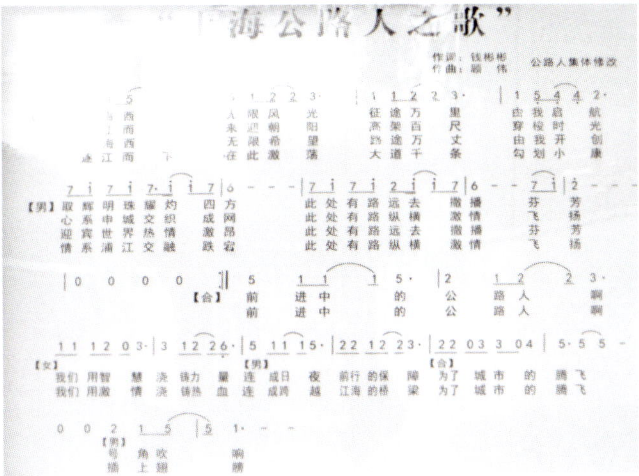

2009 年，市公路行业协会创作的上海公路人之歌

2011 年 4 月，《公路市政简报》第 1 期内部印发

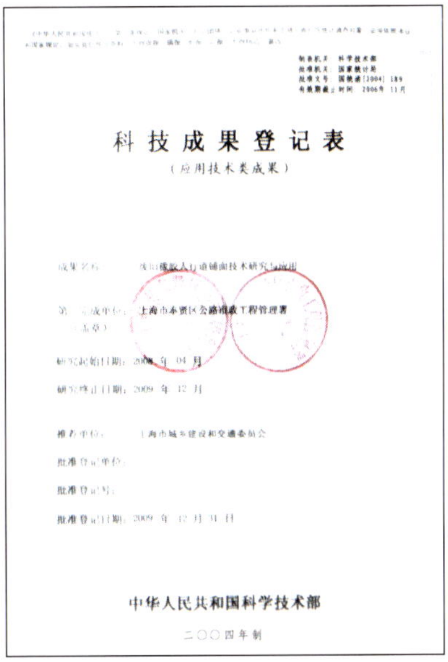

2009 年，奉贤区公路市政工程管理署“废旧橡胶人行道铺面技术研究与应用”，进入科技部应用技术类成果登记

2016 年，奉贤区公路管理所在奉城镇分水墩村制作的公路宣传广告

2014 年 3 月，奉贤区公路管理署被《检察风云》杂志社授予“弘扬廉政文化 宣传法治文明”荣誉单位

2009年，奉贤区公路市政工程管理署举行迎春文艺联欢

2010年，奉贤区公路市政工程管理署举办“畅想世博　展望未来”演讲比赛

2015年12月，奉贤区公路市政工程管理所在奉贤区“公路市政杯”羽毛球友谊赛中获第一名

2011年奉贤区公路市政工程管理署举办军民联欢活动

2015年，奉贤区公路市政工程管理所组织职工参加道路养护安全技能比武

2016年，奉贤区公路市政工程管理所参加南桥镇迎国庆纪念长征胜利80周年主题活动

2012年，奉贤区公路市政工程管理署举办迎春联欢竞答活动

2014年，奉贤区公路市政工程管理所组织退休职工参加庄行菜花节活动

2016年3月18日，奉贤区公路市政工程管理所邀请交通运输部公路研究所副总工程师、研究员王松根（右一）为职工作职业技术讲座

学习活动 >>>

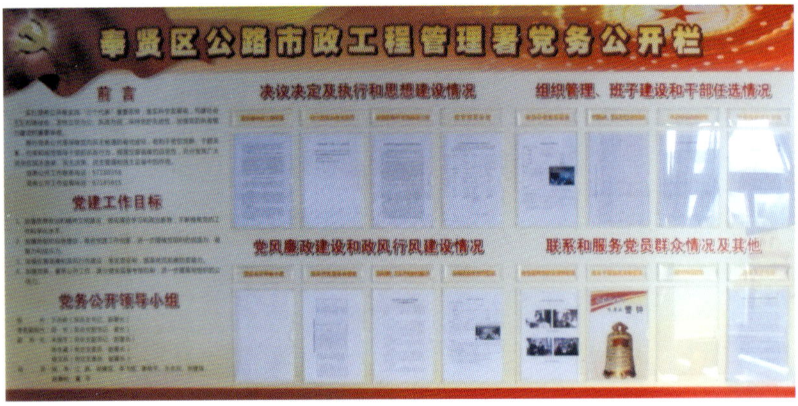

2013 年，奉贤区公路市政工程管理署加强党员思想教育，建立党务公开栏

2014 年，奉贤区公路市政工程管理所规范党风廉政建设

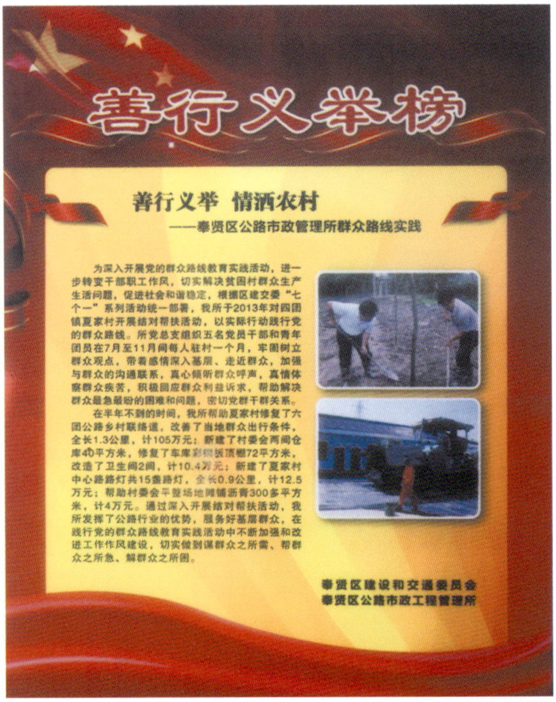

2014 年，奉贤区公路市政工程管理所群众路线实践活动“善行义举 情洒农村”榜

2014年，奉贤区公路市政工程管理所党总支部向党员与入党积极分子赠送党史书籍

2015年4月，奉贤区公路市政工程管理所设施管理科到龙华烈士陵园开展学习祭扫活动

2016年6月29日，奉贤区公路市政工程管理所组织党员和入党积极分子到上海凝聚力工程博物馆学习参观

2012年，奉贤区公路市政工程管理署参加“乡情民意连我心 为民行政勤修路”捐赠献爱心活动

2013 年，奉贤区公路市政工程管理署组织党员到区博物馆学习参观

2013年，奉贤区公路市政工程管理署组织退休党员到召稼楼参观活动

2013年，奉贤区公路市政工程管理署整装出发的环保志愿者队伍

2014年，奉贤区公路市政工程管理所志愿者参加公益活动

2014年，奉贤区公路市政工程管理所党政工团组织在结对的南桥镇江海一居民家中做汤圆、送温暖

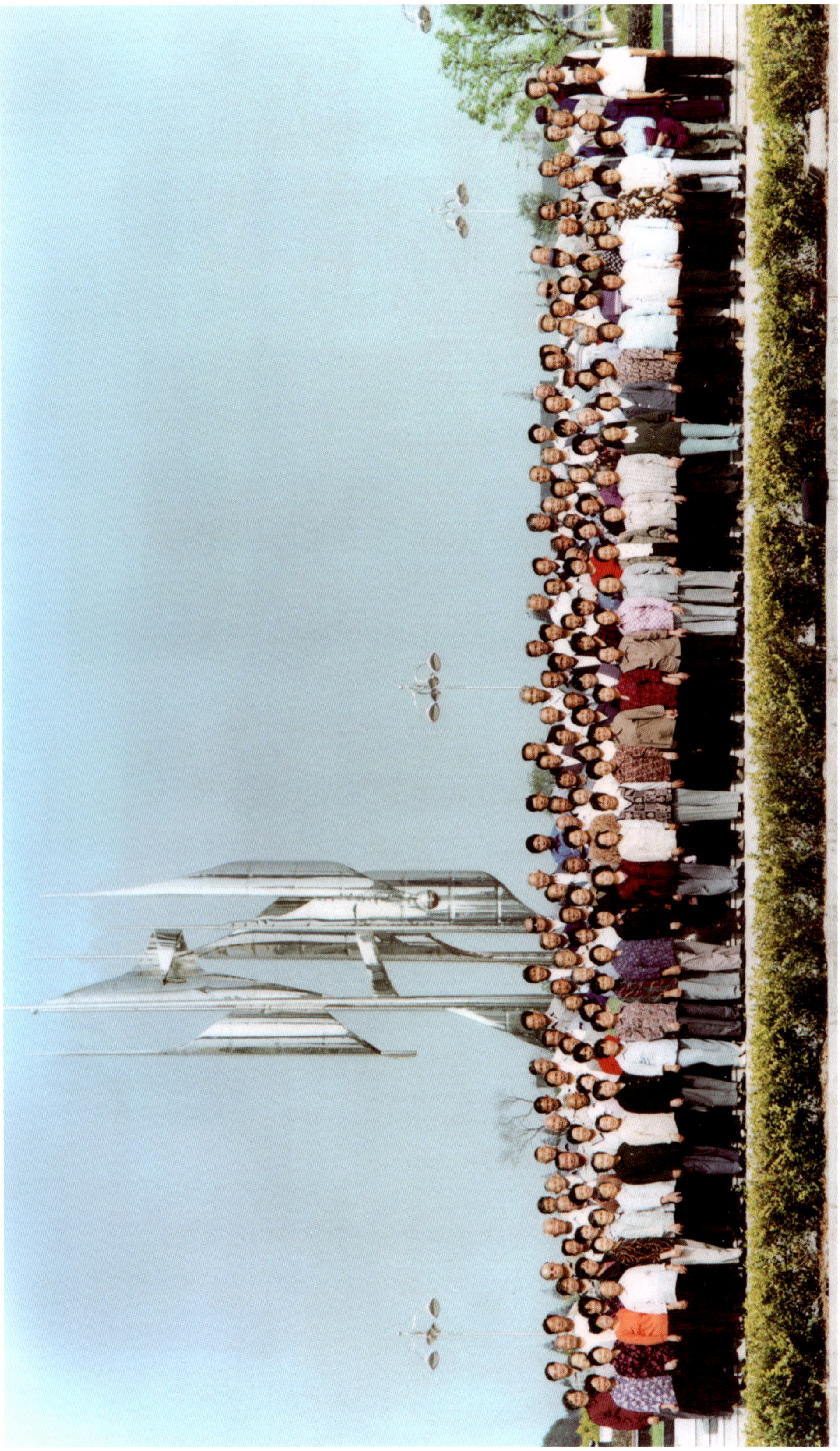

2001 年 10 月 25 日，奉贤区公路市政工程管理署离退休职工重阳节合影留念

2004年10月10日，奉贤区公路市政工程管理署离退休职工重阳节合影留念

2013年4月27日，奉贤区公路市政工程管理署部分职工在韶山毛泽东广场留影

主要荣誉 >>>

2004年7月，奉贤区公路管理署被交通部评为全国交通系统国防交通储备器材管理工作先进集体

2008年12月，奉贤区公路管理署国防交通储备器材仓库被交通运输部交通战备办公室评为先进战备仓库

2014年4月，奉贤区公路管理所国防交通物资储备仓库被国家交通战备办公室评为优秀仓库

2012年2月，奉贤区公路管理署被上海市社会治安综合治理委员会命名为2011年上海市平安单位

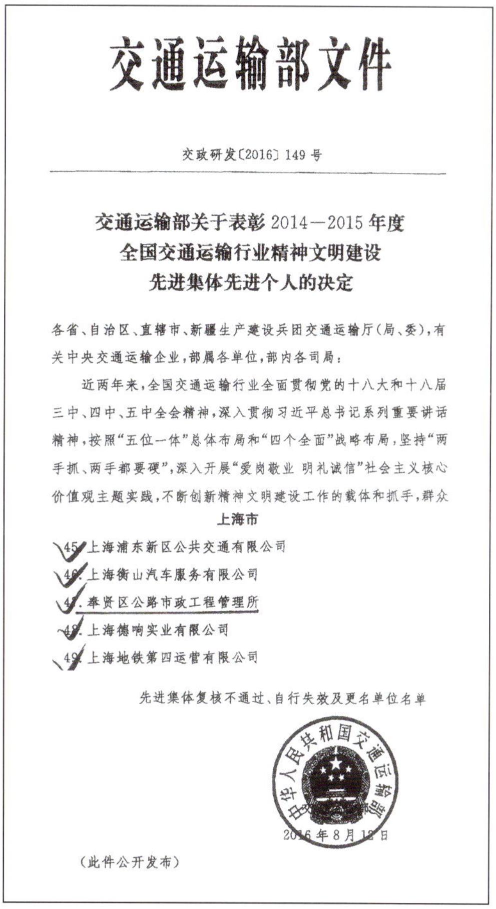

交通运输部文件

交政研发〔2016〕149号

交通运输部关于表彰2014—2015年度
全国交通运输行业精神文明建设
先进集体先进个人的决定

各省、自治区、直辖市、新疆生产建设兵团交通运输厅（局、委），有关中央交通运输企业，部属各单位，部内各司局：

近两年来，全国交通运输行业全面贯彻党的十八大和十八届三中、四中、五中全会精神，深入贯彻习近平总书记系列重要讲话精神，按照“五位一体”总体布局和“四个全面”战略布局，坚持“两手抓、两手都要硬”，深入开展“爱岗敬业 明礼诚信”社会主义核心价值观主题实践，不断创新精神文明建设工作的载体和抓手，群众

上海市

45.上海浦东新区公共交通有限公司
46.上海衡山汽车服务有限公司
47.奉贤区公路市政工程管理所
48.上海德响实业有限公司
49.上海地铁第四运营有限公司

先进集体复核不通过、自行失效及更名单位名单

中华人民共和国交通运输部
2016年8月12日

（此件公开发布）

2016年8月，奉贤区公路市政工程管理所被交通运输部评为2014—2015年全国交通运输行业精神文明建设先进集体

2010年12月，奉贤区公路管理署等单位研发的废旧橡胶人行道材料被评为第二届上海发明创新大赛上海发明创新奖二等奖

2010年，奉贤区公路管理署等单位研发的“废旧橡胶人行道板”被上海世博会采用（黄色道板）

2014年10月，奉贤区公路市政管理所研发的“废旧橡胶人行道铺面技术研究和应用”被市公路行业学会等部门评为二等奖

2015年3月，奉贤区公路市政工程管理所设施管理科被市总工会评为2014年上海市团队创先特色班组荣誉称号

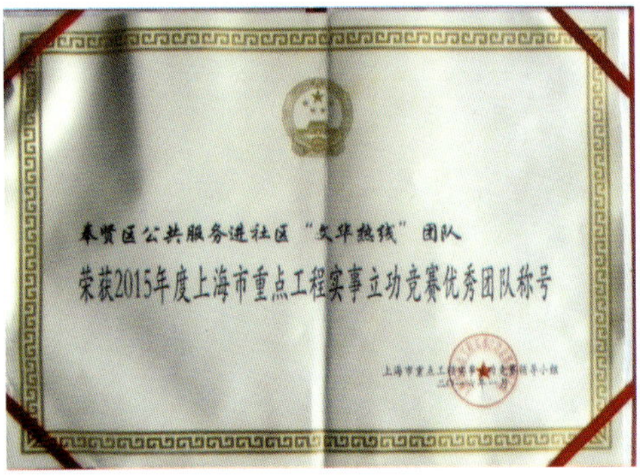

2016年1月，奉贤区公路市政工程管理所“文华热线”团队，荣获2015年度上海市重点工程实事立功竞赛优秀团队称号

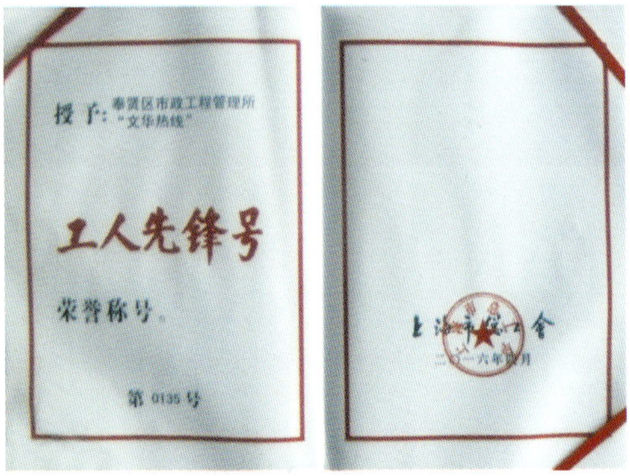

2016年4月，奉贤区公路市政工程管理所“文华热线”被上海市总工会授予工人先锋号荣誉称号

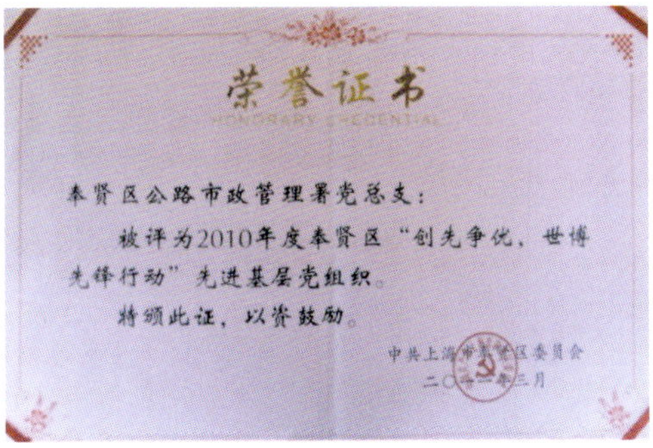

2011 年 3 月，奉贤区公路市政工程管理署党总支被评为 2010 年奉贤区“创先争优，世博先锋行动”先进基层党组织

2011 年 3 月，奉贤区公路市政工程管理署工程监管科荣获 2010 年奉贤区学习型团队

2012年1月，奉贤区公路管理署荣获上海市 2011 年度区（县）公路行业养护管理综合考核先进奖

2015 年 1 月，奉贤区公路管理所路政管理大队被上海市重点工程实事立功竞赛路政赛区领导小组授予文明执法岗称号

2015年4月，奉贤区公路管理所被奉贤区精神文明建设委员会评为奉贤区创建全国文明城区先进集体

2015 年 4 月，奉贤区公路管理所被奉贤区人民政府第四次授予奉贤区文明单位称号

2016 年，奉贤区公路市政工程管理所荣誉室

2016 年，奉贤区公路市政工程管理所荣誉室内的部分锦旗

2010 年 6 月，庄行镇浦秀村给奉贤区公路管理署的锦旗

2013 年 12 月，金山工业区欢兴村给奉贤区公路管理署的锦旗

2014 年 3 月，南桥镇解放三居委给奉贤区市政工程管理所的锦旗

2015 年 5 月，奉贤区四团镇夏家村给奉贤区公路管理所的锦旗

2017 年，奉贤区公路管理所在南庄公路推广应用的 LED 路灯被国际半导体照明联盟（ISA）评为全球半导体照明示范工程 100 佳

2010 年 3 月，奉贤区公路市政工程管理署被上海市巾帼建功活动领导小组评为上海世博会增光添彩巾帼文明岗

2010 年 9 月，胡怀被中共上海市委、上海市人民政府授予“上海世博工作优秀个人”称号

2010年9月，杨文欢被中共上海市委、上海市人民政府授予“上海世博工作优秀个人”称号

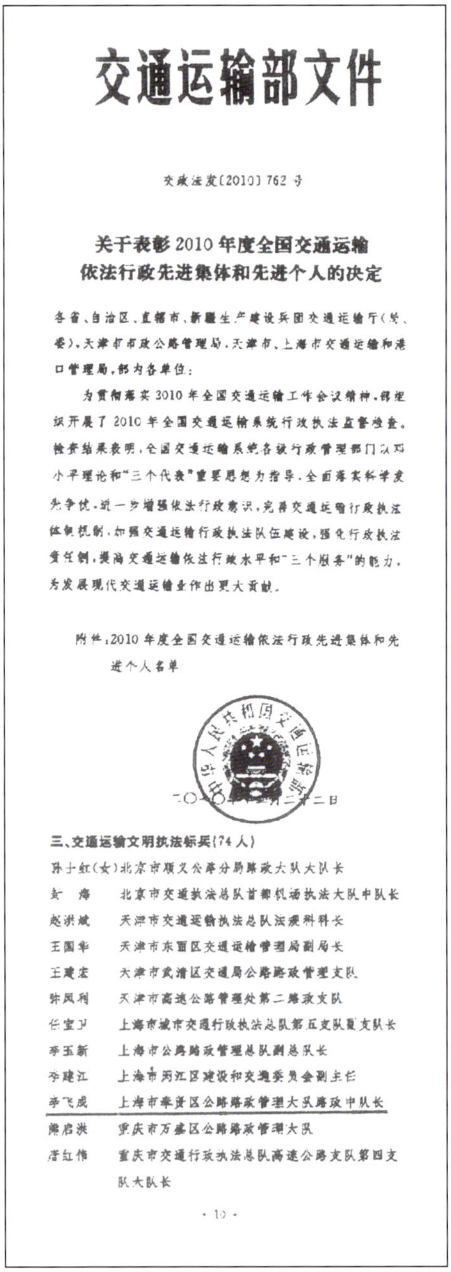

交通运输部文件

交政法发〔2010〕762 号

关于表彰 2010 年度全国交通运输依法行政先进集体和先进个人的决定

各省、自治区、直辖市、新疆生产建设兵团交通运输厅（局、委），天津市市政公路管理局，天津市、上海市交通运输和港口管理局，部内各单位：

为贯彻落实 2010 年全国交通运输工作会议精神，部组织开展了 2010 年全国交通运输系统行政执法监督检查。检查结果表明，全国交通运输系统各级行政管理部门以邓小平理论和“三个代表”重要思想为指导，全面落实科学发展观，……进一步增强依法行政意识，完善交通运输行政执法体制机制，加强交通运输行政执法队伍建设，强化行政执法责任制，提高交通运输依法行政水平和“三个服务”的能力，为发展现代交通运输业作出更大贡献。

附件：2010 年度全国交通运输依法行政先进集体和先进个人名单

二〇一〇年十二月二日

三、交通运输文明执法标兵（74 人）

孙士红（女）北京市顺义公路分局路政大队大队长
袁　海　北京市交通执法总队首都机场执法大队中队长
赵洪斌　天津市交通运输执法总队法规科科长
王国华　天津市东丽区交通运输管理局副局长
王建宏　天津市武清区交通局公路路政管理支队
张凤利　天津市高速公路管理处第二路政支队
任宝卫　上海市城市交通行政执法总队第五支队副支队长
李玉新　上海市公路路政管理总队副总队长
李建江　上海市闵江区建设和交通委员会副主任
李飞成　上海市奉贤区公路路政管理大队路政中队长
陈启洪　重庆市万盛区公路路政管理大队
唐红伟　重庆市交通行政执法总队高速公路支队第四支队大队长

· 10 ·

2010 年 12 月，李飞成被交通运输部评为 2010 年度全国交通运输文明执法标兵

1990年5月，费雷锭被上海市人民政府授予1989年度上海市劳动模范

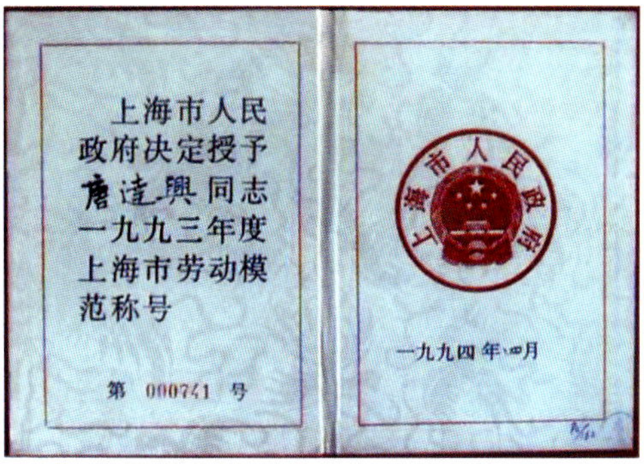

1994年4月，唐达兴被上海市人民政府授予1993年度上海市劳动模范

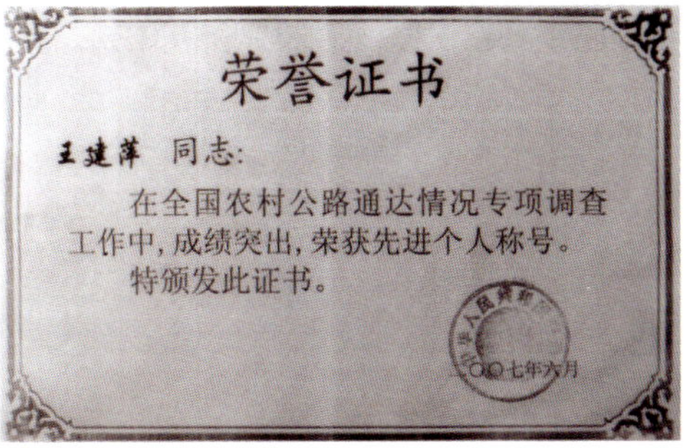

2007年6月，王建萍被交通部评为全国农村公路通达情况专项调查先进个人

2015年2月，唐勤荣被交通运输部评为全国农村公路养护与管理先进个人

2015年11月，朱峰被南京军区交通战备办公室评为国防交通储备物资管理工作先进个人

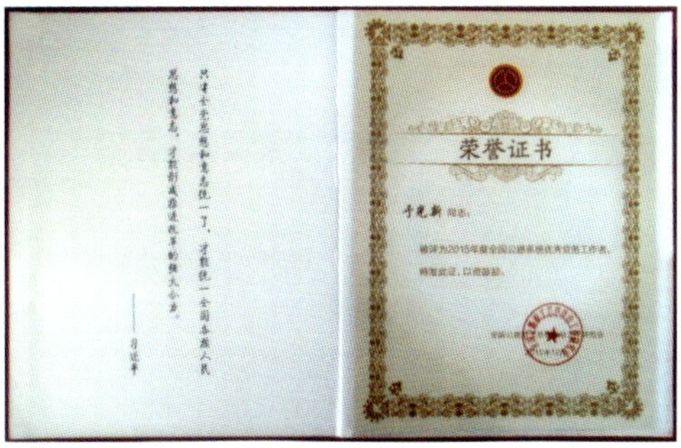

2015年12月，于光新被全国公路行业思想政治工作研究会评为2015年度全国公路系统优秀党务工作者

编纂工作 >>>

2016年，奉贤区公路市政工程管理所党政领导班子暨《奉贤区公路市政道路志》编委会成员。左起：邹建妹(女)、陈涛、朱国平、胡怀、于光新、张雄、杨文欢、周天

2018年1月，奉贤区公路、市政工程管理所党政班子暨《奉贤区公路市政道路志》编委会成员。左起：朱国平、周天、张雄、邹建妹(女)、于光新、张移、陈涛、杨文欢

《奉贤区公路市政道路志》编务人员。左起：周生明、张移、于光新、陈炳章、高李华(女)

奉贤区行政区划图

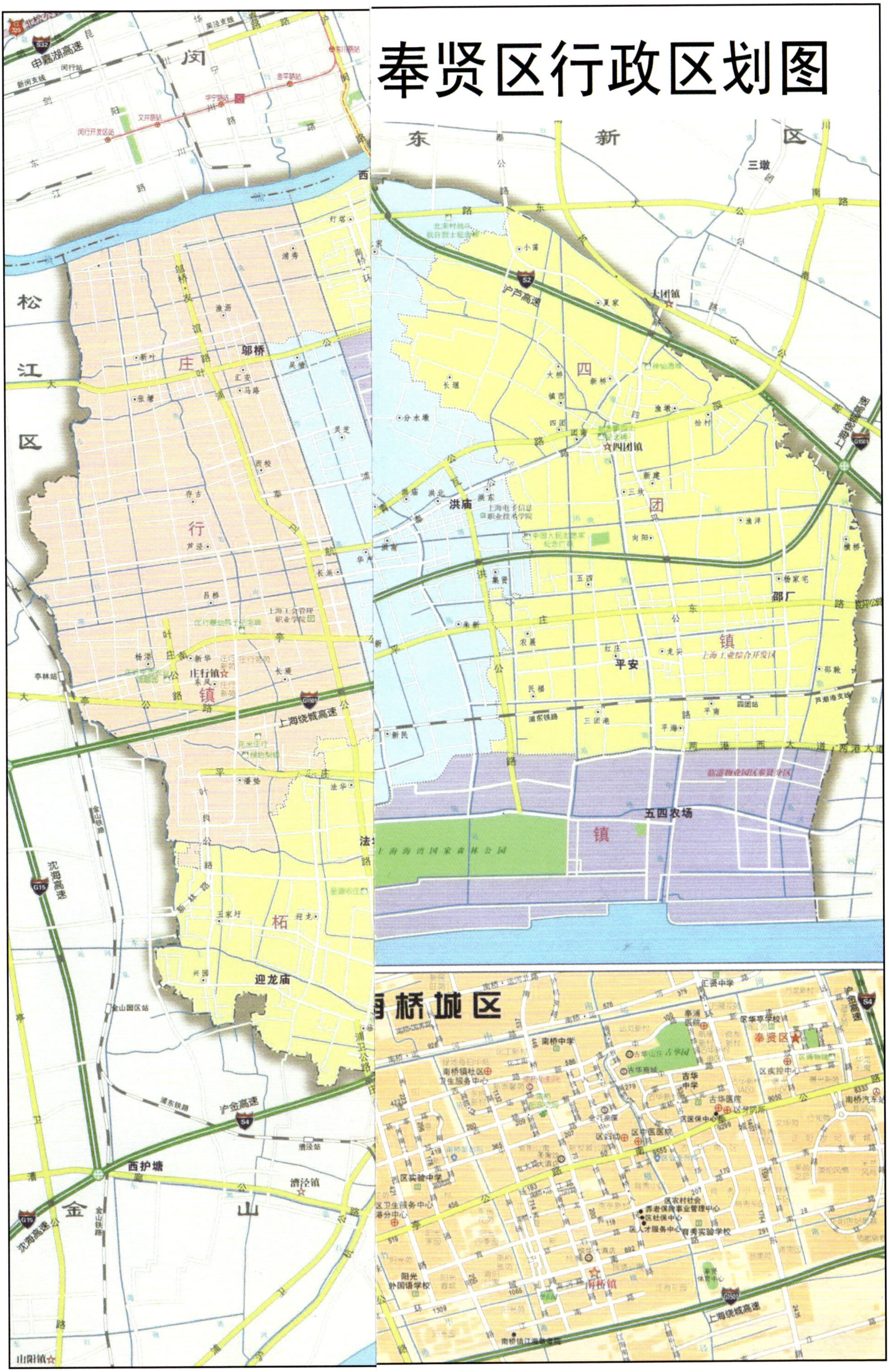

闵行
东新区
松江区
金山
庄行镇
四团镇
洪庙
平安
邵厂
五四农场
柘林
迎龙庙
西护塘
漕泾镇
邬桥
三墩
大团镇
南桥城区
奉贤区
南桥镇
上海海湾国家森林公园
沪芦高速
上海绕城高速
沪金高速
沈海高速
中春路
浦东铁路

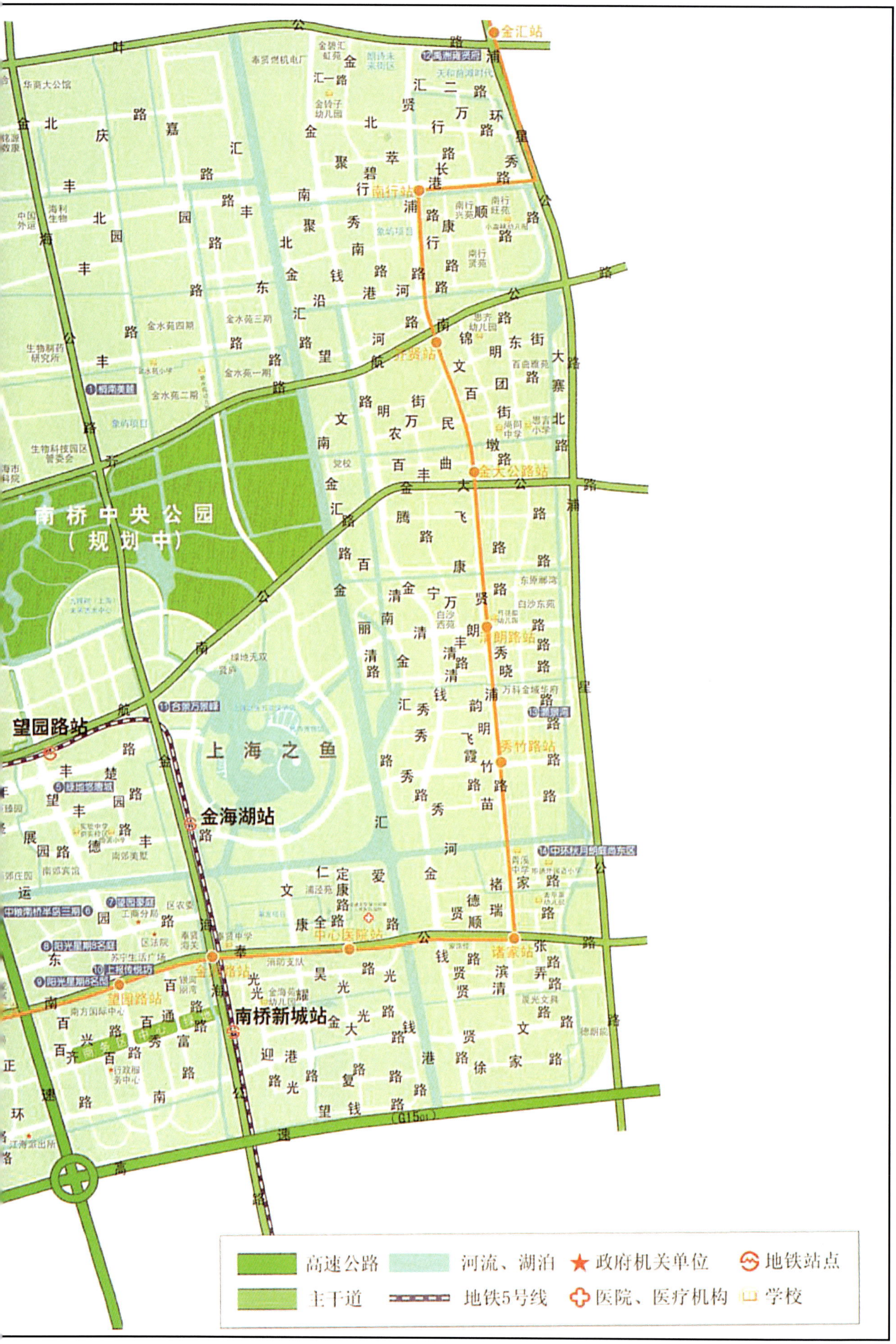
金汇站
南行站
齐贤站
金大公路站
清朗路站
秀竹路站
诸家站
中心医院站
金海路站
望园路站
望园路站
金海湖站
南桥新城站
南桥中央公园
（规划中）
上海之鱼
华商大公馆
奉贤燃机电厂
金水苑四期
金水苑三期
金水苑一期
金水苑二期
生物耦药研究所
生物科技园区管委会
万科金域华府
南方国际中心
行政服务中心
苏宁生活广场
工商分局
区法院
消防支队
南郊宾馆
南郊美墅
(G15)
高速公路
河流、湖泊
政府机关单位
地铁站点
主干道
地铁5号线
医院、医疗机构
学校

《奉贤区公路市政道路志》资料提供部门（单位）

（排名不分先后）

上海市奉贤区公路市政工程管理所所属部门

办公室

计划规划科

设施管理科

路政管理科

工程监管科

信息管理科

公路路政管理中队

乡村公路管理科

财务科

劳动人事科

战备办

档案室

城市综合管理科

上海奉贤公路建设发展有限公司

上海古越市政建筑工程有限公司

上海振奉公路建设有限公司

上海奉祥公路工程养护有限公司

上海市奉贤区建设和管理委员会

上海市奉贤区交通委员会

上海奉贤交通能源集团工程建设管理有限公司

序　一

中国具有几千年盛世修志的优良传统，功在当代，惠及千秋。2018年7月，收到奉贤区送来的《奉贤区公路市政道路志》稿，即安排时间对志稿一一进行通读。志稿重点记载了中华人民共和国成立以来奉贤公路市政道路建设和管理的发展历史和现状，内容丰富，资料翔实，客观全面，填补了上海市郊区没有公路市政道路专业志书的空白。《奉贤区公路市政道路志》编纂出版，是编纂人员辛勤劳动的结晶，是奉贤公路市政道路发展繁荣的象征，是慰藉前人、启迪后人的教材，倍感欣慰值得庆贺。

奉贤地处上海南部远郊、杭州湾北岸，中华人民共和国成立后公路建设才有新的发展。改革开放后，奉贤县提出“经济要腾飞、筑路是关键”的发展思路，公路市政道路建设速度加快。90年代中期，奉贤举全县之力，完成奉浦大桥和大亭公路建设，结束了奉贤来往上海市区靠轮渡摆渡和全县没有一级公路的历史。奉贤区公路市政工程管理所是郊区道路建设、管理、养护工作先进单位之一。闵浦二桥的竣工和轨道交通5号线向奉贤的延伸、虹梅南路隧道竣工通车、上海首条快速公交建成、昆阳路越江大桥和G228国道动工，奉贤新城市政道路总体规划的实施，全区（县）公路市政道路建设、管理、养护的业绩必将载入奉贤的史册。

《奉贤区公路市政道路志》集历史性、思想性、知识性为一体，体现奉贤公路市政道路建设、管理特点和时代特征。它的付印出版必将发挥“资政、存史、教化”功能，承上启下，激励公路市政道路行业的广大干部职工，按照习近平总书记提出的乡村振兴发展战略的精神，加强道路建设、管理、养护，确保畅通安全，为全面建设小康社会，实现中国梦而续写新的历史，作出新的贡献。

刘武

2018年8月

（作者系上海市路政局局长）

序　二

《奉贤区公路市政道路志》在全区人民认真贯彻落实党的十九大精神，同心同德打造“奉贤美、奉贤强”的新时期付梓出版，是奉贤公路市政道路建设和管理史上的一件大事，是“贤文化”建设的又一成果，值得祝贺。

加强公路、市政道路建设是一项功在当代，荫及子孙的伟大事业。改革开放以来，奉贤历届区（县）委、区（县）政府始终把公路市政道路的建设和管理纳入奉贤社会主义现代化建设的总体布局，突出城乡一体、综合交通发展战略。创新建设、养护、管理新模式，提升道路服务于生产、生活、生态融合发展的质量和水平，取得了举世瞩目的成绩。《奉贤区公路市政道路志》全面记述解放以来，尤其是改革开放40年来奉贤路桥建设发展的业绩，客观地反映了奉贤公路、市政道路建设、养护、管理的历史和现状，是奉贤公路、市政道路建设发展的一个缩影。

《奉贤区公路市政道路志》付梓出版，是集体智慧的结晶。在整个编纂工作中，区建交委、区公路市政工程管理所领导重视，编修人员辛勤笔耕，有关单位（科室）积极支持，热心人士主动参与，专家精心指导，保证修志顺利进行和质量的提高。在此，谨向为《奉贤区公路市政道路志》作出贡献的单位和个人，表示诚挚的感谢。

望未来任重而道远。我坚信，奉贤公路人定能继续发扬能吃苦、敢攻坚、善创新的工作作风和爱岗敬业精神，深入贯彻落实党的十九大精神，坚持社会主义核心价值观，为保障奉贤公路市政道路的不断发展和畅安舒美，为全面建设小康社会，实现中国梦再作新贡献。

2018年8月

（作者系上海市奉贤区建设和管理委员会、奉贤区交通委员会主任、党委书记）

凡　例

一、《奉贤区公路市政道路志》记述内容上限起于1949年5月14日奉贤解放，下限至2017年底。大事记上溯至南宋丙子年（1276年），止于2018年4月。

二、本志以马克思列宁主义、毛泽东思想、邓小平理论、“三个代表”重要思想、科学发展观、习近平新时代中国特色社会主义思想为指导，坚持实事求是的观点，详略贯通奉贤区公路、市政道路发展的历史，力求达到思想性、科学性、发展性和资料性的有机结合，反映奉贤公路市政道路建设和管理的特色与时代特点，着重记载改革开放以来公路、市政道路发展的史实。

三、本志采用公元纪年。中华人民共和国成立之前的史实，采用历史纪年括注公元纪年。凡用“20年代”“90年代”等时间表述的，均为20世纪有关年代。

四、本志采用横排门类，纵述史实的写法，行文用现代汉语规范语体记述，以记、述、志、表、图、照、录为主要表达体裁，卷首设彩照。黑白照片和有关图表随文设置。除总述、大事记、专记、附录外，为章、节、目排列，共7章29节。

五、奉贤撤县设区后，行政区域及区内机构相应改称为“区”。

六、本志使用计量单位，面积用平方米，长度用千米、米、毫米，重量用公斤、吨，货币均为人民币。

七、本志县道、乡村道路、市政道路数据以公路市政工程管理所（署）计划规划科提供的已纳入设施量管理的资料为准，国道、省道资料以上海市2016年公路年报资料为准。本志所记史实，以2000年后资料为主，2000

年前资料为辅。

八、为反映本志下限在建的15－17项目重大交通建设工程、快速公交系统、轨道交通5号线奉贤段的建设、《奉贤区道路“十三五”重点项目建设规划》摘要等以专记和附录表述。

《奉贤区公路市政道路志》编纂委员会

主　　任　胡　怀(前)　张　移(后)

副 主 任　于光新

委　　员　朱国平　陈　涛　周　天　张　雄　杨文欢　邹建妹(女)

《奉贤区公路市政道路志》编辑室

主　　编　于光新

执行主编　陈炳章　高李华(女)

办 公 室　宋月超

文　　印　季凌伟　戴红薇(女)

特约编审　周生明

《奉贤区公路市政道路志》评审人员

胡　怀	于光新	朱国平	周　天	陈　涛	张　雄
杨文欢	邹建妹(女)	宋月超	吴文华	谢祖平	夏　平
李飞成	唐勤荣	马治平	焦家林	陈　奇	张　移
顾首育	马莉苑(女)	王永平	张燕伶(女)		

《奉贤区公路市政道路志》审稿单位

上海市奉贤区地方志办公室

照片　地图

序　一

序　二

凡　例

《奉贤区公路市政道路志》编纂委员会

目　录

第一章　道　路

第二章 桥 梁

第三章 路桥建设管理养护

第四章　综合管理

第五章 道路文化

第六章 组织机构

第七章 人物 荣誉

专　记

附　录

编后记

总　述

奉贤地处上海市南部，杭州湾北岸的江南水乡，东邻浦东新区，西连金山区、松江区，南靠杭州湾，北以黄浦江为界，与闵行区隔江相望，全区土地面积720.44平方千米。奉贤区下辖南桥、柘林、庄行、金汇、青村、奉城、四团、海湾等8个镇，西渡、奉浦2个街道，金海社区，上海工业综合开发区、生物医药科技园区、海湾旅游区、杭州湾经济技术开发区、上海海港综合经济开发区等5个市级经济园区。2017年，全区177个行政村、111个居民委员会，常住人口110万人，其中奉贤籍人口52.85万人，外来常住人口57.15万人。是年，全区国民经济实现增加值772亿元，财政总收入403亿元。

奉贤自古以水路为主、舟楫为便。直至民国18年（1929年）始筑首条公路——沪闵南柘公路（今沪杭公路）闵南段。民国26年（1937年）又辟建奉金公路（今南亭公路），时全县公路总长31.54千米。日伪期间，曾修过奉航、南奉、青泰等公路，徒有土路基未通车。抗战胜利后，以老护塘为路基的四（团）、柘（林）公路开通。奉贤解放前夕，沪杭、奉金公路遭国民党炸毁桥梁，公路交通阻断。解放初奉贤集镇道路多数由石条、砖头铺成。南桥、奉城镇市政道路以东、南、西、北4条十字形街为中心，以及若干巷弄组成。四团、泰日、头桥、金汇、齐贤、青村、光明、钱桥、柘林、新寺、胡桥、庄行、邬桥、萧塘及道院、法华、东新市等集镇多数为一字形为主的东西向或南北向街，街道狭窄，长度数百米不等。奉贤解放后，为恢复生产、发展经济、改善民生，全县公路建设和集镇市政道路建设不断发展。截至2017年，奉贤公路市政道路已有55个之“最”（见总述附）。

道路建设成果瞩目　解放初，奉贤县人民政府组织人力物力抢修沪杭、南亭公路，恢复通车。1956—1966年，县、公社二级先后筑竣或修建南航、南奉、奉干、川南奉、齐金公路及光钱、新奉机耕路。“文化大革命”期间，公路建设受到干扰，修多建少。1978—1990年，为适应改革开放和经济社会发展需要，对已有公路先后进行扩建，路面拓宽，改砂石路面为沥油路面，道路质量不断提高。同时，建成新奉、萧邬、五四、星火、南胡、庄胡、沿浦、彭平、萧金公路等干道。1992年前后，奉贤秉承“经济要腾飞、筑路是关键”的发展理念，坚持向市里“四不要”（不要征地费、不要劳力安置费、不要动拆迁费、不要土方费），依靠全县之力，建设大亭、莘奉（奉贤段）公路（一级公路）和大叶公路（二级公路）等主干道。1995年，全县公路形成“九纵”（新四平公路、新奉公路、航塘公路、泰青公路、沿钱公路、沿浦公路、莘奉公路、沪杭公路、邬胡公路）“六横”（西闸公路、大叶公路、航南公路、南奉公路、大亭公路、奉柘公路）的公路网络。90年代末，全区各镇、村根据自身财力及社会集资捐款等方法，加快乡村道路建设。2002年起，亭大、莘奉金公路改建为上海绕城高速公路和沪金高速公路，沪芦高速公路亦在奉贤东部贯通。嗣后平庄东路、平庄西路、金大公路、团青公路、林海公路等省道、县道相继竣工，全区形成国道、省道、县道、乡道、村道五级公路体系。2015—2017年，虹梅南路隧道和上海首条快速公交系统（BRT）道路先后竣工、市属项目G228国道、S3沪奉高速及大叶、浦卫、金海、南港、金庄、民乐等道路的新建（改建），奉贤道路交通实现新的飞跃。2017年，全区有高速公路、省（国）道、县道、乡村道路559条，总里程1455.88千米，公路密度每平方千米2.02千米。奉贤区公路规划远期将形成“14横20纵”骨干道路网络格局（详见附录三“奉贤区道路‘十三五’重点项目建设规划”摘要）。

解放后，奉贤各集镇市政道路随着小城镇建设逐步发展。1980年以来，南桥镇以解放路、今南桥路、江海路为主轴，环城东路、环城西路、环城南路、环城北路为标志的市政道路随着镇区扩大而新建，市政建设日新月异。1986年，洪庙、邵厂新集镇逐渐形成。1992年，南桥镇主要市政道路北街、南街改扩建的人民北路、人民中路、人民南路，西街、东街改建的新建西路、新建中路、新建东路等32条，总长25.2千米。2001年，奉贤撤县设区。2003年，奉贤区开始编制全区总体规划，南桥新城市政道路建设加快。2017年，南桥新城市政道路有110条，大居市政道路17条，总长100.31千米。全区其他集镇由于农民进镇落户和城镇建设规模扩大，市政道路不断延伸。是年，除南桥城区外的8个建制镇和社区集镇有市政道路224条，总长129.24千米。公路、市政道路配套（附属）设施陆续建设完善，有排水管网251.11千米，公路绿地面积1115.63万平方米，行道树等乔木6458.5百株，绿化里程占94.89%，路灯4万盏，道路信号灯451个，各种标志标线2753.83千米，人行横道线4.86万平方米，道路中心隔离设施270.55千米。

桥梁建筑业绩辉煌 奉贤素有桥乡之称。解放初，奉贤公路桥梁以木质结构为多。解放后，随着经济发展和运输量日益增加，公路与集镇市政道路、桥梁（除少数作为历史文物保护外）陆续改建为钢筋混凝土结构桥梁。1988年3月，中共奉贤县委、奉贤县人民政府把筹建奉浦大桥列入工作议程，几经周折，1994年3月8日始正式动工兴建。“一桥飞架南北，天堑变通途”，1995年10月26日，奉浦大桥竣工通车，终于跨越黄浦江天然屏障，结束奉贤车辆行人来往上海市区靠摆渡的历史。2006—2009年，奉贤区制订“十一五”公路发展规划，开展以乡村道路桥梁为重点的整治工作。4年中改扩修建乡村公路900余千米，整治各类桥梁近千座。2010年5月，集公路、轨道交通为一体的闵浦二桥公交通车，为轨交5号线向奉贤延伸作了前期准备，也为奉贤经济发展装上腾飞的翅膀。2017年，全区有公路桥梁1217座，总长62.48千米，其中特大型桥梁5座，全长10.89千米；大型桥梁57座，全长16.89千米；中型桥梁307座，全长12.97千米；小型桥梁826座，全长17.29千米。高速公路乡村横向桥梁22座，全长4.43千米。立交桥57座。南桥镇及20多个农村集镇有市政桥梁161座，总长4.29千米。公路、市政桥梁质量结构上部为空心板梁，下部墩式为主，设计新颖、造型美观，成为奉贤一道道亮丽的景观点。

路桥建管争创一流 几十年来，奉贤公路、市政工程建设面广量大，路桥建设管理养护任务日趋繁重。60年代起，县工务所组织实施道路管养，始建养护道班，建设道班房，实行分级管养责任制。80年代起，公路、市政路桥建、管、养责任制进一步建立，管理养护逐步规范。2000年12月，公路市政管养体制改革，由公路市政工程管理署专门行使管理职能。公路市政工程管理署信守“科学管理、质量优先，铸造道路优质工程；依法行政、保障畅通，营造优良交通环境；爱岗敬业、无私奉献，塑造优秀员工队伍；建管并重、安畅舒美，打造优良服务品牌”的誓言，以道路和路政管理为重点，用改革创新精神、缜密的制度管理，争创一流的建管队伍和一流的工作业绩。全区公路市政系统拥有工程总承包三级资质，公路养护一级资质企业5家，员工千余人，其中中高级技术职称人员100余名，有现代大型路桥建设设备600余台，运用“四新”技术不断创新路桥建管技术工艺，公路标准化、美化工程建设不断发展，路桥质量明显提高。2015年，公路养护专业公司之一的上海奉贤公路建设发展有限公司，被中央精神文明建设委员会授予“全国文明单位”称号。区公路管理所与同济大学等单位共同研发的废旧橡塑人行道板，不仅在南桥镇秀龙、古华、秀南路等市政道路应用，2010年被上海世博会采用，铺设世博大道18千米，获上海市发明创新二等奖。奉贤区公路市政工程管理所坚持路桥建管并举、实行规范化、常态化科学管理。2017年，全区县道GBM公路里程377.9千米，占县道总里程的92.65%，市文明样板路12条、长58.1千米，创建文明工地57个。

公路文化显现特色 奉贤区（县）公路、市政工程管理所（署）建立以来，经过几十年几代人的共同努力，积累和形成独特的奉贤公路文化。公路行业旗、路政旗、企业旗等凸现公路市政执法管理的特色；公路路徽、市政路徽体现公路人“一心为公、一路领先”“大道之行、公为天下”的公路精神；上海公路人之歌表达公路人坚持在万里征途，体现公路人保障道路畅通、为民造福的崇高境界。奉贤区公路市政工程管理所的誓言尽现全体员工忠于职守、使命必达的决心；《公路市政简报》、《学习园地》、《文华热线》和路牌、广告、公开承诺书、路桥管养公示牌等，显现公路市政工程管理所全体员工全心全意为人民服务，接受群众监督、不断改进工作的敬业精神。1991—2017年，公路市政工程管理所（署）加强员工队伍建设，先后安排技术业务培训6200余人次，培养中高级职称技术人员24名，占编制人员的40%，4名中高级技术职称人员分别在《上海公路》《城市道桥与防洪》《上海建设科技》等科技刊物上发表论文，精湛论述他们在路桥管理养护中“四新”技术的研发与应用，2名技术人员参与编写和审稿《农村公路建设、养护技术规范》，已经上海市城乡建设和交通委员会批准施行。2001—2017年，奉贤区公路市政工程管理所共获得各类奖杯15座，收到锦旗26面，获得各种奖励证书200余册。

队伍建设不断加强 1957年6月，建立奉贤公路养路工区。1962年改称为奉贤县工务所，1978年10月改称今名。1977年12月，建立南桥镇维修养护工程队，1981年改名为奉贤县市政工程管理所。2001年1月，奉贤县公路管理署、奉贤县市政工程管理署、奉贤县城市路政管理中队合署办公后，领导班子加强自身建设，不断提高道路桥梁管理水平。依照“三定”（定编制、定职责、定岗位）要求，在中层干部中开展竞争上岗，人尽其才，充分发挥职能部门和中层干部的积极性和创造性。公路市政工程管理所（署）党组织按党章要求，积极慎重地在一线职工和技术人员中发展党员，按时换届改选，坚持“三会一课”制度，开展以加强党性为重点的思想教育活动。在各个历史时期，党政领导班子相互协调，依靠广大员工集中智慧、群策群力，在两个文明建设中发挥政治核心作用。不断加强对工会、共青团等群团组织的领导，调动全体职工积极性、创造性，发挥团员青年突击队、文明岗、工人先锋号团队、巾帼标兵的先锋模范作用。1979—2017年，奉贤区（县）公路市政工程管理所（署）及其所属部门7次被上海市人民政府、交通运输部授予模范集体或先进集体称号，胡怀等11名干部职工先后被授予上海市劳动模范和部级先进工作者称号。于光新被全国公路职工思想政治工作研究会评为2015年度全国公路系统优秀党务工作者。2001—2017年，全所有300余人次荣获各种奖励。奉贤区公路市政工程管理所5次被奉贤区人民政府授予“文明单位”称号。公路市政工程管理所党总支，被评为2010年度“创先争优、世博先锋行动”奉贤区先进基层党组织。

几十年来，奉贤区（县）公路、市政工程管理所（署）的历代干部职工白手起家、艰苦创业，勇于改革、攻坚克难，不负众望为全区（县）的经济发展、社会进步、改善民生服务，不断规范和提高公路、市政道路的建设、管理、养护水平，保障道路安全畅通做出重要贡献，用汗水谱写了光辉的岁月与历史篇章。

在未来的征程中，相信奉贤区公路市政工程管理所干部职工在全面建成社会主义小康社会的征途上，在习近平新时代中国特色社会主义思想指引下，继承光荣传统，发扬优良作风，忠于职守、敢于争光、善于创新，加强路桥管养，为奉贤经济社会的继续繁荣再立新功。

附：

奉贤公路市政道路建设之“最”

奉贤地处长江三角洲杭州湾北岸的江南水乡。清雍正四年（1726年）析华亭县云间乡、白沙乡部分区域建立奉贤县。之后200余年间交通以舟楫为便。唐末至明、清代，境内南桥、庄行、萧塘、奉城、青村、泰日、四团等30余个村落先后成市，市政道路、桥梁渐筑。民国18年（1929年）始筑沪闵南柘公路闵南段，奉贤始有公路。解放后，境内公路、市政道路不断建设。中共十一届三中全会后，道路发展速度加快。2017年，全区纳入公路管理部门管理养护的国道2条、省道8条、县道72条、乡道411条、村道66条，共计599条，总里程1455.88千米。主要市政道路351条，总长229.55千米。公路桥梁1217座，总长62.48千米。主要市政桥梁161座，总长4289.2米。现已收集到公路市政道路建设之“最”55个，解放前9个，占16.36%，解放后46个占83.64%。1978—2017年39个，占解放后建设的84.78%，其中2009—2017年建设的15项，占改革开放后建设的38.46%。

奉贤区公路市政道路建设之“最”情况表（截止2017年）

类别	之“最”内容	路桥名称	始建（建成）年份
公路（24项）	最早建设的公路（时长10千米）	沪闵南柘（沪杭）公路闵南段	民国18年（1929年）
	最早通行汽车的公路（时运营里程47千米，设4个站）	沪闵南柘（沪杭）公路西乍路段（西渡至浙江乍浦金丝娘桥）	民国22年（1933年）
	解放后最早建成的公路（时长18.9千米）	南奉公路	1956
	解放后建成最早通公交车的公路（时长20千米，设11个站）	南航公路	1957
	最早建设的乡道（时长7.3千米，宽4米）	光明镇至钱桥镇机耕路（今光钱公路）	1960
	最早铺设柏油路面的公路（时长10千米）	沪杭公路西渡至南桥镇段	1963
	最长的乡道（17.53千米）	人民塘随塘河路	1970
	最早铺设水泥路面的村道	江海乡树浜村、钱桥乡滕家村、柘林乡冯桥村中心路	1985
	最早的一级公路	莘奉公路（奉浦大桥—大亭公路）	1995
	最长的省道（32.96千米）	大叶公路	1997
	最长的一级公路（时长41.06千米）	大亭公路	1997
	最早配套宽肩绿化带公路（绿化带面积11.17万平方米）	新四平公路	1998
	最短的县道（0.39千米）	庄亭公路（庄行）	1998
	最短的乡道（0.43千米）	坎北路（四团）	2000
	最短的村道（0.14千米）	石村路（青村）	2001
	最长的村道（2.71千米）	四团镇渔洋大道	2003
	大型桥梁最多的公路（4座）	平庄西路	2004
	最长的县道（21.12千米）	平庄东路	2004
	最长的高速公路（41.27千米）	上海绕城高速公路（G1501）	2005

续表

类别	之"最"内容	路桥名称	始建（建成）年份
	最早评为市文明样板路的公路（2006年评定，长5.47千米）	海湾路（S4高速出口—海鸥路）	2005
	桥梁最多的公路（22座）	团青公路	2009
	最宽的公路（宽44米）	金海北路（虹梅南路隧道南出口至大叶公路）	2015
	上海第一条快速公交道路（全长31.2千米，奉贤境内长14.44千米）	南桥汽车站规划至东方体育中心	2017
	最长的国道（41.53千米）	G228国道（在建）	2017
市政道路（8项）	保护最完整、最长的市政道路（880米）	庄行镇老街	清同治三年（1864年）
	最早铺设石板的市政街道	奉城镇东、西、南、北老街	清道光十三年（1833年）
	最早铺设柏油路面的市政道路（时长150米）	南桥镇人民中路余庆桥至南桥国药店	1956
	南桥镇最窄最短的市政道路（宽5米、长114米）	南桥镇大寺路	1971
	最早用烈士名字命名的市政街道（时长1.01千米）	庄行镇用唐一新烈士命名的一新街	1980
	最长的市政道路（18.2千米）	南桥镇环城东、西、南、北路	1985年起
	最早由农民集资建设的市政街道	洪庙镇唐城街	1995
	最宽的市政景观道路（宽60米）	南桥新城年丰路	2009
公路桥梁（隧道）（17项）	最早建设的公路木桥（10座）	沪闵南柘（沪杭）公路闵南路段桥梁	民国18年（1929年）
	最早建设的钢筋水泥混凝土桥（长6.4米）	沪杭公路萧塘港桥	民国37年（1948年）
	最窄公路桥梁	四团横桥浦南运河一号桥（宽3.6米）	1976
	最早建成的百米公路桥（147米）	今浦星公路人民塘大桥	1978
	最早建设、车流量最大的黄浦江大桥（2013年日流7.7万辆）	奉浦大桥	1995
	最短的公路桥（6.6米）	南桥镇环城东路陈湾港桥	2000
	最早建成的金汇港拱肋吊杆型大桥	平庄西路金汇港大桥	2003
	最长的公路连续跨线互通式立交桥（2127米）	沪金高速奉贤连续跨线桥	2003
	高速公路最长的乡村横向设施桥（573米）	上海绕城高速南桥镇跃进村机耕桥	2004

续表

类别	之“最”内容	路桥名称	始建（建成）年份
	公路桥梁长度占该条公路里程比例最高的公路（路长3.18千米，桥长645.86米，占全长20.31%）	奉海公路	2009
	最长的公交、轨交共用双层越江大桥（4484米）	闵浦二桥	2010
	最长的公路分离式立交桥（1075米）	林海公路南奉公路跨线桥	2011
	最宽的公路桥（宽57.6米）	金海北路宏伟河桥	2015
	上海浦南第一条黄浦江隧道（长3.39千米，底最深59米）	虹梅南路至金海北路隧道	2015
	金汇港最长公路桥梁（长664米，宽32.6米）	新林路金汇港桥	2015
	金汇港塔顶最高的斜拉桥（塔高104米）	金庄公路金汇港桥（在建）	2017
	上海首座人行、机动车通行的双层黄浦江大桥（1.94千米）	昆阳路越江大桥（闵浦三桥，在建）	2017
市政道路桥梁（6项）	最早建设的市政道路石拱桥	新塘集市下横泾通津桥（今柘林镇新塘村一组）	南宋丙子年（1276年）
	最长的市政道路石拱桥（长40米，宽2.5米，高8米）	三官塘（今光明镇）继芳桥（现迁青村市河）	明万历四十七年（1619年）
	最窄的市政道路石板桥（1.65米）	庄行镇万年泾桥	清同治三年（1864年）
	最宽的市政道路桥（36.6米）	南桥镇解放东路种福桥	1995
	最长的市政道路桥（长237.5米）	奉贤新城望园路浦南运河桥	2015
	首座安装电梯的市政道路桥	奉贤新城南港路金汇港桥	2017

大事记

宋代

南宋丙子年（1276年）

在新塘集市（今柘林镇新塘村一组）下横泾建奉贤境内首座市政道路石拱桥梁——通津桥。

元代

元至正十年（1350年）

在南桥镇南横泾港建单孔石拱桥——南石桥，又称积善桥，现为奉贤区文物保护单位。

元至正中年（1356年）

在南桥镇北南桥塘（今人民中路北端与新建中路口）建余庆桥。1974年填没南桥塘时桥梁淹于地面下。

明代

明万历四十七年（1619年）

在三官堂（今光明老镇东街）建三孔继芳桥，桥长居奉贤石拱桥之冠。1978年开挖金汇港时埋没。2006年挖掘后移建今青村镇老市河，为奉贤区文物保护单位。

清代

清雍正四年（1726年）

华亭县云间乡、白沙乡部分析出建立奉贤县，县治设南桥西街西真道院。

清雍正九年（1731年）

县治由南桥迁至青村城（今奉城），次年置县署于奉城东街。县署设工房，掌管公共营善事务。

清道光十三年（1833 年）

奉贤城（今奉城镇）四门道路（东、西、南、北老街）改铺石街。

中华民国

民国元年（1912 年）

1 月 18 日　县治复迁南桥。
是年　县公署设实业局。

民国 4 年（1915 年）

县公署设第四科（建设科）。

民国 5 年（1916 年）

南桥镇由立亨碾米发电厂供电装路灯 30 盏，照明时间为上半夜。

民国 7 年（1918 年）

4 月 23 日　南桥镇十字街改铺条石路面。

民国 12 年（1923 年）

7 月上旬　沪（上海）闵（行）南（桥）柘（林）公路开始勘测，次月完成。

民国 18 年（1929 年）

始筑沪闵南柘公路闵行至南桥段。民国 20 年（1931 年）5 月完工。后因路面严重损坏而未通车。民国 21 年（1932 年）重修，并新辟南桥至柘林、柘林至金山县金丝娘桥（在里护塘上辟建）路段，单车道，煤渣路面。同年 10 月 10 日全线贯通，始改名为沪杭公路。

民国 22 年（1933 年）

4 月　沪闵南柘长途汽车股份有限公司经营西渡至金丝娘桥客运业务，设南桥汽车站，奉贤始有公交汽车。

民国 23 年（1934 年）

南桥镇西街西真道院至沪杭公路路段拓宽。

民国26**年**（1937**年**）

10月 国民党第八集团军司令张发奎组织军民抢筑金（山）奉（贤）公路南桥至亭林段，后因沦陷而中止。

民国28**年**（1939**年**）

10月 伪奉贤区公署第二科内设建设股。

民国29**年**（1940**年**）

侵华日军强征民工辟筑南桥至航头公路，称奉航公路（未通车）。

民国34**年**（1945**年**）

以里护塘为路基的四（团）柘（林）公路开通。

民国35**年**（1946**年**）

南桥桂记营造厂承建沪杭公路萧塘港桥，为奉贤最早的钢筋混凝土桥梁。

民国38**年**（1949**年**）

5月5日 国民党淞沪警备司令部爆破队炸毁沪杭公路8座桥梁及西渡口至闵行轮渡码头。沪杭公路阻断。

中华人民共和国

1949**年**

5月13日 中国人民解放军第二野战军第九兵团第20军58师，由今南亭公路直插奉贤解放南桥。

5月14日 解放军第30军、31军沿里护塘东进奉城、四团，奉贤全境解放。

5月18日 奉贤县人民政府成立，滕维明任县长。

5月31日 中共奉贤县委成立，李楚任县委书记。

5月 县人民政府设建设科。

1950**年**

7月8日 交通部颁布《养路费征收办法》。

是年 奉贤境内公路归闵行公路养护站管理。

1951年

4月 奉贤县人民政府建设科分为农林、建设两科。次年6月合并为县农林建设科。

1952年

8月 实行公路分路线负责养护制。

1954年

12月 奉贤县人民政府成立交通科，主管全县公路、桥梁和交通运输业。

1955年

11月 重建南（桥）亭（林）公路。

1956年

6月 修筑南（桥）航（头）公路，次年冬竣工通车。
7月 修筑南（桥）奉（城）公路，次年冬建成。
是年 南桥镇南街北段（余庆桥—南桥国药店）取直拓宽，首次改建成沥青路面，同时埋设混凝土管下水道。

1957年

6月 设奉贤县养路工区。工区主任傅长华。工区址设在今上海鼎丰酿造食品有限公司河东原杨家房子。
是年 航南公路公交通车。

1958年

11月11日 南桥镇西街（今新建西路南桥路—人民中路段）拓宽。
11月21日 奉贤县从江苏省划入上海市。

1959年

4月 沪杭公路浦南运河人民桥建成。

1960年

2月 三官公社、钱桥公社合筑三官至钱桥机耕路（今光钱公路）全长7.33千米，路幅宽3.5米，碎砖路面。

是年 奉（城）干（市财贸干校）公路始筑。

1962年

春 川（沙）南（汇）奉（城）公路五墩至奉城段在里护塘基础上动工修筑，冬竣工。

7月1日 上海市正式开始征收养路费，征收对象为交通运输企业和企事业单位参加营业的客货运汽车。

9月 奉贤县养路工区改名为奉贤县工务所，所长姚宝才。同时建立党支部，书记李光银。

12月7日 上海郊区公路养护工作实行分级管理制度。

冬 沪杭公路县境段沿线木桥陆续改建为钢筋混凝土桥。

1963年

1月 成立奉贤县农村桥梁管理组。

10月 沪杭公路西渡至南桥段改建成沥青路面。

1964年

春 南桥镇新建的市政道路始植行道树。

1965年

1月 南航公路沿线旧桥改造，至10月完成13座桥梁改建。

是年 齐（贤）金（汇）公路始筑。

1966年

10月 塘外公社褚家聚桥建成，为上海公路首座双曲拱桥。

1967年

1月24日 奉贤县农村桥梁管理组施工建造的庄行镇农机桥因质量原因发生坍塌事故，损失6000元。

1968年

春 沪杭公路姚家巷至漴缺段改为沥青路面。

1969年

8月19日 阿尔巴尼亚建筑工业部部长沙里一行到奉贤考察双曲拱桥工艺。

是年 奉贤县工务所成立革命委员会，并恢复建立工务所党支部委员会，朱才兴任主任、书记。

1971年

秋 南桥镇大寺路（南奉公路—前进弄）改建成南桥镇区首段水泥混凝土路面。

是年 庄行至胡桥始筑机耕路。1983年改建为庄胡公路。

是年 奉炮公路（里护塘至炮场）始筑并建成。

1972年

5月 奉贤县农村桥梁管理组自行设计的砖拱桥——创新桥建成，长14米，荷载汽车10吨，挂车20吨，经上海市有关部门推荐，制成模型在北京展出。

1973年

2月 姚伯新任县工务所党支部书记。

10月 奉（城）柘（林）公路在里护塘基础上修筑，为砂石路面。

是年 南航公路改造工程完工。

是年 奉贤县工务所召开工会会员会议，选举工会班子，主席马治平，时为全县最早恢复的基层工会之一。

1976年

2月 在1968年已筑机耕路基础上，修筑新（场）奉（城）公路，1979年9月竣工通车。

是年 萧（塘）邬（桥）公路筑竣。

1977年

6月 奉贤县供电所成立路灯班，加强主要道路路灯的安装管理。

12月 建立南桥镇维修养护工程队，集体所有制性质，队长鞠志文。所址今解放西路115号。

是年 奉城公社白衣聚大队跨浦南运河三孔独柱拱桥——向阳桥建成。

是年 奉贤县成立“三整顿”（整顿马路、整顿市容、整顿交通）办公室，行使路政管理职能。

1978年

4月 五四公路（五四农场内）始筑。1981年4月完工。

4 月 南桥镇环城公路（老航南公路至南奉公路）始筑，全长 640 米。

5 月 10 日 奉贤首座双曲肋拱四角桥在青村红卫港与姚家中心河动工建设，10 月 25 日竣工。

10 月 奉贤县工务所更名为奉贤县公路管理所，下设道路桥梁工程队、桥梁养护队、运输队、机修车间、7 个公路养护道班。

12 月 南奉公路金汇港光明大桥、奉柘公路金汇港大桥相继建成。

是年 燎（燎原农场场部）钦（钦公塘）公路竣工。

是年 星火公路（奉柘公路周陆站至星火农场场部）竣工通车。

1979 年

8 月 17 日 奉贤县建设局成立。以后不论名称更改，奉贤区（县）公路管理所（署）均为局直辖事业单位。

8 月 奉贤境内跨径最长的公路桥——人民塘路大桥建成通车，全长 140 米。

8 月 奉贤县公路管理所成立路政管理组，行使路政管理职能。

1980 年

3 月 奉贤县公路管理所设立养路费征收站，所长兼任站长。

12 月 在五四农场原种子连建奉城苗圃，占地 7 公顷。90 年代中期结转市有关部门。

是年 庄行镇新建南北街，用唐一新烈士名字命名为一新街。

1981 年

1 月 南桥镇维修养护工程队划归奉贤县建设局，改名为奉贤县市政工程管理所，编制转为全民所有制事业单位。

12 月 吴桂昌任奉贤县市政工程管理所所长、党支部书记。

1982 年

11 月 马治平任奉贤县公路管理所党支部书记。

1983 年

10 月 新建南桥镇南中路西段（沪杭公路—贝港）。

是年 建燎原苗圃于原“五七”农业大学。占地 11.87 公顷，2001 年弘路公司接管。

1984 年

1 月 29 日 南（桥）胡（桥）公路通车。至此，全县各乡镇全部通公交车。

10月 解放东路横泾港桥建成。

1985年

9月 南桥镇解放路（沪杭公路—古华公园）竣工。

11月 庄胡公路全线竣工，被评为上海市优质工程。至此，全县公路实现乡乡通。

1986年

3月24日 沿浦公路奉贤段（金汇乡—星火农场）部分路段启动建设。1988年10月15日竣工。1989年，沿浦公路被评为上海市优质工程。

12月 奉贤县公路管理所行政管理级别定为副科级事业单位。

1987年

7月 马治平任奉贤县公路管理所所长。

10月 奉贤县公路管理所行政级别升格为正科级事业单位。

1988年

8月 南桥镇环城东路（解放路—南奉公路）段竣工。

9月27日 五四公路中港桥（双曲拱桥）突然坍塌，2人落水受伤。

1989年

5月 沪杭公路浦南运河人民桥改建工程竣工。

9月23日 南桥镇被评为上海市郊县县城绿化行道树配套建设第一名。

10月1日 彭（镇）平（安）公路平安至邵厂段建成通车。

10月31日 南桥地区江海路竣工，路基宽30米，时为县内最宽的市政道路。

12月11日 奉贤县首条沥青路面的乡村公路——萧（塘）金（汇）公路全线完工。

12月 陆治平任奉贤县市政工程管理所所长。

是年 建设部授予奉贤县“全国城乡建设规划先进县”称号。

1990年

5月 奉贤县公路管理所运输队队长费雷锭被评为1989年度上海市劳动模范。

7月 南桥镇航南公路（今运河路）横泾港桥竣工。

9月 南桥镇南中路（秀南路—城乡路）建成。

是年 奉贤县公路管理所养护股长陈基桃被评为全国绿化先进个人。

1991年

1月 奉贤县公路管理所路政管理组改为路政管理站。

5月14日 南桥镇解放西路贝港桥动工，9月27日竣工。

5月 沪杭公路西渡段改建为全县第一条二级公路。次年1月9日，沪杭公路西渡段至蒋家坞段改建工程动工。12月9日举行通车典礼。

12月 邱建明任奉贤县公路管理所所长。

是年 奉贤县公路管理所在全市公路“平、畅、洁、美”为标准的评比活动中荣获第三名。

1992年

4月 南桥镇南中路贝港人行桥动工，年末建成。

9月30日 南桥镇解放东路新横泾桥建成。

10月 付志华任奉贤县市政工程管理所所长，张永飞任奉贤县公路管理所党支部书记。

是年 沿钱公路开工建设，水泥路面，次年竣工通车。

1993年

1月31日 柘林中学学生汤吉丰(女)、蒋玉莲(女)为建设奉浦大桥主动捐款10元，成为建设奉浦大桥的第一笔社会捐款，全县收到捐款77.8万元。

2月12日 亭（林）大（团）公路奉贤段土路基工程破土动工。

6月28日 奉浦大桥奠基仪式在桥址西渡开发区举行。

7月25日 南奉公路（护塘角至庙泾港路段）第一次拓宽改建，全长13.78千米，次年11月20日竣工。

11月 郭继周任奉贤县公路管理所所长。

12月7日 上海市副市长夏克强到奉贤主持召开奉浦大桥和大亭公路建设协调会。

1994年

1月5日 中共上海市委副书记、市长黄菊到南桥镇视察公路等建设。

1月 戴寅生任奉贤县市政工程管理所所长。

1月25日 上海市奉浦大桥建设有限公司成立。

3月18日 奉贤县自筹资金建设的奉浦大桥一期工程动工。

3月 亭大公路494万立方米的土路基工程完工，办理土地使用手续204.5公顷。1996年4月，县公路管理所完成奉贤段142道管涵工程。是年5月，道路和桥梁工程全面竣工，始设公路隔离带。

4月 莘奉公路奉浦大桥至大亭公路段全面动工，1995年10月通车，成为奉贤首条一级公路。

5月 奉贤县公路管理所燎原苗圃班长唐达兴被评为1993年度上海市劳动模范。

10月 唐耀兴任奉贤县公路管理所党支部书记。

10月17日 中共中央政治局委员、书记处书记吴邦国，在上海市副市长周慕尧陪同下，到奉贤考察奉浦大桥建设。

11月10日 中共上海市委副书记、常务副市长徐匡迪到奉贤调研路桥建设情况。

1995年

2月15日 南奉公路（环城东路—南桥路）第二次拓建工程开工，7月15日竣工，全长1.28千米。

5月23日 中共中央总书记、国家主席、中央军委主席江泽民为奉浦大桥题桥名：奉浦大桥。

7月12日 莘奉公路中段（萧金公路—亭大公路）开工建设，次年12月竣工，全长7.74千米。

7月28日 上海市副市长夏克强参加奉浦大桥合龙庆典仪式，并于是年8月10日、9月25日两次到奉浦大桥施工现场考察。

8月27日 上海市委常委、市政协主席陈铁迪(女)考察奉浦大桥建设。

9月 张永飞任奉贤县市政工程管理所党支部书记。

10月26日 举行奉浦大桥通车典礼，中共中央政治局委员、上海市委书记黄菊，市人大常委会主任叶公琦参加。

11月 张黎光任奉贤县公路管理所所长。

12月26日 挂靠浙江省萧山市市政工程公司的私人承包性质工程队，聘用无证人员上岗，未按图纸施工，偷工减料建设的新建西路贝港河桥，刚建成就坍塌，直接经济损失75万元。1996年重建。是年5月24日，追究新建西路贝港桥坍塌有关人员责任，撤销奉贤县古华市政工程公司戴××、沈××正副经理职务。

1996年

2月 成立大叶公路建设有限公司，负责大叶公路工程资金筹集、建设和管理。3月工程正式动工。1997年7月竣工通车。根据国务院自筹资金建设的公路可实行收费的规定，大叶公路设4个收费站收费，2000年12月停止收费。

3月9日 奉柘公路（钱桥镇段、柘林镇段）降坡，全长9.1千米，埋在里护塘柘林镇段的华亭石塘露出地面。石塘筑竣于清雍正十三年（1735 年），全长 4.5 千米。

6 月 5 日 上海市副市长谢丽娟(女)考察江海镇菜场路等市政建设。

6 月 30 日 航（头）塘（外）公路拓宽工程竣工。

是年 洪庙乡农民集资建唐城街，1999 年竣工。

1997 年

2 月 20 日 莘奉公路南段（大亭公路—奉柘公路）工程开工，年末竣工，全长 7.34 千米。次年完成西延伸段，12 月 25 日全线通车。

4 月 25 日 中共上海市委原书记陈国栋、市人大常委会原主任胡立教、上海市原市长汪道涵等考察江海镇市政项目望春园建设。

4 月 张胜康任奉贤县公路管理所党支部书记。魏裕庆任奉贤县市政工程管理所党支部书记。

7 月 3 日 第八届全国人大常委会第二十六次会议审议通过修订后的《中华人民共和国公路法》，1998 年 1 月 1 日起施行。

8 月 29 日 大亭公路奉贤段正式通车，成为奉贤境内最长的一级公路。上海市副市长夏克强出席通车典礼。

是年 奉浦大桥工程获得中国建设学会鲁班奖和中国市政工程金杯奖。

是年 国务院交通部颁发《公路工程节能管理规定（试行）》。

1998 年

5 月 奉贤县公路管理所路政管理站转为奉贤县公路路政管理中队。

8 月 30—31 日 川南奉公路奉城镇段、洪庙镇段拓宽工程先后竣工。

8 月 上海市市长徐匡迪，副市长左焕琛(女)、韩正考察南桥市政建设。

10 月 21 日 上海市委副书记龚学平、市委常委金炳华考察江海镇市政建设。

11 月 金晓珠(女)任奉贤县市政工程管理所党支部书记。

11 月 30 日 新四平公路工程竣工。

1999 年

3 月 1 日 南奉公路第二期（莘奉金公路—环城东路）拓宽改建工程开工，9 月 30 日竣工，全长 1.23 千米。

4 月 1 日 上海市委副书记、市政协主席王力平，副主席朱达人考察江海镇市政道路建设。

8 月 南桥镇环城西路延伸段（航南公路—南亭公路）工程竣工通车。工程被评为上海市实事工程立功竞赛优质工程，奉贤县公路管理所被评为立功竞赛先进集体。浦南运河大桥工程获“曙光杯”奖。

年末 在上海市市政工程管理处组织的市政设备考核评比中，奉贤县市政工程管理工作获郊县组第一名，并实现六连冠。

是年 国务院交通部颁发《公路工程质量管理办法》。

2000年

6月7日 根据上海市区县市政公路管理机构改革要求，实行“管养分开”。奉贤县机构编制委员会批复建立“奉贤县公路管理署”“奉贤县市政工程管理署”“奉贤县城市路政管理中队”，撤销奉贤县公路管理所、奉贤县市政工程管理所。从原奉贤县公路管理所、奉贤县市政工程管理所分别分离出上海奉贤弘路建设发展有限公司、上海奉贤古越市政工程有限公司，承担公路市政道路养护任务。

9月 南奉公路环城东路至莘奉公路改建工程，获上海市市政工程协会颁发的上海市市政工程金奖。

12月24日 奉贤县建设委员会批复成立奉贤县公路管理署、奉贤县市政工程管理署、奉贤县城市路政管理中队，实行三块牌子一套班子。次年1月合署办公，张永飞任署长并兼任奉贤县城市路政管理中队队长，程丛桂(女)任党支部书记。

2001年

1月 奉贤县公路市政工程管理署增设路政管理科，编制4人。

8月24日 根据国务院1月9日批复，奉贤召开撤县建区大会。奉贤县公路管理署、奉贤县市政工程管理署改称为奉贤区公路管理署、奉贤区市政工程管理署。

9月 奉贤区公路市政工程管理署工会职工技术协会成立。

11月27日 莘奉金高速公路奉贤段在莘奉公路基础上改建，2002年年末竣工通车，奉贤境内长25.08千米。

2002年

3月 奉贤区公路市政工程管理署与上海市城市规划设计研究院共同制订《2000—2020年上海市奉贤区城乡公路发展规划》(报批稿)，经审批，分期进入规划实施。

10月 浦星公路钱桥段（金钱公路吴房村站—大亭公路）开工建设，2005年全线通车。

是年 上海市市政工程管理局颁发《上海市市政设施养护维修市场管理规定(施行)》。

2003年

1月 奉贤区公路管理署设施管理科，被评为2002年度上海市重点工程实事立功竞赛先进集体。

4月 交通部颁发《交通建设项目环境保护管理办法》。

是年 金海公路（亭大公路—南航公路）建成通车。

是年 交通运输部颁布《公路养护工程市场准入暂行规定》。

2004年

4月 焦家林任奉贤区公路市政工程管理署署长，并兼任奉贤区城市路政中队队长。

7月 奉贤区公路市政工程管理署被交通部评为全国交通系统国防交通器材管理工作先进集体。

8月28日 第十届全国人民代表大会常务委员会通过再次修订的《中华人民共和国公路法》。

12月 郭国华任奉贤区公路市政工程管理署党支部书记。

是年 平庄东路（新四平公路—沿钱公路）平庄西路（沿钱公路—江海南路）段开工建设，次年竣工通车。

是年 沪芦高速建成通车，奉贤境内长8.71千米。

2005年

7月 奉贤区122条同名道路完成更名，落实养护单位。

10月 全区完成市无障碍联席会议办公室下达的市政道路缘石坡道、盲道、无障碍信息标志牌改造任务。

是年 奉贤境内上海绕城高速（G1501）公路建成，全长41.27千米。

是年 浦星公路奉贤段全线通车，时长19千米。

2006年

1月 奉贤区公路管理署陶立，在2005年上海市重大工程立功竞赛活动中，被上海市重点工程实事立功竞赛领导小组给予记功奖励。

1月6日 在西渡口举行公路、轨道交通集一体的双层闵浦二桥试桩仪式。2008年末主塔封顶。2010年5月，公路桥通车。

3月 海湾路（S4高速海湾路出口—海鸥路）评为上海市文明样板路。

6月 交通运输部颁发《公路工程施工招标投标管理办法》。

12月 奉贤区政府成立奉贤区道路管线监察办公室，办公室设在公路市政管理署。

是年 瓦洪公路（G1501—平庄东路）竣工通车。

是年 团（四团）青（村）公路竣工，全长18.77千米。

是年 交通运输部颁发《农村公路建设管理条例》。

是年 上海市第十二届人民代表大会常务委员会第三十一次会议通过修订的《上海市城市道路管理条例》。

2007 年

1 月 奉贤区公路市政工程管理署增设信息管理科，编制 2 人。

1 月 奉贤区公路管理署焦家林、王永兴、杨文欢在 2006 年上海市重大工程立功竞赛活动中，被上海市重点工程实事立功竞赛领导小组给予记功奖励。

4 月 奉贤区成立乡村公路建设、危桥管理办公室，区公路市政工程管理署具体负责此项工作。

5 月 撤销上海市奉贤区城市路政管理中队，城市路政管理职能归口上海市奉贤区城市管理监察大队，人员编制归口公路管理署。

6 月 奉贤区公路管理署王建萍(女)，被交通部评为全国农村公路通达情况专项调查先进个人。

10 月 胡怀任奉贤区公路市政工程管理署署长。

10 月 建立中共奉贤区公路市政工程管理署总支部委员会，焦家林任党总支部书记。下设第一党支部，焦家林兼任书记，第二党支部陈永星任书记。

11 月 上海市市政工程管理局颁发《上海市乡（镇）村公路管理规定》。

是年 南桥镇通过市级验收，成为无障碍设施示范镇。

2008 年

2 月 奉贤区公路市政工程管理署增设乡村公路管理科，编制 7 人。

4 月 上海市建设和交通委员会主任黄融到奉贤检查乡村公路改建工作。

5 月 奉贤区公路市政工程管理署全体职工向四川汶川地震专区捐款 3 万余元。

6 月 奉贤区公路管理署焦家林，在 2007 年上海市重大工程立功竞赛活动中，被上海市重点工程实事立功竞赛领导小组授予优秀组织者称号。

12 月 奉贤区公路管理署战备仓库，被交通运输部交通战备办公室评为全国交通运输系统国防储备器材管理先进战备仓库。

2009 年

1 月 奉贤区公路管理署胡怀，在 2008 年上海市重大工程立功竞赛活动中，被上海市重点工程实事立功竞赛领导小组授予建设功臣称号，并记功奖励。

5 月 7 日 奉贤区人民政府办公室转发区建交委《关于奉贤区农村公路管理养护体制改革实施方案的通知》。

6 月 5 日 奉贤区建交委印发《奉贤区农村公路管理养护实施细则》。

7月15日 奉贤区举行乡村公路管理站授牌仪式，8个建制镇、上海工业综合开发区、现代农业园区及海湾旅游区、奉贤化工分区、上海海港综合经济开发区分别成立乡村公路管理站，配备人员58名。副区长徐剑萍、区建交委主任施连规等出席。

9月 奉贤区委书记张立平检查年丰路段建设。

12月31日 上海市奉贤区公路市政工程管理署和上海杰唯时新材料技术有限公司、同济大学联合完成开发的“废旧橡胶人行道铺面技术研究与应用”项目，通过上海市城乡建设和交通委员会验收。废旧橡胶人行道铺面技术先后在奉贤区南桥镇秀龙路、古华路、秀南路等路段应用。2010年5月，废旧橡胶人行道板应用于上海世博园世博大道，被第二届上海发明创新大赛组委会评为上海发明创新奖二等奖。在科学技术部进行科技成果登记。

12月 奉贤区公路市政工程管理署升格为副处级事业单位。

是年 根据奉贤区新农村建设三年行动纲要，奉贤区全面开展农村路桥改造工作。至2011年年底，全区完成1478座桥梁改（扩）建，改造乡村公路966千米，其中为经济薄弱村改建桥梁235座，改建乡村公路298千米。

是年 交通运输部颁布《公路养护技术规范》。

2010年

1月 奉贤区公路管理署王永兴，在2009年上海市重大工程立功竞赛活动中，被上海市重点工程实事立功竞赛领导小组给予记功奖励。

1月 于光新任奉贤区公路市政工程管理署党总支书记。

5月 奉贤区公路管理署被评为2009年度上海市公路行业职工思想政治工作优秀工作奖。

5月 位于西渡口集公交、轨道交通两用的双层闵浦二桥竣工，公交汽车通车。

8月 奉贤区区长时光辉考察乡村公路建设。

9月 奉贤区公路管理署胡怀、杨文欢在“服务世博、奉献世博”立功竞赛活动中，被中共上海市委、上海市人民政府授予“上海世博工作优秀个人”称号。

2011年

1月 奉贤区公路管理署副署长陈涛被上海市重点工程实事立功竞赛领导小组授予2010年上海市重大工程实事立功竞赛建设功臣称号。

3月 奉贤区公路市政工程管理署党总支，被中共奉贤区委评为2010年度奉贤区“创先争优、世博先锋行动”先进基层党组织。

6月 林海公路南奉公路跨线桥建成，奉贤境内双向6车道，长12.75千米，一级公路（汽车专用），竣工通车。

8月 金大公路（林海公路—浦星公路）竣工通车。

8月 奉贤区公路管理署胡怀，被交通运输部评为全国农村公路建设质量年活动先进个人。

是年 奉贤区公路市政工程管理署推行废旧橡胶人行道等新技术，研发应用注浆加固工艺、跨线桥及地道远程监控系统、清扫车辆GPS定位、透水沥青路面、桥梁运行监控系统、温拌沥青及冷再生应用，提高公路养护管理科技含量。

2012年

9月 奉贤区公路管理署工程监管科，被评为2011—2012年度上海市城乡建设和交通系统青年文明号。

11月1日 奉贤区公路管理署、上海弘路建设发展有限公司、上海市建筑科学研究院、同济大学共同完成的“道路注浆加固技术研究与应用示范”项目，通过上海市城乡建设和交通委员会验收。

是年 奉贤区大联动建交委处置平台（路网监控中心），在区公路市政工程管理署建立、配备工作人员4名，监控全区路网运行情况。

是年 平庄西路浦卫公路以西路段竣工，平庄东路至平庄西路全线贯通。

是年 奉贤区大联动建交委处置平台（网络监控中心）在区公路市政工程管理署成立。

2013年

3月 上海市路政局局长戴晓坚、副局长严炯浩到奉贤检查乡村公路建设工作。

4月27日 奉贤区公路市政工程管理署组织部分职工赴韶山进行爱国主义教育活动。

4月 上海奉贤公路建设发展有限公司被命名为上海市文明单位。

4月 上海奉贤公路建设发展有限公司沥青摊铺队，被中华全国总工会命名为“工人先锋号”。

12月25日 轨道交通5号线沪杭公路高架段综合配套工程开工仪式，在闵浦二桥奉贤段落地处举行。

是年 海湾路、航南公路、团青公路经三年努力创建成市级文明样板路，全长18.45千米。

2014年

1月 奉贤区公路管理署、奉贤区市政工程管理署分别恢复奉贤区公路管理所、奉贤区市政工程管理所名称。

同月 奉贤区公路管理所李飞成，在2013年上海市重大工程立功竞赛活动中，被上海市重大工程实事立功竞赛领导小组授予优秀建设者称号。

同月 奉贤区公路管理所工程监管科，在2013年上海市重大工程立功竞赛活动中，被上海市重大工程实事立功竞赛领导小组评为优秀集体。

3月 奉贤区公路市政工程管理所建立“文华热线”，接待（收）处理全区市政路桥方面来信、来电、来访，至年末处理群众信访来电535件，处理答复率100%。

4月 奉贤区公路市政工程管理所战备仓库，被国家交通战备办公室评为国防交通物资储备优秀仓库。

11月 奉贤区委书记周平检查新奉公路整治工作。

12月30日 上海市交通委主任孙建平、设施运行处处长姚文华到奉贤区检查公路设施管理工作。

是年 奉贤区公路管理所参加上海警备区组织的机动支援作战军民一体综合保障演练。

是年 由奉贤区公路管理所管理，上海弘路建设发展有限公司、上海古越市政建筑有限公司施工的平庄西路（江海南路以西）、环城东路、沿钱公路中修工程工地，被评为2014年度市级文明工地。

2015年

1月1日 奉贤区区管道路交通标志、标线、可变车道、路口诱导屏等四类设施建设、管理、维护职责移交区公路市政所。

1月 奉贤区公路市政工程管理所聘用专业人员2名，编写《奉贤建设交通志》公路市政工程方面资料。

2月 奉贤区公路管理所周天、朱峰被上海市交通战备办公室评为2014年度上海市储备物资管理先进个人。

2月 奉贤区公路管理所唐勤荣被交通运输部评为全国农村公路养护与管理先进个人。

3月12日 奉贤区公路市政工程管理所印发《奉贤区公路、市政大中修工程检查考核办法》。

3月18日 奉贤区市政工程协会召开第三届第一次会员大会，选举产生第四届理事会，理事会由上海市奉贤区市政工程管理所、上海弘路建设发展有限公司等9家单位组成，胡怀为理事长。

4月1日 奉贤区公路市政工程管理所召开全员参加的公路规范化、法制化、信息化、科学化管理砺练活动动员大会，区建交委副主任陶立等出席会议。

4月 奉贤区公路、市政工程管理所被评为2013—2014年度奉贤区文明单位。

4月21日 奉贤区2014年度公路市政道路养护管理总结暨表彰大会在区公路管理所召开。

4月24日 奉贤区2014年度乡村建设管理养护工作总结表彰会在区公路管理所召开。

5月26日 奉贤区公路管理所、奉贤建发集团在浦东铁路星火地道泵站，联合举办防汛防台地道泵站应急处置培训和演练。

6月10日 上海市市政公路行业协会党委书记陶明生、副书记陈曦蓉带领协会党办、团委和会员部人员一行，到协会奉贤办事处对党建工作开展调研。

6月17日 奉贤区公路市政工程管理所职工技术协会注销登记。

6月18日 奉贤区2014年度公路市政中修工程总结暨2015年度工作部署会在区公路管理所召开。

7月 奉贤区公路管理所南海公路超限临时卸载点启用，配备驻路政执法人员6人、交警2人。7—12月，共卸载超限货物1157.52吨。

7月13日 交通部国防交通物资规范化管理检查小组，到奉贤区公路市政工程管理所交通物资储备仓库进行检查。

7月31日 上海市路政局在奉贤区召开2015年度上海市农村道路工作现场推进会，市路政局局长刘斌、副局长姜敏、交通大学道路安保工程科研组等60余人，检查四团镇西横路生命安全防护工程示范路段。

8月31日 上海市路政局公共服务进社区领导小组，对奉贤区公路市政工程管理所“公共服务进社区”先行先试活动进行评审。

10月21日 奉贤区公路市政工程管理所在金汇镇召开乡村公路规范化建设现场观摩会，于光新、胡怀等所领导及相关部门40余人参加。

11月13日 奉贤区人民政府召开贯彻市委、市政府“推进城乡一体化发展，基础设施投入向郊区倾斜”、制定2015—2017年奉贤区公路桥梁建设重点项目动员大会。其中G228国道、昆阳路越江大桥、快速公交系统等项目相继启动筹建。

11月 奉贤区公路管理所朱峰，被南京军区交通战备办公室评为国防交通储备物资管理先进个人。

12月17日 奉贤区公路市政工程管理所所长胡怀出席上海市市政公路行业协会第七届会员大会第一次会议，当选为理事会理事。

12月25日 上海市人民政府在奉贤召开区区对接道路现场会，副市长蒋卓庆、市政府副秘书长黄融等出席大会。

12月 奉贤区公路市政工程管理所党总支书记于光新，被全国公路职工思想政治工作研究会评为2015年度全国公路系统优秀党务工作者。

12月30日 奉贤区公路市政工程管理所在南海公路浦东铁路跨线桥开展处置公路桥梁冰雪灾害综合演练。

是年 奉贤区公路市政工程管理所“文华热线工作室”“文华志愿服务队”“文华热线微信公众服务平台”开设，全年接收公路市政行业案件3190件，结案3190

件，处置来电、来信、来访、网投等283件，处置率100%。

是年 轨道交通5号线奉贤段建设正式启动，全长19.51千米。次年末，列车上线调试。

2016年

1月2日 连接奉贤金海公路与市区虹梅南路的越江隧道工程竣工。

1月22日 奉贤区公路市政工程管理所召开党员大会，选举产生新一届中共奉贤区公路市政工程管理所总支部委员会，于光新连任党总支部书记。

2月15日 奉贤区公路市政工程管理所召开《奉贤区公路市政道路志》编纂工作会议，党总支书记于光新、所长胡怀主持会议并讲话。

2月29日 奉贤区公路管理所“文华热线”志愿者服务队被上海市精神文明建设委员会办公室评为2014—2015年度上海市志愿服务先进集体。

3月17日 奉贤区公路市政工程管理所召开中层干部竞聘上岗动员大会。4月15日进行竞争上岗述职演讲。8月9日，中层干部正式任免。

3月18日 奉贤区公路市政工程管理所举办《公路养护安全作业规程》培训班，公路、市政、养护单位等近百名管理人员参加培训。交通运输部公路研究院副总工程师、研究员、《公路养护安全作业规程》主编王松根授课。

4月6日 上海市交通战备办、市路政局在奉贤区主办，奉贤区公路管理所承办的“2016年上海市交通战备钢桥架设演练”活动在奉贤区举行。

4月 奉贤区公路市政工程管理所“文华热线”团队，被市总工会授予“上海市工人先锋号”称号。

5月27日 奉贤区公路市政工程管理所党总支召开“两学一做”（学党章党规、学习近平总书记系列讲话精神、做合格党员）学习教育动员大会。

6月8日 奉贤区建设交通委员会副主任陶立等暗访督查环城东路、南海公路地道泵站及金海公路G1501、南庄路S4等沿线桥下空间使用管理工作。

6月 上海首条快速公交系统（简称BRT，规划南桥汽车站—东方体育中心）在奉贤开始建设，全长31.2千米，奉贤境内设11个车站。

7月1日 奉贤区公路市政工程管理所退休党员何令杰向党组织交特殊党费1000元。

7月25日 奉贤区副区长陈华文等领导到环城东路浦南运河桥抢修工地慰问工人、交警、交通志愿者。

8月12日 奉贤区公路市政工程管理所被交通运输部授予2014—2015年度全国交通运输行业精神文明建设先进集体。

8月23日 奉贤区建交委主任施连规、副主任陶立等到环城东路浦南运河桥施工工地检查工作。

8月24日 市路政局党委副书记、副局长徐新忠到奉贤区考察公路文化建设工作。

9月1日 为做好在杭州召开的“G20峰会”保障工作，奉贤区公路市政工程管理所开展代号为“铁奉”的车辆超限运输集中整治活动。

9月 奉贤区公路市政工程管理所杨文欢被中国公路学会授予全国公路优秀科技工作者称号。

11月15日 上海市路政局组织专人到奉贤区检查金大公路及海湾路、瓦洪公路、航塘公路创建市文明样板路段工作。

12月12日 市路政局在奉贤区奉浦大道（竹港桥—环城西路）召开水泥混凝土板块现场再生工艺观摩活动，推动节能环保工作。

是年 奉浦大道建设项目获奉贤区首个国家市政类最高质量奖——“全国市政金杯示范工程”称号。

2017年

1月5日 胡怀调离，于光新主持奉贤区公路市政工程管理所行政工作。

1月 G228国道两港西大道至金山区界路段全线启动前期工作，已签动迁居民264户、企业79家。海湾路至金山区界路段实质性启动，长7.9千米，预算投入资金10.6亿元。

2月13日 奉贤区人民政府印发《奉贤区“四连通”工程项目建设的实施意见》的通知（“四连通”工程即道路连通工程、林绿连通工程、河道连通工程、灯光连通工程），“四连通”工程全面启动建设。

3月 奉贤区建设和管理委员会、奉贤区交通委员会主任施连规，奉贤区建设发展（集团）有限公司党委书记、副总经理张煜，在区公路市政工程管理所党总支书记于光新陪同下，检查公路建设、管理、养护工作。

5月31日 奉贤区公路市政工程管理所工会换届改选，周天当选为主席。

6月 《奉贤区公路市政道路志》编写下限延长至2017年，以记载奉贤区2015—2017年在建的重大工程项目。

7月25日 昆阳路越江大桥（又名闵浦三桥）在黄浦江打下第一根钢桩，大桥建设正式启动。

8月1日 奉贤区公路市政工程管理所篮球队，在上海空军预备役地空导弹兵团组织的庆祝中国人民解放军建军90周年“砺剑长空、军旗飞扬”军民共建篮球比赛中获第二名。

8月17日 奉贤区市政工程管理所增设城市综合管理科，编制12人。

8月 奉贤区公路市政工程管理所按照巩固创建全国文明城区的公路、市政道路管理要求，安排职工54人，分别深入全区7个镇2个街道55条道路，开展巡查工作，迎接全国文明城区复查。

8月 奉贤区公路市政工程管理所，组织全体职工学习交通运输部近期颁布的《公路水运工程安全生产监督管理办法》，加强公路施工、公路路政安全监督管理。

9月 奉贤区公路市政工程管理所职工代表队，在奉贤区建设和交通系统六人制足球比赛中获第一名。

10月9日 奉贤区公路市政工程管理所办公室主任宋月超，被中共奉贤区委组织部选拔为奉贤区百名青年干部之一，去北京央企挂职锻炼，时间一年。

10月下旬 中共奉贤区公路市政工程管理所总支部委员会，组织全体党员学习党的十九大会议精神，领会习近平新时代中国特色社会主义思想内涵，结合工作实际，不忘初心，高标准严要求做好公路市政道路管理工作。

12月20—21日 奉贤区公路市政工程管理所党总支、工会结合十九大文件学习，组织全所64名在职职工分两批到青浦陈云纪念馆参观，进行不忘初心、牢记使命、永远奋斗的教育。

是年 奉贤区公路市政工程管理所深入社区、部队开展各项服务，收到南桥镇富康社区、驻奉94869部队送来锦旗两面。

是年 奉贤区公路管理所在南庄公路推广应用LED路灯，被国际半导体照明联盟评为2017年全球半导体照明示范工程100佳。

是年 快速公交系统奉贤段道路全部建成。

是年 轨道交通5号线列车上线调试。

2018年

1月15日 张移任奉贤区公路市政工程管理所所长。

1月25日 奉贤区公路市政工程管理所组织科级以上干部、各镇（街道、开发区、社区）乡村公路管理站负责人学习习近平在十九大报告中提出的振兴乡村战略思想，部署农村“四好”路建、管、养工作（“四好”为建设好、管好、护好、运营好）。

3月7日 周天调任奉贤区航务管理所所长。

3月9日 奉贤区委书记庄木弟、副区长顾耀明等有关部门领导检查大叶公路全线改建工程。

4月19日 中共中央政治局委员、上海市委书记李强，市委常委、市委秘书长诸葛宇杰由奉贤区委书记庄木弟、区长华源陪同，在奉贤新城调研市政规划建设。

4月20日 奉浦快线（快速公交系统）正式启动运营，与轨道交通8号线衔接。

4月26日 上海市交通委主任谢峰等一行到奉贤调研奉浦快线运行和轨道交通5号线南延段工程建设，奉贤区领导庄木弟、华源参加。

第一章　道　路

奉贤地处杭州湾北岸，自古为江南水乡，以舟楫为行。陆路多为乡间小路。民国18年（1929年）始筑沪闵南柘公路（今沪杭公路）闵南段。民国26年（1937年）10月，筑奉金公路（今南亭公路）。民国31年（1942年）日伪强迫民工筑建青（村）泰（日）公路、南（桥）奉（城）公路、奉航公路，徒为土路基未通。抗战胜利后，以里护塘为路基的四（团）柘（林）公路开通。1956—1966年，为恢复生产、发展经济、改善交通，先后筑竣（修建）南航公路、南奉公路、奉干公路、川南奉公路、齐金公路、光钱机耕路、新奉机耕路。“文化大革命”期间，公路修筑工程项目减少。1985年全县省县道20条，总长197.49千米。1986—1989年，为适应改革开放与市场经济发展，又先后修筑改建泰青公路、新奉公路、萧邬公路、五四公路、星火公路、南胡公路、庄胡公路、沿浦公路、彭平公路、萧金公路等。其间，实现全县公路乡乡通。1994—1997年，先后建成亭大公路、莘奉公路、大叶公路。全县公路基本形成以省、县道为主干道的“九纵六横”公路格局。至2005年，亭大公路、莘奉公路分别改建成上海绕城高速公路、沪金高速公路，新建沪芦高速公路。2017年，大叶、金海、浦卫公路全面改建。六奉、新林公路区区对接工程启动。国道G228、省道S3、昆阳路越江工程，金庄路、民乐路、望园南路延伸工程，运河北路—泽丰路综合改造工程同步推进。南港路、BRT快速公交道路竣工。是年，奉贤区有公路559条，其中国道2条、省道8条、县道72条和乡村道路477条，总长1455.88千米。其中，国道、省道、县道、乡村道路密度，由1984年的每平方千米0.28千米增加到2.02千米。国道、省道、县道公路全长599.87千米，比1985年增长204%。

解放前，奉贤县各集镇的市政道路建设步履艰难。县城南桥镇以余庆桥北堍呈十字形的东街、西街、南街、北街为中心，有协和弄、东园弄、西园弄等巷弄29条，路面多为石板条或砖砌、泥沙结构。奉城镇护城河内亦以东街、西街、南街、北街组成十字形街道，东西街、南北街各长750米。其他集镇多数以一字形东西向或南北向为主的老街，巷弄弯曲狭窄。

解放后，以南桥镇为重点的市政建设迅速发展，市政道路不断筑竣和改扩建。70年代，主要修筑化肥厂路、人民路、新建路、立新路。80年代，修筑解放路、南中路、运河路、延长新建路，不少巷弄拆建拓宽。1988年，建成环城路（今环城东路一段）。至2017年，全区以南桥镇环城东路、环城西路、环城南路、环城北路和横向的运河北路、新建路、解放路、育秀路、轿行路，纵向的望园路、远东路、古华路、人民路、南桥路、江海路、菜场路等市政道路110条。大型居住社区市政道路17条，总长100.31千米。全区其他集镇市政道路224条，总长129.24千米。总计，全区市政道路351条，总长229.55千米。

2015年，全区有公路附属设施排水管网251.11千米，排水泵站10座，涵洞124道，公路绿地面积1115.7万平方米，国道、省道、县道、乡村道路行道树等乔木总计6458.5百株，县道及乡村公路绿化里程1190.19千米，绿化里程率97.45%。公路、市政道路路灯4万盏，交通信号灯451个，各类标志标线2753.83千米，横道线3.66万平方米，公路中心隔离设施270.55千米，市政道路各类护栏52.3千米。

2017年奉贤区公路构成情况表

表1-1

公路地位	条数（条）	里程（千米）	占总里程(%)	公路地位	里程（千米）	占总里程(%)
合计	559	1455.88	100	合计	1455.88	100
国道	2	50.32	3.46	高速公路	75.06	5.16
省道	8	141.65	9.72	一级公路	27.83	1.91
县道	72	407.90	28.02	二级公路	349.71	24.02
乡道	411	791.60	54.37	三级公路	447.60	30.74
村道	66	64.41	4.43	四级公路	555.68	38.17

第一节 公 路

一、国 道

2017年，奉贤境内有国道2条，总长50.32千米。

1．**上海绕城高速公路** 上海绕城高速公路（以下简称绕城高速，2002—2005年曾称A30，路线编码G1501），是上海市境内最外围的一条环城高速公路，因路绕城而命名，全长189千米。绕城高速奉贤段东起南汇区（今属浦东新区）区界，途经四团、奉城、青村、南桥、庄行5镇，西入金山区。境内全长41.27千米，规划红线宽60米。

奉贤境内绕城高速分为东南环段（南汇区区界至庙泾港西200米）、南环段（庙泾港西200米至金山区区界）。奉贤境内绕城高速南汇区界至庄良公路路段是在大亭公路基础上改扩建，庄良公路至金山区界为新建路段。

奉贤境内绕城高速按全封闭、全立交高速公路设计，双向4～6车道，车速每小时80千

2016年上海绕城高速公路南桥镇路段

米～100千米，路幅宽32米。东南环段2002年秋开工，2004年12月建成试通车。2005年7月与沪金高速公路对接。南环段2002年12月26日动工，2005年12月竣工通车。均为沥青路面结构，全线抗震标准为基本烈度6度。东南环线、南环线总投资40.47亿元。奉贤境内设新四平、瓦洪、奉城、林海、浦星、浦卫公路6个收费站，建有7座互通式立交桥。

2．**丹东线**　亦称新沪杭公路，路线编码G228，境内由纵向、横向两个路段组成。纵向路段浦东新区南芦公路起沿新四平公路止于两港大道，全长9.05千米。横向路段东起两港大道止于金山区界，全长32.48千米，境内总长41.53千米。1998年建成的新四平公路（南芦公路—两港大道）路段今改为丹东线路段。2017年始建金山区界至海湾路段。

二、省　道

2015年，奉贤境内有省道8条，总长141.65千米。

沪芦高速公路　路线编码S2，2002—2005年曾称A2，北起上海市区外环线环东二大道立交桥，经浦东新区、奉贤区，南至东海大桥陆上段芦潮港镇，以起讫地首字命名，全长42.31千米。奉贤段北起南界河（今属奉城镇头桥社区）、止于四团镇拾村村，境内全长8.71千米。双向4车道，设计车速每小时100千米。用地宽度60米，路幅宽32米，沥青路面，净高度5米，抗震标准为基本烈度7度。奉贤境内设大叶公路、新四平公路收费站，建有2座互通式立交桥。2002年6月动工，2004年12月建成通车。

沪金高速公路　沪金高速公路（路线编码S4，2002—2005年曾称莘奉金高速、A4），因上海市区经奉贤到金山，以起讫地首字命名，奉贤段全长25.08千米。奉贤段分为北段和南段，北段北起奉浦大桥，南至新林公路，长17千米，在原莘奉公路基础上建成。南段新林路起至金山区界，长8.08千米，为新建工程。1994年3月至1998年莘奉公路奉贤段先后开工、竣工。1998年12月25日全线通车。2001年莘奉公路改扩建为沪金高速公路，2002年12月建成通车。

沪金高速公路自奉贤北部，经西渡社区（今西渡街道）、奉浦开发区、农业园区、南桥镇、柘林镇，西南进入金山区。规划红线60米，双向4车道，沥青路面。在奉贤境内

沪金高速公路奉贤路段

的西闸公路、大叶公路、航南公路、海湾路、目华路（上海化工区）、庄胡公路，设6个匝道收费站，建有5座互通式立交桥。

沪金高速公路奉浦大桥至海湾路段，在原莘奉公路基础上按高速公路标准改扩建。海湾路至金山区界按高速公路标准全部新建。标准横断面为中央分隔带，宽度为2米，机动车道宽23米，硬路肩各宽3米，土路肩各宽1.5米，边坡、绿化平台等各宽4米～7米不等。沪金高速已成为上海至奉贤主要通道。2013年，奉浦大桥日车流量7.7万辆。

南亭公路　路线编码S325，东起南桥西至金山区亭林镇，以起讫地首字而命名，早期有过金奉、奉枫、奉松、新马路等多种名称，始筑于民国26年（1937年），时长8.5千米，单车道，煤渣路面。解放后重建。1985年路基宽11米，路面宽7米，黑色油渣路面。1993年沪杭公路南桥镇区段改线，今南桥路南奉公路向西原沪杭公路改为南亭公路，经庄行至区界龙泉港进入金山区，与车亭公路相连，奉贤境内全长9.6千米。1997年，南桥路至沪杭公路拓宽至16米，双向4车道。2003—2005年，南桥路至叶庄公路拓宽为4快2慢车道，沥青路面。

2016年南亭公路南桥镇区路段

南奉公路　路线编码S325，西起奉贤区今南桥镇南桥路（原沪杭公路段），经光明社区、青村镇至奉城镇护塘角，以起讫地首字命名，时全长18.9千米，路幅宽6米，碎石路面，始建于1956年。1985年，改为油渣路面。1993年7月，南奉公路（护塘角—庙泾桥段）第一次拓宽裁弯取直改建工程开工，长13.78千米。1994—2004年，庙泾港至南桥路分3次拓宽，长4.26千米。2016—2017年，建快速公交，南桥汽车站至浦星公路路段再次改扩建，全线总长18.04千米，双向4车道至8车道，沥青路面。

川南奉公路　路线编码S221，因跨川沙、南汇、奉贤3县故名。四团镇至柘林镇的里护塘路段解放前为四柘公

2010年川南奉公路四团镇区路段

路。1962年，在奉贤境内的里护塘、南汇、川沙县的钦公塘基础上始筑川南奉公路。起自川沙县老鹳嘴，沿南汇县、奉贤四团、奉城、塘外、钱桥至柘林，全长79.4千米。1973年，柘林镇至奉城护塘角里护塘段改建为奉柘公路。今川南奉公路止于奉城镇护塘角新奉公路，奉贤境内全长12.61千米。1985年，奉城镇至四团镇路段降坡拓宽。1996年，洪庙镇段路面向北侧拓宽4米，四团镇段路面拓宽至14米，沥青路面。2006年，东自沪芦高速公路至四团镇区扩建双向4快2慢车道，连接团青公路，路幅宽25米，沥青路面。

浦星公路 路线编码S123，原名沿浦公路，1987年始筑，北起浦东新区济阳路，南达星火开发区，以起讫地首字命名，奉贤境内前后分3次建成。1987年始筑星火开发区至金钱公路。1997年，始筑南奉公路至金钱公路路口段。2000年，筑闵行区界至南奉公路路段。2005年，在1987年始筑的原沿浦路（金钱公路浦星公路交界处—海湾旅游区碧海金沙）基础上拓宽为浦星公路南段，改称为浦星公路，全长20.58千米，途经金汇镇、青村镇和海湾旅游区。规划红线45米，路幅宽32米，设4快2慢车道，设计时速100千米。沥青路面，一级公路，沿途建桥梁9座，涵管73道。总投资1.42亿元，其中市投资1.21亿元，区（县）投资2110万元。2006年建人民塘路至金汇塘路段。

2010年浦星公路海湾镇区路段

大叶公路 路线编码S324，初名叶大公路，东起原南汇县大团镇南芦公路，西至原松江县叶榭镇车亭公路，以起讫地首字命名，全长38.23千米；奉贤路段长32.96千米。1995年10月，开始建设大叶公路基础工程。是年末至次年春，完成奉贤境内路段80万立方米土路基堆筑，管线迁移和涵洞建设，动迁109户，拆迁建筑面积1.65万平方米。1996年2月，成立叶大公路建设有限公司，负责奉贤段工程的筹资、建设和管理。二级公路，沥青路面。是年3月动工，1997年7月竣工通车。大叶公路以金钱公路为界，东至南芦公路的19.44千米为新建路段，西至千步泾河段为改建路段。竹港桥至泰青公路路面宽24米，设4快2慢车道，其余路面宽均为15米，2快2慢车道，设计时速为60千米～80千米。1997年7月，根据国务院关于自筹资金建设的公路“可实行收费通行”的规定，在大叶公路与新奉、莘奉、庄邬等公路设置4个收费站收费。2000年12月停止收费。

林海公路 路线编码S227，北接今浦东新区三林镇杨高南路，南至奉贤滨海，以起讫地一字命名。工程南端先期实施至平庄东路，路线全长27.8千米。奉贤区界至平庄东路14.07千米，双向6车道，一级公路，沥青路面，2011年6月竣工通车。

2016年林海公路青村镇路段

三、县　道

2017年，奉贤境内有县道72条，全长407.9千米，其中18条主要干道长218.78千米。

1. 主要干道

沪杭公路 上海市徐家汇起至杭州市，以起讫地首字命名，旧称沪闵南柘公路。闵南路段始建于民国18年（1929年）。民国21年（1932年）筑南柘、柘南（里护塘为基础）路段，境内长24.78千米，国道。解放后经历多次修筑。1973年南闵路段拓宽裁弯取直，路幅拓宽至10.5米。1985年，路宽6.5米～14米，三级公路，改为省道。1990年，南桥姚家巷至柘林路段拓宽为13.5米，沥青贯入式路面。1991年，西渡口至蒋家坞段，按二级公路标准改建，水泥路面。1993年，沪杭公路镇区段改线，今航南公路至南奉公路路段改名为南桥路，南桥路南奉公路向西路段改为南亭公路。1995年，沪杭公路奉贤县段改建工程全部完成，路幅宽29米～33米，全长20.99千米，沥青路面，双车道至4车道，改为县级公路。

2016年沪杭公路南桥路段

航南公路 东起航头，西至南桥北街，以起讫地首字而命名，1956年始筑，时长15.42千米。现路段东起原南汇区交界，西至浦卫公路，全长17.44千米。1996年，南桥镇区段向北改线，筑莘奉公路至南桥路段，长2.1千米，镇区路段改名为运河路。2003年，莘奉公路至金钱公路路段拓宽，沥青路面，双车道至4车道。2009年由南桥路向西延伸至浦卫公路。其中，环城西路至浦卫公路为6快2慢车道，南桥路至环城西路与沪杭公路为重复路段，4 快 2 慢车道。

金钱公路　北起金汇镇，南至钱桥社区奉柘公路，由原金齐公路、沿浦公路、闸钦公路、光钱公路 4 条路段组成，以起讫地首字而命名。全长 14.49 千米，途经原金汇、齐贤、光明、钱桥 4 镇。其中光明至奉柘公路段，1960 年始筑。1978 年开挖金汇港建闸钦公路。1981 年竣工。路幅宽 15 米，沥青路面，三级公路，双车道。金汇港西侧光钱公路路段降为乡道。

奉柘公路　原是解放前在里护塘上辟建的四柘公路西段。1962 年建设川南奉公路为川南奉公路西段（奉城至柘林）。1973 年 10 月奉城至柘林改建，以起讫地首字命名为今名，全长 19.75 千米。1985 年，路基宽 7 米～7.5 米，沥油贯入式路面。1996 年 5 月至 1997 年，沪杭公路—沿钱公路先后实施降坡工程，裁弯取直，路基拓宽至 19.6 米，路幅宽 10.5 米，沥青路面，三级公路，双车道。2003—2004 年，沿钱公路至 G1501 路段降坡，路基拓宽至 19.6 米，路幅宽 10.5 米，沥青路面，三级公路。沪杭公路至 G1501 路段，长 17.97 千米，G1501 至护塘角路段改为乡道，长 1.23 千米。

五四公路　在五四农场境内而命名。北接新四平公路（五四老场部），经五四新场部、五四变电站、红卫港至奉干公路，全长 9.1 千米，路基宽 14 米，路幅宽 7 米，沥青路面，三级公路，双车道。1981 年建成通车。

航塘公路　北起南汇航头，南至塘外镇，以起讫地首字而命名，1985 年始筑。经泰日、金汇、奉城、青村与平庄东路相接，全长 12.21 千米。1988 年建成泥结碎石路面。1992 年全线改建，南奉公路至奉柘公路为水泥路面，南汇区界至南奉公路为沥青路面。2006 年，大叶公路至南奉公路拓宽为 4 快 2 慢车道。2012 年，奉柘公路至平庄东路改为三级公路，闵行区界至大叶公路拓宽为 4 快 2 慢车道，沥青路面。其中二级公路 7.29 千米，三级公路 4.92 千米，路基宽 40 米，沥青路面，双向 2 至 4 车道。

泰青公路　北起泰日镇航南公路，南与青村镇团青公路相接，以起讫地首字而命名。全长 6.22 千米。始筑于 1987 年，泥结碎石路面。1990 年路幅拓宽至 7 米，升级为县道。1991 年竣工通车，沥青路面，三级公路。

沿钱公路　北起大叶公路，因沿金汇港南至钱桥奉柘公路而名，全长 11.33 千米，路幅宽 7 米，泥结碎石路面，始筑于 1990 年秋。1992 年改扩建，1993 年竣工通车，水泥路面，路幅宽 9 米，三级公路，双车道。2013 年，全线改建为沥青路面。

西闸公路　西起西渡光辉港，东至金汇港北闸，以起讫地首字而命名，全长 10.1 千米，路幅宽度 10.5 米，沥青路面，三级公路，双车道。1995 年始筑，1997 年全线通车。2004—2009 年，先后改扩建沪杭公路至扶港路段、沪杭公路至环城西路段，路幅宽 47 米，4 快 2 慢车道，沥青路面，二级公路。

新四平公路　与四平公路区别而命名，北起四团南芦公路，经四团、海港开发区，南接五四公路，全长 9.98 千米。1995 年始筑，1997 年竣工通车，路幅宽 37 米，2 快 2 慢车道。2003 年，G1501 至浦东铁路段拓宽为 4 快 2 慢车道，长 2.3 千米，沥青路面，二级公路。2017 年，南芦公路至两港大道路段改为国道丹东线（G228）长 9.05 千米，新四平公路只存两港西大道至五四公路路段，长 0.93 千米。

金海公路 北起虹梅南路隧道，经金汇、金海社区、南桥，南至海湾镇，以起讫地首字而命名，全长13.07千米。2002 年，新建南奉公路至奉柘公路段，路幅宽 13.5 米，水泥路面，三级公路。2003 年，新建大叶公路至浦南运河段，路幅宽 35 米，4 快 2 慢车道，水泥路面，二级公路。2004 年，拓宽南奉公路至平庄东路段、航南公路至浦南运河段、新建浦南运河至南奉公路段，6 快 2 慢车道，沥青路面。2013 年，新建大叶公路至越江隧道口，沥青路面，2 车道。2015 年末，建成虹梅南路隧道南出口至大叶公路段，路面宽 44 米，8 快 2 慢车道。2016—2017 年，其余路段全线改建。

2016 年金海公路南桥路段

瓦洪公路 规划北起瓦屑镇，南至洪庙，以起讫地首字命名，奉贤境内已建 7.81 千米。2004—2012 年，先后建 G1501 至平庄东路段、团青公路至 G1501 段、G1501 至海湾随塘河段、浦东新区至大叶公路段，路基宽 41 米，沥青路面，二级公路，4 快 2 慢车道。2004 年始筑，2012 年建成通车。

南庄路 东起南桥镇杨牌路，西接庄行镇庄良公路，以起讫地首字命名，全长 8.78 千米，2005 年始筑，2008 年建成。路幅宽 11 米～14 米，沥青路面，三级公路，双车道。

团青公路 东起四团镇镇区，接川南奉公路，向西途经奉城，在青村镇于庄村与南奉公路相通，以起讫地首字命名，全长 18.77 千米。2005—2008 年，先后建瓦洪公路至青村于庄段、川南奉公路至瓦洪公路段。2009 年全线通车。路幅宽 33 米，4 快 2 慢车道，沥青路面，二级公路。

平庄东路 为平庄公路东段而命名。东起浦东新区彭平公路，西至沿钱公路，长 21.12 千米，路幅宽 33 米，经四团、奉城、青村。2004—2009 年，先后建新四平公路至邵厂镇区段、新四平公路至沿钱公路段，4 快 2 慢车道，二级公路；邵厂路至浦东新区界，路幅宽 7 米，二车道，三级公路，沥青路面。2010 年全线通车。

金大公路 西起金汇镇齐贤社区，东至大团镇，以起讫地首字命名。跨金汇、青村两镇，全长 6.3 千米。2002 年，筑金钱公路至浦星公路段，长 1.23 千米，次年通车。2010 年，建林海公路至浦星公路段。路幅宽 35 米～42 米，长 5.07 千米，沥青路面，4快2慢车道，二级公路。2011年8月，金大公路建成，全线通车。

平庄西路 为平庄公路西段而命名。2004—2012年，先后建沿钱公路至南桥环城东路段，环城东路至浦卫公路、浦卫公路至庄良公路段，路幅宽30米～45米，二级公路，沥青路面。金海公路至浦卫公路为6快2慢车道，其余为4快2慢车道。全长16.86千米。

2015年平庄西路庄行路段

大亭公路 初名亭大公路，东起南汇县大团镇，西至金山县亭林镇，以起讫地首字命名，为上海市郊区环线之一。境内经邵厂镇、平安镇、洪庙镇、奉城镇、塘外镇、青村镇、光明镇、江海镇、庄行镇，奉贤境内全长41.06千米，总投资5.3亿元。1994年3月，完成494万立方米的土路基工程，办理土地使用手续204.5公顷，挖废土地196.4公顷，拆迁房屋251户4.58万平方米。土地征用、房屋拆迁、青苗补偿、劳力安置、土方工程费用3亿余元，由县镇二级财政支出。1996年4月，县公路管理所完成奉贤段142个道管涵工程。是年5月，路面和桥梁工程全面竣工。次年8月竣工通车。一级公路，4快2慢车道，路幅宽32米，办理用地宽度50米，车速设计每小时80千米，水泥路面。2002—2005年，大亭公路南汇区界至奉贤庄良公路段改扩建为G1501国道，沥青路面。上海绕城高速建成后，奉贤境内大亭公路仅存庄良公路至龙泉港路段。长4.16千米，由省道改为县道。

2015年大亭公路仅存的庄行路段

2．**其他干道**

2017年，奉贤境内除本节第一目介绍的18条主要干道外，境内尚有县级干道54条。全长189.12千米。

2017年奉贤区公路其他县道情况表

表1-1-1

路名	起讫地	路面结构	路基宽度（米）	里程（千米）	道路等级（千米）			建设年份
					二级	三级	四级	
沪杭支路	南桥路—运河路	沥青	9.00	0.81	0	0.81	0	1963
芦五公路	南汇交界—五四公路	沥青	10.00	2.97	0	2.97	0	1964
海农公路	奉柘公路—人民塘东路	沥青	31.00	3.30	1.16	2.14	0	1964
海兴路	青年桥—海农公路	沥青	11.00	4.13	0	4.13	0	1964
星火公路	奉柘公路—海农公路	沥青	10.60	1.71	0	1.71	0	1965
奉炮公路	奉柘公路—海马路	沥青	14.00	3.00	0	3.00	0	1967
新奉公路	南汇交界—大亭公路	沥青	26.00	10.67	10.67	0	0	1968
四平公路	川南奉公路—五四公路	沥青	13.50	6.83	0	6.83	0	1969
奉干公路	跨线桥南侧—五四公路	沥青	7.70	3.97	0	0	3.97	1969
五四支路	五四场部—变电所	沥青	16.50	2.20	0	2.20	0	1974
燎钦公路	奉柘公路—燎原大桥	沥青	10.00	5.01	0	5.01	0	1978
奉苗公路	奉干公路—随塘河路	沥青	8.00	1.13	0	0	1.13	1981
庄胡公路	南亭公路—胡桥镇	沥青	25.00	8.53	0	8.53	0	1985
沿浦公路	闵行交界—大叶公路	沥青	10.00	1.97	0	1.97	0	1988
胡滨公路	庄胡公路—银工路	沥青	9.00	2.31	0	2.31	0	1990
新杨公路	浦南运河—沧海路	沥青	40.00	8.30	0	8.30	0	1992
新林公路	浦星公路—金山区界	沥青	14.00	7.91	3.26	4.65	0	1992
洪朱公路	川南奉公路—随塘河路	沥青	22.00	6.62	0	6.62	0	1993
南桥路	沪杭公路—南亭公路	沥青	28.00	2.09	0.25	1.84	0	1993
奉浦大道	S4—环城西路	沥青	36.00	6.58	6.58	0	0	1993
金闸公路	闵行区界—大叶公路	沥青	19.00	2.85	0	2.85	0	1994
六团公路	大叶支路—S2跨线桥	沥青	15.00	4.05	4.05	0	0	1994
燎星路	燎钦公路—青年桥	沥青	8.50	2.44	0	2.44	0	1994
民乐路	海农公路—金汇港	沥青	20.00	4.12	0	4.12	0	1995
泰西路	航南公路—大叶公路	沥青	21.00	0.59	0.59	0	0	1996
庄邬公路	南亭公路—大叶公路	沥青	13.50	6.46	6.46	0	0	1996
海湾路	S4出口—海鸥路	沥青	24.00	5.47	5.47	0	0	1997
环城西路	西闸公路—航南公路	沥青	29.00	6.83	6.83	0	0	1998
环城东路(北)	大叶公路—航南公路	沥青	35.00	4.47	4.47	0	0	1998
观工路	南海公路—庄胡公路	沥青	12.00	5.30	0	5.30	0	1998
神州路	路口村—G1501	沥青	40.00	3.00	3.00	0	0	1998
金汇塘路	水闸桥—海东路	沥青	12.00	1.62	0	1.62	0	1999
金汇塘东路	堆场—金汇港东侧	沥青	20.00	3.91	0	3.91	0	2000
目华北路	S4—沪杭公路	沥青	50.00	1.67	1.67	0	0	2002
江海南路	G1501高速—南桥路	沥青	30.00	3.21	3.21	0	0	2002

续表 1-1-1

路名	起讫地	路面结构	路基宽度（米）	里程（千米）	道路等级（千米）			建设年份
					二级	三级	四级	
海思路	奉炮公路—海航路	沥青	23.00	3.45	3.45	0	0	2003
扶港路	西闸公路—大叶公路	沥青	25.00	2.69	2.69	0	0	2003
庄良公路	南亭公路—南庄路	沥青	42.00	2.02	0	2.02	0	2004
西闸支路	西闸公路—环城东路	沥青	28.00	0.65	0	0.65	0	2005
环城东路(南)	环城南路—新林路	沥青	28.00	4.56	4.56	0	0	2005
叶良公路	平庄西路—新林路	沥青	30.50	2.42	2.42	0	0	2005
庄亭公路	奉亭线—大亭公路	沥青	22.50	0.39	0.39	0	0	2005
浦卫公路	胡阮路—区界	沥青	38.00	0.97	0	0.97	0	2006
奉燎公路	新奉公路—燎钦公路	沥青	18.00	1.30	0	0.30	0	2006
北沪杭公路	西渡—闵浦二桥南堍	沥青	47.00	1.58	1.58	0	0	2007
南海公路	新林路—海思路	沥青	30.00	5.01	5.01	0	0	2008
奉海公路	团青公路—平庄东路	沥青	22.00	3.18	3.18	0	0	2009
海泉路	奉炮公路—海湾路	沥青	25.00	1.45	1.45	0	0	2009
金齐路	金汇港—沪金高速（S4）	水泥	36.00	3.21	3.21	0	0	2009
两港西大道	浦东新区界—新四平公路	沥青	44.00	3.19	3.19	0	0	2010
海航路	海思路—海龙路	沥青	46.00	1.55	0	1.55	0	2012
南行港路	金钱公路—金海公路	沥青	40.00	2.02	2.02	0	0	2014
团汇公路	浦星公路—汇丰东路	沥青	36.00	2.20	2.20	0	0	2014
秀竹路	浦星公路—金钱公路	沥青	32.00	1.30	1.30	0	0	2017

说明：路线编码见第三章第八节第二目

四、乡村道路

1. 乡道

乡道开始辟筑于60年代初。1960年2月，光明公社与钱桥公社在自辖区兴筑以碎砖为基础的机耕路，宽3.5米，长7.33千米。1963年，四团公社、平安公社在四团港东侧辟筑以碎砖为基础的机耕路，宽3.5米，长7千米。1965—1968年，齐贤公社、金汇公社及奉城公社、头桥公社分别建齐贤至金汇、奉城至头桥机耕路，70年代以上乡道经改扩建，升格为县道光钱公路、四平公路、齐金公路、新奉公路。80年代初，农业机耕普及与乡村工业发展，各乡（公社）普遍建设以碎石为基础的乡道。1985年，乡道建设纳入县级道路建设规划。90年代中后期，各镇工业园区开发，以水泥路面为主的乡道发展迅速。2007—2009年，奉贤区实施以农村路桥改扩建三年计划，乡道陆续由区公路管理署接管，路面逐改为沥青路面。2017年，全区乡道411条，总长791.6千米。

2017 年奉贤区区管乡道情况表

表 1-1-2

路线编码	路名	起讫地	路面结构	路基宽度（米）	里程（千米）	等级分类（千米）		
						二级	三级	四级
Y001310120	北横路	沪杭公路—浦江储运公司	水泥	12.00	6.82	0	1.39	5.43
Y002310120	胡阮路	浦卫公路—区界	水泥	7.00	4.71	0	0	4.71
Y003310120	邬桥友谊路	北横路—大叶公路	水泥	12.00	2.65	0	2.65	0
Y004310120	新林公路	永新中心路—庄良路	水泥	7.00	4.75	0	0	4.75
Y005310120	迎立路	浦卫公路—界河	水泥	7.00	5.97	0	0	5.97
Y006310120	寺胡路	沪杭公路—胡滨公路	水泥	7.00	6.32	0	0	6.32
Y007310120	联业路	南海公路—沪杭公路	水泥	35.00	1.83	1.83	0	0
Y008310120	兴团路	北横路—胡阮路	水泥	7.00	2.46	0	0	2.46
Y009310120	姚新路	张云村六组—南亭公路	水泥	9.00	3.78	0	0.85	2.93
Y010310120	庄行光明中心路	华更路—杨存路	沥青	12.00	4.99	0	0.74	4.25
Y011310120	芦庄路	光明中心路—浦南运河	水泥	6.00	2.02	0	0	2.02
Y012310120	庄良路	南庄路—北横路	水泥	9.00	3.70	0	0	3.70
Y013310120	沿江路	嘉华管桩公司—沪杭公路	水泥	9.40	1.28	0	1.28	0
Y014310120	鸿程路	景奉拌站—大叶公路	水泥	11.70	3.63	0	1.32	2.31
Y015310120	五星中心路	南亭公路—延安中心路	水泥	12.00	2.70	0	2.70	0
Y017310120	云牛东路	安东南路—浦卫公路	沥青	11.00	1.13	0	1.13	0
Y018310120	海泉路	海湾路—华东理工（奉贤）	沥青	20.00	0.67	0	0.67	0
Y019310120	郊奉路	张奉路—沪杭公路	沥青	6.00	4.06	0	0	4.06
Y020310120	沿村路	奉柘公路—沪杭公路	水泥	8.00	5.59	0	5.59	0
Y021310120	杨王中心路	红旗港路—平庄西路	沥青	8.00	0.79	0	0	0.79
Y023310120	团结塘路	防汛路—金汇港	水泥	7.00	13.72	0	0	13.72
Y024310120	光钱路	南奉公路—闸钦公路	水泥	8.00	4.11	0	0	4.11
Y025310120	杨牌路	南庄路—奇能汽车空调	水泥	9.00	1.27	0	1.27	0
Y026310120	北横港路	丁夏八组—金钱公路	水泥	5.00	4.49	0	0	4.49
Y027310120	中横港路	沿钱公路—金汇港	水泥	7.00	4.82	0	0	4.82
Y028310120	大庆河路	大叶公路—航南公路	水泥	7.00	4.27	0	0	4.27
Y029310120	萧南南路	航南公路—运河北路	沥青	12.00	0.61	0	0.61	0
Y031310120	金汇汇中路	沿浦路—新红路	水泥	7.00	6.23	0	0	6.23
Y032310120	新民港路	新闸河—大叶公路	水泥	7.00	3.80	0	0	3.80
Y033310120	东辉煌路	浦星公路—爱舍尔路	水泥	20.00	1.93	0	0.61	1.31
Y034310120	盐青路	城乡路—奉柘公路	沥青	6.00	3.81	0	0	3.81
Y035310120	拥军团墩路	奉柘公路—武警上海总部	水泥	7.00	1.50	0	0	1.50
Y036310120	迎金路	浦星公路—金闸公路	沥青	20.00	1.15	0	1.15	0
Y037310120	卫门路	平庄东路—彭公塘路	水泥	7.00	1.72	0	0	1.72
Y038310120	爱护路	奉干公路—燎钦公路	水泥	5.00	3.64	0	0	3.64

续表 1-1-2

路线编码	路名	起讫地	路面结构	路基宽度（米）	里程(千米)	等级分类(千米)		
						二级	三级	四级
Y039310120	人民路	泰青公路—南奉公路	沥青	9.00	3.54	0	2.40	1.14
Y040310120	航吴路	航塘公路—人民路	水泥	9.00	2.57	0	2.57	0
Y041310120	方岳路	泰青公路—浦星公路	沥青	6.00	4.57	0	0	4.57
Y042310120	北唐路	工业园区—上塑路	沥青	9.00	1.04	0	0.50	0.54
Y043310120	朱桥路	盐青路—朱桥村村委会	水泥	9.00	1.17	0	0.69	0.48
Y044310120	沿泰路	盐青公路—王家村十组	水泥	7.00	2.24	0	0	2.24
Y045310120	汇泰路	新奉公路—泰青公路	沥青	8.00	8.16	0	0	8.16
Y046310120	泰梅路	航塘公路—航南公路	沥青	8.50	3.81	0	0	3.81
Y047310120	乐善路	阳光路—泰青公路	水泥	6.00	1.12	0	0	1.12
Y048310120	奉陆路	奉新公路—航塘路	水泥	8.50	3.95	0	0	3.95
Y049310120	幸福南路	幸福村委—奉新公路	水泥	8.00	1.04	0	0	1.04
Y050310120	奉联路	联工村委—新奉公路	水泥	9.00	3.23	0	3.23	0
Y051310120	新朝路	大叶公路—奉联路	水泥	5.00	4.35	0	0	4.35
Y052310120	服民路	新朝路—新奉公路	水泥	5.00	1.71	0	0	1.71
Y053310120	蔡建路	建桥村委—奉新公路	水泥	9.00	3.17	0	1.44	1.73
Y054310120	南门港路	G1501—洁申实业公司	沥青	7.00	4.07	0	0	4.07
Y055310120	久茂路	老排路—南门港路	水泥	7.00	0.85	0	0	0.85
Y056310120	洪柴路	柴场中心路—川南奉公路	水泥	5.50	0.96	0	0	0.96
Y057310120	洪西中心路	洪西村委会—川南奉公路	水泥	6.50	1.95	0	0	1.95
Y058310120	协新路	川南奉公路—洪同路	水泥	20.00	4.69	0	3.51	1.18
Y059310120	三洪路	大泐港—洪朱公路	沥青	6.00	8.65	0	0	8.65
Y060310120	平福路	新四平路—柴场港	沥青	20.00	3.54	1.39	0	2.15
Y061310120	浦南运河路	嘉宾制衣公司—老四平路	水泥	5.00	4.45	0	0	4.45
Y062310120	港荣路	平洪路—南横河	水泥	5.00	2.29	0	0	2.29
Y063310120	潘垫南路	潘垫中心东路—庄良路	沥青	9.00	0.56	0	0.56	0
Y064310120	四团金黄路	老四平路—西横路	水泥	6.00	2.92	0	0	2.92
Y065310120	镇长路	随塘河—秦树村委	水泥	5.00	2.57	0	0	2.57
Y066310120	柘胡路	沪杭公路—目华路	水泥	6.00	1.39	0	0	1.39
Y067310120	庄行路	西纬支路—南亭公路	水泥	5.00	3.32	0	0	3.32
Y068310120	华更路	奉浦大道—南亭公路	水泥	5.00	2.08	0	0	2.08
Y069310120	潘垫东路	G1501高速—潘垫中心南路	沥青	9.00	2.63	0	2.42	0.21
Y070310120	沈陆村中心路	G1501—沈陆村二组	水泥	8.00	2.59	0	2.59	0
Y071310120	六墩中心路	G1501高速—新塘村十二组	水泥	6.50	4.04	0	1.66	2.38
Y072310120	红星村路	环城东路—江海南路	水泥	8.00	1.18	0	0	1.18
Y073310120	张奉路	平庄公路—奉柘公路	水泥	6.00	4.78	0	0	4.78
Y074310120	潘柴路	潘垫中心北路—庄良路	沥青	7.00	1.82	0	0	1.82

续表 1-1-2

路线编码	路名	起讫地	路面结构	路基宽度（米）	里程（千米）	等级分类（千米）		
						二级	三级	四级
Y075310120	潘南路	潘柴路—庄良路	沥青	7.00	1.21	0	0	1.21
Y076310120	潘柴西路	潘南路—潘垫中心北路	沥青	7.00	0.89	0	0	0.89
Y077310120	柴塘环路	潘垫中心西路—潘垫中心路	沥青	6.00	1.02	0	0	1.02
Y078310120	长浜港路	解放中心路—光明东路	水泥	4.50	1.88	0	0	1.88
Y079310120	潘垫北路	庄良路—倩舍塘	水泥	9.00	2.29	0	0.75	1.54
Y080310120	草庵路	奉柘公路—草庵村	水泥	7.00	1.27	0	0	1.27
Y081310120	中心河路	平庄公路—长丰路	水泥	6.00	2.15	0	0	2.15
Y082310120	罗神路	罗神村机口—奉柘公路	沥青	6.00	0.79	0	0	0.79
Y083310120	竹奉路	中横河路—奉柘公路	沥青	7.00	1.23	0	0	1.23
Y085310120	高麻泾路	庄良公路—倩舍塘	水泥	7.00	1.72	0	0	1.72
Y086310120	金汇庵港路	新强路—金齐路	水泥	4.50	2.57	0	0	2.57
Y087310120	陶中路	沿泰路—方岳路	水泥	4.50	1.02	0	0	1.02
Y088310120	光大路	南奉公路—李窑二支路	水泥	13.00	1.66	0	1.66	0
Y089310120	头桥向阳路	和平五组—奉乐路	水泥	5.50	2.81	0	0	2.81
Y090310120	头桥西路	富民路—向阳路	水泥	5.50	1.25	0	0	1.25
Y091310120	南宋路	518 号—新朝路	水泥	5.50	1.57	0	0	1.57
Y092310120	镇协路	洪同公路—协新路	水泥	7.00	0.92	0	0	0.92
Y093310120	青高路	奉永路—格力高	水泥	16.00	1.73	0	1.73	0
Y094310120	集贤东西路	集贤村委—集贤南北路	水泥	8.00	0.69	0	0	0.69
Y095310120	万佛阁路	团青公路—万佛阁	沥青	20.00	0.73	0	0.73	0
Y097310120	西横路	小荡村委会—团青公路	水泥	10.00	4.56	0	4.56	0
Y103310120	杨存路	千步泾桥—南亭公路	水泥	7.00	3.92	0	0	3.92
Y105310120	云牛支路	浦灵路—巨潮河	水泥	24.00	2.88	0	1.62	1.26
Y106310120	云牛路	庄郧公路—千步泾	沥青	9.00	3.35	0	3.35	0
Y111310120	张牛路	振贸钢结构厂—姚存路	水泥	6.00	2.94	0	0	2.94
Y112310120	安东南路	大叶公路—西灵路	水泥	6.00	1.86	0	0	1.86
Y115310120	沪发路	浦灵路—浦卫公路	水泥	15.00	1.98	0	1.11	0.87
Y120310120	延安中心路	沪杭公路—延安村十组	水泥	8.00	2.12	0	2.12	0
Y128310120	青村北路	唐家路—人民路	水泥	7.00	1.58	0	0	1.58
Y102310120	步韵路	东穗路—庄良路	水泥	10.00	0.85	0	0	0.85
Y145310120	湾工路	南奉公路—工农村村委	水泥	7.00	1.16	0	0	1.16
Y152310120	泰恒路	大叶公路—光泰路	水泥	12.00	0.52	0	0.52	0
Y153310120	堂富路	大叶公路—将和港	水泥	10.00	1.01	0		1.01
Y154310120	欢乐路	大叶公路—石材厂	水泥	12.00	0.85	0	0.85	0
Y156310120	恒泰路	利泰路—东善路	水泥	10.00	1.09	0	0	1.09
Y157310120	面丈路	航塘公路—泰中路	水泥	16.00	1.12	0	1.12	0

续表 1-1-2

路线编码	路名	起讫地	路面结构	路基宽度（米）	里程（千米）	等级分类（千米）		
						二级	三级	四级
Y158310120	吴窑路	航塘公路—泰中路	水泥	16.00	1.21	0	1.21	0
Y159310120	西星港路	大叶公路—梁典北路	水泥	6.00	1.95	0	0	1.95
Y160310120	金斗路	山宝公司—浦星公路	水泥	14.00	1.50	0	1.50	0
Y161310120	鼎金路	江艇路—浦星公路	水泥	9.00	0.47	0	0.47	0
Y162310120	金发路	排河—香谢丽公司	水泥	12.00	0.65	0	0.65	0
Y166310120	益北路	北新一路—大叶公路	水泥	8.00	3.66	0	0	3.66
Y170310120	宅兴路	生化厂—环城东路	水泥	12.00	1.10	0	0.55	0.55
Y171310120	柘林林海路	翁家宅—环城东路	水泥	5.00	0.86	0	0	0.86
Y172310120	平林路	北宅十二组机耕路—新申路	沥青	12.00	1.21	0	1.21	0
Y174310120	南宅路	新林路—界河	水泥	6.00	1.58	0	0	1.58
Y181310120	展公路	沙港西侧—浦卫公路	水泥	12.00	0.54	0	0.54	0
Y185310120	窑桥中心路	展公路—新街	水泥	7.00	1.36	0	0	1.36
Y187310120	欣奉路	新农河西侧—海湾路	水泥	7.00	0.98	0	0	0.98
Y199310120	集贤南北路	G1501—北横河路	水泥	7.00	0.79	0	0	0.79
Y209310120	桥富路	振兴路—头桥西路	沥青	9.00	1.19	0	1.19	0
Y213310120	大墩路	卫前路—拥军团墩路	水泥	4.50	1.25	0	0	1.25
Y217310120	团盐路	盐行四组—奉柘公路	水泥	5.00	0.94	0	0	0.94
Y222310120	大四路	西横路—长堰村村委	水泥	4.50	1.54	0	0	1.54
Y224310120	五墩中心路	五墩园区—新四平路	水泥	8.00	0.63	0	0.63	0
Y228310120	平福支路	平福路—民福路	水泥	4.50	0.80	0	0	0.80
Y235310120	六团公路	S2 跨线桥—川南奉公路	水泥	11.50	2.29	0	2.29	0
Y232310120	钜庭路	奉浦大道—南亭公路	水泥	22.00	3.37	0	1.95	1.42
Y244310120	叶庄公路	德马格机械公司—大亭	水泥	30.00	1.89	1.89	0	0
Y246310120	叶张路	北横路—大叶公路	水泥	11.00	2.76	0	2.76	0
Y250310120	相张路	大叶公路—南横路	水泥	4.50	1.12	0	0	1.12
Y251310120	西经二路	张云十组—西纬支路	沥青	20.00	1.28	0	1.28	0
Y262310120	张翁庙路	沪杭公路—竹港	水泥	7.00	1.90	0	0	1.90
Y264310120	八字桥路	韩谊路—沪杭公路	水泥	20.00	1.41	0	1.41	0
Y265310120	国顺路	韩谊路—环城西路	水泥	14.00	2.75	0	2.75	0
Y266310120	萧南路	乐康苑—国顺路	水泥	10.50	3.92	0	3.92	0
Y267310120	奉金路	S4 高速—横泾港	水泥	28.00	1.57	1.57	0	0
Y268310120	芝江路	远东路—横泾港	水泥	15.00	0.95	0	0.95	0
Y269310120	程普路	沪杭公路—环城西路	水泥	15.00	1.03	0	1.03	0
Y273310120	奉浦路	新奉公路—神州路	沥青	12.00	1.24	0	1.24	0
Y274310120	城中路	曙光路—新奉公路	水泥	12.00	0.61	0	0.61	0
Y275310120	高桥路	浦东运河—华氏印铁	水泥	12.00	1.70	0	1.70	0

续表 1-1-2

路线编码	路名	起讫地	路面结构	路基宽度（米）	里程(千米)	等级分类(千米)		
						二级	三级	四级
Y276310120	灯民路	奉粮路—皮具制造厂	水泥	12.00	1.17	0	1.17	0
Y277310120	德胜路	八字桥 537 号—浦南运河	水泥	12.00	1.47	0	1.47	0
Y280310120	南华亭路	海湾路—环城东路东侧	水泥	12.00	1.04	0	1.04	0
Y283310120	永新中心路	新胡路—永新村	水泥	5.00	1.24	0	0	1.24
Y290310120	钱桥路	星火公路—浦星公路	水泥	19.00	2.33	0	2.33	0
Y291310120	奉永路	南奉公路—G1501 高速	水泥	15.00	1.56	0	1.56	0
Y293310120	上塑路	镇南路—沿钱公路	水泥	13.00	3.91	0	3.91	0
Y294310120	张弄中心路	南奉公路—G1501 人行桥	水泥	7.00	0.82	0	0	0.82
Y298310120	红旗港路	光钱公路—杨王村路	水泥	13.50	1.98	0	1.98	0
Y300310120	金汇工业路	沿浦路—金齐路	水泥	20.00	3.73	0	3.73	0
Y304310120	江艇路	永南路—工业大道	水泥	14.00	1.49	0	1.49	0
Y305310120	腾飞路	大寨河—金钱公路	水泥	15.00	1.27	0	1.27	0
Y306310120	光泰路	能率厂—沿浦公路	水泥	24.00	7.57	0	7.57	0
Y310310120	东环路	航南公路—大叶公路	水泥	6.00	2.03	0	0	2.03
Y311310120	海丹路	大渤港路—柴场港路	水泥	6.00	6.33	0	0	6.33
Y312310120	三团港路	平福路—三团港村委	水泥	5.00	0.91	0	0	0.91
Y314310120	安泰路	北横河—平福路	沥青	12.00	1.45	0	1.45	0
Y315310120	港阳路	平北四组—中横河路	沥青	11.50	1.21	0	1.21	0
Y316310120	港鼎路	海丹路—中横河	沥青	20.00	1.49	0	1.49	0
Y317310120	港文路	北横河—海丹路	沥青	14.50	2.15	0	2.15	0
Y318310120	杨家宅中心路	北横河—彭平公路	沥青	4.50	0.68	0	0	0.68
Y321310120	平港路	红卫路—老四平路	沥青	12.00	2.16	0	2.16	0
Y322310120	海熙路	港鼎路—平安新村	沥青	12.00	2.56	0	2.56	0
Y323310120	海杰路	大渤港—新四平路	沥青	40.00	3.01	3.01	0	0
Y324310120	港极路	平庄公路—平福路	沥青	35.00	1.00	0	1.00	0
Y330310120	目华北路	S4 出口—海塘	沥青	50.00	3.93	3.93	0	0
Y331310120	苍工路	沪杭公路—鳗鲤泾	沥青	14.00	3.72	0	3.72	0
Y332310120	楚华北路	S4—楚华支路	沥青	13.00	1.64	0	1.65	0
Y336310120	海乾路	海航路—西港路	沥青	13.00	0.83	0	0.83	0
Y342310120	海鸥路	海马路—寝园西侧	沥青	18.00	2.78	0	2.78	0
Y343310120	规划路	海马路—金汇塘东路	沥青	14.00	0.52	0	0.52	0
Y347310120	环城北路	S4 高速西侧—环城西路	沥青	28.00	2.82	0	2.82	0
Y349310120	远东路	环城北路—奉浦大道	沥青	16.00	1.75	0	1.75	0
Y350310120	陈桥路	吴塘路—奉浦大道	沥青	14.00	2.35	0	2.35	0
Y360310120	汇丰北路	丁家村路—汇丰西路	沥青	12.00	2.74	0	2.74	0
Y361310120	高丰路	像村路—S4 东侧	沥青	14.00	3.50	0	3.50	0

续表 1-1-2

路线编码	路名	起讫地	路面结构	路基宽度（米）	里程（千米）	等级分类（千米）		
						二级	三级	四级
Y362310120	广丰路	汇丰东路—汇丰西路	沥青	14.00	2.90	0	2.90	0
Y363310120	茂园路	广丰路—金齐路	沥青	24.00	0.81	0	0.81	0
Y364310120	汇丰西路	汇丰北路—青长支路	沥青	14.00	4.12	0	2.05	2.07
Y365310120	望园路	大叶公路—航南公路	沥青	14.00	4.86	0	4.86	0
Y366310120	汇丰东路	高丰路—金齐路	沥青	30.00	0.90	0	0.90	0
Y367310120	永益路	城大路—永益一组	沥青	7.00	1.08	0	0	1.08
Y368310120	金海公路	大叶公路—团南公路	沥青	35.00	4.57	4.57	0	0
Y370310120	青长支路	望园路—S4 东侧	沥青	8.00	0.60	0	0	0.60
Y371310120	丁家村路	汇丰北路—丁家村机口	水泥	7.00	0.48	0	0	0.48
Y381310120	楚工路	楚华北路—联合北路	沥青	14.00	1.11	0	1.11	0
Y382310120	联合北路	浦东铁路—楚华支路	沥青	14.00	0.92	0	0.92	0
Y383310120	嘉园路	丁家村路—奉浦大道	沥青	14.50	2.60	0	2.60	0
Y385310120	茂园路	实业公司—广丰路	沥青	14.50	1.78	0	1.78	0
Y386310120	岚丰路	金海路—望园路	沥青	14.50	1.00	0	1.00	0
Y400310120	星培路	燎星路—随塘河路	水泥	5.00	1.26	0	0	1.26
Y401310120	彭公塘路	燎钦公路—沿钱路	水泥	7.00	6.97	0	0	6.97
Y406310120	海塘河路	河塘三场—河塘二场	水泥	4.50	2.58	0	0	2.58
Y407310120	排水河路	随塘河路—海塘河路	水泥	5.00	1.29	0	0	1.29
Y408310120	海湾南门港路	随塘河路—团结塘桥	水泥	7.00	1.98	0	0	1.98
Y410310120	海古路	场中路—滨海古园	水泥	8.00	1.86	0	1.86	0
Y415310120	仰古路	五四公路—滨海古园	沥青	8.00	1.20	0	1.20	0
Y416310120	洪朱南路	洪朱公路—随塘河	水泥	11.50	0.89	0	0.89	0
Y417310120	随塘河路	五四公路—奉炮公路	沥青	7.00	17.53	0	0	17.50
Y418310120	海湾场中路	五四支路—团结塘	沥青	12.00	3.18	0	3.18	0
Y419310120	木行路	航塘公路—阳光南路	水泥	18.00	1.17	0	1.17	0
Y450310120	新张路	北横路—大叶公路	水泥	6.00	2.80	0	0	2.80
Y451310120	渔汇路	叶浦路—耀光河桥	水泥	7.00	1.76	0	0	1.76
Y452310120	安郭路	耀光河桥—大叶公路	水泥	9.00	1.09	0	1.09	0
Y453310120	浦灵路	北横路—奉浦大道	水泥	5.00	5.61	0	0	5.61
Y456310120	北环路	浦耀路—友谊路	水泥	8.00	4.71	1.74	0	2.97
Y457310120	汇西路	大叶公路—西校村七组	水泥	5.00	2.48	0	0	2.48
Y459310120	东穗路	南亭公路—高麻泾桥	水泥	5.00	1.13	0	0	1.13
Y460310120	姚存路	姚新路—杨存路	水泥	5.00	1.79	0	0	1.79
Y461310120	吕桥路	沙港—红旗港	水泥	22.00	0.90	0	0.90	0
Y463310120	潘垫路	工二空调设备厂—庄良路	水泥	12.00	1.13	0	0	1.13
Y466310120	庄郭路	奉浦大道—光明中心路	水泥	20.00	1.11	0	1.11	0

续表 1-1-2

路线编码	路名	起讫地	路面结构	路基宽度（米）	里程（千米）	等级分类（千米）		
						二级	三级	四级
Y469310120	西纬支路	庄郐公路—巨潮港	水泥	5.00	0.93	0	0	0.93
Y470310120	西纬四路	庄郐公路—巨潮港	水泥	20.00	1.25	0	0	1.25
Y471310120	西纬三路	庄郐公路—巨潮港	水泥	15.00	0.94	0	0.94	0
Y472310120	杨楼路	混凝土厂—南亭公路	水泥	14.00	1.15	0	0	1.15
Y474310120	新潘路	沙港—骨港	水泥	12.00	1.09	0	1.09	0
Y475310120	安东路	安东路 69 号—大叶公路	沥青	8.00	0.67	0	0	0.67
Y476310120	汇中路	安东路—汇安路	水泥	12.00	0.71	0	0.71	0
Y477310120	团南中路	新四平公路—四平公路	沥青	11.50	0.53	0	0.53	0
Y478310120	三城路	南亭公路—滕庄路	水泥	22.00	1.04	0	1.04	0
Y479310120	竹中路	平庄西路—南横河路	水泥	5.00	1.76	0	0	1.76
Y480310120	元中路	北横河路—北横河路	水泥	5.00	1.05	0	0	1.05
Y481310120	滕庄路	庄良路—叶庄路	沥青	24.00	1.30	0	1.30	0
Y484310120	杨溇支路	庄亭公路东—庄亭公路	水泥	6.00	0.98	0	0	0.98
Y500310120	褚家中心路	浦南运河—南奉公路	沥青	7.00	0.88	0	0	0.88
Y501310120	湾张南北路	南奉公路—工张路	水泥	7.00	0.76	0	0	0.76
Y502310120	工张路	湾工路—浦星公路	水泥	5.50	1.65	0	0	1.65
Y503310120	解放中心路	工张路—解放村二组	水泥	7.00	1.41	0	0	1.41
Y504310120	观光路	解放中心路—浦星公路	水泥	7.00	1.02	0	0	1.02
Y505310120	友谊中心路	浦星公路—金钱公路	水泥	11.50	0.93	0	0.93	0
Y508310120	南横河路	拥军团墩路—草庵路	水泥	5.00	6.44	0	0	6.44
Y509310120	南张中心路	金钱公路—奉柘公路	水泥	4.50	1.13	0	0	1.13
Y510310120	朱蒋中心路	养殖基地—奉柘公路	水泥	13.00	0.69	0	0.69	0
Y511310120	金王南北路	金王村 1 组—文化新村	水泥	6.00	1.44	0	0	1.44
Y512310120	于庄路	方岳路—团青公路	水泥	7.00	1.05	0	0	1.05
Y513310120	品星路	南奉公路—G1501 高速	沥青	9.00	1.67	0	0.62	1.05
Y515310120	张弄东西路	张弄中心路—金钱公路	水泥	8.00	0.72	0	0	0.72
Y516310120	朱店路	沿钱公路—村中心路	水泥	7.00	0.58	0	0	0.58
Y517310120	光明路	张弄中心路—金钱公路	水泥	18.00	0.73	0	0.73	0
Y519310120	青窑路	光大路—盐青路	水泥	10.00	1.01	0	1.01	0
Y520310120	王家路	沿钱公路—王家村六组	水泥	9.00	0.60	0	0.60	0
Y521310120	姚南路	盐青路—民工学校	水泥	5.00	0.59	0	0	0.59
Y522310120	朱店南北路	沿钱公路—青村港	水泥	4.50	0.70	0	0	0.70
Y523310120	南星路	草庵村 622 号—草庵村	水泥	4.50	0.83	0	0	0.83
Y524310120	青村民生路	青村中心河—南奉公路	水泥	4.50	0.60	0	0	0.60
Y525310120	青村浦花路	星火自来水厂—浦星公路	水泥	5.00	0.86	0	0	0.86
Y526310120	元申路	平庄公路—申隆二村	水泥	8.00	1.37	0	1.37	0

续表 1-1-2

路线编码	路名	起讫地	路面结构	路基宽度（米）	里程（千米）	等级分类（千米）		
						二级	三级	四级
Y543310120	桐桥中心路	浦南运河路—G1501	水泥	5.00	0.83	0	0	0.83
Y544310120	南拾家中心村	川南奉公路—南拾家	水泥	5.00	0.73	0	0	0.73
Y545310120	渔村中心路	川南奉公路—东横河	水泥	5.00	0.99	0	0	0.99
Y546310120	镇长西路	西横路—公社牧场	水泥	5.00	1.66	0	0	1.66
Y547310120	四团横桥路	横桥村委会—浦南运河	水泥	4.50	1.23	0	0	1.23
Y548310120	三团港中心路	浦东铁路—五四支路	水泥	4.50	1.10	0	0	1.10
Y550310120	杨家宅路	G1501 高速—新杨公路	水泥	6.50	1.05	0	0	1.05
Y551310120	四团规划路	渔洋村—新四平公路	水泥	12.00	0.82	0	0.82	0
Y553310120	坎中路	四平公路—新四平公路	水泥	14.00	0.51	0	0.51	0
Y554310120	坎南路	四平公路—新四平公路	水泥	12.00	0.62	0	0.62	0
Y555310120	平浦路	良民中心路—老四平公路	水泥	12.00	2.39	0	2.39	0
Y556310120	海翔路	新四平公路—渔墩村八组	水泥	13.00	0.66	0	0.66	0
Y557310120	海衡路	新四平公路—海翔路	水泥	12.00	0.95	0	0.95	0
Y558310120	夏家中心路	六团公路—南芦公路	水泥	7.00	0.67	0	0	0.67
Y559310120	五四中心一路	老横河路—农家会所	水泥	7.00	0.81	0	0	0.81
Y560310120	横桥中心路	平庄支路—变电站	水泥	9.00	1.54	0	0	1.54
Y571310120	团泐路	大泐港路—柴场港路	水泥	5.00	6.62	0	0	6.62
Y578310120	民福一路	三团港—民福十四组	水泥	4.50	1.35	0	0	1.35
Y601310120	新市路	新朝路—新奉路	水泥	5.00	1.84	0	0	1.84
Y602310120	奉和路	奉新公路—向阳路	水泥	5.50	1.74	0	0	1.74
Y604310120	集贤北路	永福塔陵—瓦洪公路	水泥	9.00	1.10	0	1.10	0
Y605310120	洪同路	洪朱公路—奉干公路	水泥	5.00	2.03	0	0	2.03
Y606310120	朱协路	洪朱公路—协新路	水泥	4.50	0.93	0	0	0.93
Y607310120	奉城朱新路	洪朱公路—朱新南横河路	水泥	5.50	1.46	0	0	1.46
Y608310120	兰博路	洪运路—东门港	水泥	20.00	2.78	2.78	0	0
Y609310120	川协路	川南奉公路—兰布拉路	水泥	8.00	0.74	0	0.74	0
Y610310120	洪运路	川南奉公路—G1501	水泥	12.00	1.39	0	1.39	0
Y611310120	奉城褚大路	褚聚南路—卫门路	水泥	4.50	0.98	0	0	0.98
Y613310120	褚聚南路	奉柘公路—褚聚一组	水泥	5.00	1.91	0	0	1.91
Y552310120	坎北路	四平公路—新四平公路	水泥	12.00	0.43	0	0.43	0
Y614310120	海民南路	海民七组—燎钦公路	水泥	5.00	0.55	0	0	0.55
Y615310120	海民路	海民村委—燎钦公路	水泥	4.50	0.54	0	0	0.54
Y616310120	海民南北路	燎钦公路—浦东铁路	水泥	6.00	1.79	0	0	1.79
Y617310120	护海南北路	护海东西路—爱护路	水泥	4.50	0.95	0	0	0.95
Y618310120	老排路	觉民村四组—爱护路	水泥	4.50	3.07	0	0	3.07
Y619310120	大卫路	卫季村委—卫季村委	水泥	8.00	1.89	0	0.41	1.48

续表 1-1-2

路线编码	路名	起讫地	路面结构	路基宽度（米）	里程(千米)	等级分类(千米)		
						二级	三级	四级
Y620310120	卫季路	航塘公路—大卫路	水泥	10.00	0.84	0	0.40	0.44
Y621310120	幸福北路	幸福南路—新奉公路	水泥	5.00	1.41	0	0	1.41
Y623310120	集贤东路	G1501—北横河路	水泥	6.00	0.77	0	0	0.77
Y624310120	路口村路	路口村委会—航塘路	水泥	5.00	1.45	0	0	1.45
Y625310120	陈桥村路	陈桥村委—南奉公路	水泥	4.50	1.13	0	0	1.13
Y626310120	陆桥路	奉陆路—奉陆路	水泥	8.00	1.47	0	1.47	0
Y627310120	白衣聚村路	白衣聚村委—川南奉公路	水泥	5.00	0.46	0	0	0.46
Y628310120	洪东路	集贤北路—川南奉公路	水泥	11.00	1.57	0	0	1.57
Y629310120	路口中路	路口村居委—新川南公路	水泥	5.00	1.18	0	0	1.18
Y630310120	奉云东路	新奉公路—神州路	水泥	14.00	1.19	0	1.19	0
Y631310120	奉旺路	奉义路—奉浦路	水泥	14.00	1.37	0		1.37
Y632310120	蔡家桥中心路	大叶公路—排水河路	水泥	6.50	1.52	0	0	1.52
Y633310120	洪庙村三环路	洪西中心路—洪西中心路	水泥	5.00	1.01	0	0	1.01
Y651310120	南大路	西闸路—大同二路	水泥	12.00	1.50	0	0	1.50
Y652310120	大同路	南大路—沪杭公路	水泥	8.00	2.25	0	0	2.25
Y653310120	西渡沿浦路	沪杭公路—丰祥贸易有限公司	水泥	11.00	1.29	0	1.29	0
Y654310120	南渡村路	松尾钢结构厂—西闸公路	水泥	14.50	0.53	0	0.53	0
Y655310120	展发路	沪杭公路—鸿程路	水泥	28.50	1.07	0	1.07	0
Y656310120	刘大路	金港村刘港六组—S4 高速	水泥	10.00	0.78	0	0	0.78
Y657310120	宁富路	G1501 高速—杨牌路	水泥	7.00	1.88	0	0	1.88
Y658310120	华园路	沪杭改线段—华更路	水泥	15.50	0.66	0	0.66	0
Y660310120	牡丹园路	大叶公路—灵芝村	水泥	6.00	1.98	0	0	1.98
Y661310120	江海中心路	沪杭公路—南庄路	沥青	8.00	0.54	0	0	0.54
Y662310120	灯塔中心路	发展路—发展路一号桥	水泥	4.50	1.12	0	0	1.12
Y663310120	新民村路	汇中路—汇海制衣服装	水泥	5.50	0.65	0	0	0.65
Y664310120	叶梅村路	金港村村委会—大叶公路	水泥	6.50	1.46	0	0	1.46
Y665310120	南桥跃进路	金海公路—G1501 跨线桥	水泥	7.00	1.11	0	0	1.11
Y632910120	蔡家桥中心路	大叶公路—排水河路	水泥	6.50	1.52	0	0	1.52
Y666310120	杨王一路	南庄路—杨王二路	水泥	9.00	1.21	0	0	1.21
Y667310120	杨王二路	G1501 北—杨王一路	水泥	7.00	1.27	0	0	1.27
Y668310120	关五路	益北村—新红路	水泥	9.00	1.47	0	0	1.47
Y669310120	南桥北新中路	北新一路—新村七组	水泥	8.00	1.33	0	0	1.33
Y670310120	南桥北新一路	黄浦江边—西闸公路	水泥	5.00	0.83	0	0	0.83
Y671310120	五宅一路	五宅村四组—五宅村八组	水泥	5.00	1.50	0	0	1.50
Y672310120	五宅三路	西闸公路—五宅五组	水泥	5.00	1.25	0	0	1.25

续表 1-1-2

路线编码	路名	起讫地	路面结构	路基宽度（米）	里程（千米）	等级分类（千米）		
						二级	三级	四级
Y673310120	延安三组路	南亭公路—延安三组路	水泥	5.00	2.60	0	0	2.60
Y676310120	南桥金大路	大同路—梅家港	水泥	8.00	0.97	0	0	0.97
Y677310120	五宅路	西闸公路—关五路	水泥	9.00	0.94	0	0	0.94
Y678310120	华严二路	华更路—团南公路	水泥	5.00	0.79	0	0	0.79
Y679310120	华严六路	西闸公路—关五路	水泥	5.00	1.46	0	0	1.46
Y680310120	灯北路	鸿程路—电力塔	水泥	5.00	1.00	0	0	1.00
Y704310120	韩村路	韩谊路—沪杭公路	水泥	14.00	1.38	0	1.38	0
Y706310120	航谊路	远东路—横泾港	水泥	14.00	1.12	0	1.12	0
Y707310120	公谊路	远东路—陈桥路	水泥	14.00	0.81	0	0.81	0
Y708310120	吴塘路	S4 高速—沪杭公路	水泥	15.00	1.76	0	1.76	0
Y709310120	西韩路	竹港—沙港	沥青	21.00	1.12	0	1.12	0
Y710310120	同谊路	公谊村—沪杭公路	水泥	13.00	1.50	0	0.55	0.95
Y711310120	芝泽路	竹港—沙港	沥青	18.00	1.05	0	1.05	0
Y712310120	芝云路	东一路—西一路	沥青	16.50	0.90	0	0.90	0
Y714310120	人杰路	北三路—奉浦大道	沥青	21.00	1.04	0	1.04	0
Y715310120	地灵路	6 号桥—奉浦大道	沥青	21.00	1.12	0	1.12	0
Y716310120	南虹路	萧南路—沪杭公路	水泥	9.00	0.54	0	0	0.54
Y717310120	北虹路	萧塘老政府—萧湾路	水泥	7.00	0.63	0	0	0.63
Y718310120	萧湾路	环城东路—金港村	沥青	17.00	0.51	0	0.51	0
Y741310120	金聚路	山宝厂—浦星公路	沥青	20.00	0.86	0	0.86	0
Y742310120	金碧路	永南路—工业大道	水泥	20.00	1.57	0	1.57	0
Y744310120	金建路	庵港路—南行路	水泥	7.00	1.46	0	0	1.46
Y748310120	新强村路	新强十一组—新强五组	水泥	6.00	1.75	0	0	1.75
Y749310120	航塘港路	人民路—梁典南路	水泥	4.50	5.18	0	0	5.18
Y750310120	木行中心路	美洁橡胶制品厂—梁典	水泥	4.60	1.53	0	0	1.53
Y751310120	利泰路	人民路—阳光路	水泥	15.00	0.87	0	0.55	0.31
Y752310120	墩头路	周家村村委会—墩头	沥青	5.00	1.97	0	0	1.97
Y753310120	明星路	航南公路—泰日针织厂	沥青	8.00	1.85	0	0	1.85
Y755310120	梁典北路	航塘公路—路厍村村委	水泥	6.00	5.88	0	0	5.88
Y756310120	梁典南路	花厅交界—泰青公路	水泥	5.00	6.19	0	0	6.19
Y757310120	光善路	人民路—华环热能实验	沥青	16.00	1.06	0	0.76	0.30
Y760310120	贤百路	南百路—团南公路	水泥	16.00	0.83	0	0	0.83
Y761310120	爱舍路	永南路—爱舍建材有限公司	水泥	14.00	0.79	0	0.79	0
Y762310120	萧玻路	扶港路—沪杭公路	水泥	11.00	0.89	0	0.89	0
Y763310120	姚家村路	青鸿路—盐青路	水泥	7.00	0.71	0	0	0.71
Y764310120	南陈东西路	泰青港桥—沿钱公路	水泥	4.60	1.64	0	0	1.64

续表 1-1-2

路线编码	路名	起讫地	路面结构	路基宽度（米）	里程（千米）	等级分类（千米）		
						二级	三级	四级
Y781310120	金海支路	奉柘公路—金海路	水泥	9.00	1.05	0	1.05	0
Y782310120	兴裕路	金海路—莘奉金附道	水泥	6.00	1.51	0	0	1.51
Y783310120	南华亭东路	华星路—奉柘公路	水泥	8.00	0.66	0	0.66	0
Y784310120	奉海中心路	郊奉路—运石河	水泥	6.00	0.74	0	0	0.74
Y785310120	新塘路	环城东路—沪杭公路	水泥	5.00	2.12	0	0	2.12
Y786310120	前胜路	新林路—郊奉路	水泥	5.00	2.36	0	0	2.36
Y787310120	骑塘西路	骑塘北路—新胡路	水泥	5.00	1.15	0	0	1.15
Y789310120	科工路	沪杭公路—兴团路	沥青	14.00	7.55	0	7.55	0
Y790310120	万华路	科工路—目华路	水泥	12.00	1.59	0	1.59	0
Y792310120	大树中心路	大树五组—胡迎路	水泥	6.00	1.95	0	0	1.95
Y794310120	新海路	新林路—海湾路	水泥	7.00	1.88	0	0	1.88
Y795310120	胡迎路	浦卫公路—迎立路	水泥	5.00	1.42	0	0	1.42
Y796310120	柘林海塘路	海湾路—环城东路	水泥	9.00	0.68	0	0	0.68
Y800310120	东海中心一路	林海路—环城东路	水泥	4.50	0.58	0	0	0.58
Y801310120	柘南路	林海路—环城东路	水泥	6.50	0.62	0	0.62	0
Y805310120	信诺路	新林路—环城东路	水泥	11.50	1.00	0	1.00	0
Y810310120	西湾中心路	奉柘公路—张奉路	水泥	5.00	0.86	0	0	0.86
Y811310120	南宅中心路	南宅村委会—环城东路	水泥	8.00	0.55	0	0	0.55
Y812310120	楚华路	观工路—科工路	沥青	16.00	1.18	0	1.18	0
Y813310120	翁陆路	东方红路—新林公路	水泥	5.00	0.96	0	0	0.96
Y814310120	东方红路	张奉路—S4 高速	水泥	6.00	1.02	0	0	1.02
Y831310120	屠家支路	嘉园路—金海公路	水泥	17.50	1.01	0	1.01	0
Y861310120	人民塘路	浦星公路—海湾路	沥青	30.00	2.25	0	2.25	0
Y862310120	海乐路	海思路—海鸥路	水泥	20.00	2.00	0	2.00	0
Y864310120	海浪路	海马路—金汇塘路	沥青	12.00	0.69	0	0.69	0
Y867310120	海工路	奉炮公路—五金公司	水泥	9.00	0.57	0	0	0.57
Y868310120	新港村路	白沙河—奉炮公路	水泥	9.00	0.58	0	0.58	0
Y869310120	海马路	金汇港南闸—规划环城	沥青	15.00	2.61	0	1.63	0.98
Y891310120	楚华支路	楚华北路—鳗鲤泾	沥青	10.00	1.53	0	1.53	0
Y892310120	银工路	胡滨公路—鳗鲤泾	沥青	13.00	1.48	0	1.48	0
Y893310120	云工路	村无名小道—陈家港	沥青	11.00	0.96	0	0.96	0
Y894310120	贤工路	工业园东侧—陈家港	沥青	17.00	0.81	0	0.81	0
Y921310120	星疆路	彭公塘路—海中路	沥青	13.00	3.47	0	1.25	2.22
Y922310120	中港水闸路	五四公路—海港堤坝	沥青	8.00	1.71	0	0.61	1.10
Y923310120	农工商路	随塘河桥—团结塘桥	沥青	11.00	1.24	0	0	1.24
Y924310120	五四大道	海振路—星火公路	水泥	8.00	1.64	0	1.64	0

续表 1-1-2

路线编码	路名	起讫地	路面结构	路基宽度（米）	里程（千米）	等级分类（千米）		
						二级	三级	四级
Y925310120	古园大道	五四公路—五四海滨路	水泥	18.00	1.20	0	0	1.20
Y926310120	园外路	场中路—仰古路	水泥	7.00	1.67	0	0	1.67
Y927310120	燎三路	燎钦公路—永华路	水泥	7.00	0.54	0	0	0.54
Y928310120	永华路	燎钦公路—燎三路	水泥	9.50	0.96	0	0	0.96
Y929310120	明城路	星火公路—随塘河	水泥	5.00	2.26	0	0	2.26
Y930310120	白沙路（海湾）	民乐站—火车站	沥青	9.00	1.97	0	1.97	0
Y931310120	观光路延伸段	沿钱公路—解放中心路	水泥	7.00	2.11	0	0	2.11
Y527310120	青伟支路	厂房—航吴路	水泥	7.00	0.71	0	0.71	0
Y528310120	富泉路	浦星公路—富泉厂	水泥	9.00	0.67	0	0.67	0
Y529310120	青村石花路	光钱公路—奉柘公路	水泥	7.00	3.09	0	0	3.09
Y765310120	金汇白沙路	金大公路—陆家墓地	水泥	7.00	0.62	0	0	0.62
Y766310120	福园路	金大公路—陆家墓地	水泥	9.00	0.85	0	0.85	0
Y767310120	百新路	航南公路—奶牛场路	水泥	7.00	0.68	0	0	0.68
Y934310120	白云路	中心河—彭公塘	沥青	9.00	0.82	0	0.82	0
Y935310120	白石路	中心河—彭公塘	沥青	9.00	0.56	0	0.56	0
Y936310120	阳明路	中心河—浦星公路	沥青	9.00	0.78	0	0.78	0
Y937310120	莲塘路	海农公路—阳明路	沥青	11.00	3.87	0	3.87	0
Y369310120	漕园路	大庆河路—茂园路	沥青	11.00	0.98	0	0.98	0

说明：人民塘路、随塘河路先后在人民塘上辟建。团结塘路、金汇塘路、金汇塘东路因塘而名

2．**村道**

50年代初，狭窄的村道多为泥路，仅供人行。60年代，随着农业机械的推广使用，水利排灌渠道的建设及河道开挖，河旁、渠道旁村道渐渐辟筑，路面以碎砖为主，宽2米左右。80年代，中型农机普及，村道加宽至3米左右。1985年，江海乡树浜村、钱桥乡滕家村、柘林乡冯桥村在全县率先建设水泥路面村道。2000年前后，有经济实力的村，通过自筹与发动社会捐款的办法，改建或新建水泥路面村道，路面宽4米。2007—2009年，由区统一规划建设，村道改扩建加快，以水泥路面为主，部分改为沥青路面。2017年，全区区管村道66条，总长64.41千米。

2017年奉贤区区管村道情况表

表1-1-3

路线编码	路名	起讫地	路面结构	路基宽度（米）	里程（千米）	等级分类（千米）		
						二级	三级	四级
C001310120	益民中心路	益北路—白庙港	水泥	9.00	1.72	0	0	1.72
C002310120	联欢路	新民四组—联欢七组	水泥	6.00	0.79	0	0	0.79
C003310120	西校路	汇西路—庄郭公路	水泥	4.50	0.68	0	0	0.68
C004310120	长堤村路	南亭公路—长堤村	水泥	5.00	0.63	0	0	0.63
C005310120	海村路北段	浦星公路—奉柘公路	水泥	7.00	1.06	0	0	1.06
C006310120	李窑中心路	上塑路—平庄东路	水泥	6.00	2.01	0	0	2.01
C007310120	花角中心路	金钱公路—中横港路	水泥	5.00	1.51	0	0	1.51
C008310120	农工路	南横河路—奉柘公路	水泥	7.00	0.59	0	0	0.59
C009310120	姚家宅路	沪杭公路—江海十三组	水泥	7.00	0.70	0	0	0.70
C010310120	金益路	益北路—大叶公路	水泥	9.00	0.81	0	0	0.81
C011310120	潘家堂路	关港七组—白庙港路	水泥	9.00	0.99	0	0	0.99
C012310120	白庙港路	潘家堂路—姚家浜	水泥	8.00	0.56	0	0	0.56
C013310120	钱忠一路	中横河路—钱忠三桥	水泥	5.50	0.61	0	0	0.61
C014310120	钱忠二路	中横河路—罗神路	水泥	5.50	0.55	0	0	0.55
C015310120	小农场路	川南奉公路—深埋点	水泥	8.00	1.36	0	0	1.36
C016310120	渔洋大道	渔墩十组—南拾家一组	水泥	5.50	2.71	0	0	2.71
C052310120	张弄一支路	张弄中心路—金钱公路	水泥	6.00	0.70	0	0	0.70
C054310120	石村路	石桥六组—奉柘公路	水泥	6.00	0.14	0	0	0.14
C055310120	海村路	奉柘公路—海边村四组	水泥	6.00	0.70	0	0	0.7
C056310120	陆家排路	奉柘公路—南横河路	水泥	4.50	0.62	0	0	0.62
C102310120	七古中心路	七古村委—平洪路	水泥	5.00	0.77	0	0	0.77
C103310120	五四中心路	老四平路—五四村委	水泥	5.00	0.90	0	0	0.90
C104310120	良民村路	浦南运河路—彭平公路	沥青	5.00	2.23	0	0	2.23
C105310120	石家坎路	石家坎村委—新四平路	水泥	5.00	0.44	0	0	0.44
C106310120	南拾村路	拾村小学—东横河桥	水泥	5.00	0.81	0	0	0.81
C107310120	拾村中心路	拾村村委—川南奉公路	水泥	5.00	0.37	0	0	0.37
C151310120	农展中心路	农展中心路—柴场港路	水泥	4.50	1.20	0	0	1.20
C152310120	邵靴村路	大沥港路—新杨路	水泥	4.50	0.57	0	0	0.57
C153310120	大沥港路	北横河路—南横河路	水泥	4.50	2.63	0	0	2.63
C154310120	红卫村路	大沥港路—新杨路	水泥	4.50	0.72	0	0	0.72
C181310120	冯家村路	奉兴公路—富民路	水泥	8.00	0.49	0	0.49	0
C183310120	镇工一路	洪朱公路—洪朱公路	水泥	9.00	0.88	0	0.88	0
C184310120	瓦砖厂路	燎钦公路—褚聚南路	水泥	4.50	0.61	0	0	0.61
C185310120	护海东西路	护海南北路—燎钦公路	水泥	4.50	0.67	0	0	0.67
C186310120	柴联路	奉联路—川南奉公路	水泥	5.00	1.83	0	0	1.83

续表 1-1-3

路线编码	路名	起讫地	路面结构	路基宽度（米）	里程(千米)	等级分类(千米)		
						二级	三级	四级
C187310120	柴盘路	川南奉公路—柴场中心路	水泥	5.00	1.83	0	0	1.83
C188310120	柴场村路	川南奉公路—洪柴路	水泥	5.00	0.85	0	0	0.85
C189310120	共耕路	南门港路—共耕村委会	水泥	5.50	0.55	0	0	0.55
C234310120	秀南中心路	沪杭路改线段—南亭公路	水泥	9.00	0.71	0	0.71	0
C319310120	陈宅路	浦星公路—马桥港	水泥	6.00	0.96	0	0	0.96
C321310120	继光路	工业大道—新强路	水泥	6.00	1.47	0	0	1.47
C322310120	李家路	李家二组—浦星公路	水泥	5.50	0.82	0	0	0.82
C323310120	奶牛场路	沿江五组—浦星公路	水泥	4.50	0.77	0	0	0.77
C324310120	木行西路	木行中心路—泰青公路	水泥	6.60	0.81	0	0	0.81
C325310120	木行东路	木行十一组—木行中心	水泥	7.60	0.82	0	0	0.82
C326310120	资福路	航塘港路—航塘公路	水泥	5.00	0.76	0	0	0.76
C327310120	吴窑路	航塘港路—航塘公路	水泥	6.00	0.57	0	0	0.57
C328310120	康强路	双赢公司—沿浦公路	水泥	5.00	0.29	0	0	0.29
C330310120	耀辉路	光耀四组—航南公路	水泥	4.50	0.58	0	0	0.58
C361310120	新塘中路	新塘路—新北路	水泥	5.50	0.55	0	0	0.55
C362310120	林北路	前胜路—沪杭公路	水泥	5.00	0.57	0	0	0.57
C363310120	骑塘北路	沪杭公路—骑塘六组	水泥	4.50	1.08	0	0	1.08
C364310120	骑塘中心路	沪杭公路—骑塘西路	水泥	4.50	0.78	0	0	0.78
C440310120	海棠路	海卓路—海佳路	水泥	7.00	1.67	0	0	1.67
C441310120	海涵路	东撑路—海卓路	水泥	7.00	2.21	0	0	2.21
C442310120	兴农路	兴公路—新家园新村	水泥	5.00	0.71	0	0	0.71
C443310120	五四中心村路	五四村委—平庄东路	水泥	9.00	0.96	0	0.96	0
C444310120	吴窑东路	航塘公路—吴窑十二组	沥青	5.50	1.61	0	0	1.61
C445310120	陆家北路	陈宅路—方岳路	水泥	6.00	0.56	0	0	0.56
C446310120	陆家南路	方岳路—浦星公路	水泥	6.00	0.94	0	0	0.94
C017310120	建长路	西横路—长堰七村	水泥	7.00	1.13	0	0	1.13
C018310120	海佳路	海马路—金汇塘东路	水泥	7.00	0.54	0	0	0.54
C019310120	姚家中心路	东姚家村—青村丽苑	水泥	7.00	0.94	0	0	0.94
C020310120	新龙路	北横路—大叶公路	水泥	7.00	2.71	0	0	2.71
C235310120	延安中心路	延安中心路—平庄公路	水泥	7.00	0.53	0	0	0.53
C236310120	沈陆村六组路	沈陆中心路—沪杭公路	水泥	7.00	0.60	0	0	0.60

2017年村道沈陆村六组路

五、专用公路

60年代起，为加快奉贤县沿海五四、燎原、星火等农场的建设和防台、防汛及国防需要，陆续建设专用公路。2002年有专用公路11条，总长28.70千米。2004年南门港路纳入乡村公路管理，其余10条26.72千米由海湾镇管养。

2002年奉贤区沿海地区专用公路情况表

表1-1-4

序号	路名	走向	位置	起讫地	全长（千米）
1	二号路	东西	五四场部东北	东四平公路—二号支路	2.50
2	二号支路	南北	五四农场东部	二号路—芦五公路	1.63
3	八号路	南北	五四农场东部	芦五公路—四号路	1.13
4	七号路	南北	五四农场南部	五四公路—海塘	1.88
5	四号路	东西	五四农场南部	八号路—五号路	6.88
6	五号路	南北	五四农场西部	洪朱公路—四号路	1.88
7	防汛路	南北	燎原农场东部	随塘河路—海塘	1.88
8	南门港路	南北	燎原农场东部	随塘河路—团结河	1.98
9	海滨河路	东西	燎原农场南部	排水河路—洪庙港	5.00
10	海塘路	南北	燎原农场西部	随塘河路—团结塘路	1.50
11	六号路	南北	五四农场西部	五四公路—四号路	2.44

说明：二号路纳入两港西大道，二号支路、八号桥并入临港物流园区，七号路改为中港水闸路，四号路改为滨海路，五号路、防汛路并入海湾国家森林公园，南门港路延伸段（随塘河—团结河）改为四海路，六号路改为古园神道

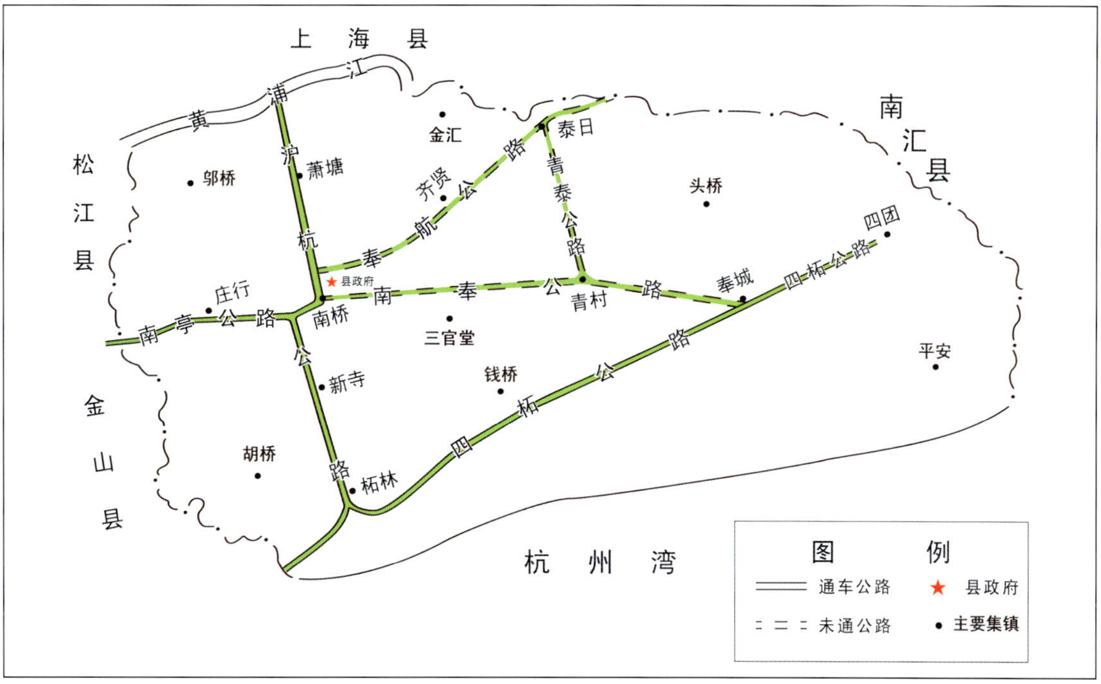

1949年奉贤县公路分布示意图

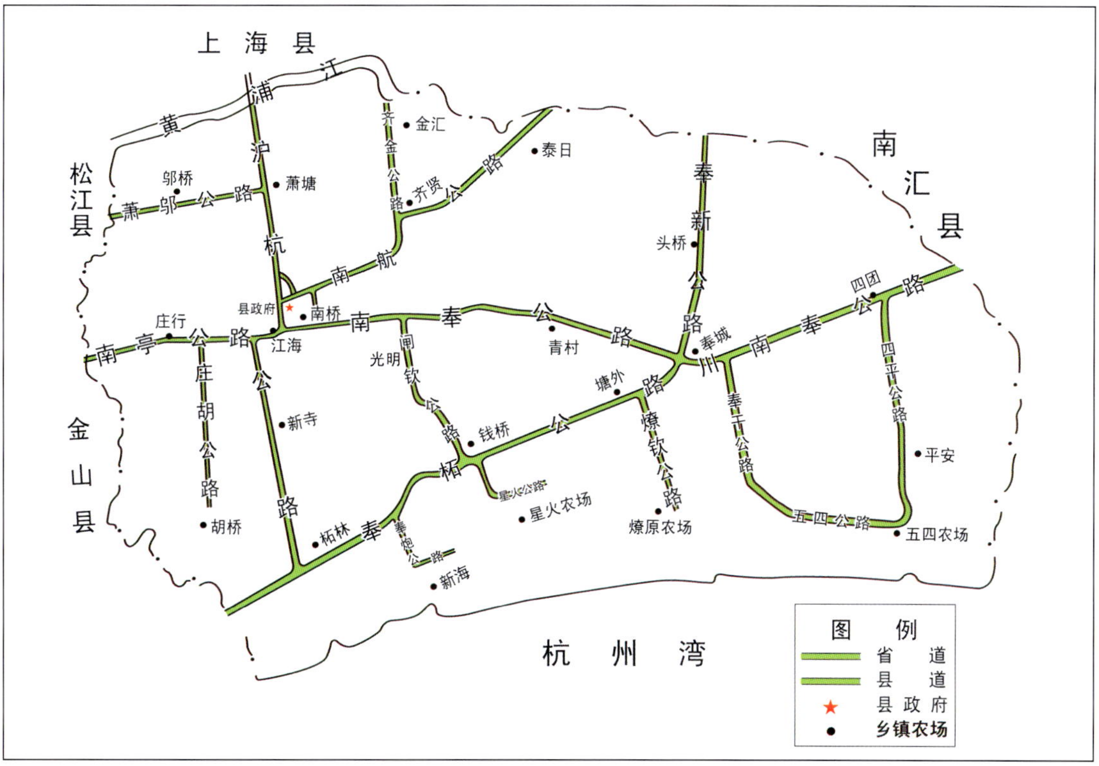

1984年奉贤县公路分布示意图

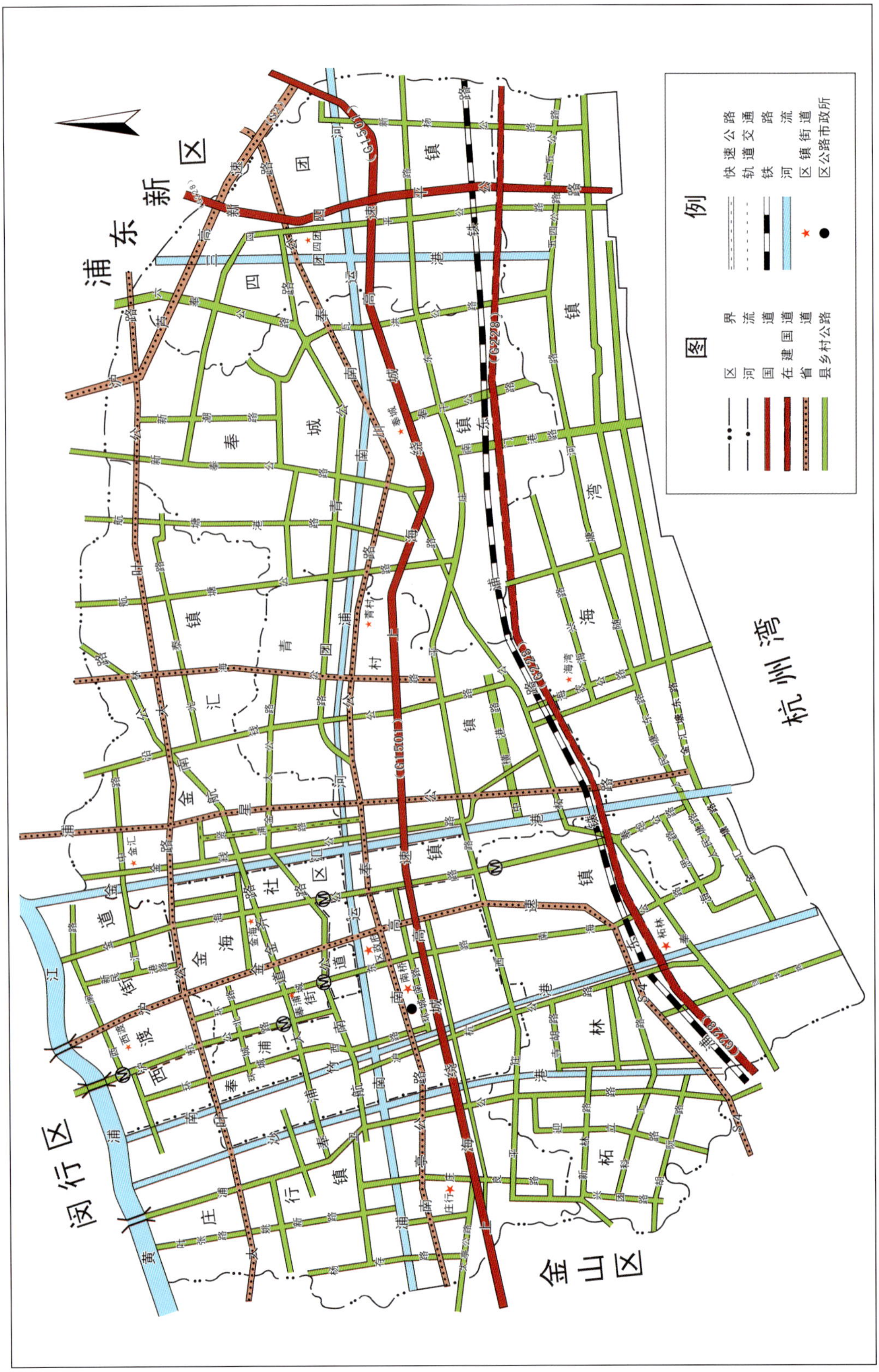

2017年奉贤区骨干道路分布示意图

六、地道　隧道　渡口

1. 公路地道

2002 年，奉贤境内始有公路地道。2017 年，有公路地道 10 条，长 2.83 千米，钢筋水泥结构。

2017 年奉贤区县道公路地道情况表

表 1-1-5

名称	相交地点	机动车道		非机动车道		建设年份
		长（米）	宽（米）	长（米）	宽（米）	
燎钦公路地道	与浦东铁路相交	300.00	7.00	260.00	3.00	2000
新四平公路地道	与浦东铁路相交	200.00	14.00	180.00	2.50	2000
新杨公路地道	与浦东铁路相交	280.00	15.00	250.00	3.00	2000
瓦洪公路地道	与浦东铁路相交	250.00	14.00	230.00	3.00	2000
星火公路地道	与浦东铁路相交	300.00	14.00	260.00	3.00	2000
洪朱公路地道	与 G1501 高速相交	300.00	15.00	260.00	3.00	2004
金钱公路地道	与 G1501 高速相交	300.00	16.00	260.00	3.00	2004
环城东路地道	与 G1501 高速相交	300.00	17.00	260.00	3.00	2004
江海南路地道	与 G1501 高速相交	300.00	17.00	260.00	3.00	2004
南海公路地道	与 S4、浦东铁路相交	300.00	17.00	260.00	3.00	2004

2. 越江隧道

2010 年 7 月，虹梅南路隧道开工建设。穿越黄浦江进入奉贤区，以路命名，总长 3.39 千米，双向 6 车道，2015 年 12 月建成通车。最深处距地面 59 米，总投资 49.84 亿元。

2015 年，南桥镇江海南路 G1501 地道

2015 年 12 月，连接奉贤区金海公路的虹梅南路隧道开通

3. 西渡渡口

沪杭公路西渡渡口，始于清末民初，手摇船摆渡。民国 21 年（1932 年）改为轮渡。2010 年 5 月，闵浦二桥建成后，轮渡只载行人。

第二节 市政道路

奉贤地区集镇市政道路始筑于唐末，后随村落成市而辟建。在明、清时期不断建设。民国时期由于战乱发展缓慢。解放后尤其是70年代末改革开放，小城镇建设步子加快。2017年全区集镇主要市政道路351条，总长229.55千米。

一、南桥镇（江海镇）市政道路

南桥，一名南梁，昔时有桥名“南桥”，镇以桥命名。南桥镇成市不晚于唐末，市政街道渐筑。民国初期，市政街道巷弄狭窄弯曲，都为砖砌和泥路。民国7年（1918年）铺设石条路面。1949年，市政道路以东街、西街、南街、北街相交于余庆桥北堍之十字街为中心。1956年，余庆桥至南桥国药店建成全县第一条柏油路。1958年，西街拓宽至10.5米。1975年，南桥镇街道陆续改建。1984年，全镇19条市政道路总长10.7千米，总面积9.52万平方米，巷弄20条。80年代末期起，市场经济的建立和发展，农民进镇经商办企业，镇区建设加快，区域范围扩大，市政道路不断延伸和新建。2001年，南桥镇（江海镇）市政道路53条，全镇东西向以解放路为主干，向北依次为新建路、运河路、运河北路，向南分别是南中路、南奉公路、育秀路、环城南路；南北向以人民路为中心，向西依次为南桥路、菜场路、秀南路、环城西路，向东分别是立新路、古华路、环城东路等36条主要街道及数十条巷弄。2002年5月，南桥、江海镇撤销，建立新南桥镇。2003年，编制南桥新城规划，随着新城规划的实施、大型居住社区建设和市政道路建设加快，至2017年，南桥城区有市政道路127条，总长100.31千米。其中有名道路117条，全长92.99千米；无名道路10条，全长7.32千米。东园弄、西园弄、周家弄仍用原名。协和弄改建为解放中路。新建红旗、新民、新风、前进弄，水泥路面，其他古弄今无存。

2016年南桥镇新建中路

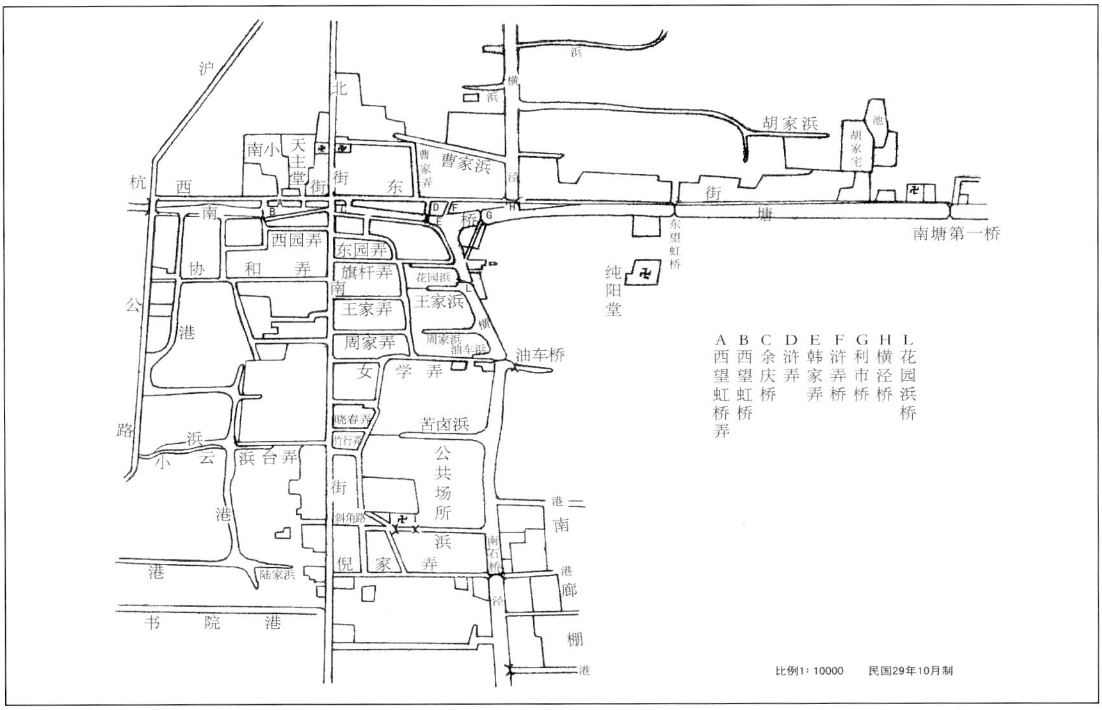

民国28年（1939年）南桥镇镇区示意图

1984年南桥镇镇区示意图

2017年南桥镇城区道路示意图

1949年南桥镇巷弄情况表

表1-2-1

所在路		旧名	弄名由来	解放后曾改名
路名	方位			
今新建路	南	西木桥弄	弄内有座西木桥（已废除）	红卫路（北段末）
	北	天主堂弄	弄北为天主堂	天主堂弄
新建东路	北	横泾滩弄	弄西傍横泾港	横泾滩弄
	北	曹家弄	清末，曹家大族所居	光明弄
	南	浒弄	因靠近水边而得名	光辉弄
	南	韩家弄	清代弄内开过竹行，原名竹行弄，后因韩姓建宅弄内而得名	四新弄
今人民中路	东	东园弄	清代，弄内有陈廷庆宣讲堂老宅，宅东为花园基地而得名	公社弄
	西	西园弄	弄内有庄家花园	跃进弄
	东	旗杆弄	清乾隆时，陈廷庆中进士，树有旗杆得名	红旗弄
	西	协和弄	清末，弄口面北有家协和烛坊。现扩大为街道，名解放路	解放路
	东	王家弄	相传清代弄内有汪姓住宅，故名汪家弄。不知何时起，改为王家弄。民国初年，弄内办求我小学，曾称求我弄	胜利弄
	西	隐仙弄	弄口北墙，壁内曾供奉小泥菩萨一尊而得名	146弄
	东	周家弄	清代前，弄内周姓拥有100多间房产而得名	发展弄

续表 1-2-1

所在路		旧名	弄名由来	解放后曾改名
路名	方位			
今人民南路	西	石皮弄	弄内地面用石板铺砌。	建设弄
	西	工人运动场	解放初，弄内曾辟设过工人运动场	工人运动场
	东	五圣弄	民初，弄口过街楼上有一“五圣堂”而得名。五圣堂拆除后，弄内曾设立过修齐女校，故又名女学弄。解放前夕，弄内开设县银行，即名银行弄。60年代，改称勤俭弄	勤俭弄
	东	晓春弄	从民国十年起至解放初，该弄周围均为南木行老板陈晓春之房产，故名晓春弄	生产弄
	西	云台弄	弄内过去有一“小云台庵”	大寨弄
	东	竹行弄	解放前，弄口开过竹行，故称竹行弄	健康弄
	东	倪家弄	弄内集居倪姓人家而得名。该弄向东直通南石桥，过桥即城乡路（南廊棚）	前进弄
今立新南路	东	花园浜	东园弄底折向南，陈廷庆老宅东的花园基地上开浚的小河浜	立新新村

1992年南桥城区市政道路情况表

表 1-2-2

路名	起讫地	长度（米）	宽度（米）	走向
人民路	轿行路—浦南运河	1213	4～16	南北
新建路	环城东路—贝港	1811	6～15	东西
解放路	环城东路—贝港	1818	20	东西
环城东路	南奉公路—环城北路	1215	16	南北
环城北路	环城东路—贝港西	2247	20	东西
南中路	横泾港—贝港	1095	12	东西
菜场路	南亭公路—新建路	756	12	南北
宏伟路	南中路—解放路	136	12	南北
科技路	解放路—新建路	210	10	南北
运河路	人民桥—汽油库西	1184	9	东西
电大路	菜场路—紫荆公寓	174	5	东西
古华路	南奉公路—解放路	438	16	南北
曙光路	横泾港—环城东路	662	16	东西
立新路	职业学校—红旗弄	840	6.50～11	南北
华苑路	秀龙路—南奉公路	264	8～10	南北
体育场路	南桥路—体育场	448	9	东西
新成路	南中路—体育场路	309	12	南北
临水路	运河路—环城北路	365	20	南北
振贤路	古华新村内	318	8	南北
船厂路	新建路—船厂	181	9	南北

续表 1-2-2

路名	起讫地	长度（米）	宽度（米）	走向
塘南路	解放路—新建路	345	12	南北
城乡路	曙光路—浦南运河	657	12	南北
江海路	南奉公路—育秀路	424	26	南北
大寺路	立新路—前进弄	222	4	南北

2001年南桥城区市政道路情况表

表 1-2-3

路名	起讫地	长度（米）	宽度（米）	走向
人民北路	浦南运河—新建路	250	10	南北
人民中路	新建路—南奉公路	697	16～20	南北
人民南路	南奉公路—环城南路	718	20	南北
解放东路	莘奉金公路—环城东路	1044	40	东西
解放中路	环城东路—南桥路	1221	20	东西
解放西路	南桥路—沪杭公路	1551	20～28	东西
新建东路	远东路—环城东路	830	16	东西
新建中路	环城东路—南桥路	1306	12～18	东西
新建西路	南桥路—环城西路	1112	16	东西
立新路	新建路—南奉公路	718	10～12	南北
古华路	解放路—环城南路	1236	16	南北
电大路	菜场路—紫荆公寓	174	5	东西
华苑路	秀龙路—南奉公路	264	8～10	南北
江海路	南奉公路—环城南路	710	24～30	南北
体育场路	南桥路—新建路	712	5～9	东西
宏伟路	解放路—南中路	136	12	南北
运河路	人民桥—汽油库西	1184	9	东西
育秀路	新横泾港—江海路	1305	16	东西
环城东路	大亭公路—南航公路	3166	25～30	南北
环城西路	南亭公路—国顺路	2781	40	南北
环城南路	环城东路—江海路	1224	30	东西
环城北路	环城东路—环城西路	2475	20	东西
秀南一路	新建西路—新贤路	643	7	南北
秀南二路	新奉路—南中路	404	7	南北
秀南路	南亭公路—浦南运河	1102	20	南北
秀龙路	人民路—江海路	340	12	东西
南中路	横泾港—秀南二路	1444	12	东西
城乡路	浦南运河—南奉公路	940	5～12	南北
科技路	解放路—新建路	210	10	南北
振贤路	古华小区内	937	8	东西

续表 1-2-3

路名	起讫地	长度（米）	宽度（米）	走向
振贤一支路	古华小区内	138	5	南北
振贤二支路	古华小区内	171	4	南北
振贤三支路	古华小区内	140	5	东西
轿行路	人民南路—江海路	337	12	东西
菜场路	新建路—育秀路	1150	12	南北
新成路	体育场路—南中路	309	12	南北
新奉路	秀南路—环城西路	417	7	东西
曙光路	环城东路—城乡路	662	16	东西
运河北路	环城东路—环城西路	2410	16	东西
塘南路	新建路—解放路	345	12	南北
新贤路	秀南路—秀南一路	172	7	东西
南桥路	环城北路—南奉公路	1457	24	南北
大寺路	南奉公路—前进弄	114	8	南北
化工路	南桥路西	206	9	东西
保安路	南奉公路—环城南路	379	12	南北
气象路	南奉公路—育秀路	350	11	南北
污水厂路	解放东路—污水厂	147	6	南北
东园弄	立新路—人民路	116	8	东西
西园弄	人民路—科技路	83	10	东西
红旗弄	人民路—立新路	123	6	东西
周家弄	立新路—人民路	132	14	东西
新风弄	人民路—立新路	68	12	东西
新民弄	人民路—立新路	80	8	东西

江海镇 环拥县城南桥镇，东邻光明镇，南接新寺镇，西与庄行镇、胡桥镇相连，北与上海工业综合开发区接壤。1952年春，砂碛乡周家村创办江海农业生产合作社。1958年9月，成立镇社合一的南桥人民公社。翌年9月，镇社分设，定名为江海人民公社。1984年，撤社建乡，更名为江海乡。1995年5月，撤乡建镇。2001年全镇市政道路19条，总长11.85千米。2002年5月，奉贤行政区划调整，撤销南桥镇、江海镇，建立新南桥镇。南桥镇机关迁入原江海镇办公大楼。

2016年南桥镇南亭公路（西）南奉公路（东）南桥路（北）江海路（南）交会处

1．**主干道**

主干道是连接城市各主要分区的干路，以交通功能为主。主要用来联系重要交通枢纽（国道、省道等，如望园南路、环城西路、年丰路）、重要生产区（工矿企业等，如环城东路）、重要公共场所（集会中心、党政机关、商业中心等，如解放路、江海路、环城南路等）及其他重要地点，是城市道路网的主要骨架。自行车交通量大时，宜采用机动车与非机动车分隔形式，如三幅路或四幅路。

2017年，南桥城区主干道10条，总长20.63千米。

解放路 东起金海公路，西至沪杭公路，分解放东路、解放中路、解放西路，全长5331米。解放中路：1980—1987年，先后修建沪杭公路（现南桥路）至人民路、人民路至横泾港、横泾港至环城东路，全长1283米，路幅拓宽至20米～30米，水泥路面。解放西路：1981—1998年，先后修建沪杭公路（现南桥路）至贝港、贝港至环城西路、环城西路至沪杭公路（改线段），全长1550米，路幅宽20米～30米，水泥路面。解放东路：1995—2004年，先后修建环城东路至莘奉公路（奉秀路）、莘奉公路至金海公路，全长2498米，路幅40米～60米，水泥及沥青路面。

江海路 北起南奉公路，南至江南路，全长1030米，水泥路面。1986年4月，建南奉公路至育秀路段，长430米，路幅宽26米。1994年10月，建育秀路至江南路段，长600米，路幅宽30米。2005年，全线改建成沥青路面。

环城东路 北起航南公路，南至中横河，全长2850米，路幅宽25米～30米，水泥路面。1985年修建南航公路（现运河路）至南奉公路；1995年，向两头延伸，北至航南公路，南至大亭公路。2008—2013年，全线改建成沥青路面。

环城南路 东起环城东路，西至沪杭公路，全长2758米。1996—2005年，先后修建江海路至贝港、环城东路至江海路、贝港至沪杭公路，路幅宽27米～37米，水泥路面。2012—2014年，分别对江海路至贝港段、环城东路至江海路段改建成沥青路面。

环城西路 北起航南公路，南至环城南路，全长2530米，路幅宽40米～45米。1998年7月，建沪杭公路（现航南公路）至南亭公路段，长1984米，水泥路面。2006年向南延伸至环城南路，长546米，水泥路面。

望园南路 北起航南公路，南至南港路，全长2506米，路幅宽40米～45米，沥青路面。2007年3月建航南公路至德丰路段，长858米，2008年建德丰路至南港路段，长1648米。

南港路 2008年新建，东起金海公路，西至环城东路，全长2456米，路幅宽30米～35米，沥青路面。

年丰路 东起金海公路，西至S4南桥收费口，2009年新建，全长1171米，路幅宽60米，沥青路面。

2017年南桥城区市政主干道情况表

表 1-2-4

路名	走向	起讫地	路面结构	长度（米）	宽度（米）	建设时间
解放中路	东西	环城东路—南桥路	沥青	1283	20～30	1980.3—1987.12
解放西路	东西	南桥路—沪杭公路	沥青	1550	20～30	1981.5—1998.6
解放东路	东西	金海路—环城东路	沥青	2498	40～60	1996—2004
环城东路	南北	航南公路—中横河	沥青	2850	25～30	1985—1999
环城南路	东西	环城东路—沪杭公路	沥青	2758	27～37	1996—2005
环城西路	南北	沪杭公路—环城南路	水泥	2530	40～45	1998.7—2006
江海路	南北	南奉公路—江南路	沥青	1030	26～30	1986.4—1994.10
望园南路	南北	航南公路—南港路	沥青	2506	40	2007.3—2008.10
南港路	东西	金海路—环城东路	沥青	2456	30～35	2008—2009.10
年丰路	东西	金海公路—S4收费口	沥青	1171	60	2009

2．次干道

次干道又叫区干道，为联系主要道路之间的辅助交通路线。次干道是城市的交通干路，以区域性交通功能为主，兼有服务功能，与主干道组成路网。

2017年，南桥城区次干道9条，总长15.86千米。

新建路　东起莘奉金高速，西至沪杭公路，分新建东路、新建中路、新建西路，全长3878米，路幅宽12米～30米，水泥路面。1978—2013年，先后修建人民路至沪杭公路（现南桥路）、人民路至横泾港、横泾港至环城东路、沪杭公路（现南桥路）至贝港、环城东路至莘奉金高速、贝港至环城西路、环城西路至竹港、竹港至沪杭公路。

运河北路　东起远东路，西至沪杭公路，全长3809米，路幅宽16米～30米，水泥路面及沥青路面。1986—2012年，先后修建横泾港至民村路、横泾港至环城东路、民村路至环城西路、环城东路至远东路、环城西路至沪杭公路。

2016年南桥镇育秀路

育秀路　东起环城东路，西至环城西路，全长2422米，路幅宽14米～18米，水泥路面或沥青路面。1996—2012年，先后修建江海路至贝港、环城东路至江海路、贝港至通阳路、通阳路至环城西路。

育秀东路 东起奉秀路，西至环城东路，2003年修建，全长1101米，路幅宽20米，沥青路面。

2017年南桥城区市政次干道情况表

表1-2-5

路名	走向	起讫地	路面结构	长度（米）	宽度（米）	建设时间
新建西路	东西	南桥路—沪杭公路	沥青	1602	16～30	1978—2013
新建中路	东西	环城东路—南桥路	沥青	1306	12～18	1985.6—1998
新建东路	东西	南桥液化气站—环城东路	水泥	970	18	1998
运河北路	东西	远东路—沪杭公路	沥青	3809	16～30	1986—2012
南星路	南北	南亭公路—江南路	沥青	949	14	1997
育秀路	东西	环城东路—环城西路	沥青	2422	14～18	1996—2012
育秀东路	东西	奉秀路—环城东路	沥青	1101	20	2003
正环路	环路	南奉公路、南港路、育秀东路	沥青	2628	12～18	2003—2008
奉秀路	南北	解放东路—南港路	沥青	1072	20	2009
次干道小计				15859		

3．**支路**

支干道又叫支路、街坊道路，通常是各街坊之间的联系道路，支路应为次干路与住居小区、工厂之间、交通设施等内部道路的连接线路，解决局部地区交通，以服务功能为主。

2017年，南桥城区支路55条，总长27.92千米。

人民路 北起浦南运河，南至中横河，分人民北路、人民中路、人民南路，全长1651米，路幅宽9米～20米，水泥路面。1977—2001年，先后修建浦南运河至南中路、南中路至南奉公路、南奉公路至中横河。

1960年南桥镇南街（今人民南路）

1960年南桥镇北街（今人民北路）

南中路 东起城乡路，西至秀南二路，全长1544米，路幅12米，水泥路面及沥青路面。1981年4月修建宏伟路至贝港段长720米。1990年3月，建宏伟路至城乡路，长369米。1993年，由贝港向西延伸至秀南二路，长455米。

古华路 北起解放中路古华园，南至环城南路，全长1236米，路幅16米，水泥路面。1985年9月，建解放中路至南奉公路，长466米。1996年建南奉公路至环城南路，长770米。

体育场路 东起南桥路，西至新建路，全长712米，路幅7米～9米，水泥路面。1980年11月，建南桥路至老体育场门口，长453米。1996年5月，老体育场门口向北延伸至新建路，长259米。

运河路 东起环城东路，西至沪杭公路，全长2969米，路幅宽9米，水泥路面。1981年3月，筑南桥路至民村路，长578米。1996年，筑民村路至沪杭公路，长1100米。1997年，筑南桥路至环城东路（原航南公路段），长1320米。

菜场路 北起新建西路，南至G1501高速公路，全长1870米，路幅宽12米，沥青路面及水泥路面。1981年9月，建新建西路至南中路段，长520米。1985年初，由南中路延伸至南亭公路，长248米。1992年4月，由南亭公路向南延伸至育秀路，长383米。1996年4月，延伸至江海河路。1996年10月，延伸至G1501高速公路，长719米。

2016年南桥镇菜场路

轿行路 东起人民南路，西至菜场二支路，全长804米，路幅12米，水泥路面。1994年1月，建江海路至菜场二支路，长467米。1998年，建人民路至江海路，长337米。

2017年南桥城区市政支路情况表

表1-2-6

路名	走向	起讫地	路面结构	长度(米)	宽度(米)	建设时间
人民中路	南北	新建中路—南奉公路	水泥	697	16～20	1956
人民北路	南北	路头—新建中路	水泥	185	9	1977
人民南路	南北	南奉公路—江海花园	水泥	769	20	1981—2001
化工街	东西	南桥路—路底	水泥	206	9	1959
大寺路	南北	南奉公路—前进弄	水泥	114	5	1971
立新路	南北	新建中路—南奉公路	沥青	718	11	1977
宏伟路	南北	解放中路—南中路	沥青	196	12	1978.8
体育场路	东西、北	南桥路—新建西路	沥青	712	7～9	1980.11—1996.5
新城路	南北	体育场路—南中路	沥青	303	12	1981.3
运河路	东西	环城东路—环城西路	沥青	2530	9	1981.3—1984.10
南中路	东西	城乡路—秀南二路	沥青	1544	12	1981.4—2002
菜场路	南北	新建西路—G1501北侧	沥青	1870	12	1981.9—1996.10
曙光路	东西	环城东路—城乡路	沥青	693	12	1985.5
城乡路	南北	运河路—南石桥	沥青	1210	3～10.5	1985.6—1997
古华路	南北	解放中路—环城南路	沥青	1236	16	1985.9—1996
船民路	南北	运河岸—新建中路	沥青	185	8	1985
科技路	南北	新建中路—解放中路	水泥	222	8	1986.5
振贤路	半环	曙光路—古华路	沥青	937	9	1986.6
华苑路	南北	南奉公路—秀龙路	水泥	282	10	1986.7
民村路	南北	运河北路—运河路	水泥	377	12	1986.8
电大路	电大	路头—菜场路	沥青	176	12	1986.8
振贤一支路	南北	解放中路—振贤路	沥青	138	9	1989
振贤三支路	南北	振贤路—南奉公路	沥青	141	9	1989
西园弄	东西	人民中路—科技路	水泥	83	10	1991.11
秀南路	南北	路头—南亭公路	水泥	1094	20	1993.8—1996
轿行路	东西	人民南路—菜场二支路	水泥	804	12	1994.1
新奉路	东西	秀南一路—环城西路	水泥	416	9	1994
古华园路	南北	新建中路—解放中路	沥青	353	10	1994
东园弄	东西	立新路—人民中路	水泥	116	10	1994
红旗弄	东西	立新路—人民中路	水泥	123	6	1994
江府路	东西	江海路—南星路	水泥	161	10	1994
周家弄	东西	立新路—人民中路	水泥	132	12	1995
新风弄	东西	立新路—人名中路	水泥	68	9	1995
新民弄	东西	立新路—人民中路	水泥	80	7	1995
气象路	南北	南奉公路—育秀路	水泥	362	6	1996

续表 1-2-6

路名	走向	起讫地	路面结构	长度（米）	宽度（米）	建设时间
秀南一路	南北	新建西路—新贤路	水泥	643	7	1996
秀南二路	南北	新奉路—南中路	沥青	404	7	1996
沿江路	东西	江海路—菜场路	沥青	377	9	1997
菜场二支路	南北	南亭公路—江海河路	沥青	671	8	1998
江海河路	东西	南星路—菜场二支路	水泥	340	7	1998
新贤路	东西	秀南一路—秀南二路	水泥	172	9	1998
秀龙路	东西	人民南路—贝港	沥青	897	13	1999
江南路	东西	江海路—敬老院	沥青	631	10	1999
保安路	南北	南奉公路—育秀路	水泥	389	6	1999
锦绣路	东西	江海路—南星路	水泥	120	15	1999
远东路	南北	新建东路—南奉公路	沥青	576	18	2001
汇智路	东西	种福河—建贤路	水泥	316	7	2001
府中路	南北	党校—解放东路	水泥	180	8	2001
研发路	南北	聚贤路—解放东路	水泥	210	7	2001
聚贤路		种福河—府中路	水泥	215	7	2001
建贤路	南北	新建东路—南奉公路	水泥	616	15	2001
百顺路	南北	南奉公路—南港路	沥青	669	16	2005
通阳路	南北	南亭公路—G1501	水泥	1070	18	2006
前进弄	东西	弄头—人民南路	水泥	60	12	2006
国秀路		名村路—路底	水泥	130		2011

4．无名道

无名道路指小区内道路，路幅较窄，多为水泥路面，起讫、走向不一。2017 年，南桥城区无名道路 10 条，总长 7.32 千米。

2017 年南桥城区市政无名道路情况表

表 1-2-7

路址	路面结构	长度（米）	路址	路面结构	长度（米）
解放一村内	水泥	775	立新路—人民路	水泥	253
解放二村内	水泥	974	古华 A 区内	水泥	563
解放三村内	水泥	1104	古华 B 区内	水泥	366
立新路旁道	水泥	112	古华新村内	水泥	1552
人民路西道路	水泥	1056	运河新村内	水泥	567

5．奉贤新城市政道路

2007年，南桥新城市政建设陆续展开，镇区范围不断扩大。2017年，奉贤新城市政道路26条，沥青路面，总长12.73千米。

2017年奉贤新城市政道路情况表

表1-2-8

路名	走向	起讫地	路面结构	长度（米）	宽度（米）	建设时间
国秀路	东西	名村路—路底	水泥	196	11	2001
高州路	南北	航南公路—运河路	沥青	332	20	2007
运河北路	东西	路头—环城东路	沥青	796	35	2007
支纬二路	东西	金海路—庙光路	沥青	546	24	2009
百齐路	南北	南方二大道—育秀路	沥青	314	18	2009
教堂规划路	南北	南奉公路—教堂路	沥青	129	10	2009
展园路	半环	望园路—望园路	沥青	180	20	2009
百富路	南北	南奉公路—环城南路	沥青	862	18	2009
德丰路	南北	望园路—金海路	沥青	803	30	2010
泽丰路	南北	望园路—金海路	沥青	1025	30	2010
育秀路	东西	望园路—金海路	沥青	668	14	2010
百通路	东西	望园路—金海路	沥青	666	13	2010
百兴路	东西	百齐路—望园路	沥青	420	13	2010
陈桥路	南北	航南公路—九华路	沥青	462	20	2011
九华路	东西	环城东路—陈桥路	沥青	540	16	2011
规划路	南北	支纬二路—K0+115	沥青	115	24	2011
定康路	南北	仁爱路—南奉公路	沥青	517	20～30	2011
仁爱路	湾道路	定康路—南奉公路	沥青	804	16	2011
运河路	东西	环城东路—高川路	沥青	439	20	2012
楚园路	南北	年丰路—德丰路	沥青	465	20	2013
富竹路	湾道路	陈桥路—九华路	沥青	691	14	2013
庙光路	南北	南奉公路—苏贤港	沥青	372	16	2013
德学路	东西	望园路—陈谊排河	沥青	370.48	16	2014
泽园路	南北	德丰路—泽丰路	沥青	268	12	2015
学乐路	南北	广丰路—德学路	沥青	322.45	7	2015
百秀路	东西	望园路—百齐路	沥青	423.49	16	2015
小计				12726.42		

6. 南桥镇大居市政道路

2017年，南桥新城大型居住社区市政道路17条，总长15.85千米。

2017年奉贤新城大型居住社区市政道路情况表

表1-2-9

路名	走向	起讫地	路面结构	长度（米）	路幅（米）	建设时间
南行路	东西	金钱公路—环秀路	沥青	1133	16	2013.5
德顺路	南北	褚家路—贤瑞路	沥青	133	16	2013
沿港河路	东西	金钱公—环秀路	沥青	1236.50	16	2013
万丰路	南北	清宁路—清朗路	沥青	278	16	2013
文明东街	东西	贤浦路—汇千路	沥青	882	16	2013
百团路	东西	环贤浦路—汇千路	沥青	750	16	2013
农民街	东西	贤浦路—浦星公路	沥青	786	24	2013
环秀路	南北	南行港路—沿港河路	沥青	801	16	2013
清宁路	东西	金钱公路—清朗路	沥青	1299	16	2013
德泉路	南北	褚家路—南奉公路	沥青	417	16	2013
贤瑞路	东西	金钱公路—德泉路	沥青	890	16	2013
万顺路1	南北	南行港路—胜利港	沥青	1734.30	20	2013
万顺路2	南北	腾飞路—褚家路	沥青	2566	20	2013
J4—3新建道路工程	东西	大寨路—J4—3小区大门口	沥青	107.40	9	2013
褚家路	东西	金钱公路—浦星公路	沥青	1200	16	2013
清朗路	东西	金钱公路—浦星公路	沥青	908.86	32	2013
金碧路	南北	南行港路—沿港河路	沥青	730	16	2014.6
小计				15852.06		

二、其他镇市政道路

奉贤成陆时间约公元4世纪西晋时期。秦汉时期，沿海一带“盐田相望”，农耕渔牧逐步发展。五代吴越时南桥勃兴，经唐宋元明清代先人开发，境内集市逐渐形成。解放前夕，全县有一定规模的集镇、集市30多个。解放后，随着经济发展和小城镇建设的加快，集镇市政道路不断新辟筑建，市政道路的配套设施排水排污管道、路灯、道路两旁绿化亦不断完善。80年代后，市政道路路面逐步由水泥路面改为沥青路面，集镇闹市区街道两旁逐步设人行道和隔离设施，设置人行、车行标志标线。市政道路建设进一步规范。2017年，南桥镇以外集镇主要市政道路224条，总长129.24千米。（以下按原建制镇记述）

1. **奉城镇**　位于奉贤区东南部，距区治南桥镇17千米，呈方形。成陆于唐代中期（即公元8世纪）。旧名青墩、青林。南宋乾道七年（1171年）筑里护塘后，渐

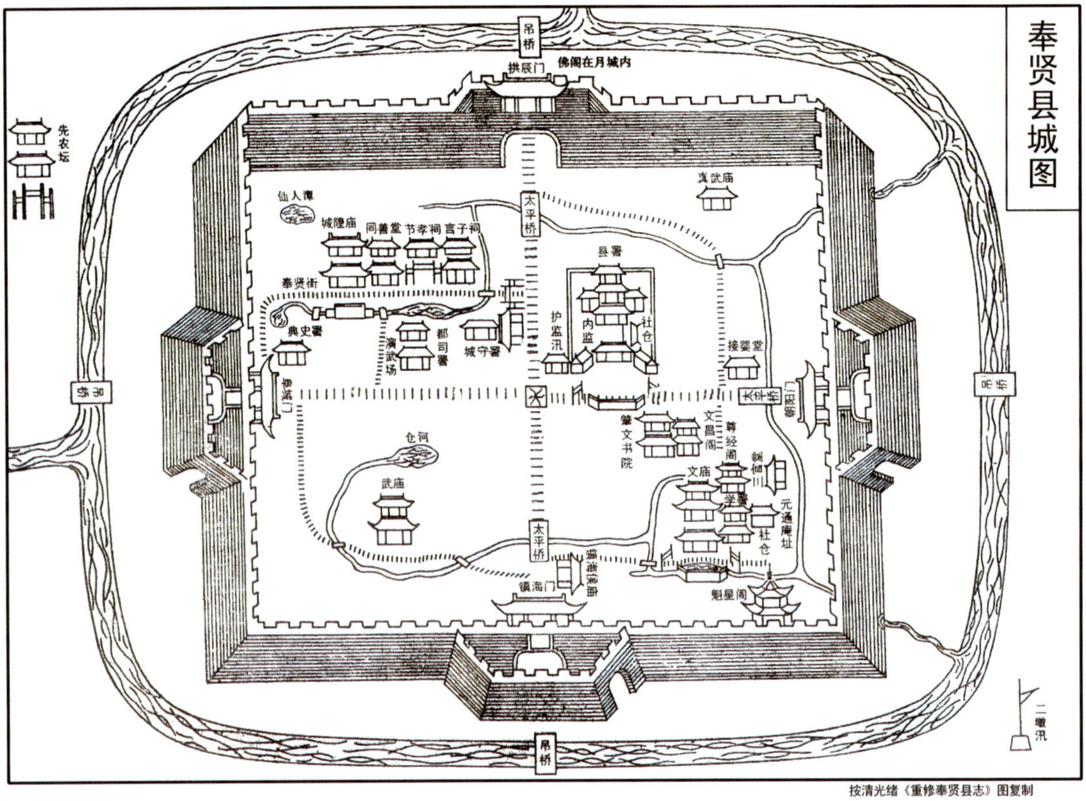

按清光绪《重修奉贤县志》图复制

清光绪年间奉贤县城奉城镇镇区示意图

成村落，易名青村。明洪武十九年（1386 年）筑城防倭，置守御千户所，隶金山卫。正德年间改称守御青村中前千户所。清雍正九年（1731 年）县治由南桥移此，始称今名。清道光十三年（1833 年），奉城东、西、南、北老街由林姓等发起捐资铺设石板街道。清宣统二年（1910 年）设为城厢。民国元年（1912 年）县治复迁南桥后，该地为城市建制。解放后，为奉城镇（乡、公社）政府机关驻地。

清时城镇街道有东、西、南、北街之分，呈十字形相交于城区中心。大街之北

1960 年的奉城镇北街

2017 年奉城镇南街

又有一街东西绵亘，名奉贤街，又称古游里，相传子游曾到此，故名。1975年，南街首先拓宽改建成水泥路面，长556米，宽6米。1976年和1984年，分两期完成东街拓宽工程，全长870米，宽8米，水泥路面。1983年，北街改建为长340米、宽6米的水泥路。1986年，将长1000米的文庙路拓宽至16米，建成水泥路面。其间，新辟和改建红领巾路、状元路、兴茂路、幸福路等街道，南门外，川南奉公路南侧续建居民新村，市政道路新建。1992年，镇区主要街道有9条，总长4.11千米。2003年，撤销奉城、塘外、头桥、洪庙镇，建立新的奉城镇。市政建设继续向川南奉公路两侧扩展。2017年，镇区主要市政道路21条，总长12.35千米。1927年秋成立的中共奉贤县委旧址纪念馆，设在今奉粮路北侧奉城中心小学内。

2017年奉城镇城大路

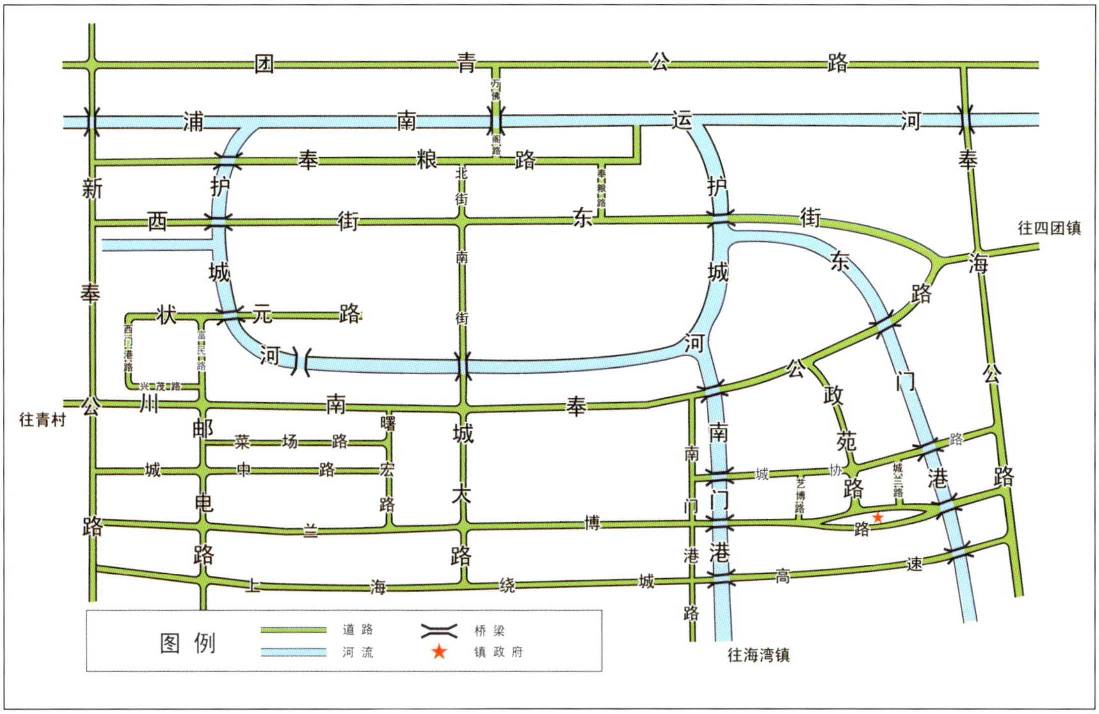

2017年奉城镇镇区主要市政道路分布示意图

洪庙镇 位于区境东南部，北傍川南奉公路，距区治南桥22千米。昔为沿海村落，民以捕渔、煮盐为业。清乾隆年间（1736—1795年）建洪福寺，村以庙名。清末民初渐成小镇。民国后期隶属四团镇。解放初为奉城区管辖。1986年建立洪庙乡，翌年开始兴建集镇，为乡机关驻地。有千余户农民进镇落户，建成唐城街、洪庙路等市政街道。1990年11月，洪庙乡被国家建设部评为全国村镇建设先进集镇。

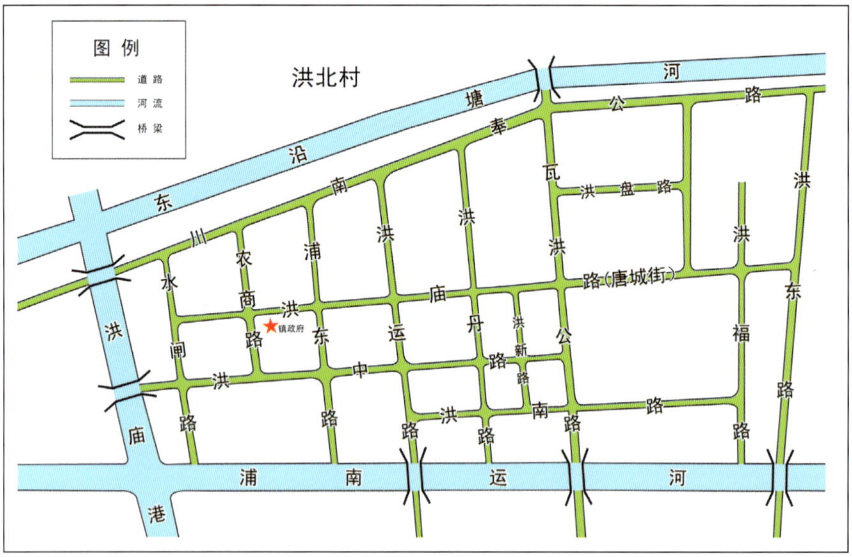

2003年洪庙镇镇区主要市政道路示意图

1992年有南北向街道5条：水闸路，长576米，宽24米；农商路，长260米，宽12米；浦东路，长600米，宽20米；洪运路北段，长960米，宽16米；洪朱路，长825米，宽20米。东西向街道2条：洪庙路，长460米，宽24米；洪中路，长490米，宽24米。1993年，洪庙路、洪中路分别延伸至1050米。2002年4月，洪庙镇撤销。2003年11月设奉城镇洪庙社区。2017年，洪庙集镇区主要市政道路14条，总长10.66千米。

1990年洪庙镇唐城街

1995年洪庙镇洪庙路

1970年头桥镇老街

2003年头桥镇头桥中路路段

头桥镇 位于区境东北部，距区治南桥18千米，北抵南汇县界4.5千米，至2003年为头桥镇（公社、乡）政府机关所在地。元代后期成市，名头梁。明初镇西建一石桥，遂改为今名。清乾隆年间（1736—1795年），市况已趋繁荣，尤以花行米庄为盛。清宣统时设东二乡署，民国22年（1933年）始设镇。旧时镇上仅有一条老街，现为居民区。1968年疏浚奉新港，在市河北侧辟建商业区。80年代后，该镇以家具业名誉沪上。由于乡镇工业迅速发展，镇区继续向外扩展，各项设施亦逐渐完备。1992年，主要街道有新街，长130米，宽

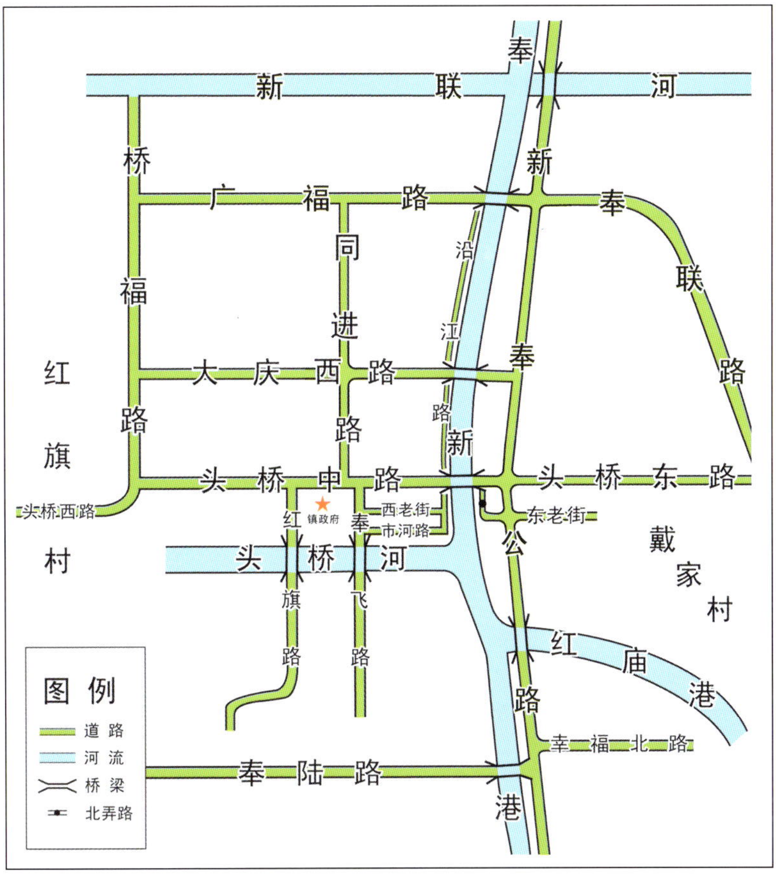

2003年头桥镇镇区主要市政道路示意图

7米；富民路，长250米，宽13米；大庆路，长800米，宽9米。均为水泥路面。另有新奉公路镇区段1000米，沥青路面。90年代中期，头桥家具市场带动集镇建设。2003年，头桥镇撤销，设奉城镇头桥社区办事处。2017年有主要市政道路9条，总长6.12千米。

塘外镇 位于区境东南部，南抵杭州湾6千米，距区治南桥18千米。该镇亦称褚家聚，昔以褚姓煎盐团聚而得名。从清宣统年间（1909—1911年）至解放初期，曾先后隶属青村、奉城区。1962年建塘外人民公社后，逐渐形成集镇。至2003年为镇（公社、乡）政府机关所在地。1992年，镇区主要有褚聚街、人民路、紫苑路、文化街等4条街道，道路总长2.54千米。2002年4月，塘外镇撤销后，设奉城镇塘外社区办事处，市政建设放缓。2017年，集镇主要市政道路4条，总长3.11千米。

2001年塘外镇镇区主要市政道路示意图

1980年塘外镇街道

2000年塘外镇主要市政道路人民路

2. **四团镇** 位于区境东部，跨里护塘，南临川南奉公路，距区治南桥 26 千米。宋成村落，民事渔盐。后为青村盐场第四团，故名。明末清初，集镇渐兴。乾隆初市廛颇盛，道光年间（1821—1850 年）设县丞署。清末民初，设乡、区公署。解放后，为四团镇（公社、乡）政府机关驻地。

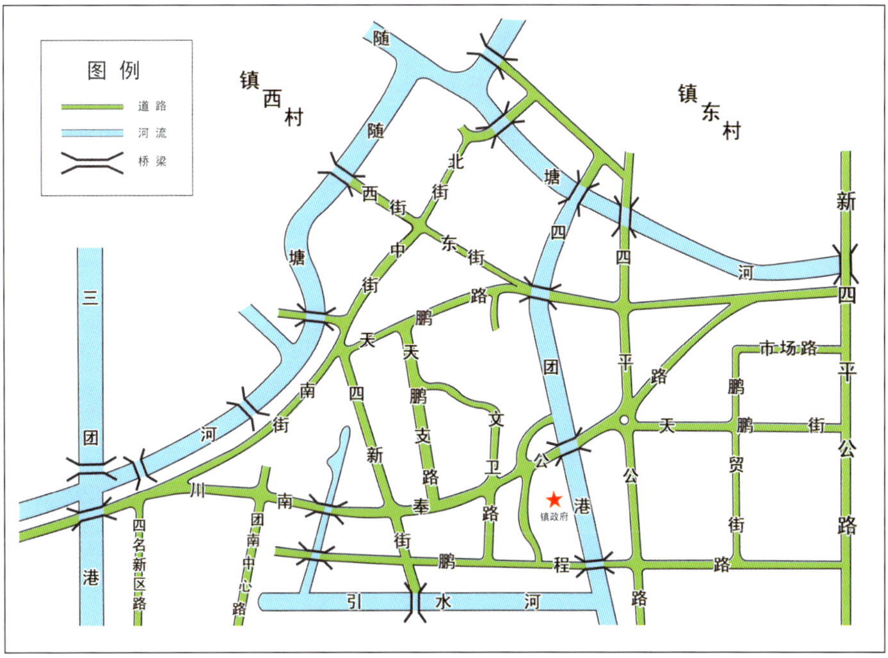

2017 年四团镇区主要市政道路示意图

解放初期，镇区街道呈十字形，总长 840 米，宽约 2 米，砖石路面。1974—1977 年，老街拓宽为 4 米～8 米水泥路面。1982 年川南奉公路镇区段改道后，为纪念革命烈士赵天鹏，四团镇人民政府把该路段改建成天鹏路，长 300 米，宽 7 米，沥青路面。1984 年辟建四新街，与川南奉公路贯通，全长 314 米，路幅宽 16 米（两侧人行道各 4 米），为商业大街。2003 年，撤销四团、平安镇，建立新四团镇，镇人民政府设在四团镇。2017 年，镇区主要市政道路 9 条，水泥路面，总长 6.12 千米。

1970 年四团镇南街

1990 年四团镇天鹏街

邵厂镇　位于区境东部边陲，地处中横河与二泐港交汇处，距南桥35千米。清末，该地尚是沿海滩涂，芦苇丛生。民国初期，随着滩涂围垦，形成乡村小镇，民间以守塘人邵姓名镇。抗日战争期间，因常遭日伪、土匪骚扰，商号他迁，市况冷落。解放初，集镇一度复兴。1972年后，商市为平安镇所取代。1984年，由当地农民集资建镇，自此工商各业纷集，市面日益繁盛。1986年建立邵厂乡，至2002年为镇（乡）政府机关所在地。1992年，镇区街道呈井字形，南北向干道为邵厂路、富民路，东西向干道为东海路、青年路，水泥路面，总长1.4千米。2002年邵厂镇、平安镇撤销，建立新的平安镇。2002年，设邵厂社区办事处。2017年主要市政道路7条，全长3.44千米。

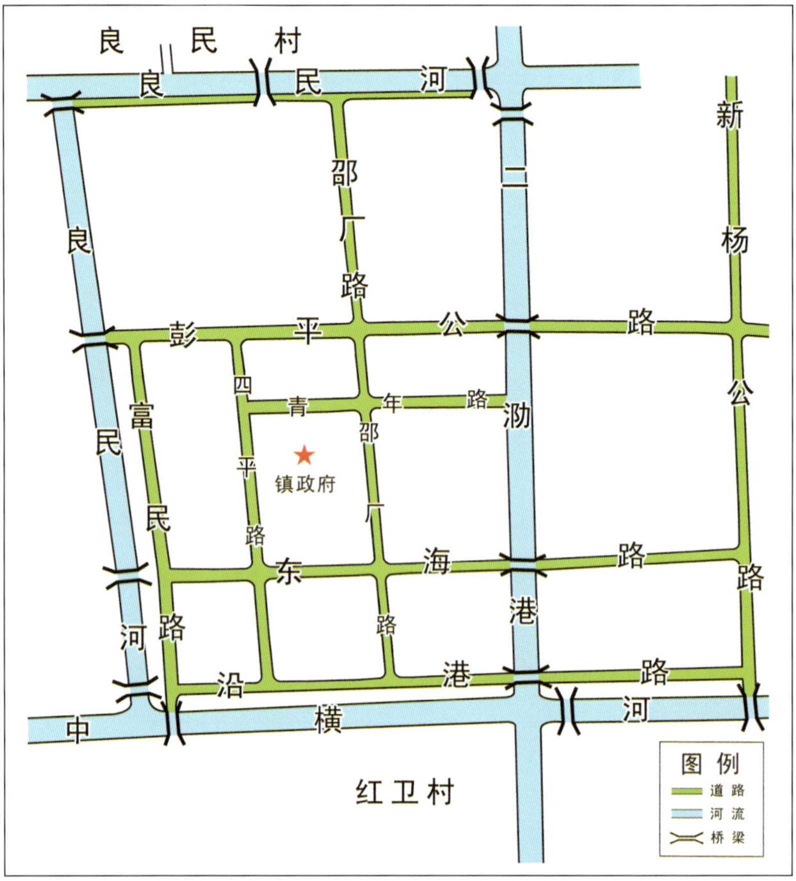

2003年邵厂镇镇区主要市政道路示意图

2016年邵厂镇邵厂路

平安镇　位于区境东南部，跨四平公路两侧，距区治南桥33千米，至2003年为平安镇（公社、乡）政府机关所在地。建县时为村落，有盐团名偷安泐，俗呼偷鸭泐。光绪二十六年（1900年）筑彭公塘后，渐成小集市，改称平安。民国期间，先后设青村盐场秤放局、袁浦盐场平朱场务所。1958年起为公社机关驻地。1972年，因老镇交通不便，公社机关迁入龙尖。该地又名四团港、亦称大堰桩，1957年开始兴建，后再度规划建设。新镇主街为商业区，四团港东侧为工业区。因邻近鱼、虾养殖场，成为中港码头水产品集散地，集市贸易活跃。1992年，镇区有东大街、西大街、堂前街、龙平街、平化路、红小路等街道，道路总长1.94千米，面积3.62万平方米，均为水泥路面。2000年后，平安镇依托临港工业区开发，集镇范围扩大，市政建设加快。2003年，平安镇撤销，设四团镇平安社区办事处，随着临港新城开发，居民动迁，平安集镇建设加快。2017年，有主要市政道路15条，总长6千米。

2003年平安镇镇区主要市政道路示意图

1980年平安镇街道

2001年平安镇街道

1980 年柘林镇老街

2003 年柘林镇苍工路

3．**柘林镇** 位于区境西南部、古冈身南端，竹港纵贯东市，沪杭公路从西穿过，距区治南桥 9 千米。旧时因地连柘山，山上柘树成林，故名。唐咸通六年（865年）建方广教寺后，聚成村落渐成集市。北宋始设袁部场专理盐务。明嘉靖三十六年（1557 年）设柘林堡，筑柘林城，屯兵防倭。清同治元年（1862 年），全城被英法联军焚毁，居民西迁于 0.5 千米外的上横泾两岸，渐成新市。该镇原属松江县，民国31年（1942年）划归奉贤县管辖。解放初，地设柘林场务所。1959年起属奉贤盐场。1984 年 5 月建立柘林乡，始为乡人民政府所在地。因兴办乡镇工业和养殖对虾，使柘林成为富裕之乡，亦带动集镇建设迅速发展。1992年主要街道有：新柘路，长330米，宽10米；钦林路，长 420 米，宽 10 米；康乐路，长 145 米，宽 8 米；沪新路，长220米，宽4.5米；老街，长460米，宽2米；

2017 年柘林镇镇区主要市政道路示意图

2003年胡桥镇镇区主要市政道路示意图

袁浦路，长100米，宽3米。均为水泥路面。随着上海化学工业区的建设和2000年奉贤化工分区在镇区西侧开发，万余居民动迁，镇区商住面积扩大。2003年撤销柘林、胡桥、新寺建立新柘林镇，镇区道路建设加快。2017年镇区主要市政道路10条，总长3.23千米。

胡桥镇　位于区境西南部，沿沙港与上横泾两侧，距区治南桥10千米。此处在古冈身南端，晋初已有移民徙居。宋代，胡姓聚族居此。明朝，上横泾建有一石桥名胡家桥，地以桥名。清末民初，镇上商贾众多，市面兴盛，为县内一较大集镇。解放后至2003年，为镇（公社、乡）政府机关驻地。现镇区沙港河东岸为工业区，西侧为商业、生活区，集镇基础设施较为完善。1992年，主要街道有7条，其中：老街长500米，宽2.5米；新北街长320米，宽11米；农贸路长150米，宽8米；中心路长

1970年胡桥镇老街

2010年庄胡公路胡桥镇区路段

100 米，宽 6 米；胡迎路长 250 米，宽 11 米；东站路长 100 米，宽 11 米；沙港路长 750 米，宽 10 米。均为沥青和水泥路面。2003 年，胡桥镇撤销，设柘林镇胡桥社区办事处。2017 年，胡桥集镇市政道路 14 条，总长 7.07 千米。

新寺镇 位于区境西南部，地处竹港与下横泾交汇点，距区治南桥 6 千米。因镇西有明代新禅寺而得名。南宋丙子年（1276 年），在新塘集市（现柘林镇新塘村 1 组）下横泾建今奉贤境内最早的市政桥梁——通津桥。明末清初成市。建县之后，镇上设有军、警、政机构。民国 18 年（1929 年）始设区、镇所治。民国 21 年（1932 年）沪杭公路筑就后，市面渐趋繁荣。解放后至 2003 年，为镇（公社、乡）政府机关驻地。1992 年，镇区主要有老街、新北路、寺中路、新林路、新粮路、新胡路等街道，总长度 2.62 千米。2003年，新寺镇撤销，设柘林镇新寺社区。2017 年镇区主要市政道路 7 条，总长 3.28 千米。

1980 年新寺镇老街

2003 年新寺镇寺中路

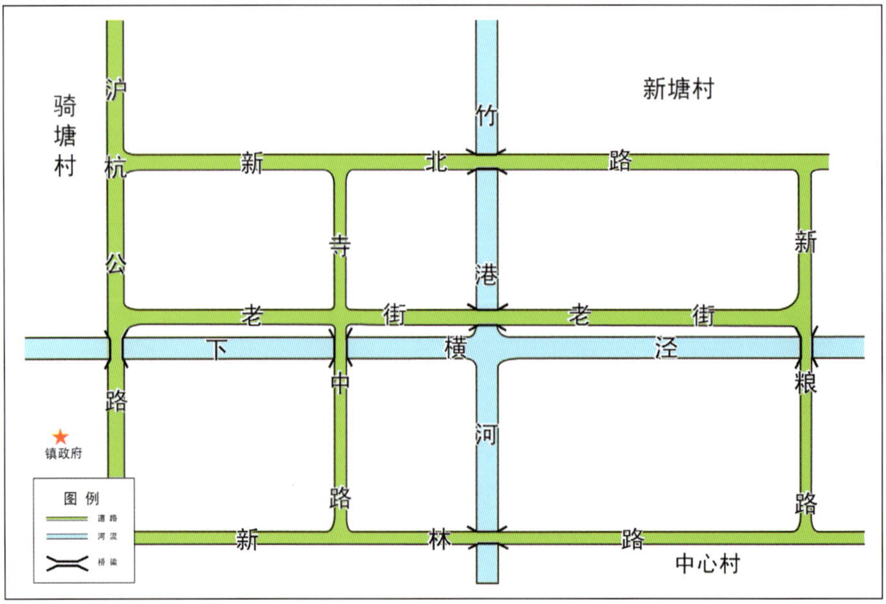

2003 年新寺镇镇区主要市政道路示意图

4. **庄行镇** 位于区境西部，地处南亭公路北侧，距区治南桥6千米。该地属古冈身西南边缘，宋时已成村落，元末明初成市，因有盛姓聚居，明盛家库。洪武初年，庄姓于此开设花米行，遂改称庄家行，简呼今名。清代，其织布业和米市颇盛，集镇繁荣，居民稠密。清宣统年间（1909—1911年）设西三乡署，民国期间曾设乡、区、镇公所。解放后，一直是庄行镇（区、公社、乡）政府机关驻地。

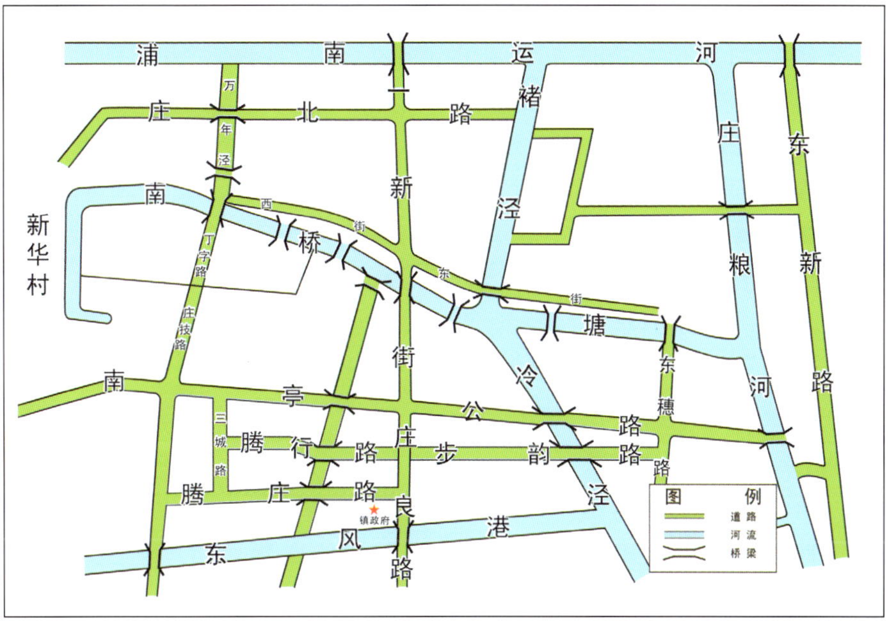

2017年庄行镇镇区主要市政道路示意图

旧时街区沿南桥塘呈带状分布，主街长895米、宽2.5米，路面铺墁砖石。民国19年（1930年）前后，此路中段（长552米）铺浇水泥，为奉贤最早的水泥路面。

1970年庄行镇西街

2010年庄行镇东街

1980 年翻修路面。同时在老街腹部辟建南北向道路，另建以庄行农民暴动牺牲的唐一新烈士名字命名的市政街道一新街，全长 1010 米，路幅宽 16 米（其中两侧人行道各宽 3 米），水泥路面。1987 年，对老街进行改造，并向两端延筑至 1100 米。1989—1992 年，新辟环城路、旋风路，分别长 1239 米和 178 米，均为 8 米宽的碎石路面。同期，修建居住区道路 950 米。1992 年镇区主要街道 7 条，总长 5.88 千米。

90 年代中期后，庄行镇区随大亭公路、浦卫公路、平庄公路先后筑竣及新村建设，集镇道路不断新建。为保存庄行古镇街道原貌，镇政府于 2010 年前后斥资 3000 余万元修建老街东段，使其保留昔日古街道风采。2003 年撤销庄行、邬桥两镇，建立新庄行镇，镇区建设加快。2017 年有主要市政道路 15 条，总长 9.62 千米。

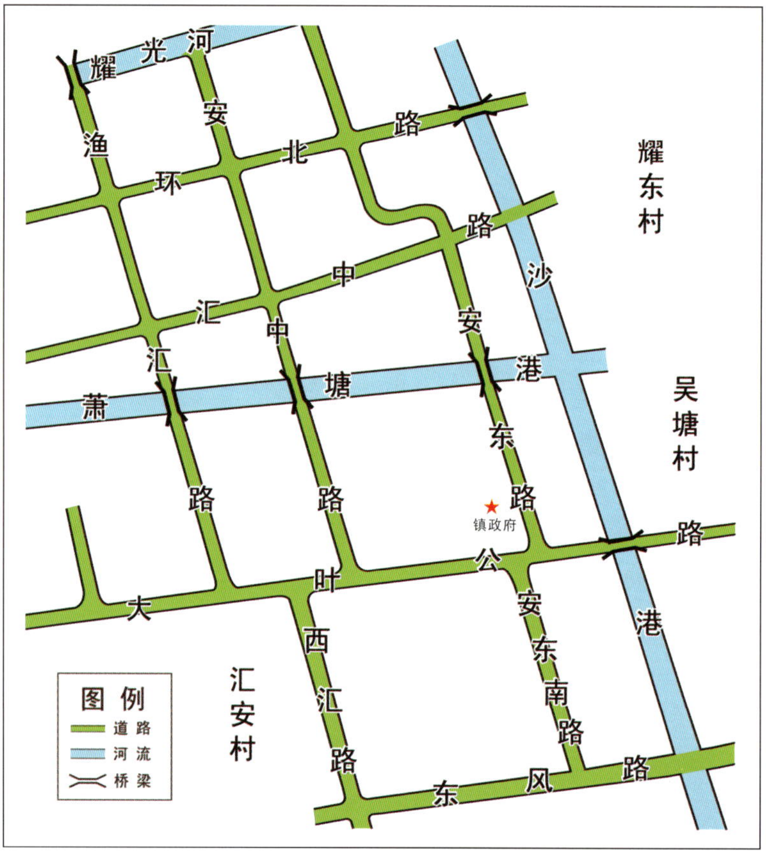

2003 年邬桥镇镇区主要市政道路示意图

邬桥镇　位于区境西北部，东傍沙港河，南靠原萧邬公路，北抵黄浦江 2.5 千米，距区治南桥 7 千米。集镇兴于明代中期，为棉花集散地，贸易颇盛。从清宣

1985 年邬桥镇安东路

2001 邬桥镇安中路一条街

统始到民国末期，先后设乡、镇公所。解放后至2002年4月，为镇（公社、乡）政府机关驻地，现已成为工商并举的集镇。1992年，主要街道有汇中路、安东路、沿江路、汇安路、安西路、汇北路等6条，道路总长2.68千米，除安西路、汇北路为碎石路面外，其他街道为沥青和水泥路面。2003年，邬桥镇撤销，设庄行镇邬桥社区办事处。2017年，集镇主要市政道路8条，总长5.44千米。

5．**金汇镇**　位于区境中部偏北，距区治南桥9千米，北抵黄浦江3千米，解放后为金汇镇人民政府所在地。南宋期间，金姓聚族成市。明末清初，市况繁荣，商务活跃，成为浦南大镇之一。民国元年（1912年），始设东四乡署，后设立第六区公所。民国27年1月（1938年1月），遭侵华日军焚掠，烧毁房屋700多间，街市顿成一片瓦砾。遂后搭建草屋，市面一蹶不振。解放后，一改昔日

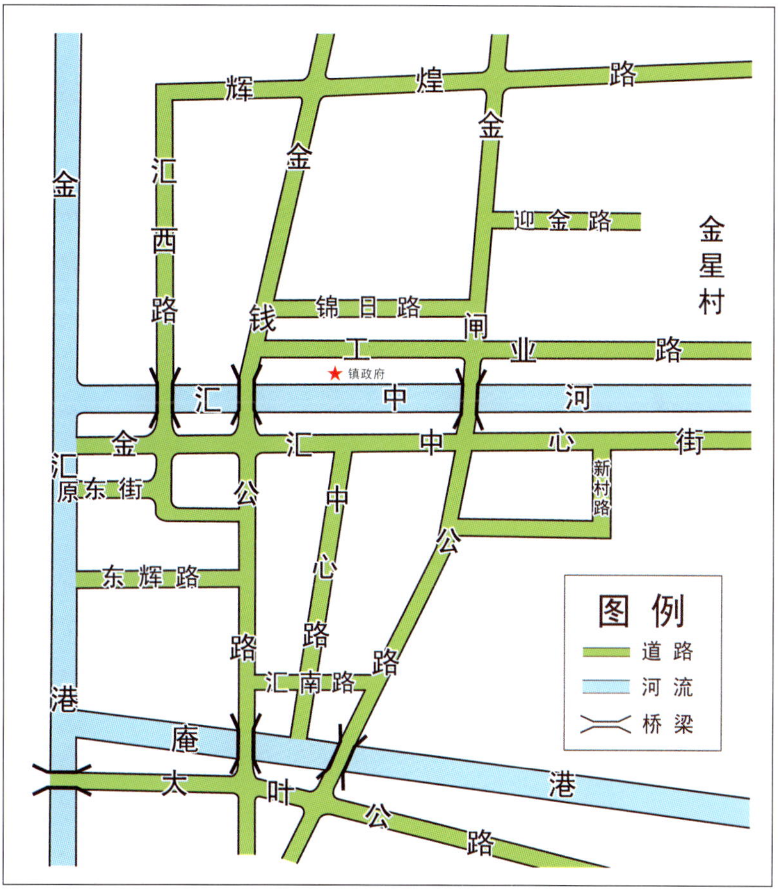

2017年金汇镇镇区主要市政道路示意图

1970年金汇镇老街

2003年金汇镇金汇中街

萧条景象，特别是开挖金汇港后，老街大半拆除，重建新镇于今汇中河南岸。1992年，主要有市政道路新街及齐金路、金鲁路、环城北路、工业大道等5条，水泥路面，道路总长5.94千米。

2003年，金汇、齐贤、泰日镇撤销，建立新金汇镇，为镇政府机关驻地。2017年，镇区主要市政道路10条，总长7.94千米，其中中心街、汇中路长度分别为918米、900米。

泰日镇 位于区境东北部，北傍南航公路，距区治南桥13千米。元末明初成市，跨运盐河，古名盐溪，俗呼坍石桥。因名不雅驯，后易为泰日桥，简呼今名。清时为青村场盐运要道，商业日渐繁荣，成为县域东部主要集镇之一。民国18年（1929年）设镇。抗日战争前，镇上有

2003年泰日镇镇区主要市政道路示意图

1980年泰日镇老街

2003年泰日镇新建路

店铺百余家，为附近农副产品和工业品集散地。民国27年（1938年）1月日军侵境，纵火焚毁店铺、民房94间，从此市况顿衰。解放后至2003年，为镇（区、公社、乡）政府机关驻地。1982年起，该镇集资辟建新区，为市郊老镇改造之典范。

1992年，镇区主要有新建街、泰青路、人民街3条街道，呈H形布局，道路总长2.05千米，均为水泥路面。2003年，泰日镇撤销，设金汇镇泰日社区办事处。2017年，泰日镇区主要市政道路8条，总长2.98千米。

齐贤镇 位于区境中部偏北、金汇港畔，距区治南桥6千米，至2003年为齐贤镇（公、乡）政府机关所在地。明代有徐姓聚居，俗呼徐连桥，后衍为今名。清同治（1862—1874年）年间，老街呈十字形，以后街为主。清末民初，为奉贤主要盐市之一，后地方新兴工业崛起，以粮油棉加工业为盛。民国27年（1938年）6月，镇上大多房屋被侵华日军焚毁。1978年，因新开金汇港穿

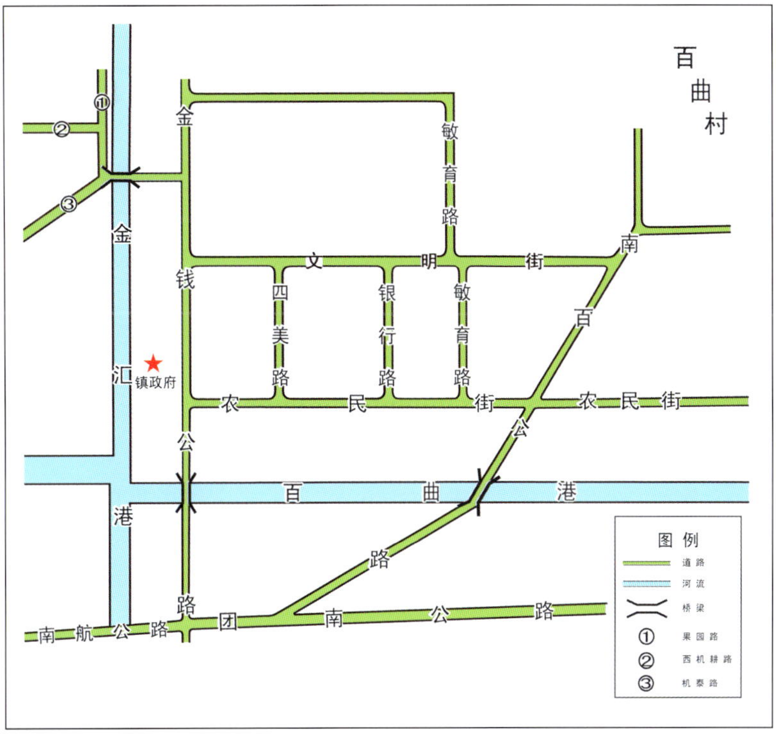

2001年齐贤镇镇区主要市政道路示意图

1980年齐贤镇老街

2003年齐贤镇农民街

镇而过，遂于南航公路两侧建新镇。1992年，镇区主要街道有5条，其中：南百路，长1700米，宽16米；文明街，长410米，宽11米；农民街，长310米，宽18米；果园路，长700米，宽6米；四美街，长188米，宽7米。除南百路为沥青路面外，其他均为水泥路面。2002年4月，齐贤镇撤销后，设金汇镇齐贤社区办事处。2017年，大型居住社区建设，集镇市政道路陆续拆毁新建。

1970年青村镇石板街道

2015年青村镇振兴路

6. 青村镇

位于区境中部，跨青村港市河两侧，距区治南桥13千米。宋初系渔村，原名青溪。元末明初渐成小镇。明嘉靖三十二年至三十五年（1553—1556年），陶宅镇因屡遭倭患而衰落，商市遂南移于青溪。清雍正年间（1723—1735年），疏市河

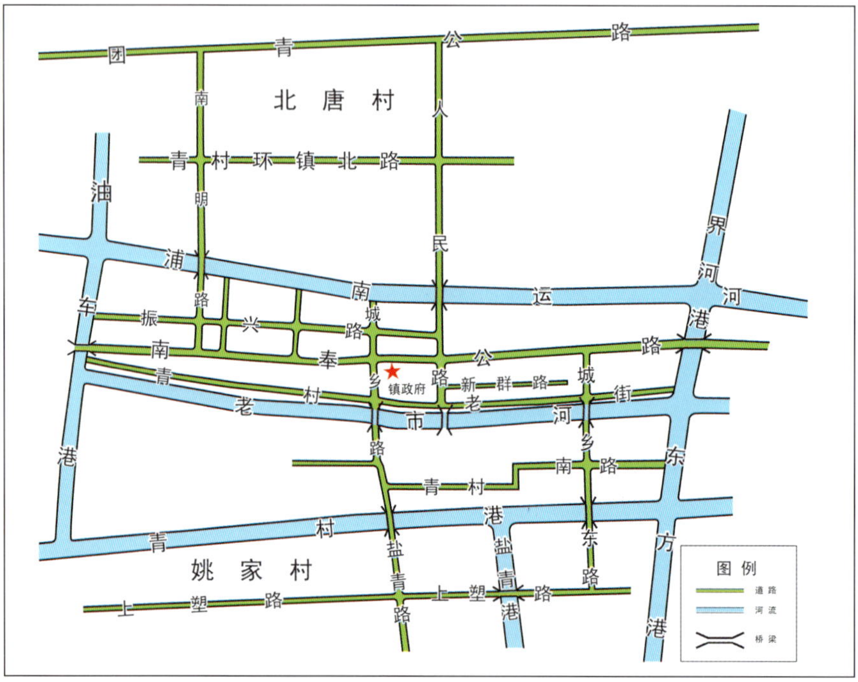

2017年青村镇区主要市政道路示意图

引水以通奉城城濠，且为青村所千总驻地，故改称青村港，简呼今名。嗣后，集镇日趋繁荣，至嘉庆时已是“舟楫往来如织，百货聚焉，廛闬之盛，遂冠东乡褚镇”。宣统年间，设东三乡署。民国期间，曾设区、镇公所。民国27年（1938年）日军侵境，烧毁房屋200余间，市况一度萧条，至战后才逐渐恢复。解放后，为青村镇（区、公社、乡）政府机关驻地。

解放前夕，镇区仅有1条东西向街道，长462米，宽3.5米，条石和砖铺设。1972年，石条（板）老街改建为水泥路面。1975年辟筑新建路，长150米，宽4米。1976年建成文卫路，长260米，宽4米。1982年，填河修筑人民路，长270米，宽21米（两侧人行道各4米）。1989年，集资拓建振兴路（长220米）、建设路（长140米），均宽24米（两侧人行道各6米），并置有城市型道路设施。1990年建成振浦路，长280米，宽7米。同时将振兴路向西延伸86米。1991年起，相继辟就城乡路、城乡东路、镇南路，分别长340米、380米、746米，路面均宽10米（两侧人行道各1.5米）。1992年，镇区主要街道10条，总长3.35千米，其车行道全部为水泥路面。

2003年，青村、光明、钱桥3镇撤销，重建新青村镇，随后北唐村迁至镇区，集镇扩大，市政道路建设加快。2017年，镇区市政主要街道13条，总长6.62千米。

光明镇 位于区境中部，地处闸钦公路与金汇港西侧，距区治南桥6千米。宋初，已有移民迁徙居此，遂成村落。元末，村南三官堂庙迁于漳泉港北侧，香火鼎盛，逐渐成集，地以庙名三官堂，亦称三官塘。明代，集镇向南扩展，形成丁字型街道。清末民初，市况渐荣。明万历四十年（1619年）建继芳桥于镇东街，长40米（今已移建青村镇老市河）。民国14年（1925年），道南中学（今光明中学）创建于镇西，为县内最早中等学府，师生来自各地，食宿住校，由此带来

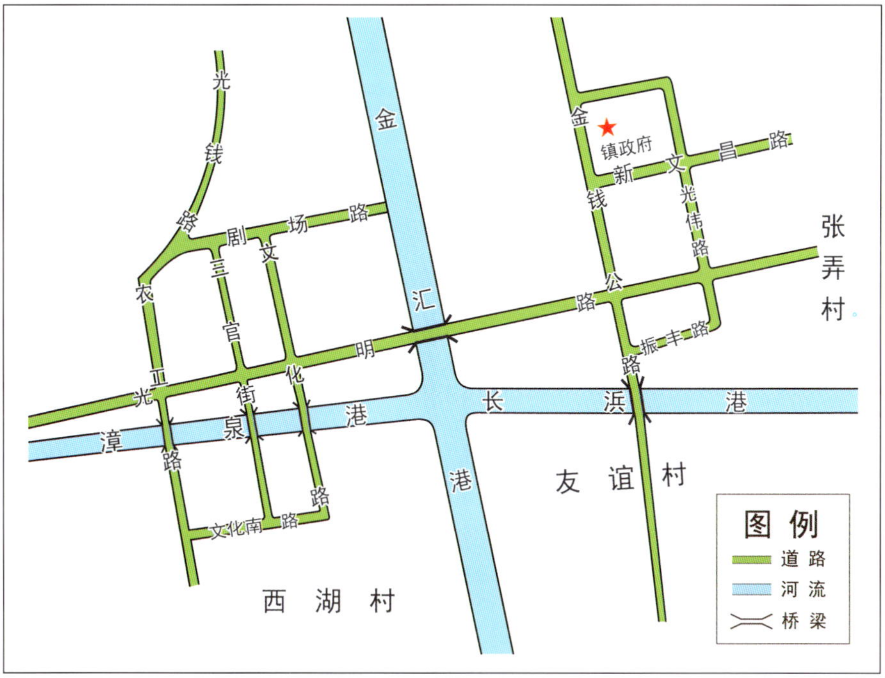

2003年光明镇镇区主要市政道路示意图

2016年光明老镇区（金汇港西岸）三官街

2016年光明新镇区（金汇港东侧）光明路

集镇繁荣。解放初，隶属青村区，1957年9月建立三官乡，至2003年为镇（公社、乡）政府机关驻地。1968年改为今名。1992年，主要街道有光明路、文化路、剧场路、农工路、新建路、三官街等6条，道路总长2.25千米，面积1.37万平方米。90年代，光明镇依靠招商引资，引进生产达芙妮女鞋的上海光伟实业有限公司和生产文具的晨光文具有限公司等企业，入住集镇外来人口超过万人，市政配套建设加快。2003年，光明镇撤销后，金汇港西侧老镇区划入南桥镇，东侧设青村镇光明社区办事处。2017年，主要市政道路10条，水泥路面，总长4.28千米。

钱桥镇 位于区境南部，处里护塘北侧，唐氏聚族居此成市，镇本南北隔水，相传钱氏迁徙于此建钱家桥，以桥名镇，距区治南桥10千米。旧时因地近海塘，盐业甚盛，自明代起设有官办盐廒和盐务所。民国18年（1929年）设镇，后几经撤并。民

2003年钱桥镇镇区主要市政道路示意图

2016 年钱桥镇人民路老街旧房

2016 年钱桥镇长丰街道

国后期，有大小店铺 80 余家。解放后至 2003 年，为钱桥镇（公社、乡）政府机关驻地。随着沿海国营农场的建立，钱桥日趋繁荣。1992 年，镇区街道有：文化路，长 200 米，宽 9 米；长丰路，长 540 米，宽 12 米；城乡路，长 110 米，宽 3.5 米；人民路，长 200 米，宽 4 米（1993 年，人民路南段西侧老街拆建，街道加宽至 12 米）；龙泉路，长 150 米，宽 12 米。均为水泥路面。1996年，钱桥镇向南扩展，并开发钱桥经济园区（工业开发区）钱桥路等市政道路新建或延伸。2003 年，钱桥镇撤销，设青村镇钱桥社区办事处。2017 年有市政道路 10 条，总长 4.38 千米。

7．**海湾镇**　位于奉贤区境南部，原为星火农场场部所在地。2003 年奉贤行政区划调整时新建，区域包括原星火、燎原、五四农场。海湾镇成立后，主要对原场部街道进行改造和扩建。2017 年有星火大道等主要市

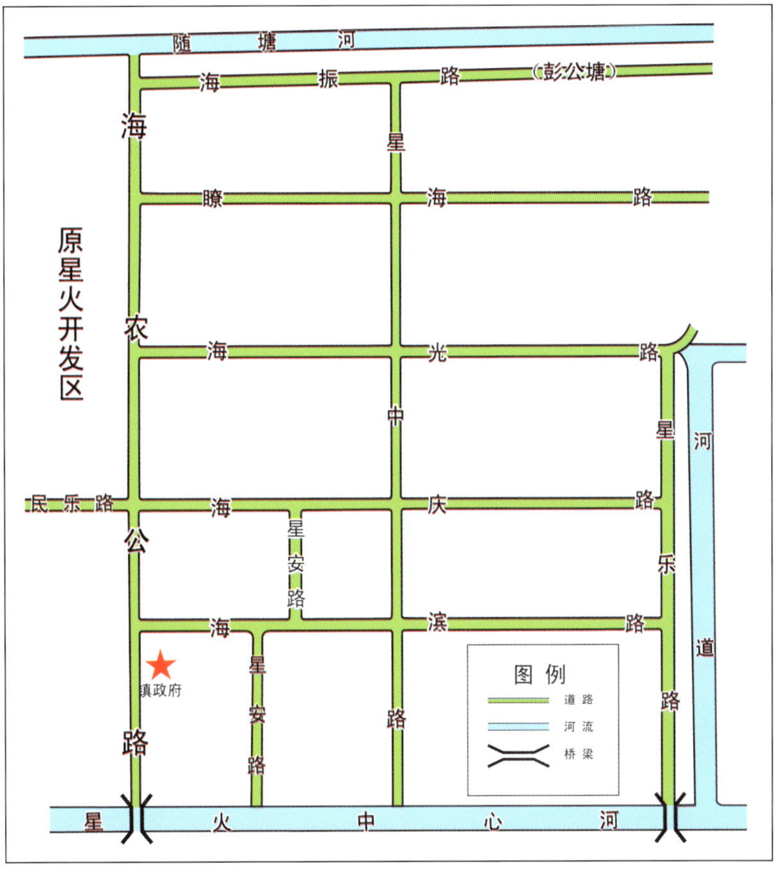

2017 年海湾镇镇区主要市政道路示意图

2016 年海湾镇（原星火农场场部）海农公路

2016 年海湾镇（原星火农场场部）海滨路

政道路 9 条，总长 3.1 千米。

8．**西渡街道** 2015 年 12 月 9 日，西渡社区从南桥镇析出，建立西渡街道。行政区域东至金汇港，西至南竹港，南至南桥镇发展村、金港村、益民村村界，北至黄浦江，驻地原西渡社区办事处。2016 年，轨道交通 5 号线途经，部分市政道路改建。2017 年，西渡街道主要市政道路 9 条，沥青路面，总长 6.25 千米。

西渡镇 驻地在萧塘。萧塘，位于区境西北部，东傍横泾港，中贯沪杭公路，北抵闵行渡口 4 公里，距区治南桥 5 千米。该镇已有 2000 多年历史，相传秦始皇东

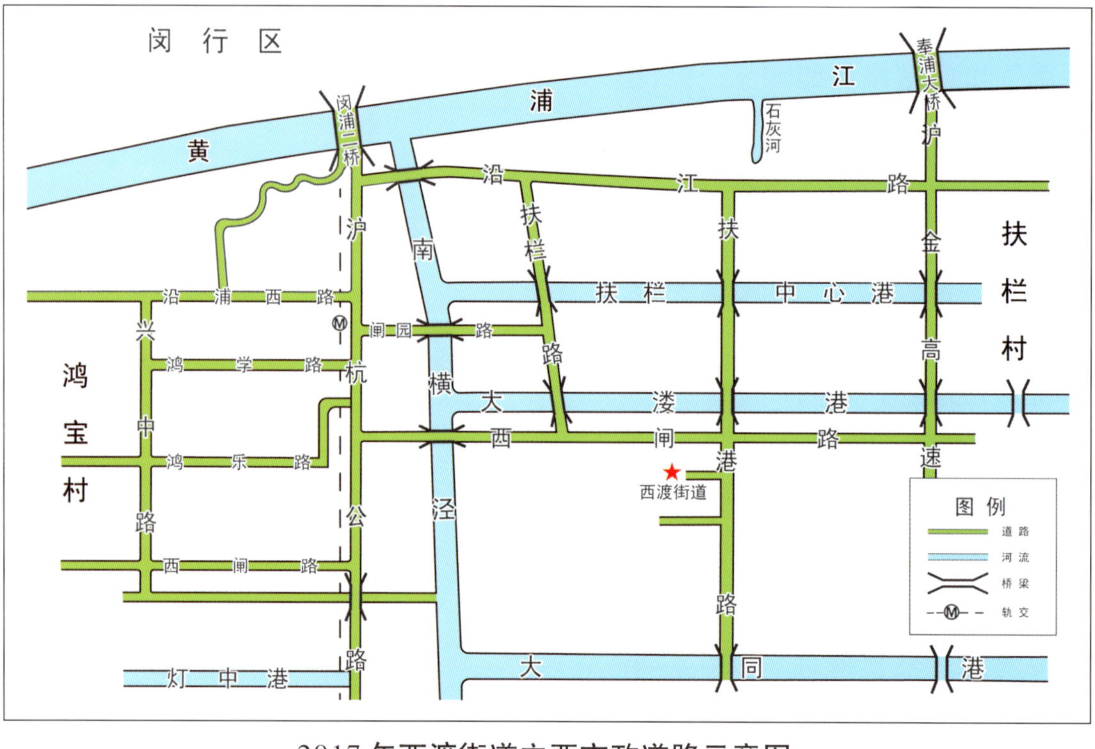

2017 年西渡街道主要市政道路示意图

1990年初萧塘老街

2003年西渡镇西闸公路商业街

游望海经此而南，故名秦塘。后有萧姓居此，渐成市集，易名萧塘。镇东北原“友梅讲院”，始于南朝梁武帝普通年间（520—526年）。镇南原崇福寺，宋绍圣四年（1097年）请额，为南宋状元卫泾故居。清同治初，全镇毁于英法联军。抗日战争期间，镇区再次遭焚。从清末至民国年间，曾设乡、镇公所。解放后至2003年10月，撤销南桥镇、西渡镇建立新南桥镇。之前萧塘集镇一直是萧塘镇（西渡）、（公社、乡）政府机关驻地。

解放初镇区仅有2条街道，全长630米，宽约2米，砖石路面。西河路（亦称人民路），1970年辟，长230米，宽4米。萧塘街（即老街），1972年改建，长530米，宽4米。南虹路，1973年辟，1983年续建，长300米，宽6米。北虹路，1982年筑成西段，1992年改建东段，全长470米，宽5米。萧粮路，1985年辟，长90米，宽7米。金陈路（即东环路），1988年建，长500米，宽5米。萧发路（即西环路），1989年建，长770米，宽7米。除金陈路、萧发路为碎石路面外，其余均为混凝土路面。90年代后，西渡利用紧靠闵行的地理优势，发展商品房吸引市区居民来西渡购房落户，集镇规模日益扩大。2010年5月，闵浦二桥公交通车，2015年建立西渡街道。2017年，西渡街道有市政道路9条，总长6.25千米。

9. **奉浦街道** 2011年10月，设奉浦社区。2016年9月，改建为奉浦街道。行政区域东起S4沪金高速公路，南临浦南运河，西至沙港河，北至西渡街道发展村、金港村村界。办公地点位于奉浦大道111号奉浦大厦。由于轨道交通5号线建设，辖区萧塘集镇市政道路重新建设。2017年，萧塘集镇有主要市政道路10条，总长8.3千米。

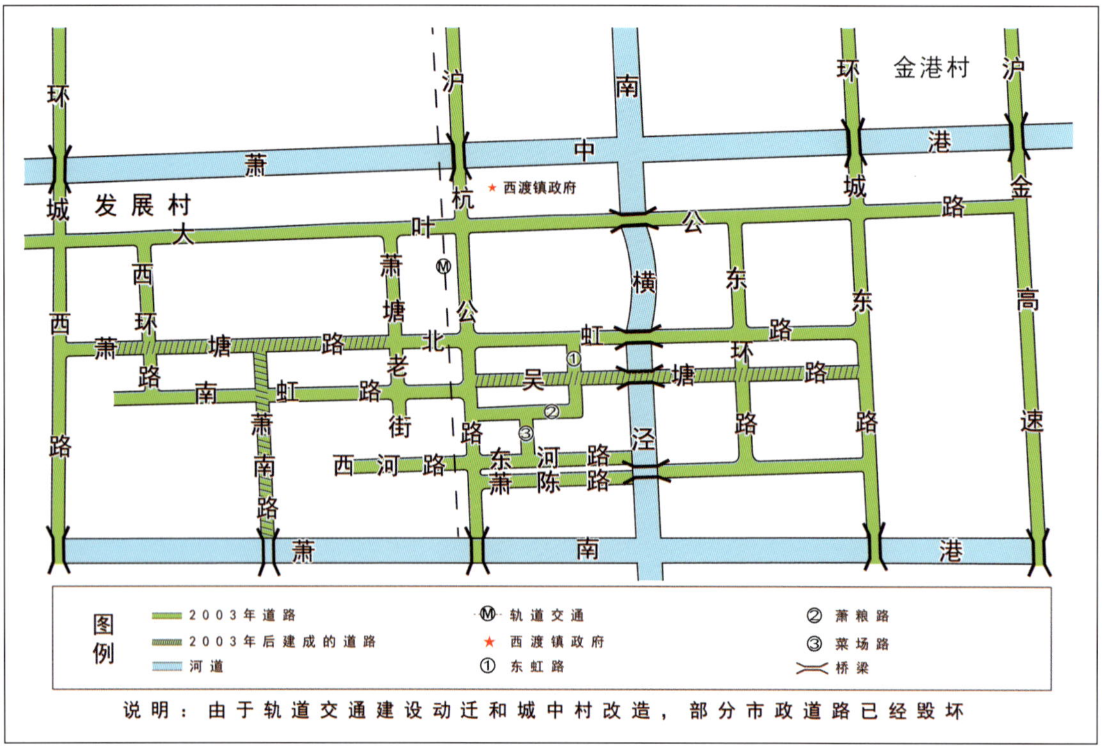

2003年萧塘集镇主要市政道路示意图

10. **海湾旅游区（奉新镇）** 位于区境南端，地处奉炮公路两侧，南抵杭州湾1千米，距区治南桥11公里。解放初，此处尚是滩涂。1978年上海师范学院分院在此创办，人口增加。开挖金汇港后，其沿线金汇、齐贤、光明、钱桥、新寺公社298户1300余人移民安置于此，遂成集市。1979年筹建新海公社后，取名新海。因与崇明新海农场同名，1984年改称奉新乡，镇以乡名。至2002年为乡（镇）人民政府所在地。时有镇区主要街道7条，总长5.26千米，面积10.75万平方米，均为沥青和水泥路面。其中：奉新南路，1974年辟筑，1980年改建，长784米，宽10米；奉新北路，1974年辟建，1985年后拓宽，长1894米，宽18米；团结塘路镇区段，1991年改建，长1100米，宽5米；兴工路，1975年辟建，1991年拓宽，长

2012年海湾旅游区浦星公路

518米，宽8米；水厂路，1984年建，长294米，宽5米；农机路，1976年建，长420米，宽7米；奉新街，1981年建，长250米，宽8米。1993年6月，设立奉新经济旅游开发区，1998年改称海湾旅游开发区，与奉新镇合署办公。海湾旅游区得以扩大。碧海金沙、渔人码头、龙腾阁、海鲜一条街等相继建成，成为奉贤有名的旅游景点之一，2002年4月，奉新镇撤销。2017年主要市政道路12条，总长6.68千米。

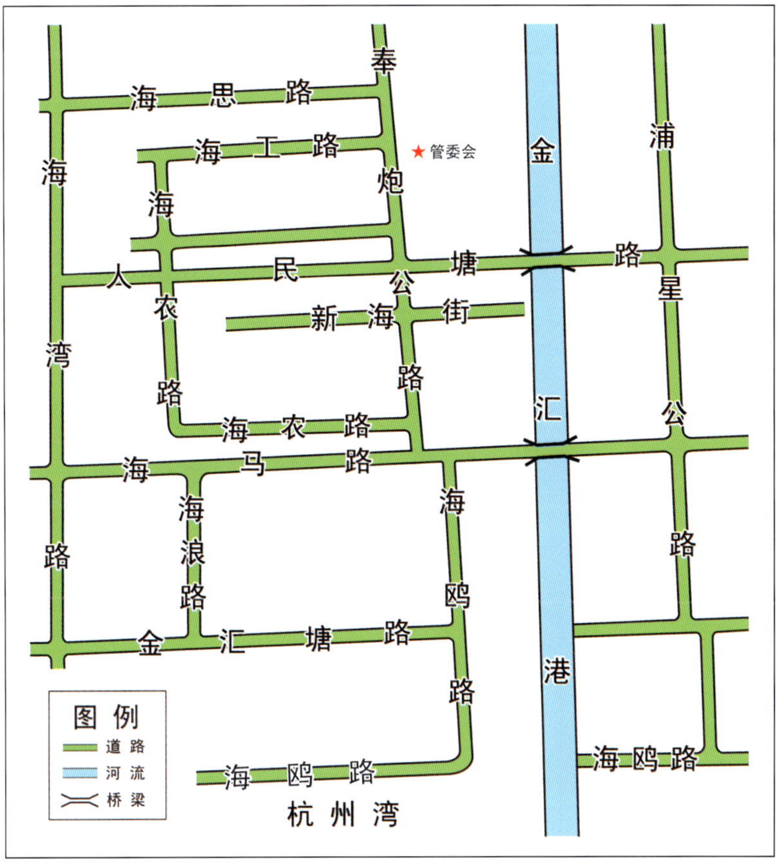

2003年海湾旅游区（奉新镇）主要市政道路示意图

11．金海社区　2011年10月，从南桥镇析出建立。区域东至金汇港，南至浦南运河，西至沪金高速公路，北至大叶公路。位于南桥新城中心位置，辖区市政道路由奉贤农业发展有限公司、南桥新城公司先期建设。2017年，拓宽庆丰路、庆园路，完成茂园路大中修工程。办公地点位于金海公路、金齐公路交汇处西北侧。

奉贤境内除上述集镇外，解放初期东部地区的东新市、高桥、朱新镇、梁典、周家弄，西部的道院、法华桥、刘港等集镇也有一定规模。今道院、法华桥、刘港等仍保持着古市政街道的部分路段。

2017年奉贤区其他集镇主要市政道路情况表

表1-2-10

镇名	集镇名	条数	主干道路名	总长（米）	最长主干道（米）
合计		224		129239	
奉城镇	塘外	4	褚聚路、文化路、人民路、紫苑路	3109	人民路1600
	奉城	18	十字老街、奉粮路、富民路、兴茂路、状元路 邮电路、曙宏路、邮电支路、城中路、城大路、菜场路、兰博路、城协路、政苑路、奉粮东路、艺博路、万佛阁路、城兰路	12346	兰博路2690
	头桥	9	北弄路、市河路、红旗路、同心路、桥福路、广福路、大庆西路、奉飞路、头桥路	6120	头桥路1200
	洪庙	14	农商路、水闸路、洪庙路、洪中路、浦东路、洪运路、洪丹路、洪福路、柴场路、洪新路、洪南路、洪盘路、洪北路、洪东路	10660	洪庙路1782
四团镇	邵厂	7	邵厂路、良民村路、四平路、东海路、青年路、沿江路、彭平公路（今平庄公路）	3442	邵厂街400
	四团	9	鹏程路、文卫路、鹏贸路、天鹏路、市场路、老街、四新街、团南中心路、四名新区路	6120	鹏程路950
	平安	15	平福西路、平盛路、平禄路、平谊路、平中路、安民路、安康路、安友路、安邮路、安泰路、安丰路、安逸路、安居路、堂前街、平福东路	6043	平福东、西路，平盛路名为600
柘林镇	柘林	10	新柘路、钦林路、苍工路、乐康路、沪港路、环城路、沪新路、沿港路、西门路、袁浦路	3225	新柘路610
	胡桥	13	老街、农贸路、庄胡路、环城南路、北路、新街、中心路、花苑路、环镇东路、小学路、文化路、科工路、胡迎路	7070	环镇东路1100
	新寺	7	新中路、新北路、新粮路、寺中路、新林路、老街、新法路	3280	新北路550
庄行镇	庄行	15	老街、一新街、红十字路、中学路、庄技路、庄良路、新陈路、福利路、庄北路、腾行路、库桥路、姚新路、腾庄路、三城路、步韵路	9620	一新街1010
	邬桥	8	安东路、安中路、安西路、汇中路、环北路、沿港路、汇安路、老街	5440	安中路980
金汇镇	金汇	10	中心街、汇中路、中心路、汇西路、汇南 商业街、辉煌路、锦日路、迎金路、东辉路、新村路	7938	中心街918
	泰日	8	人民路、新建街、泰青路、泰南1号路、大昌路、菜场路、耀辉路、振泰路	2984	泰青路878

续表 1-2-10

镇名	集镇名	条数	主干道路名	总长（米）	最长主干道（米）
	齐贤	7	南百路、文明街、银行路、教育路、四美路、果园路、机泰路	2228	果园路 460
青村镇	青村	13	人民路、振兴路、老街、城乡路、南明路、建设路、青村南路、城乡东路、新群路、西环路、上塑路、盐青路、青村环镇北路	6620	老街 1200
	光明	10	光明路、文化路、剧场路、三官街、振丰路、新文昌路、光伟路、光钱路、金钱路、农工路	4280	光明路 1650
	钱桥	10	长丰路、文化路、振兴路、龙泉路、文新路、人民路、城乡路、金钱路、奉柘路、钱桥路	4384	振兴路 840
海湾镇	星火场部	9	海振路、星东路、海光路、海滨路、海农公路、瞭海路、海庆路、星安路、星中路	3100	农工商大道 1330
西渡街道	西渡	9	沿浦路、鸿学路、鸿乐路、西闸路、沿江路、扶拦路、扶港路、南鸿路、鸿程路	6250	沿浦路 3600
奉浦街道	萧塘	10	北虹路、南虹路、萧南路、东河路、萧粮路、萧陈路、东环路、吴塘路、萧塘路、菜场路	8300	萧陈路 1800
海湾旅游区	奉新镇	12	海思路、海工路、人民塘路、新海街、海农路、海马路、金汇塘路、海鸥路、海湾路、奉炮公路、海鲜一条街	6680	人民塘路 800

说明：表中齐贤、萧塘集镇部分市政道路因大居建设、城中村改造而消失

第三节 配套（附属）设施

一、公路配套（附属）设施

1. 排水管网

80年代后期起，公路排水管网成为公路设施建设的重要组成部分，筑路与排水设施同步建设。排水管道分小、中、大、特大4种型号。2017年，奉贤区公路排水管网总长251.11千米，排水管网窨井1.03万只，雨水口1.11万只，排水沟77.6千米。

2010年平庄西路雨水管道铺设现场

2017年奉贤区部分县道排水管网设施情况表

表1-3-1

路名	排水管长（米） Φ直径（毫米）					排水沟（米）	进水口（只）	窨井（只）
	管长合计	Φ600以下	Φ600～1000	Φ1000～1400	Φ1400～1500	Φ1500以上			
合计	251111	53867	177798	17049	1075	1322	77550	11052	10254
丹东线	6600	1679	4921	0	0	0	0	122	18
航南公路	12797	2718	10079	0	0	0	0	639	299
新奉公路	3404	1177	2227	0	0	0	770	89	186
沪杭公路	7337	6571	766	0	0	0	2470	304	233
航塘公路	15602	996	14480	126	0	0	0	15820	984
新杨公路	4269	0	1569	1869	0	831	0	26	0
金大公路	8848	1095	6833	920	0	0	9200	344	228
燎钦公路	1200	0	1200	0	0	0	0	41	0
海思路	2900	450	2450	0	0	0	0	138	69
泰青公路	766	766	0	0	0	0	0	24	12
两港西大道	8404	2250	4316	1007	340	491	6200	240	365
金闸公路	771	711	0	0	0	0	800	70	35
金钱公路	2107	2107	0	0	0	0	0	57	34
奉海公路	5405	839	4127	439	0	0	4600	194	219
环城西路	13506	3113	6063	4330	0	0	4600	423	237
奉炮公路	1600	600	1000	0	0	0	0	99	70
南桥路	3124	320	2804	0	0	0	0	135	82
庄胡公路	3968	1925	2043	0	0	0	0	200	106
西闸公路	2520	1143	1377	0	0	0	0	137	69
六团公路	0	0	0	0	0	0	0	36	0
奉柘公路	487	67	420	0	0	0	0	51	51
五四公路	347	0	0	0	0	0	0	13	0
星火公路	950	0	950	0	0	0	0	10	5
西闸支路	688	688	0	0	0	0	0	22	4
海湾路	1700	1300	400	0	0	0	4720	92	52
庄郢公路	0	0	0	0	0	0	360	0	0
庄良公路	1705	0	0	1450	255	0	0	132	48
扶港路	4533	4000	533	0	0	0	0	160	69
南桥环城东路	11514	822	10692	0	0	0	0	382	115
瓦洪公路	0	0	0	0	0	0	2400	550	479
金海公路	14125	1390	12311	424	0	0	0	538	310
团青公路	32030	1000	31030	0	0	0	13800	880	1552
平庄公路	13937	3110	10827	0	0	0	10400	966	705
海农公路	1095	0	1095	0	0	0	0	53	27

续表 1-3-1

路名	排水管长（米）　Φ直径（毫米）						排水沟（米）	进水口（只）	窨井（只）
	管长合计	Φ600以下	Φ600～1000	Φ1000～1400	Φ1400～1500	Φ1500以上			
海泉路	2600	1150	1450	0	0	0	0	152	76
南海公路	4200	4200	0	0	0	0	0	0	0
平庄东路	11045	0	11045	0	0	0	0	410	241
环城东路	5667	783	3098	1306	480	0	0	732	108
江海南路	6500	0	2200	4300	0	0	0	302	2499
奉浦大道	8538	318	8220	0	0	0	0	0	0
金齐路	3100	0	3100	0	0	0	0	0	0
浦卫公路	0	0	0	0	0	0	180	80	34
新林路	0	0	0	0	0	0	7200	0	0
观工路	0	0	0	0	0	0	8230	0	0
北沪杭公路	2602	0	2602	0	0	0	0	0	107
庄亭公路	262	0	262	0	0	0	0	0	0
团汇公路	4118	0	3617	501	0	0	0	184	155
南行港路	3278	0	3278	0	0	0	0	127	178
神州路	2131	1422	709	0	0	0	0	0	0
海航路	2229	1229	1000	0	0	0	0	74	37
目华南路	2630	480	2150	0	0	0	0	0	0
民乐路	5601	1937	2534	130	0	0	0	244	122
秀竹路	1261	0	1014	247	0	0	0	60	34

说明：丹东线南芦公路至两港大道路段原名新四平公路

2．排水泵站

2002年，建设高速公路时始建地道泵站5座。随着高速公路建成，泵站增加。2017年，奉贤区公路雨水泵站有10座。每座泵站有泵房、值班室150平方米～200平方米，设备有2台～3台轴流泵、格栅除污机、变压器、配电柜、阀门等，个别泵站配有发电机，泵站周围设围墙，由该道路养护公司职工昼夜值班。

2016年G1501江海南路地道排水泵站

2017 年奉贤区公路雨水泵站分布情况表

表 1-3-2

泵站名称	泵站地址	排水系统	服务范围	排水能力(立方米 / 秒)
G1501 地道泵站	与洪朱公路相交处	红卫港	地道区域	3.01～5.00
G1501 地道泵站	与金钱公路相交处	小横河	地道区域	3.01～5.00
G1501 地道泵站	与环城东路相交处	新横泾港	地道区域	3.01～5.00
G1501 地道泵站	与江海南路相交处	竹港	地道区域	1.01～3.00
浦东铁路地道泵站	与星火公路相交处	彭公塘	地道区域	3.01～5.00
浦东铁路地道泵站	与燎钦公路相交处	无名河	地道区域	1.01～3.00
浦东铁路地道泵站	与瓦洪公路相交处	彭公塘	地道区域	3.01～5.00
浦东铁路地道泵站	与新四平公路相交处	四团港	地道区域	3.01～5.00
浦东铁路地道泵站	与新杨公路相交处	南横河	地道区域	3.01～5.00
沪金高速地道泵站	与南海公路相交处	南横泾港	地道区域	1.01～3.00

3．涵洞

50 年代中期，建设航南公路等省道，对不通航河道建排水管涵。80 年代，省、县、乡村道路建设加快，各种规格的管涵设置较普遍。90 年代起，大亭、大叶公路新建和县道改扩建，除大型管涵外还建箱涵。2017 年，根据收集到的资料，全区纳入公路设施量的涵洞 124 道，管涵直径都在 100 厘米以上，涵洞长度按各自道路路幅而建。

2016 年海农公路彭公塘随塘河涵洞

2017 年奉贤区省道、县道、乡村道路部分涵洞情况表

表 1-3-3

路名	涵洞（道）	路名	涵洞（道）	路名	涵洞（道）
航南公路	2	海农公路	2	金汇庵港路	2
航塘公路	5	南海公路	13	平福支路	1
沿钱公路	4	平庄东路	2	海丹路	1
庄胡公路	7	江海南路	2	团泐路	1
星火公路	2	沿泰路	1	杨王二路	2
平庄公路	6	新朝路	1	南奉公路	10
港荣路	1	大泐港路	1	南亭公路	15
浦星公路	2	川南奉公路	2	沪芦高速公路	1
沪金高速公路	34	大叶公路	4		

4. 路名牌

路名牌有公路路名牌和市政道路路名牌，均在道路建成后竖立。50年代，路名牌为木质结构。60—70年代，公路路名牌和市政道路路名牌由钢筋水泥混凝土制成，为T字形，路名左右注明东西或南北方向字样，路名在T字上方，呈凹形，黑漆涂。2009年为迎世博会，路名牌统一更换金属路名牌。市政道路路名牌大体与公路路名牌相仿，除左右注明东西或南北指向外，路名牌左右街道门牌号码数。

2016年县道平庄东路路名牌

5. 路界桩　公里桩

界桩为公路建设用地界限的标志，竖立在公路两侧。2017年路界桩1596个。

里程桩是公路长度的标志。

百米桩是公路每千米内设的桩号，界桩、里程桩、百米桩均由水泥混凝土制成，桩号有凹形数字，字上涂黑漆。

高速公路上里程桩与百米桩为金属材料板制成，安装在两侧隔离栏上。2010年前后，不少乡村道路陆续为区公路管理署接管，亦竖上里程桩、百米桩。2017年，全区公里桩1400余座，百米桩1.4万余座。

2015年沿钱公路公路界桩

2015年沿钱公路里程桩

6. 绿化设施

绿地　奉贤县公路两侧绿地建设始于90年代中期，莘奉金、亭大公路建设与其两侧绿地建设实行同步规划、同步实施。以后新（扩）建公路，公路绿地建设成为公路的重要配套设施之一。1996年起为加快全县公路绿地建设，全县用于公路绿地建设资金逐年增加。1998年，公路两侧绿地建设以消灭空白地段为主，各种苗木品种合理搭配，并设公路绿化景点。1999年，结合新建公路，新增绿地面积8197.47平方米，改造老绿地9095平方米。是年，全县公路绿地面积增加到48.56万平方米。大亭公路、莘奉金公路改建为上海绕城、沪金高速公路，建成两侧绿地面积140.75万平方米，外围绿地面积40万平方米。2007—2011年，随着金海、团青、金大、林海公路等两侧绿地建设，全区公路绿地面积进一步增加。2012年，完成望园路、年丰路、泽丰路、光迎路、定康路两侧绿地建设。2017上海绕城、沪金高速公路有绿地（外围）面积180.75万平方米，省道绿地面积76.78万平方米，县道乡村公路绿地面积852.96万平方米，全区公路绿地面积1110.49万平方米。

1980年奉贤县公路管理所绿化苗木基地奉城苗圃

2015年南桥新城年丰路绿化设施

行道树 行道树始植于60年代，以槐树为主。80年代初，建奉贤燎原苗圃。对“文化大革命”中被损坏的公路两侧行道树进行补植，对新建和改建的公路工程，坚持当年竣工当年栽树，做到路成树就。1987年，结合沿浦公路等公路建设，开始对行道树实行水杉、香樟、白杨树多树种合理搭配。1989年按照交通部公路绿化行道树要“乔灌花草一齐上”的要求，县公路管理所在南奉公路光明乡湾张村路段种植草皮马蹄金获得成功，并随之在公路部分路段推广。1992年，县道公路两侧基本消灭行道树空白，沪杭、南亭、南奉、川南奉、南航等21条省、县道种有行道树等乔木1246百株。其中新建的沿浦公路行道树等乔木276百株。1993—1995年，南奉公路全线拓宽工程中，对行道树等乔木实行树种多样化，种植规范化。2007年，全区新建、改建公路两侧增种香樟、柳树、广玉兰等树种179百株。2017年，全区县道乡村公路有行道树等乔木5989.5百株，区境内国省道行道树等

2016年南亭公路南桥镇区段人行道、行道树

乔木469百株，树种增加，养护管理规范。全区省道、县道、乡村道路行道树等乔木6458.5百株。

绿化带　绿化带始建于60—70年代。“文化大革命”期间无法管理，受损严重。80年代初，县公路管理所对已有绿化带地段加强养护和空白路段种植，逐步淘汰抗风、抗病虫能力差的悬铃木和白榆树品种。1985—2001年，全县新建、扩（改）建省级公路6条、县级公路35条、乡村道路34条，绿化带建设作为公路建设的配套项目之一。其中1999年，大叶公路、大亭公路、莘奉公路两侧各30米建“二横一纵”通道绿化带工程，总长93.40千米，涉及全县17个镇。调整绿化隔离带8197.47平方米。2001年全县绿化带面积287.40万平方米。2004年，环城北路、环城东路、金海路、解放东路构建4条绿化通道。2005年，上海绕城高速、沪金高速公路建成绿化里程65.51千米。2009年，投资3000万元完成百秀路、百通路绿化带工程，全长650米，宽100米，绿化带面积6.5万平方米。迎世博，完成公路整治40.18千米，绿化带调换香樟、花灌木等品种24.70万株。2017年，境内上海绕城、沪金、沪芦3条高速公路绿化里程75.64千米，浦星、南亭、大叶、南奉、川南奉、林海公路6条省道绿化里程107.86千米，占可绿化里程的100%。全区县道、乡村公路绿化里程1190.19千米，占可绿化公路里程的97.46%。其中县道绿化里程384.3千米，占可绿化里程100%，乡级公路绿化里程764.7千米，占可绿化里程98.6%，村级道路绿化带里程41.2千米，占可绿化里程的66.83%。全区各类公路绿化里程1381.6千米，占全区公路总里程94.89%。结合道路中央绿化隔离带改造增设花箱、花篮等，增加景观点。

2017年浦星公路绿化带

2017年奉贤区县道绿化情况表

表1-3-4

路线编码	路名	起讫地	可绿化里程（千米）	绿化		
				里程（千米）	乔木（百株）	绿地（万平方米）
合计			1221.29	1190.19	5989.51	852.96
县道小计			384.26	384.26	2647.06	384.41
乡道小计			775.38	764.70	3243	467.40
村道小计			61.65	41.23	99.45	1.15
X007310120	沿浦公路	闵行区界—大叶公路	1.91	1.91	26.61	0.38
X011310120	航南公路	南汇交界—浦卫公路	16.53	16.53	53.80	14.62

续表 1-3-4

路线编码	路名	起讫地	可绿化里程（千米）	绿化		
				里程（千米）	乔木（百株）	绿地（万平方米）
X013310120	新奉公路	南汇区界—大亭公路	9.34	9.34	48.60	9.00
X014310120	芦五公路	南汇交界—五四公路	2.95	2.95	14.65	0.70
X016310120	沪杭公路	闵浦二桥南堍—漴缺	20.29	20.29	253.80	21.42
X025310120	新四平路	南芦公路—五四公路	7.84	7.84	1.38	1.79
X026310120	航塘公路	南汇区界—平庄东路	11.57	11.57	172.10	18.59
X034310120	大亭公路	庄良路—龙泉港	3.41	3.41	11.02	1.50
X401310120	新杨公路	浦东运河—五四农场	8.10	8.10	44.06	6.54
X402310120	金大公路	林海公路—金钱公路	5.86	5.86	2.65	11.93
X403310120	四平公路	川南奉公路—五四公路	5.78	5.78	62.02	3.80
X404310120	洪朱公路	川南奉公路—随塘河路	6.08	6.08	27.01	2.30
X405310120	奉干公路	跨线桥南侧—五四公路	3.95	3.95	9.55	0.97
X406310120	燎钦公路	奉柘公路—燎原大桥	4.88	4.88	14.29	0.85
X407310120	海思路	奉炮公路—南海公路	2.53	2.53	4.70	2.69
X408310120	泰青公路	航南公路—团青公路	6.22	6.22	19.92	1.76
X409310120	沿钱公路	大叶公路—奉柘公路	10.82	10.82	157.02	5.94
X410310120	两港西大道	浦东新区区界—新四平公路	3.14	3.14	11.75	6.30
X411310120	金闸公路	闵行区界—大叶公路	2.70	2.70	21.55	1.51
X412310120	金钱公路	金汇—奉柘公路	14.07	14.07	80.93	1.28
X413310120	奉海公路	团青公路—跨线桥南堍	1.87	1.87	5.64	1.04
X414310120	环城西路	西闸公路—航南公路	6.66	6.66	19.05	5.21
X415310120	奉炮公路	奉柘公路—海马路	3.00	3.00	7.97	1.10
X416310120	沪杭支路	南桥路—运河路	0.81	0.81	1.92	0.54
X417310120	南桥路	沪杭改线段—南亭公路	2.04	2.04	3.30	0.09
X418310120	庄胡公路	南亭公路—胡桥	7.80	7.80	18.78	3.80
X419310120	胡滨公路	庄胡公路—银工路	2.00	2.00	3.79	0.06
X420310120	奉苗公路	奉干公路—随塘河桥	1.11	1.11	1.57	0.34
X421310120	西闸公路	金汇港—光辉港	9.95	9.95	59.75	7.30
X422310120	六团公路	大叶之路—S2 跨线桥	3.67	3.67	8.58	1.24
X423310120	泰西路	航南公路—大叶公路	0.57	0.57	8.81	0.61
X425310120	奉燎公路	新奉公路—燎钦公路	1.10	1.10	3.92	0.78
X426310120	奉柘公路	G1501—沪杭公路	17.56	17.56	204.60	19.33
X427310120	五四公路	五四老场部—奉干公路	8.81	8.81	38.52	2.06
X428310120	五四支路	五四场部—变电所	2.14	2.14	17.80	0.41
X429310120	星火公路	奉柘公路—海农公路	1.68	1.68	13.47	0
X430310120	西闸支路	西闸公路—环城东路	0.65	0.65	1.14	0.56
X431310120	海湾路	S4 出口—海鸥路	5.40	5.40	52.06	3.71

续表 1-3-4

路线编码	路名	起讫地	可绿化里程（千米）	绿化		
				里程（千米）	乔木（百株）	绿地（万平方米）
X432310120	庄郚公路	南亭公路—大亭公路	6.25	6.25	39.14	2.47
X433310120	庄良公路	南亭公路—南庄路	1.69	1.69	1.96	1.10
X434310120	扶港路	西闸公路—大叶公路	2.60	2.60	10.58	4.03
X435310120	(南桥)环城东路	环城南路—新林路	3.73	3.73	9.71	3.49
X436310120	瓦洪公路	团青公路—随塘河路	6.94	6.94	90.27	9.27
X437310120	金海公路	航南公路—奉柘公路	9.36	9.36	72.46	21.40
X438310120	团青公路	川南奉公路—于庄	17.91	17.91	93.85	26.95
X439310120	平庄西路	沿钱公路—庄郚公路	12.53	12.53	55.68	22.15
X440310120	海农公路	奉柘公路—人民塘东路	3.18	3.18	11.01	2.79
X441310120	海兴路	青年桥—海农公路	3.97	3.97	3.18	1.51
X443310120	海泉路	奉炮公路—海湾路	1.42	1.42	6.23	4.00
X444310120	南海公路	新林路—海思路	3.91	3.91	55.13	8.10
X445310120	平庄东路	区界—沿钱公路	20.48	20.48	244.40	50.17
X446310120	环城东路	大叶公路—航南公路	4.43	4.43	66.85	9.01
X447310120	江海南路	G1501 高速公路—平庄西路	2.36	2.36	39.12	5.55
X448310120	奉浦大道	S4—浦卫公路	6.03	6.03	5.80	6.06
X449310120	金齐路	金汇港—S4	3.34	3.34	17.18	2.30
X450310120	浦卫公路	胡阮路—金山区界	0.93	0.93	8.81	2.47
X831310120	新林公路	金海路—沪杭公路	4.27	4.27	36.29	3.50
X832310120	观工路	南海公路—庄胡公路	5.13	5.13	22.71	3.83
X833310120	燎星路	燎钦公路—青年桥	2.42	2.42	6.46	1.44
X834310120	南庄路	杨牌路—庄良公路	8.48	8.48	44.05	5.26
X835310120	北沪杭公路	西渡—闵浦二桥南堍	1.58	1.58	5.29	2.31
X836310120	叶良公路	平庄西路—新林路	2.30	2.30	6.05	0.36
X837310120	庄亭公路	奉亭线—大亭公路	0.39	0.39	0.69	0.04
X838310120	团汇公路	浦星公路—汇东公路	1.61	1.61	28.35	1.56
X839310120	南行港路	金钱公路—金海公路	2.02	2.02	6.24	0.26
X841310120	神州路	G1501—路口村	3.00	3.00	5.46	0
X842310120	金汇塘路	水闸路—海东路	1.62	1.62	30.00	1.29
X843310120	金汇塘东路	堆场—金汇港东侧	3.91	3.91	92.75	1.80
X844310120	海航路	海思路—海龙路	0.71	0.71	3.96	4.66
X845310120	目华北路	S4—沪杭公路	1.67	1.67	0	3.30
X846310120	民乐路	海农公路—金汇港	4.12	4.12	16.45	9.04
X847310120	秀竹路	浦星公路—金钱公路	1.27	1.27	2.35	0.20

说明：新四平公路与 G228 重复路段的绿化仍计入县道

7．路灯

奉贤公路路灯安装始于70年代初，先在途经南桥镇区的沪杭公路、南奉公路路段安装。80年代，途径奉贤境内南桥镇镇区的公路路灯设施陆续安装。1990年前后，经过各乡镇集镇的公路也陆续安装路灯。随着经济和社会各项各业发展，物流运输量快速增加，为满足生产和民生的需要，路灯安装不断向镇区外的公路延伸。1992年，根据建设部颁发的《城市道路照明设施管理规定》要求，城市道路照明设施的规划建设和改造纳入城市总体规划。1993年起，奉贤县骨干道路分批安装路灯，并把路灯安装列为公路的重要附属设施之一，同时进行设计、施工，基本做到路成灯就。

公路路灯的安装根据道路等级和沿途企业、人口居住的实际，分别安装单排单挑、单排双挑、双排单挑、双排双挑路灯，重要交通十字路还另安装单柱三挑路灯，灯柱位置以道路两侧为主，有的道路灯柱设于中央隔离带，灯柱间隔40米左右。2017年，全区公路路灯28358盏，其中国、省、县道24876盏、乡村道路3482盏、市政道路11898盏。其中奉贤新城3325盏，其他镇（街道、社区）8573盏。全区合计40256盏。

2017年奉贤区国道、省道、县道路灯情况表

表1-3-5　　单位：盏

路名	起讫地	数量	路名	起讫地	数量
上海绕城高速	浦东新区界—金山区界	6	洪朱公路	川南奉公路—随塘河路	293
丹东线	南芦公路—两港大道	422	奉干公路	跨线桥南侧—五四公路	100
沪金高速	闵行区界—金山区界	324	燎钦公路	奉柘公路—燎原大桥	30
沪芦高速	奉贤北宋村—四团拾村	0	海思路	奉炮公路—海航路	122
大叶公路	浦东新区界—松江区界	824	泰青公路	航南公路—团青公路	360
浦星公路	闵行区界—海湾	965	沿钱公路	大叶公路—奉柘公路	306
林海公路	闵行区界—平庄东路	915	两港西大道	浦东新区界—新四平公路	132
南奉公路	南桥路—新奉公路	1104	金闸公路	闵行区界—大叶公路	69
南亭公路	南桥路—金山区界	806	金钱公路	金汇—奉柘公路	293
川南奉公路	新奉公路—浦东新区界	606	奉海公路	团青公路—平庄东路	158
沿浦公路	闵行区界—大叶公路	50	环城西路	西闸公路—航南公路	384
航南公路	南汇交界—浦卫公路	929	奉炮公路	奉柘公路—海马路	64
新奉公路	浦东新区界—奉燎公路	226	沪杭支路	南桥路—运河路	12
芦五公路	南汇交界—五四公路	0	南桥路	沪杭改线段—南亭公路	86
沪杭公路	闵浦二桥南堍—漴缺	524	庄胡公路	南亭公路—胡桥	88
新四平公路	9K+050—五四公路	48	胡滨公路	庄胡公路—楚华北路	27
航塘公路	浦东新区界—平庄东路	536	奉苗公路	奉干公路—随塘河桥	0
大亭公路	庄良路—龙泉港	336	西闸公路	金汇港—光辉港	188
新杨公路	浦东运河—沧海路	309	六团公路	大叶支路—S2跨线桥	36
金大公路	林海公路—金钱公路	332	泰西路	航南公路—大叶公路	13
四平公路	川南奉公路—五四公路	190	奉燎公路	新奉公路—燎钦公路	50

续表 1-3-5　　单位：盏

路名	起讫地	数量	路名	起讫地	数量
奉柘公路	G1501—沪杭公路	481	江海南路	G1501—平庄西路	436
五四公路	五四老场部—奉干公路	169	奉浦大道	S4—浦卫公路	514
五四支路	五四场部—变电所	20	金齐路	汇丰东路—S4	308
星火公路	奉柘公路—海农公路	24	浦卫公路	胡阮路—金山区界	187
西闸支路	西闸公路—环城东路	18	新林路	浦星公路—金山区界	373
海湾路	S4 出口—海鸥路	426	观工路	南海公路—庄胡公路	51
庄郊公路	大叶公路—南亭公路	88	燎星路	燎钦公路—青年桥	0
庄良公路	南亭公路—南庄路	282	南庄路	杨牌路—庄良公路	268
扶港路	西闸公路—大叶公路	238	北沪杭公路	西渡—闵浦二桥南堍	168
（南桥）环	环城南路—新林路	516	叶良公路	平庄西路—新林路	171
瓦洪公路	浦东新区界—随塘河路	1110	庄亭公路	奉亭线—大亭公路	0
金海公路	西闸公路—奉柘公路	1103	团汇公路	浦星公路—汇丰东路	258
团青公路	川南奉公路—于庄	1238	南行港路	金钱公路—金海公路	278
平庄西路	沿钱公路—叶良公路	681	神州路	路口村—G1501	146
海农公路	奉柘公路—人民塘东路	77	金汇塘东路	堆场—金汇港东侧	99
海兴路	青年桥—海农公路	0	海航路	海思路—海光路	89
海泉路	奉炮公路—海湾路	82	目华北路	S4—沪杭公路	72
南海公路	新林路—海思路	465	民乐路	海农公路—金汇港	82
平庄东路	浦东新区界—沿钱公路	1392	秀竹路	浦星公路—金钱公路	248
环城东路	大叶公路—航南公路	455			

2017 年，南庄公路应用的LED路灯工程被国际半导体照明联盟评为全球半导体照明示范工程100佳

2017年奉贤区其他镇、社区、开发（旅游）区道路路灯情况表

表1-3-6

分管单位名称	灯数（盏）	功率（瓦）	分管单位名称	灯数（盏）	功率（瓦）
合计	8573	2143250	奉城镇	696	17400
庄行镇	691	172750	青村镇	657	164250
金汇镇	1926	481500	西渡街道	432	108000
海湾镇	297	74250	奉浦街道	458	114500
四团镇	1468	367000	金海街道	977	244250
柘林镇	728	182000	海湾旅游区（奉新）	243	60750

说明：①南桥镇路灯纳入南桥新城路灯统计范围

②各镇社区里弄、街坊路灯数已计入上表内

8．信号灯

1978年7月，南桥镇新建西路，沪杭公路（现南桥路）交叉路口始建全县第一处交通岗亭，安装红、黄、绿三色交通信号灯。信号灯由交通民警人工控制。随着公路的发展和扩建，公路交叉路口日益增加和交通流量的增大，公路交叉路口信号灯也陆续安装。1987年4月，南桥镇沪杭公路与解放路口增设交通岗亭和交通信号灯1组。1988年10月，随着奉城镇护塘角十字路口交通岗亭和交通信号灯的增设，全县有交通信号灯3组。1995年，全县重要交通路口已安装信号灯5组。1998年，安装交通信号灯18组，车行灯126组。2000年，先后在大亭公路沿线的环城西路、军民路、奉城路、江海路环城南路等主要交通交叉路口安装信号灯63组。2005年，采纳区人大、政协“两会”代表、委员提案要求，在南桥、西渡、奉城地区公路交叉口增设交通信号灯15组，庄行工业区等地安装交通信号灯11组。2008年，金汇镇自筹资金在泰青公路、光泰路口安装交通信号灯。2010年，全区有交通信号灯路口360个。2017年，安装交通信号灯的交叉路口达到451个。

1978—2017年奉贤区（县）公路路口交通信号灯发展情况表

表1-3-7

年份	信号灯路口（个）	年份	信号灯路口（个）	年份	信号灯路口（个）	年份	信号灯路口（个）
1978	1	2000	60	2007	208	2014	419
1987	2	2001	65	2008	248	2015	431
1988	3	2002	78	2009	300	2016	442
1996	12	2003	88	2010	360	2017	451
1997	16	2004	106	2011	360		
1998	18	2005	136	2012	395		
1999	36	2006	180	2013	407		

说明：信号灯路口包括公路、市政道路

9. 标志标线

70年代末，随着全县公路的修复和新建，各类交通标志、标线不断增设，逐年增多。到80年代末，全县设置的警告、禁令、指标、导向、辅助等5类标志434块，反光柱760根，行人扶栏1594米，历年重复和漆划车行标线3.03万米。1993年后，全县路桥建设发展速度较快，道路标志标线增加。1995年，全县在主要公路累计设置交通标志1956块，反光柱3115根，行人扶栏和交通隔离栏2758米，漆划车行标线达595.3千米，人行横道线9175平方米。1996—1998年，重复和漆换，增划车行道线221千米，人行道线1582平方米。2000年，大亭公路、新四平公路、莘奉金公路增划标线114.35千米。2002年，在浦星公路奉贤路段增设交通标志28块，地面导向标志80处。2003—2004年，大叶公路、南奉公路、川南奉公路等道路安装各类交通标志70块，漆划标线40千米，增划行人横道线1.96万平方米，让行标志51块。2005年，在南桥中心城区及区内易堵、易乱路口和部分学校周边道路，增设交通标志130块，划人行横道线与网格线68处2275平方米。2006年，南桥镇南奉公路、环城东路等6个市级文明路口安装行人倒计时装置40套。大叶公路、平庄公路、川南奉公路安装让行标志22块。2008年，星火开发区自筹资金完善民东路、民城路、莲都路交通标志、标线。2009年，新奉公路头桥路段安装限速标志18块。2010年，全区公路车行道中心线有450.78千米，车行道分界线449.79千米，车行边缘线489.2千米，行人横道线3.15万平方米，有各类标志牌6765块。2017年，全区公路、市政道路各类标志牌增加到1.1万块，车行道中心线、分界线、边缘线2357.83千米，行人横道线4.86万平方米。

2015年南桥路信号灯、标志标线

1989—2017年奉贤区（县）公路市政道路标志标线建设情况表

表1-3-8

年份	标志					标线			
	警告	禁令	指示	指路	辅助	车行道中心线（千米）	车行道分界线（千米）	车行道边缘线（千米）	横道线（平方米）
1989	1989—1995年，全县共设交通标志1360块，光柱3115根，行人防护栏、交通隔离栏2578米，设置路口交通信号灯8组，交通岗亭7处。					30.30			9175.00
1990						21.60			2175.00
1991						8.50			4180.00
1992						7.20			2390.00
1993						3.20			130.00
1994						521.00			300.00
1995						25.96	81.62		9175.00

续表 1-3-8

年份	标志					标线			
	警告	禁令	指示	指路	辅助	车行道中心线（千米）	车行道分界线（千米）	车行道边缘线（千米）	横道线（平方米）
1996	548	388	58	267	134	25.96	81.62		1240.00
1997	566	388	58	267	134	64.20	93.10		1340.00
1998	566	388	58	267	134	85.60	182.30		1682.00
1999	566	388	58	267	134	126.80	261.80		3685.00
2000	580	346	358	267	94	179.20	261.80	62.00	5781.00
2001	724	416	558	267	294	179.20	261.80	62.00	5781.00
2002	763	452	640	288	302	179.20	261.80	62.00	5781.00
2003	763	462	657	288	302	179.20	261.80	62.00	24164.00
2004	765	469	702	289	306	184.50	267.10	63.28	28373.00
2005	781	682	708	289	306	212.50	238.10	65.72	28530.00
2006	820	701	726	293	335	227.20	240.20	65.77	28608.00
2007	1113	1814	925	311	430	240.30	262.20	87.77	30104.00
2008	1106	1815	929	303	432	240.30	263.00	88.38	30108.00
2009	1106	1820	933	309	432	347.86	263.79	388.38	31302.00
2010	718	1408	2681	1300	658	450.78	449.79	489.20	31502.00
2011	754	1478	4660	1491	841	495.85	517.26	562.58	34323.00
2012	792	1552	4893	1566	883	545.44	594.85	646.59	35352.00
2013	832	1630	5382	1644	927	599.98	684.08	743.56	36612.00
2014	872	1680	5408	1656	940	610.10	700.10	750.60	37001.00
2015	913	1710	5430	1665	961	630.45	718.50	771.30	37900.00
2016	923	1750	5460	1725	991	650.45	770.60	801.30	41000.00
2017	945	1791	5483	1740	1015	710.63	798.60	848.60	48600.00

10．隔离设施

1985年前后，奉贤境内公路未设中央隔离设施。1993年起，随着二级以上公路和高速公路的建成，双向4车道以上公路大部分陆续安装中央隔离设施，以规范车辆行驶和交通行为。中央隔离带主要有绿化隔离带和铁栏隔离带。2017年全区装有中央隔离设施的公路29条（其中南桥城区5条）总长270.55千米。南桥城区

2015年沪金高速奉贤（南桥）连续跨线桥隔离设施

市政道路、部分公路路段除设中心隔离带外，还设机动车道与人行道隔离带，实行人行道、车行道隔离。

2017年奉贤区公路中心隔离设施情况表

表1-3-9

路名	中心隔离设施起讫地	长度（千米）	隔离方式
合计		268.14	
上海绕城高速公路	浦东新区界—金山区界	41.27	绿化带隔离
沪金高速公路	闵行区界—金山区界	25.08	绿化带隔离
沪芦高速公路	奉城北宋村—四团镇拾村	8.71	绿化带隔离
金海公路	虹梅南路隧道—奉柘公路	13.07	铁栏隔离
南亭公路	南桥路—沪杭公路	1.65	铁栏隔离
南奉公路	南桥路—浦星公路	6.60	铁栏隔离
团青公路	南奉公路于庄—四团川南奉公路	18.77	绿化带隔离
平庄公路	奉贤境内全线	34.59	绿化带隔离
川南奉公路	四团镇—大桥	2.63	绿化带隔离
川南奉公路	新奉公路—南门港	0.75	铁栏隔离
环城东路	航南公路—绕城高速	3.38	铁栏隔离
航塘公路	团青公路—南奉公路	12.21	绿化带隔离
奉海公路	团青公路—跨线桥	2.18	绿化带隔离
瓦洪公路	团青公路—随塘河桥	7.81	绿化带隔离
神州路	团青公路—绕城高速	2.70	绿化带隔离
林海公路	闵行区界—平庄公路	12.75	绿化带隔离
大叶公路	金山区界—南汇区界	32.96	铁栏隔离
环城南路	环城东路—环城西路	2.48	铁栏隔离
望园南路	航南公路—绕城高速	3.00	绿化带隔离
环城西路	南亭公路—航南公路	2.18	铁栏隔离
浦星公路	闵行区界—绕城高速	11.25	绿化带隔离
	七五一工程—金汇塘路	1.65	
新杨公路	平庄公路—芦五公路	4.88	绿化带隔离
浦卫公路	南亭公路—平庄西路	3.31	绿化带隔离
大亭公路	庄良路—龙泉港	4.16	绿化带隔离
贤浦公路	南奉公路—南行港路	5.20	绿化带隔离
南行港路	金钱公路—金海公路	2.02	绿化带隔离
新林公路	金山区界—庄良路	0.90	铁栏隔离
江海南路	G1501—平庄西路	2.41	铁栏隔离

二、市政道路配套（附属）设施

1．排水管网

雨污分流 集镇街道雨污排放设施埋设早期为砖结构，60年代起改用水泥混凝土管。1985年，南桥镇下水道总长8.2千米，时雨水、生活污水和工业废水合流排放，雨污水没有进行分流，全部排入河道。

1986年始，南桥镇开始敷设污水管道，进行雨、污分流，雨水经雨水管道流入河流，而污水被输送至污水处理厂进行处理。

90年代起，雨污水进行严格分流。至2017年，南桥城区全面实现雨、污分流。

雨水管网 80年代初，雨水管网设计时因缺少规划，很难进行区域性统筹设计，没有充分考虑到城区发展的需要。由于建设资金短缺，管网建设不全面，采用自排方式进行雨水排放，管网坡度较缓，流速较慢，使用时经常发生淤积，对城区环境造成污染和影响。此外，由于城区雨水管网的隐蔽性特征，在道路交通、景观绿化等城市基础设施建设投资日益增加的大环境下，雨水管网的投资滞步不前。很多雨水管网由于超期服役、年久失修，渗水、漏水、淤积、堵塞情况严重，已经不能满足城区排水的需要，一遇到暴雨，南桥镇局部地区就严重积水（如奉浦地区），给城市居民的生活和出行带来不便。1986年始，南桥镇区加强雨水管网敷设，及时排除路面积水。敷设雨水管道多为直径300毫米～600毫米混凝土管，部分路段如环城路、育秀路管直径为800毫米～1000毫米。

1992年，敷设雨水管道1300米。1997年，敷设雨水管道3054米。至2001年，南桥镇雨水管道总长24.62千米，窨井849座。

2005年，奉贤按照现代化城市发展的需要进行城市雨水管网的建设与管护，在建设资金不足的情况下，充分挖掘雨水管网的潜力，逐步实施旧网改造，对旧有管道进行疏通、清淤，保持这些雨水管网的畅通，达到其最大的排水能力。是年，改造老式雨水口426只，加快排水速度，消除道路积水，使南桥中心城道路设施更完好，功能更完善，环境更完美。2006年起，奉贤区公路市政工程管理署集中资金，对重点部位进行集中改造，提高城市排水管网的排水能力。管道养护采取先进的管理方法，逐步应用自动化技术。2014年起，雨水管网交于排水中心管理。本志统计数据至2013年。2013年，南桥城区雨水管道总长81.92千米，市政道路设置窨井2723座，雨水管网建设覆盖率100%。2016—2017年，新建市政道路均埋建排水管网设施。

2013年南桥城区市政道路雨水管网情况表

表1-3-10

序号	路名	起讫地	路长（米）	雨水管（米）				窨井（座）	进水口（座）	连管（米）
				小型	中型	大型	小计			
合计			70092	30739	34888	3498	69125	2379	4516	23546
1	南桥环城东路	团南公路—运河北路	705	138	488	0	626	19	72	490
		运河北路—南奉公路	1237	1917	221	0	2138	60	90	462
		南奉公路—环城南路	812	0	706	0	706	25	92	575
		环城南路—中横河桥	96	0	101	0	101	1	2	29
2	南桥环城南路	环城东路—江海路	1224	0	1218	0	1218	34	58	752
3	南桥环城西路	沪杭公路—南亭公路	1984	425	1730	0	2155	59	96	1355
4	江海路	南奉公路—环城南路	707	757	272	0	1029	43	74	98
5	解放东路	奉秀路—环城东路	1044	60	668	371	1099	25	70	364
		金海路—奉秀路	1454	662	2240	0	2902	90	214	225
6	解放西路	南桥路—沪杭公路	1550.3	85	1441	0	1526	51	99	711
7	解放中路	环城东路—南桥路	1283	385	1225	0	1610	59	192	916
8	望园南路	航南公路—运河北堍	858	0	1649	479	2128	74	78	275
9		运河桥北堍—南港路	1648	148	2255	837	3240	82	152	488
10	南港路	金海路—环城东路	2456	0	2572	81	2653	73	136	1237
11	南桥环城南路	江海路—贝港	531	433	88	0	521	19	62	273
		贝港—沪杭公路	1003	0	888	0	888	20	42	532
12	南桥环城西路	南亭公路—环城南路	546	202	374	0	576	14	26	364
13	江海路	环城南路—江南路	323	256	0	0	256	12	35	128
14	年丰路	金海公路—S4收费口	1171	488	1877	391	2756	174	121	465
15	人民中路	新建中路—南奉公路	697	253	433	0	686	29	50	213
16	南桥人民南路	南奉公路—环城南路	719	184	465	0	649	24	53	301
		环城南路—江海花园	50	97	0	0	97	5	7	56
17	古华路	解放中路—环城南路	1236	583	964	0	1547	63	86	398
18	南桥秀南路	路头—南亭公路	1094	715	341	0	1056	38	71	403
19	南桥运河北路	环城东路—环城西路	2410	730	1297	0	2027	71	141	942
20	育秀东路	奉秀路—环城东路	1101	174	406	482	1062	31	40	306
21	南桥城乡路	运河路—运河南岸	110	0	0	0	0	0	0	0
		运河边—新建中路	182	0	0	0	0	0	18	129
		新建中路—南奉公路	788	153	0	0	153	8	70	540
		南奉公路—南石桥	130	0	0	0	0	0	0	0
22	育秀路	环城东路—江海路	1224	51	607	562	1220	36	71	335
23	南桥立新路	新建中路—南奉公路	718	388	281	0	669	30	68	222
24	建贤路	新建东路—南奉公路	616	600	0	0	600	35	86	210
25	菜场路	新建西路—南亭公路	768	733	225	0	958	55	97	364
		南亭公路—育秀路	383	251	114	0	365	14	26	100

续表 1-3-10

序号	路名	起讫地	路长（米）	雨水管（米）				窨井（座）	进水口（座）	连管（米）
				小型	中型	大型	小计			
26	南中路	城乡路—秀南二路	1544	165	1204	190	1559	66	136	425
27	新建东路	液化站—新横泾桥	768	470	350	0	820	29	60	420
		新横泾桥—环城东路	202	170	0	0	170	6	12	65
28	新建西路	南桥路—环城西路	1112	250	835	0	1085	42	67	496
		环城西路—幼儿园	268	38	311	105	454	18	24	117
29	新建中路	环城东路—南桥路	1306	627	589	0	1216	61	111	513
30	远东路	新建东路—南奉公路	576	668	0	0	668	19	42	363
31	奉秀路	解放东路—南港路	1072	1814	0	0	1814	9	44	0
32	南桥曙光路	环城东路—城乡路	693	0	635	0	635	25	49	180
33	正环路	南奉公路—南港路	954	530	443	0	973	25	49	498
		南奉公路—育秀东路	500	430	75	0	505	14	27	210
34	正环路	南港路—南港路	904	222	381	0	603	21	28	195
		育秀东路—未拆房	270	63	240	0	303	9	14	104
35	百顺路	南奉公路—南港路	669	364	533	0	897	24	44	308
36	育秀路	江海路—贝港	522	109	313	0	422	17	34	221
		贝港桥—通阳路	420	0	337	0	337	9	18	108
		通阳路—环城西路	256	0	236	0	236	6	12	84
37	南星路	南亭公路—江南路	949	948	113	0	1061	39	56	230
38	菜场路	育秀路—G1501	719	588	62	0	650	20	32	223
39	通阳路	南亭公路—G1501	1070	538	459	0	997	23	45	345
40	南桥体育场路	南桥路—新建西路	712	905	0	0	905	47	57	139
41	南桥人民北路	路头—新建中路	185	250	0	0	250	7	14	49
42	气象路	南奉公路—育秀路	362	430	0	0	430	14	28	84
43	保安路	南奉公路—育秀路	389	392	0	0	392	15	31	120
44	化工街	南桥路—路底	206	153	0	0	153	6	13	41
45	大寺路	南奉公路—前进弄	114	112	112	0	224	5	8	23
46	民村路	运河北路—运河路	377	152	205	0	357	13	26	159
47	电大路	路头—菜场路	176	168	0	0	168	7	14	52
48	南桥华苑路	南奉公路—秀龙路	282	0	258	0	258	11	21	54
49	秀南一路	新建西路—新贤路	643	622	0	0	622	27	45	183
50	秀南二路	新奉路—南中路	404	351	0	0	351	15	25	104
51	南桥宏伟路	解放中路—南中路	196	192	0	0	192	9	18	60
52	南桥秀龙路	人民南路—江海路	339	167	153	0	320	11	22	75
		江海路—路底	558	65	488	0	553	23	25	137
53	南桥运河路	环城东路—南桥路	1270	1878	478	0	2356	63	63	504
		南桥路—环西路西侧	1187	0	0	0	0	0	52	280
54	科技路	新建中路—解放中路	222	208	0	0	208	9	15	38
55	振贤路	曙光路—古华路	937	966	0	0	966	33	72	175

续表 1-3-10

序号	路名	起讫地	路长（米）	雨水管（米）				窨井（座）	进水口（座）	连管（米）
				小型	中型	大型	小计			
56	振贤一支路	解放中路—振贤路	138	68	0	0	68	4	10	38
57	振贤三支路	振贤路—南奉公路	141	146	0	0	146	5	10	27
58	船新路	新建西路向北	186	259	0	0	259	0	24	109
59	轿行路	人民南路—江海路	337	166	170	0	336	9	19	135
		江海路—菜场二支路	467	95	397	0	492	15	25	138
60	船民路	运河岸—新建中路	185	182	0	0	182	8	13	33
61	新奉路	秀南路—环城西路	416	357	0	0	357	14	32	154
62	南桥新城路	体育场路—南中路	303	250	24	0	274	15	28	104
63	新贤路	秀南一路—秀南路	172	0	164	0	164	5	8	28
64	古华园路	新建中路—解放中路	353	329	0	0	329	14	42	111
65	汇智路	种福河—建贤路	316	300	0	0	300	10	20	60
66	府中路	党校—解放东路	180	160	0	0	160	8	17	95
67	研发路	聚贤路—解放东路	210	210	0	0	210	8	16	86
68	聚贤路	种福河—府中路	215	230	0	0	230	7	13	56
69	东圆弄	立新路—人民中路	116	99	0	0	99	7	11	40
70	西圆弄	人民中路—科技路	83	82	0	0	82	5	10	31
71	红旗弄	立新路—人民中路	123	53	0	0	53	3	6	4
72	周家弄	立新路—人民中路	132	107	0	0	107	5	8	46
73	新风弄	立新路—人民中路	68	50	0	0	50	2	7	34
74	新民弄	立新路—人民中路	80	58	0	0	58	3	6	22
75	前进弄	弄头—人民路	60	60	0	0	60	2	3	16
76	江府路	江海路—南星路	161	103	0	0	103	5	8	34
77	江南路	江海路—贝港	451	417	97	0	514	13	21	130
		贝港—敬老院	180	90	80	0	170	3	6	31
78	沿江路	江海路—菜场路	377	6	0	0	6	1	13	54
79	南桥锦绣路	江海路—南星路	120	20	0	0	20	2	5	98
80	菜场二支路	沿江河—江海河路	671	829	0	0	829	31	57	172
81	江海河路	南星路—菜场二支路	340	0	0	0	0	5	5	20
82	解放一村内道路		775	0	0	0	0	0	0	0
83	解放二村内道路		974	20	0	0	20	0	5	0
84	解放三村内道路		1104	120	0	0	120	0	20	0
85	立新路傍道路		112	0	0	0	0	0	0	0
86	人民路西道路		1056	0	0	0	0	0	0	0
87	立新路—人民中路		253	0	0	0	0	0	0	0
88	古华 A 区内道路		563	0	0	0	0	0	0	0
89	古华 B 区内道路		366	0	0	0	0	0	0	0
90	古华新村内道路		1552	0	0	0	0	0	0	0
91	运河新村内道路		567	0	0	0	0	0	0	0

2013年南桥新城市政道路雨水管网情况表

表1-3-11

序号	路名	起讫地	路长（米）	雨水管（米）				窨井（座）	进水口（座）	连管（米）
				小型	中型	大型	小计			
合计			7311	1718	10059.4	1013	12790	344	516	3819
1	育秀路	望园路—金海路	668	0	84	616	700	22	53	363
2	百通路	望园路—金海路	666	130	538	0	668	21	50	224
3	百兴路	望园路—百齐路	420	0	419	0	419	13	36	182
4	百富路	南奉公路—环城南路	862	360	557	0	917	44	50	367
5	陈桥路	航南公路—九华路	462	0	558	11	569	32	32	240
6	运河路	环城东路—高州路	439	0	496	0	496	19	24	180
7	高州路	运河北路—运河路	332	0	386	0	386	18	20	105
8	支纬二路	金海路—庙光路	546	0	665	0	665	21	28	215
9	百齐路	南方二大道—育秀路	314	152	201	0	353	11	20	250
10	教堂规划路	南奉公路—教堂后	129	10	136	0	146	9	10	70
11	楚园路	年丰路—德丰路	465	0	590	0	590	20	30	280
12	德丰路	望园路—金海路	803	0	895	0	895	32	41	398
13	泽丰路	环一路—金海路	1025	750	1303	0	2053	75	112	765
14	展园路	南郊宾馆—望园路	180	0	213	0	213	7	10	180
15	运河北路	路头—环城东路	795	0	310	320	630	22	76	540
16	国秀路	名村路—路底	196	230	0	0	230	7	12	50
17	九华路	环城东路—陈桥路	504	0	379.5	46	426	19	24	148
18	富竹路	陈桥路—九华路	691	0	746.9	0	747	29	34	306
19	光迎路	支纬二路—K0+115	119	0	150	0	150	5	8	60
20	定康路	仁爱路—南奉公路	517	86	862	20	968	47	50	264
21	仁爱路	定康路—南奉公路	804	0	570	0	570	20	32	237

说明：直径600毫米以下、600毫米～1000毫米、1000毫米以上分别为小型、中型、大型雨水管

2．路灯

民国5年（1916年），由立亨碾米发电厂供电，南桥镇始装路灯30余盏，照明时间从傍晚起至半夜。民国27年（1938年）7月10日，电厂在忠义救国军8支队与日伪军交战中被毁，路灯中断。民国34年（1945年）路灯由煤油灯代替，设专人傍晚点燃，白天收回。1951年，新建碾米发电厂，复设路灯35盏。60年代，南桥等镇市政道路路灯不断发展。1972年，南桥镇有路灯235盏。80年代，对路灯陆续改进，灯架采用2.6米弯架、3米刀架及4米直架，灯具采用42/150型、64/110型半球型玻璃罩，光源采用125高压汞灯、150～250高压氖灯，路灯控制改用光控开关箱。1980—1982年，将沪杭路、立新路的白炽灯改为175高压汞灯和250高压氖灯，共58盏；横泾林荫道（后名城乡路）、体育场路新装高压汞灯28盏。1984年，按照市政设施规划布局，新建东路白炽灯改装为125高压汞灯，环城东路北段、南航公路、

菜场路中段、南中路西段、华苑路等路段，安装70余盏4米架125高压汞灯。至1985年，镇区路灯有411盏（其中白炽灯97盏），路灯线路16.4千米，装接容量56.01千瓦。1986—1989年，宏伟路、菜场路、古华路、塘南路、南奉路、曙光路、振贤路、环城东路等12条路段，安装路灯162盏（内高压汞灯59盏、高压氖灯103盏），并取消路灯中的白炽灯。

1990年起，南桥镇鸿雁商场、古华商城等率先装有霓虹灯、泛光灯。随着高层建筑不断崛起，为凸显高层轮廓，美化县城夜景，各类霓虹灯、泛光灯渐见增多。

1992年，国家建设部颁发《城市道路照明设施管理规定》，要求把城市道路照明设施的规划建设和改造纳入城市整体规划，并与其同步实施。是年底，镇区路灯共有718盏，其中高压汞灯323盏、高压氖灯395盏，装接容量达118.43千瓦，线路总长28.7千米，路灯启闭使用光定时开关箱，以自然光线的强弱自动控制。1996年起，解放东路、解放西路率先装置7米双叉工艺灯152盏，此后南奉公路镇区段改装9米双叉工艺灯188盏，环城南路102盏，轿行路、秀龙路、体育场路、华苑路等路段装置8米单叉工艺灯34盏。至2001年，南桥镇共有路灯5370盏，其中高压汞灯1666盏，高压氖灯3704盏（含工艺灯476盏），装接容量1147.23千瓦，线路总长241.7千米。

2002年起，南桥新城不断建设，上海工业综合开发区商业街、南方国际购物中心、聚润广场等相继建成，路桥建设迅速跟进，道路灯光配置到位。

2007年，上海南方国际购物中心开张营业，霓虹灯、泛光灯把南桥东部点缀得闪亮耀眼。至2017年，已有鸿雁商场、古华山庄、悦华大酒店、圣淘沙大酒店、南方国际购物中心、奉浦商业街、南郊宾馆、房地大厦等数十处建筑置有款式各异的霓虹灯、泛光灯，成为南桥新城夜市的亮丽风景。

1977—1992年南桥镇路灯发展情况表

表1-3-12

年份	路灯（盏）	其中			装接容量（千瓦）	线路长度（千米）
		白炽灯（盏）	高压汞灯（盏）	高压氖灯（盏）		
1977	270	138	132	0	20.7	10.8
1978	274	138	136	0	20.98	10.9
1979	281	145	136	0	20.55	11.2
1980	298	154	144	0	25.47	11.9
1981	326	158	164	4	29.34	13
1982	347	137	201	9	38.02	13.8
1983	369	156	175	38	47.28	14.7
1984	393	133	212	52	52.24	15.7
1985	411	97	258	56	56.01	16.4

续表 1-3-12

年份	路灯（盏）	其中			装接容量（千瓦）	线路长度（千米）
		白炽灯（盏）	高压汞灯（盏）	高压氙灯（盏）		
1986	565	108	356	101	84.91	22.6
1987	567	96	363	108	83.05	27.7
1988	611	58	367	186	94.27	24.4
1989	644	55	371	218	99.27	25.7
1990	645	0	357	288	103.88	25.7
1991	651	0	347	304	104.68	26
1992	718	0	323	395	118.43	28.7

1992 年南桥镇路灯分布情况表

表 1-3-13

路名	路灯（盏）	功率（瓦）	路名	路灯（盏）	功率（瓦）
沪杭路	90	29205	科技路	11	1695
沪杭支路	12	1780	人民路	69	9960
运河路	23	3220	立新路	24	3360
环城东路	23	3445	城乡路	34	4100
南奉路	36	5940	古华路	12	1680
新建路	75	11510	振贤路	30	3300
体育场路	14	1960	曙光路	18	2520
解放路	46	11440	南航路	24	3410
新成路	20	3000	秀龙路	12	1980
菜场路	21	3065	育秀路	18	2130
江海路	14	2310	向阳路	17	2380
塘南路	9	990	南星路	11	1715

2017 年南桥城区路灯分布情况表

表 1-3-14

路名	路灯（盏）	功率（瓦）	路名	路灯（盏）	功率（瓦）
环城东路	72	18000	人民南路	88	22000
江海路	88	22000	南星路	25	6250
望园南路	160	40000	萧南路	18	4500
奉秀路	204	51000	菜场路	51	12750
远东路	36	9000	秀南路	26	6500
古华路	36	9000	通阳路	23	5750
城乡路	28	7000	运河北路	97	24250
立新路	19	4750	运河路	39	9750
人民北路	6	1500	新建东路	37	9250
人民中路	84	21000	新建中路、新建西路	70	17500

续表 1-3-14

路名	路灯（盏）	功率（瓦）	路名	路灯（盏）	功率（瓦）
解放东路	224	56000	百富路	92	23000
解放中路	34	8500	百齐路	96	24000
解放西路	77	19250	百顺路	20	5000
南中路	35	8750	百通路	40	10000
育秀路	113	28250	百兴路	28	7000
南港路	228	57000	百秀路	58	14500
环城南路	138	34500	研发路	5	1250
光钱路	22	5500	府中路	4	1000
优化路	14	3500	建贤路	16	4000
光明路	9	2250	聚贤路	5	1250
新城路	8	2000	汇智路	9	2250
化工路	3	750	正环路	43	10750
体育场路	13	3250	古华园路	11	2750
东圆弄	4	1000	振贤一支路	13	3250
西圆弄	2	500	振贤三支路	3	750
周家弄	3	750	振贤路	16	4000
新民弄	3	750	曙光路	18	4500
新风弄	2	500	气象路	3	750
电大路	10	2500	科技路	6	1500
民村路	8	2000	宏伟路	5	1250
国秀路	6	1500	大寺路	3	750
秀南一路	12	3000	华苑路	8	2000
秀南二路	10	2500	向阳路	11	2750
新奉路	7	1750	菜场一支路	16	4000
新贤路	3	750	菜场二支路	19	4750
定康路	24	6000	前进弄	2	500
仁爱路	31	7750	沿江路	30	7500
文耀路	20	5000	江府路	3	750
光迎路	4	1000	秀龙路	20	5000
光昊路	100	25000	轿行路	20	5000
贤政路	7	1750	江海河路	8	2000
尚贤路	16	4000	江南路	15	3750
德政路	10	2500	锦绣路	4	1000
逸政路	9	2250	二幼路	2	500
达政路	9	2250	环城西路	248	62000

3．护栏

80年代，南桥镇区车辆较少，道路顺畅。据1985年南桥镇人口普查显示常住人口为2.46万人，人流量较小，故镇区街道都无设置护栏。90年代起，道路、交通发展迅速，小车进入家庭，人口成倍增长，交通、人流拥堵显现。为保证交通和人身安全，在南桥城区人、车流量密集的解放中路、解放西路、江海路等主干道安装道路护栏，道路护栏由镀锌钢管和绿化组成。2000年起，南桥城区主干道大多安装道路护栏，新建中路、南奉公路、南中路、沿江路等支路也安装道路护栏。2016年更换护栏228米。至2017年12月，南桥镇区共安装道路护栏2.02万米，其中主干道1.58万米、次干道1650米、支路2650米、新城128米。大居安装道路护栏2.74万米。青村、奉城、庄行、柘林、四团、金汇等镇区部分主要道路也安装护栏，长度不等。

4．隔离带

隔离带有中央隔离带和机动车、非机动车和人行道之间隔离带。中央隔离带一般设置在南桥镇区主干道上，主要用来分隔上下行车辆的交通设施，同时也起着改善道路景观，美化市容市貌的作用。隔离带，主要用来分隔机动车、非机动车和人行道的交通设施，引导车辆、行人各使其道，规范行使行为，避免因乱道行使、乱窜马路而引发的各类事故，确保道路交通安全。

80年代初，镇区道路基本无设置隔离带。80年代末，始在解放中路路段，机动车与人行道间用镀锌钢管予以分隔。

90年代起，奉贤县加快南桥城区基础设施建设，随着车、人流量的增加，南桥城区道路不断进行改建、拓宽，并铺设非机动车道与人行道，大部分路段机动车、非机动车、人行道之间有铁栅栏和绿化带分隔。但镇中心人民路、育秀路、古华路等路段无机动车与非机动车道之分。1997年，环城东路（环城南路—航南公路）、环城南路（环城东路—江海路）分别设置铁栅栏式中央隔离带。

2007年，望园路（南港路—航南公路）设置中央绿化隔离带，宽3米。2009年，年丰路开工建设，设置16米的中央绿化隔离带。2016年，南桥镇菜场路建浦南运河桥，延伸至运河北路，设金属隔离栏500米。2017年，奉贤区公路市政工程管理所对道路隔离带坚持招投标，由专业公司负责建设养护。部分隔离栏进行更换。

2017年南亭公路南桥镇路段道路隔离设施

第二章 桥 梁

奉贤素有桥乡之称。解放初，奉贤境内沪杭公路、奉金公路（今南亭公路）仅有木质为主的桥梁20余座，市政桥梁以石条结构的拱桥、平桥为多，仅供行人通行。随着城乡经济、社会生活发展的需要，全县公路、市政桥梁建设加快，桥梁结构也不断适应运输发展的要求。50—60年代，奉贤45座公路木桥陆续改建为钢筋混凝土桥梁。70年代末至80年代，桥梁建设迅速，1985年全县公路桥梁158座。1995年10月，奉贤自筹资金建成奉浦大桥，结束奉贤人与车辆来往上海市区靠轮渡摆渡的历史。2010年5月，集公交、轨道交通为一体的闵浦二桥公交通车，也为轨道交通5号线向奉贤延伸奠定基础。2017年，全区境内各类公路桥梁1217座，总长62.48千米。以道路地位分，国道桥梁54座，省道桥梁131座，县道桥梁343座，乡道桥梁615座，村道桥梁52座，高速公路横向桥梁22座。以类型分有特大型桥梁5座，大型桥梁57座，中型桥梁305座，小型桥梁828座，其中分离式、互通式立交桥57座。分别与所在公路同步建造。

1949年，奉贤县各集镇市政桥梁以石板（拱）桥、木桥居多，随着集镇建设需要和社会发展，除少数桥梁作为文物保留外，陆续修建为人、车共行钢筋混凝土结构桥梁。80年代城镇规模扩大，建设加快。2000年，南桥镇有市政桥梁36座。2017年，全区各类市政桥梁161座，总长4.29千米，其中南桥镇57座，全长1.67千米；奉贤新城大居市政桥梁18座，全长0.55千米；其他各镇市政桥梁86座，全长2.07千米。本章合计记载公路桥梁、市政桥梁1378座，总长66.77千米。

2017年奉贤区公路、市政桥梁构成情况表

表2-1

公路地位	桥梁分类											
	合计		特大型		大型		中型		小型		高速横向设施	
	座数	长(米)	座数	长(米)	座数	长(米)	座数	长(米)	座数	长(米)	座数	长(米)
合计	1378	66772.81	5	10890.60	57	16894.93	307	12976.01	826	17294.44	22	4427.63
国道	54	2404.23	/	/	3	702.33	26	1099.49	25	602.41	/	/
省道	131	13367.94	3	5403.80	10	3987.90	68	2918.03	50	1058.21	/	/
县道	343	24739.87	2	5486.80	31	9510.70	119	5167.39	191	4574.98	/	/
乡村道	667	17543.94	/	/	13	2694.00	94	3791.10	560	11058.84	/	/
高速横向	22	4427.63	/	/	/	/	/	/	/	/	/	/
市政桥梁	161	4289.20	/	/	/	/	/	/	/	/	/	/

说明：1. 县道中含闵浦二桥；2. 高速横向指高速公路乡村横向桥梁

第一节 公路桥梁

一、特大型桥梁

1995年10月，奉浦大桥建成，奉贤始有特大型公路桥梁。2017年，奉贤境内有特大型桥梁5座，其中省道3座，县道2座，总长10.89千米。

1．奉浦大桥

1994年，建造中的奉浦大桥

位于上海市南北快速干道沪金高速公路上，闵行、奉贤西渡渡口下游约1.5千米处，跨黄浦江，是连接黄浦江中游两岸的交通纽带。1994年3月18日，奉浦大桥一期工程动工，1995年7月28日大桥合龙，同年10月26日建成通车，总投资4.35亿元。大桥全长2201.8米，其中主桥545.3米，南北引桥各为715.25米、941.25米。主桥上部连续箱形梁，引桥上部空心板梁，下部柱式墩台结构。主桥宽18.6米，引桥宽18.1米，建筑面积4.01万平方米。桥梁净空高度28米，中空最大跨度105米，可通行5000吨级船舶。大桥设双向4车道，车行道宽15米，设计时速每小时100千米，设计荷载等级为汽车超20挂车-120。1995年5月23日，中共中央总书记、国家主席江泽民为大桥题词：奉浦大桥。1997年大桥一期工程获中国建筑学会鲁班奖。奉浦大桥成为奉贤到市区主要通道，2013年，过桥车辆日均7.7万辆次。

2．闵浦二桥

又名西渡大桥，为沪闵路—沪杭公路越江工程，是一座公交轨道交通两用一体的双层特大型桥梁。北起闵行区江川路，南岸为奉贤西渡街道，全长4484米。位于上海市黄浦江上游闵行奉贤西渡渡口，距下游奉浦大桥1.7千米，主桥为独塔双索面双层斜拉桥，主跨251.4米，锚跨147米+38.5米。主桥总长436.65米，上层为二级公路，双向4车道，桥面宽18米，下层为双线轻轨（上海轨道交通5号线闵行段），轨道交通和公路叠合段长度为3.2千米，引桥上部为空心板梁。最高航运水位为4.41米，最大通行3000吨级杂货船，车辆限速每小时60千米，车辆限高4.5米，挂车-100，总投资18.83亿元。2006年1月动工建设，2010年5月公交通车。2013年，过桥车辆日均2.08万辆次。2016年，轨道交通5号线向奉贤延伸，轨交层面动工建设。

1980 年西渡车辆渡口

2015 年闵浦二桥

1980 年闵行车辆渡口

3．林海公路南奉公路分离式立交桥

位于奉贤区青村镇镇区西侧，跨团青公路、浦南运河，全长 1075 米，宽 26.9 米，单孔最大跨径 46 米。主桥上部结构简支箱形梁，双柱式墩台。设计荷载等级为汽车超 20 挂车 -120，技术状况评定一级。2011 年竣工。

2016 年林海公路南奉公路分离式立交桥

4．沪金高速公路奉贤连续跨线互通式立交桥

位于南桥镇区南桥汽车站东侧，连跨解放路、南奉公路、育秀东路等数条公路而名，长 2127 米，宽 22.05 米，建筑面积 4.68 万平方米。车行道宽 21 米，梁底标最高 13.3 米，上部结构简支 T 形梁，下部结构桩（柱）式墩台，荷载等级汽车超 20 挂车 -120，技术状况评定二类，2002 年建造。

5. 南海公路浦东铁路跨线桥

位于柘林镇东，长1002.8米，宽18.65米。结构形式：主桥上部T梁，其余空心板梁，下部墩台结构，车行道宽16米，人行道宽1米，建筑面积1.87万平方米，荷载等级汽车超20挂车-120，技术状况评定二类。2005年建造。

二、大型桥梁

2017年，奉贤境内有大型桥梁57座，总长16.89千米。

1. 国道大型桥梁

2017年，奉贤境内有国道大型桥梁3座，总长702.33米。

上海绕城高速公路金汇港桥 位于青村镇光明社区西0.5千米，长125米，车行道宽28米，建筑面积4375平方米，上部空心板梁，下部重力式墩台结构，荷载等级汽车超20挂车-120，技术状况评定一类，2004年12月竣工。

丹东线 路线编码G228（新四平公路）S2互通式立交桥 位于四团镇新桥村东700米，长307.20米，宽17米。上部空心板梁，下部墩台结构，建筑面积5222.4平方米，荷载等级汽车超20挂车-100，技术状况评定二类，2004年12月竣工。

丹东线 路线编码G228（新四平公路）G1501互通式立交桥 位于四团镇南3千米处，长270.13米，宽18.5米。上部空心板梁，下部墩台结构，建筑面积4997.33平方米，荷载等级汽车超20挂车-100，技术状况评定为一类，2002年12月开工建设，2004年12月竣工。

2. 省道大型桥梁

2017年，奉贤境内有省道大型桥梁10座，总长3987.9米。

沪金高速公路南竹港桥 位于奉贤区柘林镇北0.6千米，长534米，宽24.5米，建筑面积1.31万平方米，车行道宽21米，梁底标高9.7米，上部空心板梁，下部桩（柱）式墩台结构，荷载等级汽车超20挂车-120，技术状况评定二类，2002年12月竣工。

大叶公路金汇港桥 位于金汇镇区南，长115.6米，宽23.1米，上部空心板梁，下部墩台结构，建筑面积2670.36平方米，荷载等级汽车超20挂车-120，技术状况评定二级，1997年竣工。

浦星公路浦南运河桥 位于奉贤区烈士陵园东，长295米，宽32米，上部空心板梁，下部墩台结构，建筑面积9440平方米，荷载等级汽车超20挂车-120，技术状况评定二级，2002年建成。

浦星公路中心河桥 位于星火开发区西北角星火中心河，长109米，宽17.5米，上部空心板梁，下部墩台结构，建筑面积1907.50平方米，荷载等级汽车超20挂车-120，技术状况评定三级，2002年建成。

浦星公路G1501互通式立交桥 位于光明集镇东郊，长531米，桥面宽19米，建筑面积10089平方米，上部空心板梁，下部墩台结构，荷载等级汽车超20挂车-120，技术状况评定一级，2003年建成。

川南奉公路S2分离式立交桥 位于奉贤四团镇拾村与浦东新区交界处，长309.6米，宽14米，建筑面积4334.4平方米，上部空心板梁，下部墩台结构，荷载等级汽车超20挂车-120，技术状况评定为二级，2004年建成。

林海公路大叶公路分离式立交桥 位于奉贤区泰日社区东南1千米处，长593.7米，单孔最大跨径35米，宽26.75米，建筑面积1.59万平方米。上部箱型梁，双柱式墩台结构，荷载等级汽车超20挂车-120，技术状况评定一级，2011年建造。

林海公路G1501互通式立交桥 位于奉贤区青村镇青港工业园区东南侧，长562.5米，宽30.85米，建筑面积1.74万平方米，单孔最大跨径41米，主桥上部T梁，下部多柱墩台结构，荷载等级汽车超20挂车-120，技术状况评定一级，2009年6月动工，2011年6月建成。

大叶公路S2互通式立交桥 位于奉城镇北宋村北，长541.5米，宽17.4米，桥面建筑面积9422.1平方米，上部空心板梁，下部桩柱式墩台结构，荷载汽车20挂车-120，技术状况评定二类，2004年建成。

大叶公路S4互通式立交桥 位于上海市工业综合开发区西渡片区东北，长396米，宽25.2米，桥面建筑面积9979.2平方米，上部空心板梁，下部桩柱式墩台结构，荷载汽车超20挂车-120，技术状况评定二类，2003年建成。

3．县道大型桥梁

2017年，奉贤境内有县道大型桥梁31座，总长9510.7米。

航南公路齐贤大桥 始筑于1978年。位于齐贤镇南金汇港上，长109.8米，宽30.6米。上部空心板梁，下部墩台结构，车行道宽23米，人行道宽5米，建筑总面积3359.88平方米，荷载等级汽车超20挂车-100，技术状况评定二类。

大亭公路龙泉港桥 位于奉贤金山交界处龙泉港上，1994建成，为大亭公路的重要配套设施，长640.54米，宽24.98米。上部空心板梁，下部墩台结构，建筑面积1.6万平方米，技术状况评定为二类，荷载等级汽车超20挂车-120。2004年建设上海绕城高速公路时改建。

新杨公路浦南运河桥 位于四团镇渔洋村东，长105.8米，宽12.6米。上部空心板梁，下部墩台结构，建筑面积1333.08平方米，荷载等级汽车超20挂车-120，技术状况评定二类，1997年竣工。

航南公路S4互通式立交桥 位于奉浦四季生态园东南，长328米，宽29米。上部空心板梁，下部墩台结构，车行道宽24米，人行道宽4米，建筑面积9512平方米，荷载等级汽车超20挂车-120，技术状况评定为二类，1998年建成。

航南公路沙港桥 位于南桥镇与庄行镇交界的沙港上，长102米，宽45.6米。上部空心板梁，下部墩台结构，车行道宽24.5米，人行道宽4.5米，建筑面积4651平方米，荷载等级汽车超20挂车-120，技术状况评定二类，1998年建成。

新奉公路G1501分离式立交桥 位于奉城镇灯民村南，长295.9米，宽17.2米。上部空心板梁，下部墩台结构，建筑总面积5089.55平方米，荷载等级汽车超20挂车-120，技术状况评定二类，2002年开工建设，2004年竣工。

航塘公路G1501互通式立交桥 位于塘外集镇北，长321.97米，宽17.2米。上部空心板梁，下部墩台结构，建筑面积5537.89平方米，荷载等级汽车超20挂车-120，技术状况评定二类，2003年5月开工，2004年10月竣工。

胡滨公路S4分离式立交桥 位于柘林镇胡桥社区胡滨公路，长230米，宽10.8米。上部空心板梁，下部柱式墩台结构，建筑面积2473.72平方米，荷载等级汽车超20挂车-120，技术评定二类，2002年10月竣工。

新杨公路G1501分离式立交桥 位于邵厂集镇杨家宅东北，长266.41米，宽14米。上部空心板梁，下部墩台结构，车行道宽12米，人行道宽1.5米，建筑面积3724.8平方米，技术状况评定二类，荷载等级汽车超20挂车-120，2002年12月动工，2004年12月竣工。

沿钱公路G1501分离式立交桥 位于青村镇朱店村南，长295.89米，宽14.2米。上部空心板梁，下部墩台结构，建筑面积4201.57平方米，荷载等级汽车超20挂车-120，技术状况评定二类，2002年12月开工，2004年7月建成。

奉海公路G1501分离式立交桥 位于奉城镇东南700米，长295.86米，宽14.2米。上部空心板梁，下部墩台结构，建筑面积4201.21平方米，荷载等级汽车超20挂车-120，技术状况评定二类，2002年12月开工，2004年12月竣工。

金海公路G1501分离式立交桥 位于南桥镇东光明村顺福路西端，长342.70米，宽32.7米。上部简支空心板梁，下部墩台结构，建筑面积1.12万平方米，荷载等级汽车超20挂车-120，技术状况评定二类，2003年5月开工，2004年11月建成。

奉浦大道S4分离式立交桥 位于奉浦大道与金齐公路交汇处，长302.6米，宽27.7米。上部空心板梁，下部墩台结构，车行道宽15米，人行道宽2.2米，建筑面积8372平方米，荷载等级汽车超20挂车-100，技术状况评定二类，1998年建成。

新林公路S4分离式立交桥 位于柘林镇新寺社区东，长300米，宽10米，建筑面积3000平方米。上部空心板梁，下部墩台结构，荷载等级汽车超20挂车-120，技术状况评定二类。2004年建成。

沪杭公路G1501分离式立交桥 位于南桥镇西江海古文化遗址处，长361米，宽19.5米。上部空心板梁，下部墩台结构，车行道宽18.7米，建筑面积7039.50平方米，荷载等级汽车超20挂车-100，技术状况评定二类，2005年7月建成。

奉海公路浦南运河桥 位于奉城镇东北浦南运河，长328米，宽30.5米。上部空心板梁，下部墩台结构，车行道宽23米，人行道宽6米，建筑面积1万平方米，荷载等级汽车超20挂车-120，连续钢构结构，技术状况评定一类，2005年竣工。

庄胡公路G1501互通式立交桥　位于奉贤区与金山区交界处，长411米，宽18.5米。上部空心板梁，下部墩台结构，车行道宽17.2米，建筑面积7603平方米，荷载等级汽车超20挂车-120，技术状况评定二类，2005年建成。

六团公路（原大叶支路）S2分离式立交桥　位于四团镇夏家村东侧，长260.2米，宽9米。上部空心板梁，下部墩台结构，建筑面积2341.8平方米，荷载等级汽车超20挂车-120，技术状况评定二类，2005年建成。

庄良公路G1501分离式立交桥　位于庄行镇南，长286.7米，宽12.6米。上部空心板梁，下部墩台结构，车行道宽9米，人行道宽3米，建筑面积3612平方米，荷载等级汽车超20挂车-120，技术状况评定二类，2005年竣工。

瓦洪公路浦南运河桥　位于奉城镇洪庙社区东浦南运河上，长163米，宽26.6米。上部简支空心板梁，下部重力式墩台结构，车行道宽26米，建筑面积4335.8平方米，荷载等级汽车超20挂车-120，技术状况评定二类，2005年竣工。

瓦洪公路G1501互通式立交桥　位于奉城镇洪庙社区集贤南北路北端，长407.22米，宽27米。上部空心板梁，下部柱式墩台结构，车行道宽26米，建筑面积1.10万平方米，荷载等级汽车超20挂车-120，技术状况评定二类，2002年动工，2005年6月建成。

平庄西路S4分离式立交桥　位于南桥镇杨王村工业区西南角，长320.46米，宽37.5米。上部简支空心板梁，下部柱式墩台结构，车行道宽32米，人行道宽5米，建筑面积1.2万平方米，荷载等级汽车超20挂车-120，技术状况评定一类，2005年3月动工，2006年11月竣工。

团青公路浦南运河桥　位于青村镇于庄路东，长118.77米，宽32.5米。上部简支空心板梁，下部柱式墩台结构，车行道宽27米，人行道宽5米，建筑面积3860平方米，荷载等级汽车超20挂车-120，技术状况评定二类，2006年竣工。

平庄西路金汇港桥　位于南桥镇杨王村工业区，原光钱公路东侧，长284.2米，宽31.6米。上部简支空心板梁，下部柱式墩台结构，上部结构杆拱，车行道宽24米，人行道宽7米，建筑面积8980.72平方米，荷载等级汽车超20挂车-100，技术状况评定一类，2005年3月动工，2006年5月竣工。

平庄东路航塘港桥　位于奉城镇塘外社区南，长124.4米，宽27.9米。上部简支空心板梁，下部墩台结构，车行道宽24米，人行道宽1.5米，建筑面积3472平方米，荷载等级汽车超20挂车-120，技术状况评定二类，2007年7月开工，2008年12月竣工。

四平公路浦东铁路跨线桥　位于奉贤东部平安镇，长718.08米，宽10.5米。上部空心板梁，下部柱式墩台结构，人行道宽3米，建筑面积7539.84平方米，荷载等级汽车超20挂车-120，技术状况评定为二类，2005年6月动工，2006年10月竣工。

平庄西路竹港桥　位于沪杭公路与平庄西路交叉处东侧，长128.8米，宽44米。上部简支空心板梁，下部柱式墩台结构，车行道宽26.5米，人行道宽6米，建筑面积5667平方米，荷载等级汽车超20挂车-120，技术状况评定二类，2008年5月动工，2010年6月竣工。

平庄西路沙港桥 位于南桥镇西南角与柘林镇交界处，长102.8米，宽44米。上部简支空心板梁，下部柱式墩台结构，车行道宽24米，人行道宽6米，建筑面积4523平方米，荷载等级汽车超20挂车-120，技术状况评定一类，2008年5月动工，2010年10月建成。

团汇公路金汇港桥 位于奉浦大道金汇港上，1978年始建，位于金齐公路金汇港上，长432.6米，其中主桥长132米，为拱肋外倾系杆拱、全钢结构，主拱矢高20米，引桥长300.6米，宽35.8米，建筑面积1.55万平方米，荷载等级汽车超20挂车-100，2012年12月改建，2014年11月竣工。

南行港路金汇港桥 位于金汇镇南行港路，长462米，宽21.5米，桥面建筑面积9949平方米。上部连续箱梁，下部墩台结构，荷载汽车超20挂车-120，技术状况评定一类，2014年12月竣工。

新林路金汇港桥 位于青村镇花角村村委会南约100米金汇港，2013年新建，2015年竣工，桥长664米，宽32.6米，桥面建筑面积1.84万平方米，上部连续箱形梁，下部柱式墩台结构，设计荷载公路二级，技术状况评定一类。

4. 乡村道路大型桥梁

2017年，奉贤境内有区管乡村公路大型桥梁13座，总长2694米。

2017年奉贤区区管乡村道路大型桥梁情况表

表2-1-1

路名	桥名	桥长（米）	车行道宽（米）	人行道宽（米）	桥面面积（平方米）	结构形式	技术状况评定（类）
五星中心路	五星中心路G1501分离式立交桥	220.00	7.00	4.00	2104.00	上部空心板梁，下部墩台	1
光钱公路	金汇港胡村大桥	110.00	7.00	2.00	1056.00	上部空心板梁，下部墩台	2
金汇汇中路	金汇港大桥	103.70	6.00	2.00	825.00	拱桥	2
盐青路	G1501分离式立交桥	390.00	5.00	2.00	2184.00	上部空心板梁，下部墩台	2
协新路	G1501分离式立交桥	193.30	6.60	2.00	1375.80	上部空心板梁，下部墩台	2
万佛阁路	浦南运河桥	126.00	14.00	6.00	2608.20	上部空心板梁，下部墩台	1
西横路	S2分离式立交桥	170.00	5.00	2.00	850.00	上部空心板梁，下部墩台	2
解放中心路	G1501工农一号桥	210.00	5.00	2.00	1176.00	上部空心板梁，下部墩台	2

续表 2-1-1

路名	桥名	桥长（米）	车行道宽（米）	人行道宽（米）	桥面面积（平方米）	结构形式	技术状况评定（类）
万华西路	沪金高速分离式立交桥	220.00	5.00	2.00	1232.00	上部空心板梁，下部墩台	2
人民塘路	金汇港桥	140.00	5.00	2.00	784.00	上部空心板梁，下部墩台	3
良民村路	G1501 分离式立交桥	170.00	5.00	2.00	952.00	上部槽型梁，下部墩台	2
五四中心路	G1501 分离式立交桥	321.00	5.00	0	7039.00	上部空心板梁，下部墩台	2
李窑中心路	G1501 李窑路桥	320.00	6.00	0		上部空心板梁，下部墩台	2

说明：良民村 G1501 分离式立交桥、李窑路桥为村道桥梁

三、中型桥梁

1. 国道中型桥梁

2017 年，奉贤境内有国道中型桥梁 26 座，总长 1099.49 米，结构形式上部为空心板梁，下部为柱式墩台。

2017 年奉贤区国道中型桥梁情况表

表 2-1-2

路名	桥名	桥址桩号	桥长（米）	桥宽（米）	桥面面积（平方米）	荷载（吨）	技术状况评定（类）
上海绕城高速公路（G1501）（22 座）	浦南运河桥	65.758	75.50	34.99	2642.00	挂车 -120	1
	郊家港桥	66.484	32.81	34.99	1148.00	挂车 -120	1
	二勒港桥	67.38	42.19	34.98	1476.00	挂车 -120	1
	四团港桥	70.478	55.05	34.99	1926.00	挂车 -120	1
	三团港桥	71.669	55.00	35.00	1925.00	挂车 -120	1
	红卫港桥	74.875	42.71	34.98	1494.00	挂车 -120	1
	同心港桥	75.98	33.64	34.99	1177.00	挂车 -120	1
	南门港桥	78.126	46.67	34.99	1633.00	挂车 -120	1
	沿塘河桥	80.38	33.87	34.99	1185.00	挂车 -120	1
	航塘港桥	81.679	51.60	35.00	1806.00	挂车 -120	1
	三横河桥	81.82	30.50	34.98	1067.00	挂车 -120	2
	护塘港桥	87.156	39.65	28.00	1387.00	挂车 -120	1
	庙泾港桥	93.055	33.52	28.00	1173.00	挂车 -120	1
	新南横泾桥	95.221	48.00	21.00	1224.00	挂车 -120	2

续表 2-1-2

路名	桥名	桥址桩号	桥长（米）	桥宽（米）	桥面面积（平方米）	荷载（吨）	技术状况评定（类）
上海绕城高速公路（G1501）	南横泾桥	96.026	33.00	21.00	842.00	挂车-120	1
	竹港桥	98.030	40.00	21.00	1020.00	挂车-120	1
	沙港桥	99.852	57.00	21.00	1454.00	挂车-120	2
	冷泾港桥	101.894	33.00	21.00	842.00	挂车-120	2
	沈家港桥	103.404	30.00	21.00	777.00	挂车-120	2
	沈家浜桥	103.923	42.00	21.00	1071.00	挂车-120	1
	团结河桥	104.633	39.00	21.00	995.00	挂车-120	2
	群立河桥	105.207	30.00	21.00	777.00	挂车-120	2
丹东线（与新四平公路重复路段）（G228）（4座）	泾罗港桥	3518.213	44.80	16.90	575.12	挂车-120	2
	东横河桥	3520.522	39.67	16.90	670.42	挂车-120	2
	浦南运河桥	3521.654	56.67	16.90	957.72	挂车-120	2
	北横河桥	3523.081	33.64	29.50	992.00	挂车-100	1

2. 省道中型桥梁

2017年，奉贤境内有省道中型桥梁68座，总长2918.03米，结构形式上部空心板梁，下部墩台。

2017年奉贤区省道中型桥梁情况表

表 2-1-3

路名	桥名	桥址桩号	桥长（米）	桥宽（米）	桥面面积（平方米）	荷载（吨）	技术状况评定（类）
沪芦高速公路（S2）（9座）	南新河桥	46.368	48.00	24.50	1176.00	挂车-120	1
	西横河桥	49.77	32.00	25.28	809.00	挂车-120	1
	三团港桥	50.246	62.00	24.50	1519.00	挂车-120	1
	钱家港桥	51.094	42.00	24.50	1029.00	挂车-120	1
	泾罗港桥	52.695	42.00	24.50	1029.00	挂车-120	1
	海潮机口引水河桥	55.253	30.00	24.50	735.00	挂车-120	1
	金丰港桥	56.541	42.00	24.50	1029.00	挂车-120	1
	南界河桥	45.163	33.00	21.00	809.00	汽车超20级	1
	北新河桥	45.591	33.00	21.00	809.00	汽车超20级	1
沪金高速公路（S4）（13座）	大同港桥	33.554	33.04	24.50	809.48	挂车-120	1
	梅家港桥	34.476	33.04	24.50	809.48	挂车-120	1
	北横港桥	35.376	33.04	24.50	809.48	挂车-120	1
	陈家港桥	36.597	30.04	24.50	735.98	挂车-120	1
	薛家港桥	37.61	30.04	24.50	735.98	挂车-120	2

续表 2-1-3

路名	桥名	桥址桩号	桥长（米）	桥宽（米）	桥面面积（平方米）	荷载（吨）	技术状况评定（类）
沪金高速公路（S4）	淀港桥	39.435	30.04	24.50	735.98	挂车 -120	2
	浦南运河桥	41.175	75.00	24.50	1837.50	挂车 -120	2
	米丈港桥	47.462	33.00	24.50	808.50	挂车 -120	1
	南家宅桥	47.952	30.00	24.50	735.00	挂车 -120	1
	西横泾桥	49.856	50.00	35.28	1764.00	挂车 -120	1
	贝港桥	50.801	42.00	25.08	1053.50	挂车 -120	2
	上横泾桥	54.026	70.00	24.50	1715.00	挂车 -120	1
	鳗鲤港桥	55.478	87.00	26.09	2266.25	挂车 -120	2
大叶公路（8 座）	新潮港桥	24.17	30.50	15.60	475.80	挂车 -100	2
	奉新港桥	25.809	46.54	15.60	726.02	挂车 -100	2
	航塘港桥	29.592	46.54	15.60	726.02	挂车 -100	2
	泰青港桥	34.179	46.64	25.60	1191.42	挂车 -100	2
	横泾桥	45.449	32.10	25.50	818.55	挂车 -100	2
	竹港桥	47.712	48.20	24.90	1200.18	挂车 -100	2
	光辉河桥	48.489	28.10	24.90	699.69	挂车 -100	2
	沙港桥	49.228	64.40	24.60	1584.24	挂车 -100	2
南亭公路（8 座）	秀龙桥	18.653	56.60	32.00	1811.20	挂车 -100	2
	竹港桥	19.552	32.60	32.00	1043.20	挂车 -100	2
	沙港桥	21.25	36.60	35.40	1295.64	挂车 -100	2
	冷泾港桥	23.657	33.85	35.40	1198.29	挂车 -100	2
	朱家港桥	24.034	30.00	40.50	1215.00	挂车 -100	2
	孙家港桥	25.104	30.43	35.80	1089.39	挂车 -100	2
	龙泉港桥	27.509	47.50	11.80	560.50	挂车 -100	2
	杨树楼桥	32.54	40.80	14.10	575.28	挂车 -100	2
浦星公路（11 座）	南竹港桥	3.492	29.64	33.13	981.97	挂车 -120	2
	向阳河桥	31.249	29.64	35.00	1037.40	挂车 -120	2
	胜利港 2 号桥	32.246	36.64	33.13	1213.88	挂车 -120	2
	红星港桥	33.173	29.64	33.13	981.97	挂车 -120	2
	红旗渠桥	33.927	26.64	33.15	833.12	挂车 -120	2
	长浜河桥	37.296	32.50	37.00	1202.5	挂车 -120	2
	中横港桥	40.576	39.00	17.50	682.5	挂车 -120	2
	一号横河桥	42.173	31.04	18.00	558.72	挂车 -120	2
	南横港桥	42.57	35.04	17.50	613.2	挂车 -120	2
	人民塘桥	45.124	72.40	17.50	1267	挂车 -120	2
	团结塘桥	46.181	42.00	40.60	1705.2	挂车 -120	2

续表 2-1-3

路名	桥名	桥址桩号	桥长（米）	桥宽（米）	桥面面积（平方米）	荷载（吨）	技术状况评定（类）
南奉公路（8座）	护塘角桥	0.056	33.60	11.10	372.96	挂车-100	2
	五星港桥	1.168	39.20	14.00	548.80	挂车-100	2
	航塘港桥	2.572	44.60	11.10	495.06	挂车-100	2
	青龙桥	4.851	34.43	16.60	571.54	挂车-100	2
	明星桥	6.638	33.64	16.60	558.42	挂车-100	2
	方墩桥	8.275	33.06	16.60	449.62	挂车-100	2
	光明大桥	12.572	99.06	13.60	3545.76	挂车-100	2
	新横泾港桥	16.62	48.50	35.60	1775.10	挂车-100	2
川南奉公路（4座）	三团港桥	48.067	63.38	18.60	1178.87	挂车-100	2
	洪庙桥	51.667	64.20	18.60	1194.12	挂车-100	2
	向阳河桥	53.338	66.84	18.60	1243.22	挂车-100	3
	南门港桥	54.936	66.70	13.20	880.44	挂车-100	2
林海公路（7座）	北横河桥	15.892	42.00	31.40	1318.00	挂车-120	1
	蒋正港桥	18.129	42.00	31.40	1318.00	挂车-120	1
	梁典港桥	19.314	42.00	31.40	1318.00	挂车-120	1
	镇界河桥	20.354	33.00	31.40	1036.20	挂车-120	1
	陶宅港桥	21.078	42.00	36.45	1533.00	挂车-120	1
	村界河桥	22.007	42.00	31.40	1318.00	挂车-120	1
	环园北河桥	25.535	52.00	35.10	1825.20	挂车-120	1

3．县道中型桥梁

2017年，奉贤境内有县道中型桥梁119座，总长5167.39米，结构形式上部空心板梁，下部墩台。

2016年沪杭公路浦南运河桥

2017年奉贤区县道中型桥梁情况表

表2-1-4

路名	桥名	桥址桩号	桥长（米）	桥宽（米）	桥面面积（平方米）	荷载（吨）	技术状况评定（类）
航南公路（5座）	北横河桥	5.109	27.38	21.49	588.41	挂车-100	2
	泰日西桥	6.261	43.80	11.40	499.32	挂车-100	2
	日化厂桥	12.902	23.00	15.60	358.80	挂车-100	1
	大庆河桥	15.05	28.00	30.60	856.80	挂车-100	2
	竹港桥	21.021	94.00	45.60	4286.00	挂车-100	2
新奉公路（7座）	人朝河桥	4.46	50.40	17.05	859.20	挂车-100	2
	三桥桥	6.73	33.69	16.90	569.36	挂车-100	2
	二桥桥	7.432	33.69	16.90	569.36	挂车-100	2
	新利河桥	8.458	39.64	21.90	868.12	挂车-100	2
	红卫河桥	9.362	39.64	21.90	868.12	挂车-100	2
	奉新港桥	10.885	44.96	26.90	1209.42	挂车-100	2
	西门港	12.03	60.64	21.90	1328.02	挂车-100	2
芦五公路(1座)	大泐港桥	8.904	23.00	7.60	174.80	挂车-100	2
沪杭公路（7座）	北横河桥	35.053	22.60	30.48	688.96	挂车-100	2
	程河浜桥	37.035	20.60	25.60	527.36	挂车-100	2
	浦南运河桥	42.405	69.61	25.60	1782.02	挂车-100	2
	中横港桥	44.29	20.60	32.04	660.00	挂车-100	2
	大石桥	50.255	23.83	8.72	207.82	挂车-100	2
	柘林桥	52.318	38.07	17.90	681.45	挂车-100	2
	公平村桥	55.524	40.00	10.85	434.00	挂车-100	2
航塘公路(1座)	浦南运河桥	10.73	62.80	29.50	1852.60	挂车-100	3
大亭公路（2座）	东高麻泾桥	0.794	33.00	27.96	922.68	挂车-120	2
	北新河桥	2.688	33.00	27.96	922.68	挂车-120	2
新杨公路（4座）	北横河桥	1.85	36.80	7.90	290.72	挂车-100	2
	中横港桥	2.941	39.74	7.90	313.95	挂车-100	2
	友谊河桥	5.666	48.00	47.00	2256.00	挂车-100	1
	人民塘河桥	7.180	66.86	38.50	2574.00	挂车-100	2
金大公路（4座）	泰青港桥	0.906	44.00	40.60	1786.40	挂车-100	2
	王家港桥	2.38	25.00	40.60	1015.00	挂车-100	1
	张家港桥	3.528	25.00	40.60	1015.00	挂车-100	2
	朱家宅河桥	3.937	22.00	40.60	893.20	挂车-100	2
四平公路（6座）	运河桥	1.836	56.60	10.90	616.94	挂车-100	2
	桐桥	2.321	40.46	10.95	442.98	挂车-100	2
	北横河桥	3.261	37.24	10.90	405.92	挂车-100	2
	中心河桥	4.064	33.64	10.90	366.68	挂车-100	2
	中横河桥	4.381	33.64	10.90	366.68	挂车-100	2
	老场部桥	6.80	48.84	10.90	532.36	挂车-100	2

续表 2-1-4

路名	桥名	桥址桩号	桥长（米）	桥宽（米）	桥面面积（平方米）	荷载（吨）	技术状况评定（类）
洪朱公路(1 座)	浦南运河桥	0.46	48.80	13.10	639.28	挂车-100	2
燎钦公路（3 座）	塘外中心河桥	1.35	36.40	8.40	305.76	挂车-100	2
	窑厂桥	3.33	34.80	9.70	337.56	挂车-100	2
	燎原大桥	4.965	62.50	9.60	600.00	挂车-100	1
沿钱公路(1 座)	浦南运河桥	5.50	67.84	9.90	671.62	挂车-100	2
两港大道(1 座)	大泐港桥	0.868	50.00	42.60	2130.00	挂车-100	1
金闸公路(1 座)	庵港桥	2.56	23.80	12.90	304.02	挂车-100	2
金钱公路（4 座）	向阳河桥	3.875	40.46	10.90	441.01	挂车-100	2
	浦南运河桥	8.107	66.8	10.50	701.40	挂车-100	1
	长浜河桥	10.009	33.00	15.00	511.50	挂车-100	2
	中横河桥	14.00	32.60	8.60	280.36	挂车-100	2
南桥路(1 座)	人民桥	1.11	45.80	34.39	1575.20	挂车-100	2
庄胡公路（4 座）	北新河桥	0.225	32.94	40.71	1341.00	挂车-100	2
	东高麻泾桥	676.00	36.94	47.70	1762.00	挂车-100	2
	南横港桥	1.818	39.94	45.59	1821.00	挂车-100	2
	横港桥	5.777	32.6	7.30	238.00	挂车-100	2
西闸公路(1 座)	竹港桥	8.821	32.80	11.40	373.92	挂车-100	2
六团公路(1 座)	三团港桥	1.139	46.84	11.40	533.98	挂车-100	2
奉浦大道（3 座）	竹港桥	0.951	52.60	34.60	1820.00	挂车-100	2
	沙港桥	2.121	86.50	33.80	2924.00	挂车-100	2
	横泾港桥	1.437	34.60	22.50	778.50	挂车-100	2
奉柘公路（6 座）	褚家聚桥	1.545	33.84	13.99	473.36	挂车-100	2
	红心桥	1.76	55.70	13.80	768.66	挂车-100	2
	南横河桥	9.276	42.80	11.41	488.38	挂车-100	2
	金汇港桥	11.687	101.00	9.90	999.90	挂车-100	1
	新农河桥	13.985	39.60	13.50	534.60	挂车-100	2
	竹港桥	17.849	50.65	13.40	678.71	挂车-100	2
五四公路（5 座）	彭公塘中港桥	0.50	48.84	11.50	561.66	挂车-100	2
	渔场桥	1.76	52.84	10.90	575.96	挂车-100	2
	中港场部桥	2.208	69.84	11.40	796.18	挂车-100	2
	沿塘河桥	4.45	75.60	9.40	710.64	挂车-100	2
	洪卫港桥	7.18	39.20	10.90	427.28	挂车-100	2
五四支路(1 座)	三团港桥	1.64	56.90	10.90	620.21	挂车-100	2
海湾路（1 座）	运石河桥	1.591	37.30	26.60	992.18	挂车-100	2
庄郚公路（2 座）	红旗港桥	3.302	33.54	11.40	382.36	挂车-100	2
	浦南运河桥	5.344	58.64	11.40	668.50	挂车-100	2

续表 2-1-4

路名	桥名	桥址桩号	桥长（米）	桥宽（米）	桥面面积（平方米）	荷载（吨）	技术状况评定（类）
南桥环城东路（1 座）	下横泾桥	4.358	36.84	34.60	1274.66	挂车 -100	2
瓦洪公路（2 座）	海湾镇随塘河桥	7.745	66.00	42.00	2772.00	挂车 -100	2
	北新河桥	0.626	46.00	45.60	2097.60	挂车 -120	2
金海公路（5 座）	浦南运河桥	9.00	92.80	38.60	3582.00	挂车 -100	2
	姚家浜桥	1.18	30.00	50.60	1518.00	挂车 -100	2
	汇中河桥	1.97	39.00	50.60	1973.00	挂车 -100	2
	西长浜桥	2.258	30.42	50.60	1518.00	挂车 -100	2
	宏伟河桥	3.002	42.00	57.60	2419.00	挂车 -100	2
团青公路（8 座）	四团港桥	0.616	39.88	40.50	1615.10	挂车 -100	2
	东沿塘河桥	1.022	36.88	40.66	1499.60	挂车 -100	2
	三团港桥	1.403	48.88	32.47	1587.30	挂车 -100	2
	柴盘桥	3.815	34.06	32.29	1117.20	挂车 -100	2
	洪庙港桥	5.613	42.76	29.50	1261.42	挂车 -100	2
	奉新港桥	8.365	62.83	29.50	1853.49	挂车 -100	2
	航塘港桥	11.627	62.77	29.50	1851.72	挂车 -60	2
	泰青港桥	16.101	60.77	29.50	1792.72	挂车 -100	2
平庄西路（4 座）	南横泾桥	8.80	33.85	42.80	1448.78	挂车 -100	2
	贝港桥	9.745	33.80	43.99	1487.00	挂车 -100	2
	茜舍塘 2 号桥	14.645	48.00	29.00	1392.00	挂车 -100	1
	芦泾港桥	15.214	48.00	29.00	1392.00	挂车 -100	1
海农公路(1 座)	星火沿塘河桥	3.21	67.60	9.39	635.00	挂车 -100	2
海泉路(1 座)	新农河桥	0.615	25.75	26.99	695.00	挂车 -100	2
平庄东路（8 座）	大泐港桥	2.53	42.60	9.90	421.74	挂车 -100	2
	二泐港桥	3.625	33.60	9.90	332.64	挂车 -100	2
	四团港桥	4.712	33.00	31.00	1023.00	挂车 -100	2
	三团港桥	6.609	66.00	31.00	2046.00	挂车 -100	2
	洪庙港桥	8.162	36.00	28.00	1008.00	挂车 -100	2
	同心港桥	10.026	33.00	28.00	924.00	挂车 -100	2
	南门港桥	10.327	36.00	28.00	1008.00	挂车 -100	2
	沿塘河桥	16.696	36.00	28.00	1008.00	挂车 -100	2
浦卫公路(1 座)	淡泾港桥	0.843	32.90	36.57	1203.20	挂车 -100	2
观工路（2 座）	竹港桥	1.613	52.00	9.60	499.20	挂车 -100	1
	沙港桥	4.641	62.00	9.60	595.20	挂车 -100	1
南庄路（3 座）	沙港桥	5.838	48.00	14.70	705.60	挂车 -100	2
	冷泾桥	8.059	34.00	14.70	499.80	挂车 -100	2
	竹港桥	3.910	28.00	14.70	411.60	挂车 -100	2

续表 2-1-4

路名	桥名	桥址桩号	桥长（米）	桥宽（米）	桥面面积（平方米）	荷载（吨）	技术状况评定（类）
叶良公路（3 座）	工农 2 号桥	0.090	33.00	33.50	1105.50	挂车 -100	1
	工农渠道河桥	1.125	33.00	29.00	957.00	挂车 -100	1
	下横泾桥	1.568	33.00	29.00	957.00	挂车 -100	1
团汇公路（2 座）	大寨河桥	0.150	43.00	46.50	1999.50	挂车 -100	1
	老金汇港桥	1.686	52.00	50.25	2613.00	挂车 -100	1
南行港路(1 座)	大庆河桥	1.453	36.00	40.00	1440.00	挂车 -100	1
神州路（1 座）	浦南运河桥	0.979	66.00	35.60	2350.00	挂车 -100	2
目华北路(1 座)	上横泾桥	0.090	36.00	15.58	561.00	挂车 -100	2
新林路(1 座)	庙泾港桥	1.532	32.00	34.60	1107.20	挂车 -100	1
秀竹路(1 座)	大寨河桥	0.152	30.00	32.00	960.00	挂车 -100	1

4. 乡村道路中型桥梁

2017 年，奉贤境内有区管乡村道路中型桥梁 94 座，总长 3791.1 米。其中乡道 88 座，长 3593.1 米；村道 6 座，长 198 米。

2017 年奉贤区区管乡村道路中型桥梁情况表

表 2-1-5

路线编码路名	桥名	桥址桩号	桥长（米）	桥宽（米）	桥面面积（平方米）	荷载（吨）	技术状况评定(类)
Y001310120 北横路	竹港桥	2.031	52.00	4.60	239.20	公路 -II 级	2
	沙港桥	3.732	50.00	7.60	380.00	公路 -II 级	2
	巨潮港桥	5.538	40.00	5.60	224.00	公路 -II 级	2
Y003310120 邬桥友谊路	萧塘港桥	2.229	36.00	7.60	273.60	公路 -II 级	2
Y005310120 迎立路	老门桥	0.556	32.00	5.60	179.20	公路 -II 级	2
Y007310120 联业路	西横泾桥	0.081	33.00	22.00	726.00	公路 -II 级	1
	竹港桥	1.629	52.00	22.00	1144.00	公路 -II 级	2
Y009310120 姚新路	浦南运河桥	2.918	62.00	6.60	409.20	公路 -II 级	2
Y010310120 庄行光明路	沙港桥	0.832	32.00	5.60	179.20	公路 -II 级	2
Y011310120 芦庄路	浦南运河 46 号桥	1.175	54.60	6.60	356.40	公路 -II 级	2
Y019310120 郊奉路	竹港桥	4.048	36.00	7.60	273.60	公路 -II 级	2
Y020310120 沿村路	竹港桥	3.881	36.00	5.60	201.60	公路 -II 级	2
Y026310120 北横港路	高家桥	0.517	22.00	5.60	123.20	公路 -II 级	2
Y027310120 中横港路	镇中心河桥	2.432	34.00	5.60	140.40	公路 -II 级	2
Y034310120 盐青路	钦塘港桥	3.804	33.00	5.60	184.80	公路 -II 级	2
Y038310120 爱护路	南门港桥	1.771	36.90	4.60	165.60	公路 -II 级	2
Y039310120 人民路	浦南运河 27 号桥	3.382	56.00	5.60	313.60	公路 -II 级	2
Y04130120 方岳路	泰青港 2 号桥	0.408	36.00	5.60	201.60	公路 -II 级	2
Y042310120 青村北唐路	浦南运河 25 号桥	0.953	48.00	5.60	268.80	公路 -II 级	3

续表 2-1-5

路线编码路名	桥名	桥址桩号	桥长（米）	桥宽（米）	桥面面积（平方米）	荷载（吨）	技术状况评定(类)
Y044310120 青村沿泰路	泰青港 4 号桥	0.509	36.00	5.60	201.60	公路 -II 级	2
Y045310120 泰日汇泰路	人民路 1 号桥	0.552	24.60	10.49	258.40	公路 -II 级	1
	泰东港桥	7.88	22.00	5.60	123.20	公路 -II 级	1
Y048310120 奉陆路	红旗桥	0.033	40.00	7.60	304.00	公路 -II 级	2
	航塘港桥	3.336	36.40	7.60	276.60	公路 -II 级	3
Y055310120 奉城久茂路	陆桥航塘港支河桥	0.771	36.00	4.64	167.20	公路 -II 级	2
Y056310120 洪庙洪柴路	沿塘河洪柴桥	0.807	32.00	5.60	179.20	公路 -II 级	2
Y057310120 奉城洪西中心路	洪西机口桥	0.06	32.40	5.60	181.40	公路 -II 级	2
Y058310120 奉城协新路	浦南运河 15 号桥	0.122	48.60	9.60	466.60	公路 -II 级	2
Y059310120 四团三洪路	二泐港桥	1.296	32.60	5.60	182.60	公路 -II 级	1
	三团港桥	5.772	48.60	7.60	369.40	公路 -II 级	2
	洪卫港桥	8.586	36.60	7.80	285.50	公路 -II 级	2
Y060310120 四团平福路	三团港 4 号桥	2.254	52.00	5.60	291.20	公路 -II 级	2
Y064310120 四团金五路	三团港桥	1.391	48.00	7.80	374.40	公路 -II 级	3
Y065310120 镇长路	水厂桥	0.496	42.00	4.60	193.20	公路 -II 级	2
	渔政队桥	1.821	33.00	5.60	184.80	公路 -II 级	2
Y067310120 庄行路	浦南运河桥	2.445	42.00	7.60	319.20	公路 -II 级	2
Y068310120 华更路	浦南运河桥	2.311	42.00	5.60	235.20	公路 -II 级	3
Y072310120 红星村路	老横港桥	0.622	30.60	5.60	171.40	公路 -II 级	2
Y082310120 罗神路	沿塘河罗神村桥	0.583	22.00	5.60	123.20	公路 -II 级	2
Y083310120 钱桥竹奉路	沿塘河桥	1.169	26.00	5.60	145.60	公路 -II 级	2
Y088310120 青村光大路	青村港化肥厂桥	0.177	36.00	5.60	201.60	公路 -II 级	2
Y097310120 小荡中心路	大南港桥	2.944	32.00	7.60	243.20	公路 -II 级	1
Y102310120 步韵路	冷泾桥	0.379	33.60	7.00	235.20	公路 -II 级	2
Y103310120 杨存路	浦南运河 49 号桥	2.696	60.60	5.60	339.40	公路 -II 级	2
Y115310120 沪发路	沙港桥	1.388	34.00	7.60	258.40	公路 -II 级	1
Y235310120 六团公路	小新港桥	0.084	29.00	7.60	220.40	公路 -II 级	1
	金路港桥	1.077	36.00	7.60	273.60	公路 -II 级	2
Y306310120 泰日光泰路	泰青港桥	6.115	36.60	12.60	461.20	公路 -II 级	1
Y311310120 奉城洪运路	洪运路桥	0.713	44.10	12.60	555.70	公路 -II 级	2
Y323310120 海杰路	二泐港桥	0.256	33.00	4.60	276.00	公路 -II 级	2
Y330310120 目华北路	州工河桥	4.153	42.00	15.60	561.60	公路 -II 级	2
Y408310120海湾镇南门港路（四海路）	团结塘桥	1.953	36.00	8.00	288.00	公路 -II 级	2

续表 2-1-5

路线编码路名	桥名	桥址桩号	桥长（米）	桥宽（米）	桥面面积（平方米）	荷载（吨）	技术状况评定(类)
Y417310120 随塘河路	红卫港桥	2.101	36.60	7.60	278.20	公路 -II 级	1
	南门港桥	5.593	36.00	7.60	273.60	公路 -II 级	2
	青年河人民塘桥	13.981	36.00	5.60	201.60	公路 -II 级	2
	南水闸桥	8.28	42.00	23.80	999.6	公路 -II 级	2
Y418310120 海湾场中路	五四农场兴隆桥	1.237	62.00	10.00	620.00	公路 -II 级	2
Y452310120 安邬路	萧塘港 3 号桥	0.672	36.00	9.60	345.60	公路 -II 级	3
Y456310120 邬桥北环路	沙港邬家桥	0.069	50.60	5.60	283.40	公路 -II 级	2
Y477310120 团南中路	团南路支河桥	0.181	48.00	11.60	556.80	公路 -II 级	2
Y512310120 青村于庄路	浦南运河 31 号桥	0.793	48.00	5.60	268.80	公路 -II 级	3
Y547310120 四团横桥路	浦南运河 1 号桥	0.90	40.00	3.60	144.00	公路 -II 级	1
Y571310120 团泐路	二泐港桥	1.039	33.00	5.60	184.80	公路 -II 级	2
	四团港桥	3.873	32.00	5.60	179.20	公路 -II 级	2
	三团港桥	5.346	52.00	4.60	239.20	公路 -II 级	2
Y602310120 奉城奉和路	奉和路 1 号桥	0.048	40.00	7.60	304.00	公路 -II 级	2
Y604310120 奉城集贤北路	柴厂港桥	0.339	33.60	8.80	290.40	公路 -II 级	2
Y607310120 奉城朱新路	洪卫港桥	0.015	33.60	5.60	188.20	公路 -II 级	2
Y609310120 奉城川协路	浦南运河 14 号桥	0.256	46.10	7.60	350.40	公路 -II 级	2
Y611310120 奉城褚大路	航塘港桥	0.583	40.80	4.60	187.70	公路 -II 级	2
Y624310120 路口村路	航塘港河桥	0.479	36.00	5.60	201.60	公路 -II 级	2
Y625310120 奉城陈桥村路	航塘港桥	0.026	44.00	4.60	202.40	公路 -II 级	2
Y628310120 奉城洪东路	浦南运河 11 号桥	1.225	54.60	8.60	469.60	公路 -II 级	2
Y631310120奉旺路	浦南运河 21 号桥	1.294	66.60	7.60	506.16	公路 -II 级	2
Y652310120 西渡大同村路	横泾港 4 号桥	2.042	36.00	5.60	201.60	公路 -II 级	2
Y704310120 南桥韩村路	横泾港桥	1.077	33.60	14.60	490.60	公路 -II 级	1
Y708310120 吴塘路	横泾港桥	1.444	28.60	7.60	217.40	公路 -II 级	2
Y755310120 梁典北路	泰青港桥	4.306	36.60	5.60	205.00	公路 -II 级	2
Y710310120同谊路	横泾港桥	1.207	33.60	10.5	352.80	公路 -II 级	1
Y764310120南陈东西路	泰青港 11 号桥	0.100	52.60	5.00	263.00	公路 -II 级	2
Y765310120梁典南路	泰青港 10 号桥	5.573	56.60	4.00	226.40	公路 -II 级	2
Y789310120 柘林科工路	沙港桥	3.161	36.00	7.60	273.60	公路 -II 级	2
Y921310120 海湾星疆路	果二桥	1.412	37.00	4.60	170.20	公路 -II 级	2
	青年桥	2.612	42.00	7.60	319.20	公路 -II 级	2
	星火钟厂南桥	2.718	44.60	5.60	249.76	公路 -II 级	2
Y923310120 海湾农工商路	团结塘桥	1.23	36.00	5.60	201.60	公路 -II 级	2
Y400310120星培路	海滨河星培路桥	1.195	30.00	4.60	138.00	公路 -II 级	2
Y406310120海塘河路	青年河海塘河路桥	2.550	30.00	4.60	138.00	公路 -II 级	2
C020310120新龙路	萧塘港桥	2.228	36.60	5.60	204.96	公路 -II 级	2

续表 2-1-5

路线编码路名	桥名	桥址桩号	桥长（米）	桥宽（米）	桥面面积（平方米）	荷载（吨）	技术状况评定(类)
C104310120 四团良民村路	北横河桥	1.506	32.60	5.60	182.60	公路 -II 级	1
C153310120 四团大泐港路	北横河桥	0.016	36.00	4.60	165.60	公路 -II 级	2
C181310120 四团冯家村路	振兴桥	0.03	36.20	7.60	275.10	公路 -II 级	2
C362310120 柘林林北路	竹港桥	0.514	32.00	5.60	179.20	公路 -II 级	1
C363310120 柘林骑塘北路	渔塘港桥	0.548	24.60	4.60	113.20	公路 -II 级	2

说明：Y 字为乡道，C 字为村道

四、小型桥梁

1．国道小型桥梁

2017 年，奉贤境内有国道小型桥梁 25 座，总长 602.41 米。

2017 年奉贤区国道小型桥梁情况表

表 2-1-6

路名	桥名	桥址桩号	桥长（米）	桥宽（米）	桥面面积（平方米）	荷载（吨）	技术状况评定（类）
上海绕城高速公路（G1501）（22 座）	2 号河桥	64.729	20.80	35.00	728.00	挂车 -120	1
	渔洋村中心桥	68.822	25.60	35.00	896.00	挂车 -120	1
	向阳村中心河桥	69.343	26.50	34.98	927.00	挂车 -120	1
	泰家港桥	69.883	26.50	34.98	927.00	挂车 -120	1
	五四中心河桥	70.868	21.98	34.98	769.00	挂车 -120	1
	柴塘港桥	72.974	29.96	34.98	1048.00	挂车 -120	1
	洪朱地道桥	74.936	14.40	35.00	504.00	挂车 -120	1
	东门港桥	76.87	27.67	34.98	968.00	挂车 -120	1
	谢家港桥	79.245	22.65	32.19	792.00	挂车 -120	1
	焦灯港桥	79.765	26.76	34.98	936.00	挂车 -120	1
	跃进港桥	84.562	26.64	34.98	932.00	挂车 -120	1
	百曲港桥	85.821	22.58	34.99	790.00	挂车 -120	1
	东长浜桥	88.869	29.60	35.00	1036.00	挂车 -120	1
	张弄 2 号桥	90.361	22.50	34.98	787.00	挂车 -120	1
	张弄 1 号桥	91.087	22.64	34.98	792.00	挂车 -120	1
	金钱地道桥	91.363	24.00	35.00	840.00	挂车 -120	1
	光钱气孔桥	91.79	13.50	34.96	472.00	挂车 -120	1
	南桥环城东路地道桥	95.415	25.30	25.50	645.15	挂车 -120	1
	江海路地道桥	96.639	25.30	25.50	645.15	挂车 -120	1
	贝港桥	97.17	26.00	25.88	673.00	挂车 -120	2
	竹港地道桥	98.063	10.00	25.50	255.00	挂车 -120	1
	渔塘港桥	98.956	26.00	25.88	673.00	挂车 -120	1

续表 2-1-6

路名	桥名	桥址桩号	桥长（米）	桥宽（米）	桥面面积（平方米）	荷载（吨）	技术状况评定（类）
丹东线（与新四平公路重复路段）(G228)（3座）	界河桥	3517.149	25.24	16.90	426.56	挂车-120	2
	桐桥	3522.120	30.65	16.90	517.99	挂车-120	2
	中横河桥	3524.194	29.64	29.48	874.00	挂车-120	2

2．省道小型桥梁

2017 年，奉贤境内有省道小型桥梁 50 座，总长 1058.21 米。

2017 年奉贤区省道小型桥梁情况表

表 2-1-7

路名	桥名	桥址桩号	桥长（米）	桥宽（米）	桥面面积（平方米）	荷载（吨）	技术状况评定（类）
沪芦高速公路(S2)（5 座）	芦奉 4 桥	47.82	8.00	21.38	171.00	挂车-120	
	芦奉团桥	49.602	7.00	28.00	196.00	挂车-120	1
	芦奉夏桥	53.55	8.00	24.50	196.00	挂车-120	1
	芦奉潮桥	54.075	8.00	24.50	196.00	挂车-120	1
	芦南村桥	55.761	7.00	24.58	172.00	挂车-120	1
沪金高速公路(S4)（8 座）	机口港桥	43.957	20.00	24.50	490.00	挂车-120	1
	红旗港桥	44.42	25.00	24.50	612.50	挂车-120	1
	陈家湾桥	44.838	20.00	24.50	490.00	挂车-120	2
	东方红桥	45.998	24.00	24.50	588.00	挂车-120	1
	独洪楼港桥	46.582	26.00	24.50	637.00	挂车-120	1
	下横泾桥	47.23	29.00	24.48	710.50	挂车-120	1
	东横泾桥	48.826	18.00	98.00	1764.00	挂车-120	2
	大蒌港桥	32.550	20.00	21.00	494.90	挂车-120	1
大叶公路（15 座）	新港桥	21.473	26.64	15.60	415.58	挂车-120	2
	北宋纪念碑桥	21.961	18.50	15.60	288.60	挂车-120	2
	华新港桥	26.935	10.50	15.60	163.80	挂车-120	2
	东新港桥	28.469	24.50	15.60	382.20	挂车-120	2
	文武港桥	28.922	10.58	15.60	165.05	挂车-120	2
	光新港桥	30.862	10.50	15.60	163.80	挂车-120	2
	泰中港桥	34.423	26.54	15.60	414.02	挂车-120	2
	1 号港桥	32.342	24.54	15.60	382.80	挂车-120	2
	泰东港桥	33.308	26.54	15.60	414.02	挂车-120	2
	西新港桥	33.285	24.60	25.60	383.76	挂车-120	2
	新强港桥	37.084	24.64	25.60	630.78	挂车-120	2
	白庙港桥	42.974	26.76	23.10	618.16	挂车-120	2

续表 2-1-7

路名	桥名	桥址桩号	桥长（米）	桥宽（米）	桥面面积（平方米）	荷载（吨）	技术状况评定（类）
大叶公路	红旗港桥	50.282	25.30	15.60	394.68	挂车 -120	2
	巨潮港桥	51.506	30.20	15.60	471.12	挂车 -120	2
	大寨河桥	52.388	22.20	15.60	346.32	挂车 -120	2
南亭公路（8 座）	戴家港桥	23.197	13.60	35.40	481.44	挂车 -100	2
	鸭梅港桥	26.22	20.00	13.00	260.00	挂车 -100	1
	招贤泾桥	29.325	26.80	14.00	375.20	挂车 -100	2
	横塘桥	29.943	22.80	14.00	319.20	挂车 -100	2
	新泾塘桥	30.813	26.80	14.00	375.20	挂车 -100	2
	新开河桥	31.46	25.80	14.60	376.68	挂车 -100	3
	市河桥	31.928	7.83	14.60	114.32	挂车 -100	2
	祝家港桥	32.796	26.00	14.10	364.00	挂车 -100	2
浦星公路（4 座）	小向阳河桥	26.788	24.62	32.00	787.84	挂车 -120	2
	胜利河桥	27.953	24.62	32.00	787.84	挂车 -120	2
	庵港桥	29.099	24.62	32.00	787.84	挂车 -120	2
	解放河桥	37.827	22.00	18.00	396.00	挂车 -120	2
南奉公路（6 座）	高桥桥	1.814	34.15	13.46	459.66	挂车 -120	1
	达港桥	90283	16.60	13.50	224.10	挂车 -120	2
	谭港桥	10.297	26.60	12.60	335.16	挂车 -120	2
	庙泾桥	14.34	16.60	35.60	581.00	挂车 -120	1
	种福桥	16.025	13.85	35.60	493.06	挂车 -120	1
	南桥桥	17.54	30.60	35.60	1089.36	挂车 -120	1
川南奉公路（3 座）	拾村桥	44.185	33.50	29.60	991.60	挂车 -120	2
	四团港桥	47.173	30.68	18.60	570.65	挂车 -120	2
	东门港桥	54.49	12.80	13.60	174.08	挂车 -120	2
林海公路(1 座)	青村港桥	23.908	24.80	51.25	1271.00	挂车 -120	1

3．县道小型桥梁

2017 年，奉贤境内有县道小型桥梁 191 座，总长 4574.98 米。

2017 年奉贤区县道小型桥梁情况表

表 2-1-8

路名	桥名	桥址桩号	桥长（米）	桥宽（米）	桥面面积（平方米）	荷载（吨）	技术状况评定（类）
沿浦公路（2 座）	苗港桥	3.085	26.80	7.90	211.72	挂车 -100	2
	人民港桥	3.436	30.80	10.50	323.40	挂车 -100	2
航南公路（9 座）	龙家港桥	4.75	8.38	24.18	202.66	挂车 -100	2
	沈家港桥	5.347	12.14	21.13	256.46	挂车 -100	2

续表 2-1-8

路名	桥名	桥址桩号	桥长（米）	桥宽（米）	桥面面积（平方米）	荷载（吨）	技术状况评定（类）
航南公路	小闸港桥	5.91	25.84	13.90	359.18	挂车-100	2
	马家港桥	7.235	14.76	33.83	499.32	挂车-100	2
	人民港桥	7.42	27.20	15.18	412.83	挂车-100	2
	朱家港桥	8.863	20.40	9.40	191.76	挂车-100	2
	小桥港桥	10.344	9.70	9.60	93.12	挂车-100	2
	新横泾港桥	18.822	29.50	27.87	882.05	挂车-100	2
	吴塘桥	21.827	22.00	45.59	1003.00	挂车-100	2
新奉公路（6座）	界河桥	3.862	22.64	9.90	224.14	挂车-100	2
	蔡建河桥	5.48	30.84	16.85	519.65	挂车-100	2
	幸福河桥	9.95	29.65	26.90	797.59	挂车-100	2
	亭子桥	10.27	10.60	26.90	285.14	挂车-100	2
	小港桥	11.235	7.94	26.90	213.59	挂车-100	2
	奉城港桥	12.598	28.96	21.90	634.22	挂车-100	2
沪杭公路（7座）	郭家村桥	34.216	20.60	25.60	527.36	挂车-100	2
	红卫桥	36.146	16.70	25.60	427.52	挂车-100	2
	八字桥	39.211	11.60	25.60	296.96	挂车-100	2
	秀南桥	43.241	16.60	25.60	424.96	挂车-100	2
	油车桥	45.784	6.80	18.40	125.12	挂车-100	2
	新寺桥	48.59	11.61	17.90	207.82	挂车-100	2
	郊奉港桥	51.119	26.60	13.90	369.74	挂车-100	2
航塘公路（10座）	护塘港桥	2.03	26.80	7.90	211.72	挂车-100	3
	北横河桥	2.735	26.80	7.90	211.72	挂车-100	2
	龙家港桥	3.38	26.80	7.90	211.72	挂车-100	2
	人民港桥	3.72	24.60	7.90	194.34	挂车-100	2
	资福桥	4.94	20.74	30.00	622.20	挂车-100	2
	梁典港桥	6.575	24.74	30.00	742.20	挂车-100	2
	界河桥	9.385	26.76	30.00	802.80	挂车-100	2
	青龙港桥	11.41	30.70	9.60	294.72	挂车-100	1
	三横河桥	12.60	20.60	9.60	197.76	挂车-100	2
	大门桥	13.695	26.60	9.60	255.36	挂车-100	2
大亭公路（2座）	沈家浜桥	1.167	22.00	27.96	615.12	挂车-120	2
	团结河桥	2.019	22.00	27.96	615.12	挂车-120	2
新杨公路(1座)	红星港桥	1.17	20.74	7.90	163.85	挂车-120	2
金大公路（2座）	东星港桥	1.849	18.00	40.80	730.80	挂车-100	2
	大寨河桥	5.168	27.00	25.59	691.00	挂车-100	2
四平公路（3座）	三坎桥	0.784	30.42	10.24	331.58	挂车-100	2
	老中横河桥	4.709	26.68	7.86	209.81	挂车-100	2

续表 2-1-8

路名	桥名	桥址桩号	桥长（米）	桥宽（米）	桥面面积（平方米）	荷载（吨）	技术状况评定（类）
四平公路	外横河桥	6.275	21.40	8.40	179.76	挂车-100	2
奉干公路(1座)	南横河桥	3.343	23.74	7.90	187.55	挂车-100	2
泰青公路（6座）	人民港桥	0.629	24.54	6.44	158.04	挂车-100	2
	东风港桥	1.745	20.60	7.90	162.74	挂车-100	2
	北丁桥	2.953	24.60	7.90	194.34	挂车-100	2
	新五桥	3.418	10.50	7.60	79.80	挂车-100	2
	红星港桥	4.69	24.60	7.90	194.34	挂车-100	2
	陶宅桥	5.595	18.60	7.90	146.94	挂车-100	2
沿钱公路（12座）	南陈桥	1.495	20.60	9.90	203.94	挂车-100	2
	百曲港桥	1.97	20.60	9.90	203.94	挂车-100	2
	红星港桥	3.60	25.60	9.78	253.44	挂车-100	2
	梅子口桥	4.05	18.80	9.90	186.12	挂车-100	2
	中心河桥	4.65	24.80	9.90	245.52	挂车-100	2
	赐子庵桥	6.32	18.60	9.60	178.56	挂车-100	2
	青村港桥	6.585	24.60	9.60	236.16	挂车-100	2
	柏树港桥	7.19	20.60	9.60	197.76	挂车-100	2
	界河桥	7.92	18.60	9.90	184.14	挂车-100	2
	北横河桥	8.98	24.80	9.90	245.52	挂车-100	2
	中横河桥	9.30	24.80	10.90	270.32	挂车-100	2
	钦公塘桥	11.21	28.80	10.90	313.92	挂车-100	2
金闸公路（2座）	向阳河桥	0.54	24.80	7.90	195.92	挂车-100	2
	胜利河桥	1.52	24.80	7.90	195.92	挂车-100	2
金钱公路（11座）	胜利河桥	0.607	26.70	10.40	277.68	挂车-100	2
	东长浜桥	0.995	10.80	8.00	86.40	挂车-100	2
	庵港桥	1.639	25.62	8.40	215.21	挂车-100	2
	北横河桥	3.114	34.00	8.10	275.40	挂车-100	3
	红星港桥	5.932	30.80	10.50	232.40	挂车-100	2
	红旗港桥	6.713	30.80	10.50	323.40	挂车-100	2
	红星港桥	8.778	33.50	8.00	268.00	挂车-100	2
	胜利中心河桥	9.405	39.00	7.90	308.10	挂车-100	3
	解放中心河桥	10.515	39.60	12.92	511.50	挂车-100	2
	北横河桥	11.645	33.30	7.90	263.07	挂车-100	2
	钱桥桥	14.75	14.94	17.90	267.43	挂车-100	2
环城西路（8座）	顾茂堂桥	0.162	19.64	27.60	542.06	挂车-100	2
	灯中港桥	0.568	18.04	27.60	497.90	挂车-100	2
	船浜港桥	1.002	18.04	27.60	497.90	挂车-100	2
	跃家港桥	1.382	26.64	24.32	648.00	挂车-100	2

续表2-1-8

路名	桥名	桥址桩号	桥长（米）	桥宽（米）	桥面面积（平方米）	荷载（吨）	技术状况评定（类）
环城西路	北横港桥	2.136	26.00	27.60	717.60	挂车-100	2
	红卫港桥	3.234	20.80	32.60	678.08	挂车-100	2
	程河浜桥	4.156	20.80	32.60	678.08	挂车-100	2
	淀港桥	6.559	14.60	26.60	388.36	挂车-100	2
庄胡公路（7座）	倩舍塘桥	3.118	32.30	8.00	258.40	挂车-100	3
	前进中心河桥	4.431	26.60	7.00	186.00	挂车-100	2
	下横泾桥	5.023	28.60	8.32	238.00	挂车-100	2
	小桥港桥	6.531	22.60	9.37	211.72	挂车-100	2
	百尺泾桥	7.051	28.60	7.00	200.20	挂车-100	2
	竹桥港桥	7.833	22.60	7.00	158.20	挂车-100	2
	迎胡路桥	8.34	9.20	8.00	73.60	挂车-100	2
胡滨公路（3座）	上横泾桥	0.092	26.60	7.90	210.14	挂车-100	2
	鳗鲤泾桥	1.116	30.80	7.90	243.22	挂车-100	3
	机口桥	1.845	12.80	7.90	101.12	挂车-100	2
奉苗公路(1座)	随塘河桥	1.065	24.60	5.60	137.76	挂车-100	2
西闸公路（5座）	汇西河桥	0.60	24.60	10.90	268.14	挂车-100	2
	白庙港桥	3.042	21.20	11.10	235.32	挂车-100	2
	大楼港桥	3.858	20.00	11.10	222.40	挂车-100	2
	大楼港桥（西）	6.056	25.20	17.60	443.52	挂车-100	2
	横泾港桥	6.818	29.80	26.76	797.50	挂车-100	2
六团公路（3座）	钱家桥	0.05	20.64	11.40	235.30	挂车-100	2
	沈家桥	0.74	20.64	11.40	235.30	挂车-100	2
	西横河桥	1.63	29.60	11.40	337.44	挂车-100	2
泰西路(1座)	人民港桥	0.245	22.84	16.90	386.00	挂车-100	2
奉浦大道（2座）	吴塘港桥	1.715	22.60	34.60	782.00	挂车-100	2
	红旗港桥	3.183	20.60	33.00	680.00	挂车-100	2
奉柘公路（3座）	朱墩桥	3.844	29.84	11.62	346.14	挂车-100	2
	妙路港桥	7.846	30.64	11.81	362.00	挂车-100	2
	机口桥	12.841	25.60	13.50	345.60	挂车-100	2
星火公路(1座)	星火桥	0.525	31.60	8.40	265.44	挂车-100	2
海湾路(1座)	郊奉港桥	0.725	30.22	26.60	803.85	挂车-100	2
庄郊公路（5座）	东风港桥	0.476	24.54	10.47	256.96	挂车-100	2
	张云桥	1.30	20.54	11.40	234.16	挂车-100	2
	先跃港桥	2.554	20.54	11.40	234.16	挂车-100	2
	光明港桥	4.368	24.54	10.47	256.96	挂车-100	2
	红卫港桥	4.844	24.54	10.47	256.96	挂车-100	2

续表 2-1-8

路名	桥名	桥址桩号	桥长（米）	桥宽（米）	桥面面积（平方米）	荷载（吨）	技术状况评定（类）
庄良公路（2座）	北新河桥	0.259	18.60	11.40	212.04	挂车-100	2
	东高麻泾桥	1.264	26.60	25.60	680.96	挂车-100	2
扶港路（3座）	大同港桥	0.876	19.00	25.60	486.40	挂车-100	2
	梅家港桥	1.821	19.00	25.60	486.40	挂车-100	2
	北横河桥	2.629	21.00	29.60	621.60	挂车-100	2
南桥环城东路（3座）	南王港桥	1.139	29.84	34.60	1032.46	挂车-100	2
	新泾港桥	1.872	20.84	34.60	721.06	挂车-100	2
	新陆港桥	3.496	24.84	34.60	859.46	挂车-100	2
瓦洪公路（6座）	东沿塘河桥	0.715	29.6	39.09	1157.00	挂车-100	2
	北横河桥	3.181	31.00	29.61	918.00	挂车-100	1
	奉城镇中横河桥	4.369	29.00	43.00	1247.00	挂车-100	2
	海湾镇南横河桥	5.429	29.00	42.00	1218.00	挂车-100	2
	友谊河桥	6.507	29.00	43.00	1247.00	挂车-100	2
	界河桥	0.014	26.00	45.60	1185.60	挂车-100	1
金海公路（5座）	石家中心河桥	8.863	20.60	31.60	650.96	挂车-100	2
	市河桥	11.197	24.60	11.10	273.06	挂车-100	2
	红旗港桥	12.101	20.60	11.10	228.66	挂车-100	2
	下横泾桥	14.703	20.60	11.10	228.66	挂车-100	2
	中心河桥	15.453	25.60	11.10	284.16	挂车-100	2
团青公路（13座）	团结港桥	2.149	10.88	40.50	440.60	挂车-100	2
	夹路港桥	2.458	31.68	32.50	1029.60	挂车-100	2
	如意港桥	2.957	24.84	32.62	810.30	挂车-100	2
	洪北中心河桥	4.60	24.87	29.50	733.67	挂车-100	2
	施家宅桥	4.911	18.83	30.22	555.49	挂车-100	1
	福聚桥	6.481	26.77	29.50	789.72	挂车-100	2
	向阳河桥	10.23	26.76	29.50	789.42	挂车-100	1
	油头车桥	11.112	26.76	29.50	789.42	挂车-100	2
	徐家宅桥	12.492	22.80	29.50	672.60	挂车-100	2
	青龙港桥	13.499	24.80	29.50	731.60	挂车-100	2
	中心河桥	14.741	20.74	29.50	611.84	挂车-100	2
	油车港桥	15.397	24.87	29.50	733.67	挂车-100	2
	王家港桥	17.639	30.74	29.50	906.83	挂车-100	2
平庄西路（9座）	元通村桥	1.501	24.80	30.60	758.88	挂车-100	1
	庄家宅桥	2.213	22.80	30.60	697.68	挂车-100	1
	和尚港桥	3.895	24.80	30.60	758.88	挂车-100	1
	庙泾港桥	5.182	26.90	30.60	823.14	挂车-100	1
	渔塘港桥	10.907	26.80	42.69	1144.00	挂车-100	2

续表 2-1-8

路名	桥名	桥址桩号	桥长（米）	桥宽（米）	桥面面积（平方米）	荷载（吨）	技术状况评定（类）
平庄西路	骨泾港桥	14.148	20.00	29.00	580.00	挂车-100	1
	茜舍塘一号桥	16.349	20.00	29.00	580.00	挂车-100	1
	工农河桥	16.504	26.00	29.00	754.00	挂车-100	1
	潘南7号河桥	16.779	20.00	38.00	760.00	挂车-100	1
海农公路（2座）	南横河桥	0.383	20.66	16.65	344.00	挂车-100	2
	星火场部桥	1.999	31.60	10.89	344.00	挂车-100	2
南海公路（4座）	中心河桥	0.55	29.84	34.60	1032.50	挂车-100	2
	西横泾港桥	3.448	26.04	31.56	900.00	挂车-100	2
	运石河桥	3.541	20.04	39.35	788.57	挂车-100	2
	无名河桥	4.156	29.84	39.61	1182.00	挂车-100	2
平庄东路（7座）	柴场港桥	7.389	29.40	30.58	899.00	挂车-100	2
	白衣港桥	9.373	24.00	28.00	672.00	挂车-100	2
	东门港桥	10.742	29.40	27.62	812.00	挂车-100	2
	红心港桥	15.272	29.00	28.00	812.00	挂车-100	2
	付家塘桥	19.041	26.40	27.58	728.00	挂车-100	2
	盐青路桥	19.177	26.40	25.45	672.00	挂车-100	2
	人工河桥	21.077	30.40	27.63	840.00	挂车-100	2
环城东路（3座）	陈湾港桥	1.152	6.60	31.45	207.60	挂车-100	2
	韩村港桥	3.409	24.60	33.76	830.40	挂车-100	2
	淀港桥	3.956	16.60	33.73	560.00	挂车-100	2
江海南路（3座）	接龙港桥	0.757	26.40	33.48	884.00	挂车-100	1
	新开河桥	1.911	29.40	30.61	900.00	挂车-100	1
	贝桥港桥	5.474	24.00	34.60	830.40	挂车-100	1
奉浦大道(1座)	横泾港桥	1.437	34.60	22.79	778.50	挂车-100	2
金齐路(2座)	排河桥	0.726	20.60	29.47	607.00	挂车-100	2
	大庆河桥	1.289	34.60	25.32	876.00	挂车-100	2
新林公路（5座）	杨王塘桥	1.218	26.00	15.60	405.60	挂车-100	2
	西横泾桥	2.687	26.00	10.00	260.00	挂车-100	2
	竹港桥	4.316	30.00	12.50	375.00	挂车-100	2
	杨泾桥	11.592	20.00	28.50	570.00	挂车-100	1
	林南机口浜桥	2.032	13.00	34.00	449.80	挂车-100	1
观工路（2座）	西横泾桥	0.123	30.00	9.60	288.00	挂车-100	2
	贝港桥	1.019	26.00	9.60	249.60	挂车-100	1
燎星路(1座)	青年桥	2.416	25.50	7.50	191.25	挂车-100	1
叶良公路(1座)	柴塘河18号桥	0.599	20.00	29.00	580.00	挂车-100	1
南行港路(1座)	齐贤排河桥	0.943	26.00	47.73	1241.00	挂车-100	1

续表 2-1-8

路名	桥名	桥址桩号	桥长（米）	桥宽（米）	桥面面积（平方米）	荷载（吨）	技术状况评定（类）
北沪杭公路（1 座）	顾茂堂桥	1.185	20.60	25.60	527.36	挂车 -100	1
南庄路（3 座）	老横泾桥	1.931	27.00	14.70	396.90	挂车 -100	2
	贝港桥	3.062	26.00	14.70	382.20	挂车 -100	2
	吴塘港桥	4.729	30.00	14.70	441.00	挂车 -100	2
奉海公路(1 座)	城南纬三河桥	2.808	22.00	35.00	770.00	挂车 -100	2

4．乡村道路小型桥梁

2017 年，奉贤境内有区管乡村公路小型桥梁 560 座，总长 11.06 千米。其中乡道 516 座，长 10.2 千米；村道 44 座，长 858.8 米。

2017 年奉贤区区管乡村道路小型桥梁情况表

表 2-1-9　　单位：座

路线编码路名	数量	桥名
Y001310120 北横路	3	光辉河桥、红旗港桥、大寨河桥
Y002310120 胡阮路	3	陈家桥、季家桥、团泾桥
Y003310120 邬桥友谊路	3	红星港桥、庄浜河桥、耀光河桥
Y004310120 新林公路	4	沙港桥、船潮港桥、芦泾港桥、团泾港桥
Y005310120 迎立路	7	船潮港桥、下横泾桥、上横泾桥、花园机口桥、淡泾港桥、界河桥、迎立村 4 号桥
Y006310120 寺胡路	8	渔塘港桥、牛泾桥、孙泾桥、下横泾桥、蒋家浜桥、百尺泾桥、孙桥 12 组桥、上横泾桥
Y007310120 联业路	2	东护城河桥、西护城河桥
Y008310120 兴团路	2	下横泾桥、兴隆中心河桥
Y009310120 姚新路	7	友谊河桥、中心河桥、新村河桥、渠道河桥、新村桥、光明河桥、红卫港桥
Y010310120庄行光明中心路	4	红星港桥、褚泾桥、孙家浜桥、团结河桥
Y011310120 芦庄路	4	光明港桥、红卫港桥、新村河桥、张家宅河桥
Y012310120 庄良路	5	倩舍塘桥、工农 2 号河桥、工农渠道河桥、工农河桥、下横泾桥
Y013310120 沿江路	1	横泾 1 号桥
Y014310120 鸿程路	5	硕茂堂港桥、灯塔中心港桥、船浜港桥、跃家桥、北横河桥
Y015310120 五星中心路	5	江海河桥、机口桥、沈家港桥、杨树港桥、九曲港桥
Y017310120 云牛东路	1	红旗港桥
Y019310120 郊奉路	5	新农河桥、清水港桥、东横泾桥、西横泾桥、贝港桥
Y021310120 杨王中心路	1	红旗港桥

续表 2-1-9　　单位：座

路线编码路名	数量	桥名
Y024310120 光钱公路	3	苏贤港桥、学塘浜桥、红旗港桥
Y026310120 北横港路	2	新桥、高家桥
Y027310120 中横港路	3	中心河桥、进水河桥、申隆桥
Y028310120 大庆河路	4	联合港桥、吴家港桥、陈家港桥、新建港桥
Y031310120 金汇汇中路	2	汇中路 1 号桥、2 号桥
Y032310120 新民港路	6	新闸河桥、西长浜桥、北横河桥、胜利河桥、姚家浜桥、朝阳河桥
Y034310120 盐青路	4	青村港 2 号桥、盐青路 2 号桥、盐青路 3 号桥、盐青路 4 号桥
Y035310120 拥军团墩路	2	团墩路中心河桥、彭公塘桥
Y037310120 卫门路	2	中心河桥、彭公塘桥
Y038310120 爱护路	2	随塘河桥、谢家港护民村桥
Y039310120 人民路	3	机耕桥、5 号桥、谢家桥
Y040310120 航吴路	1	青龙港陶园桥
Y041310120 方岳路	3	王家港和中桥、中心河机口桥、马港桥
Y042310120 北唐路	1	青村港桥
Y044310120 沿泰路	1	王家港 5 号桥
Y045310120 汇泰路	8	人民路 2 号桥、周家桥、人民路 4 号桥、东新港桥、自度桥、船塘港桥、花库桥、东 11 周家桥
Y046310120 泰梅路	6	青龙港桥、四港桥、泰中港桥、泰东港 1 号桥、界河桥、排河桥
Y047310120 乐善路	2	乐善 1 号桥、泰东港桥
Y048310120 奉陆路	3	奉陆路 2 号桥、向阳河桥、2 号桥
Y049310120 幸福南路	1	幸福南路 1 号桥
Y050310120 奉联路	4	奉联路 1 号桥、新朝河桥、奉联路 3 号桥、奉联路 4 号桥
Y051310120 新朝路	5	新朝路 1 号、2 号、4 号、5 号、6 号桥
Y052310120 服民路	1	新朝路 1 号桥
Y053310120 蔡建路	1	新朝河桥
Y054310120 南门港路	2	引水河桥、南门港 2 号桥
Y056310120洪柴路	1	洪北四组排水河桥
Y057310120 洪西中心路	1	洪西沿塘河桥
Y059310120 三洪路	13	邬家港桥、仓库河桥、北横河桥、1 号桥、2 号桥、3 号桥、4 号桥、5 号桥、6 号桥、7 号桥、8 号桥、四团港桥、柴场港桥
Y060310120 平福路	2	四团港桥、红庄中心路桥
Y061310120 浦南运河路	3	二泐港桥、引水河桥、渔洋村桥
Y062310120 港荣路	3	北横河桥、农展中心河桥、中横河桥
Y064310120 四团金黄路	1	引水河桥
Y065310120 镇长路	1	随塘河桥

续表 2-1-9　　单位：座

路线编码路名	数量	桥名
Y067310120 庄行路	8	光明河桥、新村 2 号桥、红卫港桥、新村 1 号桥、王家桥、新村 3 号桥、茅泾港桥、西校村庄行路桥
Y068310120 华更路	4	朱家港桥、引水河桥、吴塘港桥、横港桥
Y069310120 潘垫东路	3	1 号桥、2 号桥、3 号桥
Y070310120 沈陆村中心路	2	渡沟河桥、朱家港桥
Y071310120 六墩中心路	4	吉龙桥、六墩机口港桥、弯竹桥、界沟河桥
Y073310120 张奉路	5	大沟桥、中心河桥、下横泾桥、东方红中心河桥、新洋港桥
Y074310120 潘柴路	3	工农河桥、工农渠道河桥、工农河 2 号桥
Y075310120 潘南路	1	工农河桥
Y076310120潘垫西路	1	倩舍塘桥
Y078310120 长浜港路	2	支河桥、朱家桥
Y079310120 潘垫北路	2	鲤鱼泾桥、鸭梅港桥
Y080310120 草庵路	1	草庵路 1 号桥
Y081310120钱桥中心河路	3	中心河 1 号桥、中横港桥、长丰桥
Y083310120 竹奉路	1	南机口桥
Y085310120 高麻泾路	1	孙家浜桥
Y086310120 金汇庵港路	1	庵港路 1 号桥
Y087310120 陶中路	2	土地桥、7 号桥
Y088310120 光大路	1	市河化肥厂桥
Y089310120 头桥向阳路	7	向阳路 1 号、2 号、3 号、4 号、5 号、6 号、7 号桥
Y090310120 头桥西路	4	镇西桥、中横河桥、支河桥、西横河桥
Y091310120 南宋路	1	南宋 1 号桥
Y092310120 镇协路	1	白衣港桥
Y093310120 青高路	1	跃进港桥
Y097310120 西横路	2	无名河 1 桥、四条浜桥
Y103310120 杨存路	7	千步泾桥、中心河桥、新村河桥、渠道河桥、光明河桥、红卫港桥、顾月塘桥
Y105310120 云牛支路	3	光辉河桥、沙港桥、红旗港桥
Y106310120 云牛路	2	巨潮港桥、大寨河桥
Y111310120 张牛路	5	七一港桥、团结桥、胜利港桥、幸福港桥、友谊河桥
Y112310120 安东南路	1	东风港 1 号桥
Y115310120 沪发路	1	吴塘港桥
Y120310120 延安中心路	2	吴塘港桥、黄泥港桥
Y128310120 青村北路	1	青龙港桥
Y153310120堂富路	1	东风港桥
Y157310120面丈路	1	朱家港桥
Y158310120吴窑路	1	朱家港桥
Y159310120西星港路	3	新北桥、二号桥、排河桥

续表 2-1-9 单位：座

路线编码路名	数量	桥名
Y166310120 益北路	6	新闸河桥、西长浜桥、北横河桥、胜利河桥、姚家浜桥、朝阳河桥
Y170310120宅兴路	1	清水港桥
Y172310120 平林路	1	下横泾桥
Y174310120 南宅路	1	南宅桥
Y185310120 窑桥中心路	2	中心河桥、盛家港桥
Y184310120 欣奉路	1	清水港桥
Y209310120桥富路	1	中横河桥
Y213310120 大墩路	1	光耀港桥
Y217310120 团盐路	1	盐团路 1 号桥
Y235310120 六团公路	2	吴家港桥、随塘河桥
Y242310120 钜庭路	2	光明港桥、红卫港桥
Y246310120 叶张路	1	新陆桥
Y250310120 相张路	1	东风港桥
Y264310120 八字桥路	1	横泾港桥
Y265310120 国顺路	1	横泾港桥
Y266310120 萧南路	3	萧南港桥、李家港桥、淀港桥
Y267310120奉金路	1	横泾港桥
Y268310120 芝江路	1	吴塘港桥
Y283310120 永新中心路	1	下横泾桥
Y290310120 钱桥路	1	陆家桥
Y291310120 奉永路	1	青村港大道桥
Y293310120 上塑路	3	青村港 1 号桥、跃进港桥、护塘港 6 号桥
Y294310120张弄中心路	2	长浜桥、解放中心河桥
Y298310120 红旗港路	1	庙泾港桥
Y304310120 江艇路	1	汇北河 1 号桥
Y306310120 光泰路	6	东新港桥、航塘港桥、泰中港桥、泰东港桥、阳光路 6 号桥、路青港桥
Y310310120东环路	4	龙家港桥、北横河桥、排河桥、祥里桥
Y311310120海丹路	4	二泐港桥、中心河桥、三团港桥、杨家港桥
Y312310120 三团港路	1	南横河桥
Y314310120 安泰路	1	支河桥
Y316310120港鼎路	1	中横河桥
Y324310120 港极路	1	中横河桥
Y347310120 环城北路	1	横泾港桥
Y360310120 汇丰北路	1	大庆河桥
Y361310120高丰路	1	大庆河桥
Y362310120 广丰路	1	大庆河桥

续表 2-1-9　　单位：座

路线编码路名	数量	桥名
Y363310120 茂园路	1	陈家港桥
Y364310120 汇丰西路	2	陈湾港桥、薛家港桥
Y365310120 望园路	1	薛家港桥
Y368310120 金海公路	3	联合港桥、陈家港桥、新长浜桥
Y383310120 嘉园路	1	联合港桥
Y385310120 茂园路	1	联合港桥
Y407310120 排水河路	2	排水河桥、团结塘桥
Y408310120 海湾南门港路	1	支河桥
Y450310120 新张路	4	金泾港桥、新光河桥、光明河桥、萧塘港新张路桥
Y451310120 渔汇路	3	工农港桥、红星港桥、庄浜河桥
Y452310120安郊路	1	耀光河桥
Y453310120 浦灵路	5	顾茂堂西桥、耀东港桥、跃进港桥、向阳河桥、金家娄桥
Y456310120 北环路	5	红旗港桥、光辉河桥、跃进港桥、巨潮港桥、大寨河桥
Y457310120 汇西路	3	东风港桥、姚泾港桥、前进港桥
Y459310120 东穗路	2	北新河桥、高麻泾桥
Y460310120 姚存路	2	孙家港桥、团结河桥
Y463310120 潘垫路	1	大寨河桥
Y470310120西纬四路	1	排水河桥
Y472310120 杨溇路	1	顾月塘桥
Y475310120 安东路	1	萧塘港桥
Y479310120 竹中路	3	竹中路桥、竹中路 3 号桥、中横河桥
Y480310120 元中路	2	北横河 8 号桥、9 号桥
Y481310120 腾庄路	2	印红桥、印月桥
Y484310120 杨溇支路	2	大寨河桥、顾月塘桥
Y500310120 褚家中心路	2	浦南运河 33 号桥（大居建设中拆除）、褚家村中心河桥
Y502310120 工张路	1	唐家桥
Y503310120 解放中心路	1	长浜港桥
Y508310120 南横河路	2	南横河桥、南横河 2 号桥
Y509310120 南张中心路	1	机口桥
Y510310120 朱蒋中心路	1	沿塘港桥
Y511310120 金王南北路	2	2 号桥、中横河桥
Y513310120 品星路	1	青村港 6 号桥
Y516310120 朱店路	1	青村港机口桥
Y520310120 王家路	1	王家港 6 号桥
Y525310120 青村浦花路	1	浦花河桥
Y543310120 桐桥中心路	1	桐桥港桥
Y546310120 镇长西路	1	镇长西路 1 号桥
Y558310120夏家中心路	2	夏家 1 号桥、夏家 2 号桥

续表 2-1-9 单位：座

路线编码路名	数量	桥名
Y560310120横桥中心路	1	老北横桥
Y571310120团泐路	3	支河 1 号桥、良民路、支河 4 号桥
Y601310120新市路	3	新朝河 1 号桥、新市河 2 号桥、新市河 3 号桥
Y602310120奉和路	2	奉和路 2 号桥、向阳河桥
Y606310120朱协路	1	白衣港桥
Y608310120兰博路	2	红卫港桥、同心港桥
Y611310120奉城褚大路	1	红星港桥
Y613310120褚聚南路	1	中心河桥
Y616310120海民南北路	1	中心河桥
Y618310120老排路	1	老排路随塘河桥
Y619310120大卫路	1	大卫路随塘河支流 1 号桥
Y621310120幸福北路	1	幸福路桥
Y626310120陆桥路	2	陆桥航塘港支河 2 号、1 号桥
Y627310120白衣聚村路	1	沿塘河桥
Y632310120蔡家桥中心路	3	丰字河桥、长浜桥、七一河桥
Y651310120南大路	1	大同港桥
Y654310120南渡村路	1	大溇港桥
Y660310120牡丹园路	2	牡丹路 1 号桥、2 号桥
Y661310120江海中心路	1	江海中心路桥
Y663310120新民村路	1	新民村 1 号桥
Y664310120叶梅路	2	叶梅路 2 号桥、叶梅路 1 号桥
Y667310120杨王二路	1	杨跃港桥
Y670310120南桥北新路	1	马家河桥
Y672310120五宅三路	1	姚家浜桥
Y673310120延安三组	7	中横河桥、五星 2 号桥、李家河桥、行车桥、沙岗桥、无名桥、杨树港桥
Y676310120南桥金大路	1	梅家港桥
Y677310120五宅路	1	朝阳河桥
Y678310120华严二路	1	吴塘港桥
Y679310120华严六路	2	大寨河桥、吴塘港桥
Y711310120芝泽路	1	吴塘港桥
Y712310120芝云路	1	吴塘港桥
Y717310120北虹路	1	南横泾桥
Y742310120金碧路	1	汇北河 2 号桥
Y744310120金建路	1	金建路 1 号桥
Y748310120新强路	2	胜利河 3 号桥、马家桥

续表 2-1-9　　单位：座

路线编码路名	数量	桥名
Y749310120 航塘港路	13	人民港桥、航塘港 2 号、3 号、4 号、5 号、6 号、7 号、8 号、9 号桥、陈家宅桥、蔡家宅桥、孙家桥、农家桥
Y750310120 木行中心路	3	木行大队桥、梁典港桥、1 号桥
Y751310120 利泰路	1	人民港桥
Y752310120 墩头路	3	人民港周家桥、墩头港桥、2 号桥
Y753310120 明星路	1	明星港桥
Y755310120 梁典北路	3	泰中港桥、木行桥、西星港桥
Y756310120 梁典南路	9	航塘港桥、1 号桥、2 号桥、面丈 1 号桥、梁典南路桥、泰中港桥、北丁梁典 1、2 号桥、汪家桥
Y757310120 光善路	1	人民港桥
Y760310120 贤百路	1	胜利港桥
Y762310120 肖玻路	1	横泾港桥
Y764310120南陈东西路	3	谈家港桥、南陈 3 号桥、西星港桥
Y782310120 兴裕路	3	新农河桥、清水港桥、新洋港桥
Y783310120南华亭东路	1	运石河桥
Y784310120 奉海中心路	2	郊奉港桥、运石河桥
Y785310120 新塘路	3	北新路桥、贝港桥、竹港桥
Y786310120 前胜路	1	中心河桥
Y787310120 骑塘西路	2	汤家桥、九组桥
Y789310120 科工路	3	船潮浜桥、芦泾港桥、团泾桥
Y792310120 大树中心路	6	孙家浜桥、2 号桥、全家桥、百尺泾桥、横芦桥、九芦桥
Y795310120 胡迎路	2	大树 9 号桥、船潮港桥
Y812310120 楚华路	1	百尺泾桥
Y813310120翁陆路	2	独洪楼港桥、下横泾桥
Y861310120人民塘路	1	新农河桥
Y862310120 海乐路	1	团结塘桥
Y869310120海马路	1	海马路桥
Y921310120 星疆路	1	支河桥
Y923310120 农工商路	1	渔业队南北桥
Y924310120 五四大道	1	仓谷桥
Y931310120 观光路	1	观光路桥
Y657310120宁富路	1	学塘浜桥
Y765310120金汇白沙路	1	李家中心河桥
Y925310120古园大道	1	古园大道桥
Y929310120明城路	1	明城路桥
Y930310120星火白沙路	2	彭公塘桥、中心河桥
Y937310120莲塘路	1	南北河桥
C003310120 西校路	1	红旗港桥

续表 2-1-9 单位：座

路线编码路名	数量	桥名
C004310120 长堤村路	2	北新河桥、高麻泾桥
C005310120 海村路	1	老金汇港桥
C006310120 李窑中心路	1	李窑路 2 号桥
C007310120 花角中心路	2	徐家宅桥、中横河桥
C013310120 钱忠一路	1	钱忠三桥
C016310120 渔洋大道	2	1 号桥、2 号桥
C056310120 陆家排河路	1	南横河桥
C102310120 七古中心路	1	七古村支河桥
C103310120 五四中心路	3	四团港桥、五四五队桥、老横河桥
C104310120 良民村路	4	桐桥港桥、引水沟 1 号桥、引水沟 2 号桥、良民中心河桥
C105310120 石家坎路	1	东横河桥
C106310120 南拾村路	1	东横河桥
C107310120 拾村中心路	1	引水河桥
C151310120 发展中心路	1	柴场港引水河桥
C153310120 大泐港路	2	中横河桥、老中横河桥
C154310120 红卫村路	1	红卫村路 1 号桥
C186310120 柴联路	2	水厂路桥、吴家桥
C187310120 柴盘路	1	随塘河盘灶桥
C188310120 柴场村路	1	随塘河柴场桥
C321310120 继光路	1	胜利河 1 号桥
C324310120 木行西路	1	木行桥
C326310120 资福路	1	航塘港桥
C327310120 吴窑村路	1	航塘港桥
C328310120 康强路	1	西星港桥
C330310120 耀辉路	1	北横河桥
C364310120 骑塘中心路	1	渔塘港桥
C443310120 五四中心路	1	北横河桥
C445310120 陆家北路	1	陆家路 1 号桥
C020310120新龙路	3	金汇港桥、新光河桥、光明河桥
C235310120延安中心路	1	黄泥泾桥
C236310120沈陆六组路	1	竹港十四号桥

说明：Y、C 字头分别代表乡、村道路

五、高速公路乡村横向设施桥梁、机孔

2017 年，奉贤区高速公路有人行桥 15 座，车行跨线桥 1 座，机耕桥 6 座，总长 4427.63 米，另有机孔 14 座。

2017年奉贤区高速公路乡村横向设施桥梁、机孔情况表

表2-1-10

设施名称	主体结构长度（米）	宽度（米）	面积（平方米）
G1501东南环线横向设施			
党民村路人行桥	104.38	4	417.52
东门村路人行桥	104.38	4	417.52
乡村路人行桥	104.38	4	417.52
城大路车行跨线桥	301.885	17.2	5192.42
卫季路机耕桥	170.82	7	1195.74
胜利路人行桥	100.17	4	400.68
工农村1号路机耕桥	170.82	7	1195.74
朱店路人行桥	102.89	4	411.56
光明立交西侧人行桥	141.54	4	566.16
光明中心路人行桥	104.38	4	417.52
G1501南环横向设施			
五星路机耕桥	435	8	3480
跃进村机耕桥	573	7.5	4297
菜场路人行天桥	305	2～3.5	794.5
军民路人行天桥	246	2～3.8	635
江海村人行天桥	270	2～3.8	700
长堤村人行天桥	270	2～3.8	712.56
庄良公路西侧人行天桥	268	2～3.8	618.76
冷泾港机孔	60	4	240
团结河机孔	60	4	240
沈家浜机孔	60	4	240
渔洋路机耕桥	205.56	7	1438.92
七古人行桥	123.42	4	492.9
S2横向设施			
沈家中心路人行天桥	222	2.5	555.54
S4横向设施			
南宅村人行天桥	160	4	640
孙桥村机耕桥	144	6	974
鳗鲤泾桥机孔	60	4	240
上横泾桥机孔	60	4	240
南竹港桥机孔	60	4	240
贝港桥机孔	60	4	240
西方横泾桥机孔	60	4	240
大同港桥机孔	60	4	240
梅家港桥机孔	60	4	240
北横港桥机孔	60	4	240
陈湾港桥机孔	60	4	240
薛家港桥机孔	60	4	240
浦东运河桥机孔	60	4	240

2016 年南桥镇通阳路 G1501 人行天桥

2016 年上海绕城高速与沪金高速互通式立交桥

六、立交桥

2002 年，奉贤建设高速公路、浦东铁路，始有立交桥。2017 年，全区有立交桥 57 座，其中互通式立交桥 11 座、分离式立交桥 24 座，高速公路乡村横向设施立交桥 22 座。（详见本节第五目）

2017 年奉贤区立交桥情况表

表 2-1-11　　单位：座

分类	数量	桥名
互通式立交桥	11	沪金高速公路奉贤连续跨线互通式立交桥、浦星公路 G1501 互通式立交桥、林海公路 G1501 互通式立交桥、大叶公路 S2 互通式立交桥、大叶公路 S4 互通式立交桥、航南公路 S4 互通式立交桥、航塘公路 G1501 互通式立交桥、新四平公路 S2 互通式立交桥、新四平公路 G1501 互通式立交桥、庄胡公路 G1501 互通式立交桥、瓦洪公路 G1501 互通式立交桥
分离式立交桥	24	林海公路南奉公路分离式立交桥、川南奉公路 S2 分离式立交桥、林海公路大叶公路分离式立交桥、新奉公路 G1501 分离式立交桥、胡滨公路 S4 分离式立交桥、新杨公路 G1501 分离式立交桥、沿钱公路 G1501 分离式立交桥、奉海公路 G1501 分离式立交桥、金海公路 G1501 分离式立交桥、奉浦大道 S4 分离式立交桥、新林公路 S4 分离式立交桥、沪杭公路 G1501 分离式立交桥、庄良公路 G1501 分离式立交桥、平庄西路 S4 分离式立交桥、五星中心路 G1501 分离式立交桥、盐青路 G1501 分离式立交桥、协新路 G1501 分离式立交桥、西横路 S2 分离式立交桥、解放中心路 G1501 分离式立交桥、万华西路 S4 分离式立交桥、良民路 G1501 分离式立交桥、五四中心路 G1501 分离式立交桥、李窑中心路 G1501 分离式立交桥、六团公路 S2 分离式立交桥

第二节　市政桥梁

2017年，奉贤区主要集镇（街道）有市政桥梁161座，总长4289.2米。

一、南桥镇（江海镇）市政桥梁

南桥镇晚唐成市，最早建设的市政桥梁为南石桥，后建有木质南塘第一桥，又名乐善桥。1949年，南桥镇有市政桥梁29座，其结构多为石桥、木桥及砖桥等。解放后，市政建设发展，填河铺路，先后拆除部分桥梁，部分桥梁改建和新建。2017年，南桥城区、奉贤新城有市政桥梁75座，总长2217米。

1．**古桥**

南桥　俗称横泾桥，在今新建东路，跨横泾。始名黄土桥。清咸丰十一年（1861年）毁于兵燹，清同治元年（1862年）秋，里人汪琪等架木通道，清同治六年（1867年）春重修石级。民国20年（1931年），重修为石级水泥桥。1977年石级改建成水泥斜坡，车辆通行称便。今名新建中路横泾港桥。

南石桥　原名积善桥，在镇东南，明行寺东，跨横泾，石拱桥。元至正中建，明洪武年间重建，明万历中期再建。清康熙三十年（1691年）修。清乾隆十六年（1751年）重修。民国2年（1913年），里人陈同伦等集资重建，经两年完工，改名“南石桥”，今存。解放后多次修缮。2000年定为奉贤县文物保护单位。

1960年南桥镇南石桥

2015年南桥镇南石桥

东望虹桥　俗称东木桥。清光绪《重修奉贤县志》载：原名长浜桥，在镇东街跨南桥塘。清道光二十五年（1845年）改建。解放后改建为水泥结构的桥桩桥面。1984年建古华公园时拆除。

利市庙桥　位于今城乡路北端，跨南桥塘，建于清乾隆年间。原为石级木桥，解放后改建为水泥桩、水泥板桥。1984年建古华公园时拆除，改建为城乡路南桥塘桥涵。

花园浜桥 又称北木行桥，跨横泾，原在旗杆弄底花园浜（今已填没）口，民国初期李姓商人开设木行时改建为石级木桥。后东移。解放后改建为水泥板桥。1984年，为结合建设解放东路，拆除旧桥，改建成钢筋水泥大桥。今为解放中路横泾港桥。

油车桥 现改称勤俭桥，位于勤俭弄底，跨横泾。原在桥西堍南面开过榨油坊，故名。民国2年（1913年）建，又称南木行桥。原为石板桥，1970年改建为水泥拱桥。80年代末建南桥镇大菜场后改建。

小云台桥 在云台弄底，原在小云台庵西侧，清光绪后期建，原为小木桥，20年代改建为双步石板桥。桥为东西向，由南街通沪杭公路；今河已淤填，桥面6块大石板条，亦已拆除。

王家小石桥 在今城乡路南段横泾东滩，双条石板桥，今南奉公路南桥桥北首。桥东为王姓宅基，故称王家小石桥。80年代市政建设中拆除。

秀龙桥 位于镇西沪杭公路上，跨贝港。始建于清同治六年（1867年），原为木桥，筑沪杭公路时改建为砖拱。1981年，改建为槽型梁水泥大桥，长56米。1993年，沪杭公路改线后，更名为南亭公路秀龙桥。

贝港桥 位于运河北滩原市政工程管理所仓库西首，已拆除。

余庆桥 位于今人民中路北端新建西路口，跨南桥塘。元至正中建。明万历十一年（1583年）重建。清嘉庆五年（1800年）修。清咸丰十一年（1861年）倾圮。清同治六年（1867年）重建为石级木梁。民国17年（1928年）10月1日重建，改建为钢筋水泥桥。解放后，1957年人民中路拓宽时加宽桥面。1974年填没南桥塘时，将桥面下降与路面平齐。

月河桥 在北街月城外古秦皇道上，两旁石栏触手铿然，故又名弹琴桥。兵燹后重修。解放前存两条石板。解放后拆除。

南塘第一桥 原名乐善桥，在镇东市梢，跨南桥塘。旧为木桥，清乾隆八年（1743年），易石建。清嘉庆四年（1799年），戴鸿、汝兆麟等重建易石，为石拱桥。清同治元年（1862年）毁。里人陈泰彤兄弟、吴文豹捐资重修。1984年移建于古华园内，仍保持古桥风貌。2000年定为奉贤县文物保护单位。

小南桥 在镇南市梢，跨书院港，为双条石面桥。清光绪《重建奉贤县志》载：“南桥地以桥传……自南桥北百步许，折而东，过明行寺三十步为积善桥”。此座石桥为最初之南桥。1968年，江海公社修筑至六墩的机耕路时拆除。

香花桥 在原明行寺前（原文卫路南段北端）。明永乐九年（1411年）僧宗渊建。清道光二十八年（1848年）重修。相传此桥系用香灰泥砖砌成，结构细致。解放后因筑路拆除。现古华园内复建有香花桥，书法家任政题写桥名。

西望虹桥 俗称西木桥（原红卫路北端），跨南桥塘。清光绪《重修奉贤县志》载："原名寿萱桥，清道光十九年（1839年）建"。解放后改建为水泥板桥。南桥塘填没时，桥拆除。

浒弄桥（又称话雨楼桥） 在东街浒弄底，跨南桥塘。民国10年（1921年），陈姓在河南滩建木桥，以作入街通道。1977年填没南桥塘时拆除。

吉安桥 民国36年（1947年）建吉安公墓时造，位于原县工务所大门内侧。今河已填没，桥亦拆除。

沿河石板桥 今城乡路南石桥东堍（原县看守所门前），跨一邱园沿河，与积善桥（南石桥）同时建造。填河后仅存桥面。今已无遗迹。

运河北滩小石桥 在浦南运河北滩物资二站西首。石板小桥，1984年为县物资局锯木车间进入木材的涵洞桥。今已拆没。

协和弄桥 在协和弄（今解放路）原县物资局门口，钢筋水泥桥。20年代建造沈家花园时建。1964年曾经修理拓宽。1979年翻建解放路时拆除。

沪杭公路南桥塘桥 在原县面粉厂大门北侧沪杭公路上，前为木质平板桥，解放后改建水泥桥。南桥塘填没后废。

2．建造桥梁

解放初，市政桥梁以维修为主，70年代后建设加快。

1985—1990年，按照南桥镇总体规划，镇区基础设施建设逐步落实，道路桥梁网络初步形成。奉贤县市政工程管理所先后在解放路、新建路、南奉公路、环城路等沿线建造规模较大的桥梁10余座，桥名皆依路河名称冠名。1992年10月，新横泾港桥主体工程通过竣工验收，南中路贝港桥主体工程基本完工。1996—1997年，新建、改建桥梁8座。1998年，新建桥梁3座。至2001年，镇区新建市政桥梁36座（不含古华园内），其中南横泾港6座、贝港6座、种福河3座、新横泾港2座、南竹港2座、中横港8座、南桥塘2座、南星河1座、沿江河4座、浦南运河2座。是年，人民桥、南奉公路新横泾桥、南奉公路南桥桥3座桥梁划为公路设施。2001—2013年，南桥城区共建造百通路庙泾港桥、百兴路庙泾港桥、陈桥路陈桥桥、高州路规划河桥、年丰路龙潭沟桥等8座市政桥梁。至2017年，南桥城区有市政桥梁57座，长1666.6米；大型居住社区有市政桥梁18座，长550.6米。合计桥梁75座，总长2217.2米。本志就主要市政桥梁作简介。

人民桥（沪杭公路桥） 1959年开挖浦南运河（原名）后建。二石墩，丁字梁，长44.8米，宽14米，1989年改建。1993年沪杭公路改线，更名为南桥路浦南运河人民桥。

东运河桥 是南北向人行桥，跨浦东运河，在横泾东滩，通南航公路。1961年建造时为木质结构，70年代中期坍塌。1978年改建为水泥板桥，宽2米，长40多米。

南航公路一号桥 跨横泾，1966年改建为水泥板梁桥。今名运河路桥，长24.2米。

南奉公路一号桥　跨横泾，原为木质结构，1962 年 12 月改建为钢筋混凝土桥，长 23.2 米。1966 — 1994 年 2 次改建，更名为南奉公路南桥桥。

环城东路浦南运河桥　位于镇区东部，原名环城路桥。始建于 1979 年，改建于 1996 年 10 月，桥长 66.6 米，桥宽 24.6 米。简支板梁结构，荷载等级汽 20 挂 -100。

运河北路老横泾港桥　位于原环城北路东段，1990 年 4 月开工，是年 7 月完工。桥长 28.7 米，桥宽 15.6 米。简支板梁结构，荷载等级汽 20 挂 -100。

解放路贝港桥　位于解放西路，解放新村与贝港小区之间。1991 年 5 月动工，9 月建成。桥长 52.8 米，桥宽 20.6 米。简支板梁结构，荷载等级汽 20 挂 -100。

南中路贝港桥　位于南中路西端，1992 年 4 月始建，12 月建成。1999 年进行整修，并安装彩色灯带、霓虹灯等泛光照明。2011 年，改建为车行人行桥。桥长 49.8 米，桥宽 12.6 米。简支板梁结构，荷载等级汽 20 挂 -100。

解放路新横泾港桥　位于解放东路，环城东路东侧。1992 年 6 月开工，9 月建成，桥长 48.6 米，桥宽 12.6 米。1996 年 5 月，为配合奉浦大桥通车，该桥拓宽至 30.6 米。简支板梁结构，荷载等级汽 20 挂 -100。

新建西路贝港桥　位于南桥镇新建西路的贝港桥，原名贝港一号桥，1978 年改建。1995 年 3 月扩建，建成后未通车，于 1995 年 12 月 26 日下午 4 时 15 分突然下沉坍塌。对此，县人民法院予以审理，坍陷原因：工程协议施工单位系浙江省萧山市市政工程公司，施工承包人陈某（萧山市人）系挂靠集体单位的私人承包性质的工程队，聘用无证人员上岗，未按图纸要求施工，偷工减料，两个桥墩的钻孔灌注桩质量差，承载能力严重不足，直接经济损失 75 万余元。该桥于 1996 年 10 月重建，桥长 52.5 米，桥宽 16.6 米。简支板梁结构，荷载等级汽 20 挂 -100。

环城西路浦南运河桥　位于镇区西部，环城西路中北段。1998 年 2 月开工，是奉贤县 1998、1999 年度县政府重点实事工程，桥长 67 米，桥宽 32.6 米。简支板梁结构，荷载等级汽 20 挂 -100，时为镇区最大桥梁。1999 年 8 月底竣工通车。经验收为优质工程，并获得“曙光杯”奖。

年丰路规划河桥　位于镇区东北部，2009 年，为 S4 高速公路南桥进出口改造和奉贤门面景观建设需要而新建。桥长 24.6 米，桥宽 36.5 米。简支板梁结构，荷载等级汽 20 挂 -100。2010 年 10 月竣工通车。

创新桥　在城乡路北段浦南运河北滩原县建材公司西，1982 年改为水泥桥面，桥两侧装有水泥栏杆。

2017年南桥城区市政桥梁（桥涵）情况表

表 2-2-1

序号	桥梁（桥涵）名称	跨越河流	结构形式	长（米）	宽（米）			总面积（平方米）	设计载重能力（吨）	修建年月
					合计	车道	人行道			
1	前进弄南石桥	老横泾港	拱桥	20.00	3.00	—	2.70	60.00	—	1867
2	城乡路浦南运河桥	浦南运河	间支板梁	48.40	3.00	—	2.50	145.20	人行桥	1968
3	运河路贝港桥	贝港	间支板梁	16.80	9.70	7.00	2.00	162.96	20-100	1982.1
4	运河路创新桥	横沟	间支板梁	16.80	9.80	7.00	2.20	164.64	20-100	1982.1
5	运河路无名桥	排水沟		5.80	9.20	6.40	2.20	53.36	20-100	1982.1
6	运河北路贝港桥	贝港	间支板梁	18.60	15.50	10.50	4.00	288.30	20-100	1987.4
7	运河路老横泾港桥	老横泾港	间支板梁	24.60	9.20	7.00	2.20	226.32	18-80	1990.7
8	运河北路老横泾港桥	老横泾港	间支板梁	28.70	15.60	11.00	4.00	447.72	20-100	1990.7
9	解放西路贝港桥	贝港	间支板梁	52.80	20.60	12.00	8.00	1087.68	20-100	1991.9
10	菜场路桥	南星河	间支板梁	13.60	9.60	7.00	2.00	130.56	20-100	1992.1
11	沿江河南星桥	沿江河	间支板梁	12.00	12.60	—	—	151.20	20-100	1992
12	古华山庄北门南桥塘桥	南桥塘	巧工桥	9.80	6.00	—	5.00	58.80	20-100	1993.7
13	解放东路种福桥	种福港	间支板梁	13.40	36.60	27.90	8.10	490.44	20-100	1995.1
14	南桥大菜场东桥	老横泾港	间支板梁	19.80	6.00	—	5.00	118.80	人群 3.5kN/m^2	1995.7
15	育秀路老横泾港桥	老横泾港	间支板梁	31.20	16.60	10.50	5.50	517.92	20-100	1996.1
16	环城东路浦南运河桥	浦南运河	间支板梁	66.60	24.60	19.00	5.00	1638.40	20-100	1996.1
17	新建西路贝港桥	贝港	间支板梁	52.50	16.60	10.50	5.50	871.50	20-100	1996.1
18	解放东路新横泾港桥	新横泾港	间支板梁	48.60	30.60	25.00	5.00	1487.16	20-103	1996.5
19	古华路中横河桥	中横河	间支板梁	24.80	24.60	16.00	8.00	610.08	20-100	1996.9
20	环城南路老横泾港桥	老横泾港	间支板梁	30.80	30.60	26.00	4.00	942.48	20-100	1997.1
21	环城东路中横河桥	中横河	间支板梁	24.80	30.60	26.00	4.00	758.88	20-100	1997.6

续表 2-2-1

序号	桥梁（桥涵）名称	跨越河流	结构形式	长（米）	宽（米）			总面积（平方米）	设计载重能力（吨）	修建年月
					合计	车道	人行道			
22	解放西路竹港桥	竹港	间支板梁	36.80	28.60	23.00	5.00	1052.48	20-100	1998.1
23	环城西路浦南运河桥	浦南运河	间支板梁	67.00	32.60	23.00	6.00	2184.20	20-100	1998.2
24	新建东路新横泾港桥	新横泾港	间支板梁	48.60	16.00	10.50	5.50	777.60	20-102	1998.5
25	新建中路老横泾港桥	老横泾港	间支板梁	16.80	14.60	10.50	3.50	245.28	20-100	1998.7
26	江海河南星路桥	江海河	间支板梁	13.00	14.60	—	—	189.80	20-100	1999
27	江海河菜场路桥	江海河	间支板梁	12.00	11.60	—	—	139.20	20-100	1999
28	育秀路贝港桥	贝港	间支板梁	24.70	24.60	12.00	2.70	607.62	20-100	1999
29	沿江河菜场路桥	沿江河	间支板梁	13.60	9.60	7.00	2.60	130.56	20-100	1999
30	江海河二支路桥	江海河	间支板梁	12.00	5.60	—	—	67.20	—	1999
31	菜场二支路桥	沿江河	间支板梁	12.00	4.60			55.20		1999
32	江南路贝港桥	贝港	间支板梁	24.00	13.00	10.40	2.60	312.00	20-100	2000
33	新建东路种福港涵	种福港	板涵	3.40	7.60	7.00	—	25.84	—	2000.6
34	远东路种福港涵	种福港	拱涵	6.80	18.60	10.50	8.00	126.48	—	2000.6
35	城乡路南桥塘涵	南桥塘	拱涵	17.90	11.20	7.00	4.20	200.48	—	2001.5
36	环城南路贝港桥	贝港	间支板梁	24.00	16.60	12.00	4.60	398.40	20-100	2002
37	通阳路桥	江海河	间支板梁	14.00	18.50	14.00	4.50	259.00	20-100	2003
38	育秀路新横泾港桥	新横泾港	间支板梁	48.60	20.60	11.00	9.00	1001.16	20-100	2003.8
39	环城南路竹港桥	竹港	间支板梁	32.00	30.60	24.00	6.60	979.20	—	2005
40	南中路勤俭桥	老横泾港	间支板梁	30.80	12.60	9.00	3.60	388.08	20-100	2007.12
41	解放中路老横泾港桥	老横泾港	间支板梁	26.40	20.60	12.00	8.60	543.84	15-80	2008
42	南港路新横泾港桥	新横泾港	间支板梁	48.60	28.60	15.00	13.60	1389.96	20-100	2008

续表 2-2-1

序号	桥梁（桥涵）名称	跨越河流	结构形式	长（米）	宽（米）			总面积（平方米）	设计载重能力（吨）	修建年月
					合计	车道	人行道			
43	南港路妙泾桥	妙泾港	间支板梁	24.60	30.60	15.00	15.60	752.76	20-100	2008
44	望园路浦南运河桥	浦南运河	预应力连续梁	237.50	33.60	24.00	6.00	7980.00	20-100	2008
45	南中路贝港桥	贝港	间支板梁	49.80	12.60	7.00	5.60	627.48	20-100	2009
46	正环路中横河东桥	中横河	间支板梁	26.00	20.60	14.00	6.60	535.60	20-100	2009.9
47	正环路中横河西桥	中横河	间支板梁	26.00	20.60	14.00	6.60	535.60	20-100	2009.9
48	年丰路规划河桥	规划河	间支板梁	24.60	36.50	28.00	8.50	897.90	—	2010.1
49	年丰路柘沥港箱涵	柘沥港	箱涵	4.70	110.00	—	—	517.00	—	2010.10
小计				1506.60				33332.32		

2017 年奉贤新城市政桥梁情况表

表 2-2-2

序号	桥梁（桥涵）名称	跨越河流	结构形式	桥长（米）	桥宽（米）			总面积（平方米）	设计载重能力（吨）	修建年月
					合计	车道	人行道			
1	育秀路庙泾港桥	庙泾港	3 跨钢筋砼桥梁	24.6	26.6	11.5	7.5	654.4	城 -B 级	2010.2
2	百兴路庙泾港桥	庙泾港	3 跨钢筋砼桥梁	24.6	20.6	12	6	506.8	城 -B 级	2010.2
3	陈桥路规划河 1 号桥	规划河	钢筋砼空心板梁	24.6	24.6	15	9	605.2	城 -B 级	2010.5
4	运河路规划河桥	规划河	单跨预应力砼板梁	10	24.6	15	9	246	城 -B 级	2010.5
5	高州路规划河 1 号桥	规划河	单跨预应力砼板梁	10	16.6	10.5	5.5	166	城 -B 级	2010.8
6	仁爱路庙泾中心河桥	庙泾中心河	简支板梁	22	16.6	10	6	365.2	公路 II 级	2012.6
7	中心医院庙泾中心河桥	庙泾中心河	间支板梁	22	22.6	18	4	497.2	公路 II 级	2012.6
8	定康路庙泾中心河桥	庙泾中心河	间支板梁	22	20.6	14	6	453.2	公路 II 级	2012.6

3．大居桥梁

2012 年，奉贤新城始建大型居住社区市政桥梁。至 2017 年，市政桥梁 18 座，长 550.6 米。

2017 年奉贤区大型居住社区市政桥梁情况表

表 2-2-3

区域	桥梁（桥涵）名称	跨越河流	结构形式	桥长（米）	桥宽（米）			总面积（平方米）	设计载重能力（吨）	建设年月
					合计	车道	人行道			
奉贤新城大型居住社区	万顺路桥	胜利港		27	20.6	12	8.6	556.2	30	2012.12
	万顺路桥	沿港河		27	20.6	14	6.6	556.2	30	2012.12
	万顺路桥	南行港		31	20.6	14	6.6	638.6	30	2012.12
	清朗路桥	大寨河		31.6	35	18.5+8+2	7	1106	20	2012.12
	诸家路桥	诸家中心河		27.2	16.68	10	6.68	453.696	30	2012.12
	诸家路桥	大寨河		33.6	16.6	10	6.6	557.76	30	2012.12
	J4-3 桥	无名河		27	14.5	10	4.5	391.5	30	2012.12
	J4-3 桥	无名河		27	14.54	10	4.54	392.58	30	2012.12
	农民街桥	大寨河		31	25.1	17.6	7.5	778.1	30	2012.12
	百团路桥	大寨河		31	16.56	10	6.56	513.36	30	2012.12
	文明东街桥	大寨河		31	19.2	12.6	6.6	595.2	30	2012.12
	环秀路桥	南行港		31	17.2	12.6	4.6	533.2	30	2012.12
	金碧路桥	南行港		31	16.6	12	4.6	514.6	30	2012.12
	清宁路桥	大寨河		43.6	18.5	12	6.5	806.6	30	2013.12
	德泉路	诸家中心河		31.6	16.6	10	6.6	524.56	30	2013.12
	万顺路桥	白沙港		30	17.56	11	6.56	526.8	30	2013.12
	万顺路桥	太保港		30	20.6	14	6.6	618	30	2013.12
	新城学乐路桥	薛家港		29	16.66	10	6.66	483.14	20	2014.6

4．改造桥梁

解放初，集镇市政桥梁多为木桥、古桥，改造桥梁为市政建设重要内容。

1985 年，随着镇区范围扩大和道路延伸拓宽，南桥城区桥梁除南石桥、利市庙桥、创新桥等 5 座桥梁外，均先后拆除或改造。1990 年，对南中路勤俭桥进行改造。1996—1997 年，新建、改建桥梁 8 座。至 2001 年，镇区改造市政桥梁 23 座（不含古华公园内），其中横泾港 6 座，贝港 4 座，浦南运河、新横泾港各 3 座，竹港、中横港、南桥塘各 2 座，种福河 1 座。2001—2017 年，奉贤区政府坚持“奉贤经济要发展，造桥修路是关键”的工作思路，在资金紧张的情况下，统筹兼顾，确保桥梁改造经费的落实。17 年间，共改造市政桥梁 37 座，其中横泾港 4 座，种福河 2 座，勤俭桥、庙泾港桥、贝港桥、规划河桥 4 座。2016—2017 年，改造运河北路横泾港桥、环城东路浦南运河桥、环城南路竹港桥、环城东路中横河桥 4 座。

1985—2017年南桥城区桥梁改造情况表

表 2-2-4

桥名	位置	改造日期	桥长（米）	桥宽（米）	结构	荷载（吨）
南桥塘桥	城乡路	1986.7	18.5	4.5	人行拱桥	300kg/m^2
贝港桥	环城北路	1987.4	18.6	15.5	简支板梁	汽20挂-100
人民桥	南桥路	1989.5	49.2	14	简支板梁	汽20挂-120
横泾港桥	环城北路	1990.7	28.7	15.6	简支板梁	汽20挂-100
勤俭桥	南中路	1990.12	20.8	5.4	人行拱桥	300kg/m^2
贝港桥	解放西路	1991.6	52.8	20.6	简支板梁	汽20挂-100
横泾港桥	育秀路	1992.1	31.2	16.6	简支板梁	汽20挂-100
贝港桥	南中路	1992.12	49.8	8.7	钢筋板式	4kN/m^2
南桥塘桥	新建中路	1993.7	9.8	6	拱桥	汽20挂-100
种福桥	解放东路	1995.1	13.4	30.6	简支板梁	汽20挂-100
南桥桥	南奉公路	1995.6	35.6	16	简支板梁	汽20挂-100
大莱场桥	城乡路	1995.7	19.8	6	简支板梁	3.5kN/m^2
浦南运河桥	环城东路	1996.10	66.6	24.6	简支板梁	汽20挂-100
贝港桥	新建西路	1996.1	52.5	16.6	简支板梁	汽20挂-100
新横泾桥	解放东路	1996	48.6	30.6	简支板梁	汽20挂-100
中横河桥	古华路	1996.9	24.8	24.6	简支板梁	汽20挂-100
横泾港桥	环城南路	1997.1	30.8	30.6	简支板梁	汽20挂-100
中横河桥	环城东路	1997.6	24.8	30.6	简支板梁	汽20挂-100
竹港桥	解放西路	1998.1	36.8	28.6	简支板梁	汽20挂-100
浦南运河	环城西路	1998.2	67	32.6	简支板梁	汽20挂-100
新横泾桥	新建东路	1998.5	48.6	20	简支板梁	汽20挂-100
横泾港桥	新建中路	1998.7	16.8	14.6	简支板梁	汽20挂-100
新横泾桥	南奉公路	1999.12	48.5	36	简支板梁	汽20挂-100
新横泾桥	育秀路	2003.8	48.6	20.6	简支板梁	汽20挂-100
勤俭桥	南中路	2007.12	30.8	12.6	简支板梁	汽20挂-100
老横泾桥	解放中路	2008	20.6	12	简支板梁	汽20挂-100
新横泾桥	南港路	2008	48.6	28.6	简支板梁	汽20挂-100
庙泾港桥	南港路	2008	24.6	30.6	简支板梁	汽20挂-100
贝港桥	南中路	2009	49.8	12.6	简支板梁	汽20挂-100
中横河东桥	正环路	2009.9	26	20.6	简支板梁	汽20挂-100
中横河西桥	正环路	2009.9	26	20.6	简支板梁	汽20挂-100
规划河桥	年丰路	2010.1	24.6	36.5	简支板梁	汽20挂-100
老横泾桥	运河路	2012	28.7	15.6	简支板梁	汽20挂-100
运河北路横泾港桥	运河北路	2016	28.7	15.6	简支板梁	汽20挂-100
环城东路浦南运河桥	环城支路	2016	70.2	24.6	简支板梁	汽20挂-100
环城南路竹港桥	环城南路	2017	40.0	30.0	简支板梁	汽20挂-100
环城东路中横河桥	环城支路	2017	24.8	30.6	简支板梁	汽20挂-100

二、其他镇市政桥梁

2017 年，奉贤区除南桥城区和奉贤新城外，其他镇主要市政桥梁共 86 座，总长 2072.2 米。其中柘林镇 13 座，奉城镇 24 座，金汇镇 10 座，庄行镇 18 座，青村镇 10 座，四团镇 10 座，海湾镇 1 座。

2017 年奉贤区其他镇部分市政桥梁情况表

表 2-2-5

镇名	桥梁（桥涵）名称	跨越河流	结构形式	桥长（米）	桥宽（米）			总面积（平方米）	设计载重能力（吨）	备注
					合计	车道	人行道			
柘林镇（13 座）	寺中路桥	下横泾	板梁	12.00	16.00	12.00	4.00	192.00	汽-10	新寺
	青龙桥	下横泾	拱桥	24.00	6.00	4.00	2.00	144.00	汽-5	
	新北路桥	竹港	拱桥	28.00	8.00	6.00	2.00	224.00	汽-15	
	下横泾桥	下横泾	板梁	22.00	5.40	5.00	0.00	118.80	汽-15	
	凯托厂桥	上横泾	板梁	26.00	5.00	5.00	—	130.00	汽-6	胡桥
	环镇路桥	沙港河	板梁	34.00	7.00	7.00	—	238.00	汽-15	
	盛家港桥	盛家港	板梁	16.00	7.00	7.00	—	112.00	汽-10	
	窑桥中心河桥	中心河	板梁	20.00	6.00	6.00	—	120.00	汽-10	
	沙港一号桥	沙港河	板梁	26.00	7.00	7.00	—	182.00	汽-25	
	竹港 22 号桥	竹港	板梁	31.70	3.00	3.00	—	95.10	人行	柘林
	竹港 23 号桥	竹港	板梁	35.60	8.00	6.00	2.00	284.80	汽-15	
	运石河桥	运石河	板梁	16.80	11.00	8.60	2.00	184.80	汽-15	
	钦林路桥	运石河	板梁	15.00	10.00	7.90	1.60	150.00	汽-10	
奉城镇（24 座）	奉新港桥	奉新港	间支板梁	40.00	9.60	9.00	—	384.00	汽-15	头桥
	头桥	奉新港	拱桥	39.00	9.80	9.20	—	382.20	—	
	振兴桥	奉新港	间支板梁	40.00	7.60	7.00	—	304.00	汽-15	
	大庆西路桥	冯家河	桁架	16.00	3.60	3.40	—	57.60	—	
	富民路桥	新联河	拱桥	22.00	3.80	3.60	—	83.60	—	
	新联河桥	新联河	桁架	24.00	6.10	5.50	—	146.40	—	
	大庆桥	奉新港	间支板梁	40.00	7.60	7.20	—	304.00	汽-10	
	卫生院桥	诸家港	改涵	18.00	5.60	5.60	—	100.80	汽-10	
	庙路桥	头桥河	间支板梁	22.00	9.60	6.00	3.00	211.20	汽-10	
	镇西桥	冯家河	桁架	19.00	3.60	3.10	—	68.40	汽-10	
	礼堂桥	头桥河	间支板梁	12.00	6.70	6.00	—	80.40	汽-10	
	市河路桥	诸家港	桁架	20.00	3.20	3.00	—	64.00	—	
	奉粮路桥	城河	间支板梁	36.00	9.40	7.00	2.40	338.40	汽-10	奉城
	东门吊桥	城河	间支板梁	28.00	7.60	5.00	2.60	212.80	汽-10	
	新区桥	城河	间支板梁	18.00	4.00	4.00	—	72.00	人行	
	状元桥	城河	间支板梁	24.00	6.50	6.50	—	156.00	汽-6	

续表 2-2-5

镇名	桥梁（桥涵）名称	跨越河流	结构形式	桥长（米）	桥宽（米）			总面积（平方米）	设计载重能力（吨）	备注
					合计	车道	人行道			
奉城镇	西门吊桥	城河	间支板梁	9.00	4.40	—	—	39.60	人行	奉城
	南门吊桥	南门河	间支板梁	10.00	7.60	4.00	3.60	76.00	汽-6	
	航塘港 4 号桥	航塘港	板梁	50.00	7.60	7.00	—	380.00	—	塘外
	航塘港 5 号桥	航塘港	板梁	50.00	8.60	7.00	1.60	430.00	—	
	文化街桥	随塘河	板梁	24.00	7.60	7.60	—	182.40	—	
	卫生院桥	随塘河	板梁	24.00	4.60	4.60	—	110.40	—	
	粉丝厂桥	随塘河	板梁	24.00	4.60	4.60	—	110.40	—	
	诸聚进街桥	随塘河	板梁	24.00	9.60	7.00	—	230.40	—	
金汇镇（10 座）	长浜一号桥	汇中河	拱桥	28.00	4.00	4.00	—	112.00	—	金汇
	新建街桥	市河	板梁	11.10	3.50	3.50	—	38.85	—	泰日
	泰南公园桥	人民港	板梁	23.50	7.00	4.00	2.00	164.50	—	
	大昌路桥	人民港	板梁	21.90	7.60	4.70	2.50	166.40	—	
	厂区桥	市河	板梁	18.00	6.00	3.50	2.50	108.00	—	
	九曲桥	市河	板梁	18.00	3.00	3.00	—	54.00	—	
	泰南一号桥	泰青港	板梁	36.00	7.60	4.00	3.00	273.60	—	
	振泰桥	泰青港	板梁	36.00	10.60	8.00	2.00	381.60	—	
	齐贤大桥	老金汇港	板梁	46.00	9.50	7.00	1.60	437.00	—	齐贤
	新长浜桥	新长浜	板梁	25.00	7.20	6.70	—	180.00	—	
庄行镇（18 座）	萧塘港 1 号桥	萧塘港	拱桥	28.00	6.00	4.00	2.00	168.00	汽-8	邬桥
	萧塘港 2 号桥	萧塘港	板梁	25.60	10.80	10.00	—	276.50	汽-10	
	萧塘港 3 号桥	萧塘港	板梁	36.00	9.00	4.00	2.50	324.00	汽-10	
	红旗港环北路桥	红旗港	板梁	20.00	6.00	4.00	2.00	120.00	—	
	沙港河 2 号桥	沙港河	拱桥	36.00	3.50	1.00	2.50	126.00	—	
	南桥塘桥	南桥塘	板梁	8.50	19.00	10.00	—	161.50	—	庄行
	南桥塘库桥	南桥塘	板梁	18.00	5.50	5.00	0.50	99.00	汽-15	
	纪念塔南桥塘桥	南桥塘	拱桥	22.00	4.50	4.50	—	99.00	—	
	老银行诸泾桥	诸泾河	拱桥	22.00	4.50	4.50	—	99.00	—	
	东新桥	南桥塘	板梁	20.00	2.50	—	2.10	50.00	人-3kN/m^2	
	油车桥	南桥塘	板梁	12.00	2.00	—	1.80	24.00	人-3kN/m^2	
	东中桥	南桥塘	板梁	12.00	2.00	—	2.00	24.00	人-3kN/m^2	
	西中桥	南桥塘	板梁	14.00	2.00	—	2.00	28.00	人-3kN/m^2	
	八字桥	南桥塘	板梁	18.00	2.00	—	2.00	36.00	人-3kN/m^2	
	西八字桥	万年泾	板梁	13.00	2.00	—	2.00	26.00	人-3kN/m^2	
	一号桥	朱家港	拱桥	8.00	2.00	—	2.00	16.00	人-3kN/m^2	
	二号桥	朱家港	板梁	7.00	2.00	—	1.80	14.00	人-3kN/m^2	
	万年泾桥	万年泾	板梁	22.00	7.00	7.00	0	154.00	汽-3	

续表 2-2-5

镇名	桥梁（桥涵）名称	跨越河流	结构形式	桥长（米）	桥宽（米）			总面积（平方米）	设计载重能力（吨）	备注
					合计	车道	人行道			
青村镇（10座）	人民桥	青村港	拱桥	21.00	5.00	5.00	—	105.00	—	青村
	三官堂桥	青村港	石板	16.60	3.00	3.00	—	49.80	—	
	久和堂桥	青村港	拱桥	9.20	21.00	—	4.00	193.20	—	
	化肥厂桥	青村港	板梁	22.30	8.60	8.60	—	191.80	汽-15	
	化肥厂区桥	青村港	板梁	36.00	9.60	9.60	—	345.60	—	
	环东路桥	青村港	板梁	24.00	8.50	6.00	2.00	204.00	—	
	胶靴二厂桥	青村港	板梁	21.00	3.50	—	3.50	73.50	—	
	茶馆桥	沿塘河	板梁	8.00	5.00	4.50	—	40.00	—	钱桥
	敬老院桥	中心河	拱桥	26.00	3.70	3.30	—	96.20	—	
	长丰桥	沿塘河	拱桥	32.70	8.00	6.00	2.00	261.60	汽-10	
四团镇（10座）	平安镇区桥	四团港	板梁	26.40	12.90	9.00	3.20	340.6	汽-15	平安
	集镇二泐港桥	二泐港	板梁	18.00	5.50	0.50	5.00	99.00	汽-15	
	集镇二泥桥	二泥港	板梁	32.00	3.60	—	3.60	115.20	—	邵厂
	东海路桥	二泥港	板梁	31.00	5.00	3.00	2.00	155.00	—	
	富民路桥	中横河	板梁	21.00	5.00	5.00	—	105.00	—	
	集镇良民河桥	良民河	拱桥	24.00	3.60	3.60	—	86.40	—	
	镇长路桥	随塘河	板梁	26.00	3.65	3.00	—	94.90	汽-4	四团
	老川南奉桥	四团港	拱桥	28.00	5.00	4.50	—	140.00	汽-6	
	鹏程桥	四团港	板梁	29.70	7.80	7.50	—	231.70	汽-6	
	北街桥	随塘河	板梁	25.00	22.00	19.80	2.20	550.00	—	
海湾镇（1座）	风筝桥	团结塘	板梁	48.60	9.60	7.00	2.60	466.60	汽-20	海湾

说明：此表未含南桥镇（江海镇）市政桥梁

2016年南桥镇解放中路老横泾港桥

2016年南桥镇南中路老横泾港桥

建于清康熙三十一年（1692年）的青村镇南虹桥，今仍为镇区主要人行市政桥梁

清宣统元年（1909年）建的胡桥镇老街大同桥，今仍为镇区主要人行市政桥梁

建于清乾隆元年（1736年）的法华桥，今仍为柘林法华集镇主要人行市政桥梁

2016 年奉城镇南门桥（历史上为南门吊桥，改建后仍沿用原名）

2016 年庄行镇八字桥（左）、万年泾桥（右）

2008 年海湾旅游区世纪林桥

2016 年邵厂镇二泐港桥

第三章　路桥建设管理养护

1950年始，奉贤公路由闵行公路养护站养护。1957年，成立奉贤县养路工区，负责公路养护。50年代末至70年代初，奉贤县公路管理所（工务所）是公路、桥梁建设管理养护为一体的单位。其间，乡道开始建设。1970年，全县省、县道11条，全长132.7千米。1981年，南桥镇维修养护工程队改名为奉贤县市政工程管理所，承担市政道路建设管理养护职能。1985年，市财政对三级、四级公路建设补贴。县成立乡村公路管理办公室，乡村公路建设纳入县统一规划。是年，全县省、县道20条，总长197.49千米。南桥、奉城等集镇市政道路建设加快。90年代中期，以奉浦大桥、大亭公路为代表的一批公路桥梁建成，全县形成“九纵六横”公路网络，终结奉贤人车过黄浦江靠摆渡的历史。2001—2005年，上海绕城、沪金、沪芦高速公路及其立交桥竣工。2010年，闵浦二桥公路桥通车。2017年，全区建设、管理、养护公路559条，总长1455.88千米；公路桥梁1217座，总长62.48千米；市政主要道路351条，总长229.55千米；市政桥梁161座，总长4289米。2001年1月，奉贤县公路市政工程管理署实行管养分开，承担公路、市政工程管理职能，并组建路桥施工养护专业公司。公路市政工程管理署每年编制养护计划，凡符合招标条件的工程项目都以招标方式确定承包单位。在保证项目质量、工期等要求的前提下，以合理低价选择最满意的投标单位，中标单位分别承担奉贤公路、市政道路和桥梁的设计、监理、养护任务。2017年，县道、乡村道路养护企业16家职工1000余人。有沥青混合搅拌、摊铺、压路、养护、清扫、运输设备600余台（件）。道路管理、养护覆盖全区公路。

路桥养护工艺不断创新，公路市政工程管理所研发的道路注浆加固技术、沥青路面材料再生利用技术、钢管拱桥技术、钢木行架叠合桥梁工艺等14项“四新”技术，在公路、桥梁施工中普遍推广。

第一节　路桥建设

一、道路建设

1．公路建设

50—70年代，奉贤县工务所（养路工区）为公路建设、管理、养护为一体的事业单位。时受经济条件制约，公路建设缓慢。1970年，全县仅有国道、省道、县道11条，全长132.7千米。70年代末起，由于改革开放经济发展，先后新建（修建）金钱、奉柘、五四、萧郳、燎钦、奉炮公路等县道。至1985年，全县省道、县道公路20条，全长197.49千米，加上乡村公路，全县境内公路里程总长304.45千米。是年，县成立乡村公路办公室，乡村公路建设纳入县整体规划。乡村公路建设实行

“国家补贴、地方自筹、群众投劳”政策（市补贴每千米三级公路为6万元，四级公路4万元）。80年代末，奉贤县委、县政府发出“以路桥建设为重点，促进奉贤经济腾飞”的号召，加快了道路建设的步伐。1993年，为保证市郊主干道建设，取消乡村公路补贴后，奉贤决定以建设乡村公路模式，建设大（团）亭（林）公路，在向上级“四不要”（不要土地征用费、不要动拆迁费、不要青苗补偿费、不要劳力安置费）基础上，发动全县统筹资金动工建设路基工程。1997年8月，奉贤县最长的一级公路大亭公路通车。同年，随着大叶公路等干道建成，全县形成“九纵六横”公路骨干网络。公路建设职能由县建设局直接管理。2000年前后，全县镇村普遍依靠集体经济、社会支持、县财政补贴建设水泥路面的乡村公路91条，全长290.18千米。2001年，全县省道、县道、乡村公路136条，总长723.53千米。2002—2005年，莘奉公路、大亭公路奉贤段（南汇区界至奉贤庄良公路）改建为上海绕城高速公路。沪金高速公路、沪芦高速公路通车，全区境内高速公路里程75.06千米。2006年起，奉贤区实施农村道路三年改造计划，改建乡村公路100余条，总长298千米，并分批纳入公路管理署设施量。2017年，全区有国道、省道、县道、乡村道路559条，总长1455.88千米，路面结构由水泥路面逐步改建为沥青路面，道路质量不断提高。

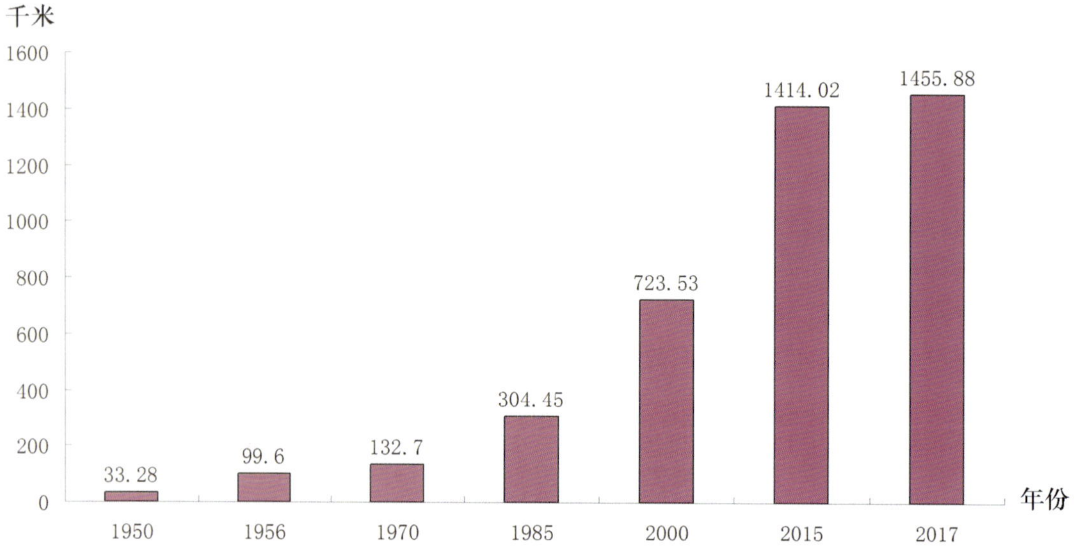

1950—2017年奉贤区（县）国、省、县道、乡村道路里程发展示意图

2．市政道路建设

50—60年代，奉贤境内各集镇市政道路以维修养护为主，建设甚少。1978年，以南桥镇为重点的各集镇市政道路建设加快。1981年，奉贤县市政工程管理所成立，市政道路建设不断规范。1985年，县治南桥有解放路等骨干市政道路19条，全长10.75千米。其他集镇随着镇区扩大，市政道路陆续建设。2000年，南桥镇（江海）有市政道路70条，全长53.56千米，其他集镇也有较快发展。2005年，南桥新

城的规划建设，市政道路发展迅速。市政建设资金来源，80年代中后期开始按照上海市建设委员会规定，向住宅开发单位征收住宅建设市政、公建配套费，每平方米住宅面积征收95元，其中市政配套费41元。90年代中期起，提高征收标准，奉贤县为每平方米住宅面积征收260元。先后由县规划所、县住宅发展局、县房管局征收，由建设局安排使用。县政府批准的住宅开发公司实行自收自配。2017年，南桥城区市政道路127条，全长100.31千米。其他各集镇市政道路224条，全长129.24千米。全区市政道路351条，总长229.55千米。

二、桥梁建设

1. 公路桥梁建设

1949—1955年，奉贤县建有沪杭、南亭公路以木质为主的桥梁27座，全长534.4米。1956年起，南奉、南航、川南奉公路辟建，公路桥梁同步建设。原公路木质桥梁陆续改建为钢筋水泥混凝土桥梁。1970年，全县骨干公路桥梁39座，全长2190.3米。80年代起，公路桥梁随着公路建设而发展。1985年，市财政对郊区公路桥梁实行补贴，三级公路桥梁每延米补1500元，四级公路每米补1000元（1993年停止补助）。是年，全县有公路桥梁158座，全长3867米，其中长度超百米公路桥2座。90年代，县内亭大、莘奉、沿钱等公路建成，公路桥梁增加。1995年，奉浦大桥竣工通车，终结了奉贤人和车辆过黄浦江靠摆渡的历史。2000年，全县有桥梁336座，全长17千米。2002—2005年，上海绕城高速公路、沪金高速公路、沪芦高速公路建成立交桥与乡村横向机耕桥、人行桥。2010年，闵浦二桥公路桥通车。2017年，全区国、省、县道桥梁528座，全长40.51千米；乡村道路桥梁667座，全长17.54千米；高速公路乡村横向设施桥梁22座，全长4.43千米。桥梁总数1217座，总长62.48千米。

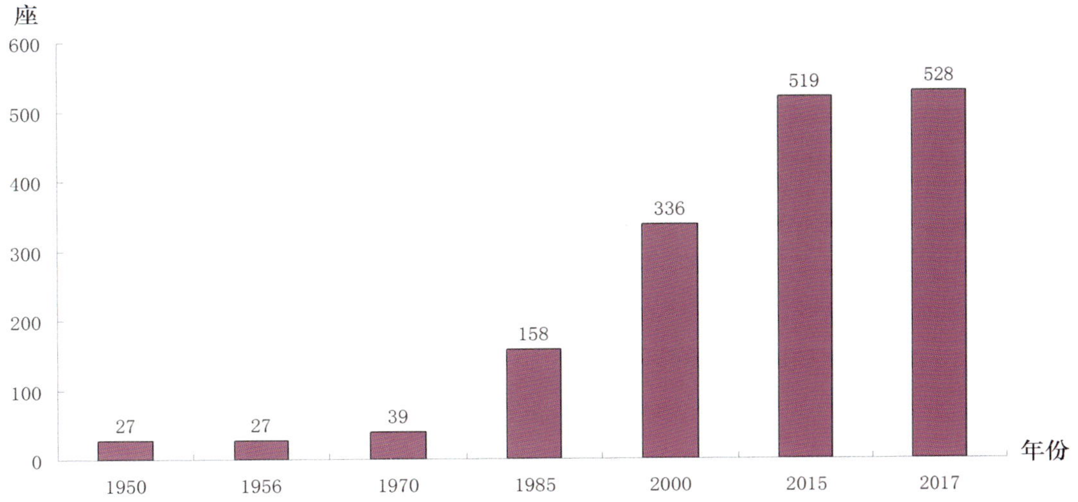

1950—2017年奉贤区（县）国、省、县道桥梁建设示意图

2．市政道路桥梁建设

1949年，奉贤县各集镇市政桥梁多为人行石板桥。随着经济发展、交通运输的需要，除部分石桥作为文物保护外，大部分改建为车行、人行共用钢筋混凝土桥梁。1985年，南桥镇区市政桥梁20座，全长510米。80年代起，其他各镇镇区扩大，市政桥梁陆续新建。2000年，南桥镇区市政桥梁36座，全长1000余米。2017年，南桥镇区市政桥梁发展到57座，大居市政桥梁18座，总长2.21千米；其他各镇镇区市政桥梁86座，全长2.07千米；全区市政桥梁161座，总长4.29千米。

第二节　路桥养护

一、养护计划编制

50—60年代，路桥养护根据实际需要安排。70年代起养护任务增加，养护计划开始编制。80年代，奉贤县公路市政工程管理所，根据境内县道、市政道路养护的实际，每年提前编制下年度养护计划，报县建设交通主管部门。计划编制的主要内容：养护项目性质、项目名称、工程起讫地点、工程内容、计划用款等。2001—2017年，收集到全区（县）县道大中修编制计划项目190个。区管公路日常养护、大中修等编制计划项目2907个，总投入资金30.5亿元。计划规划科负责计划编制工作，报区建设交通主管部门审批后实施。

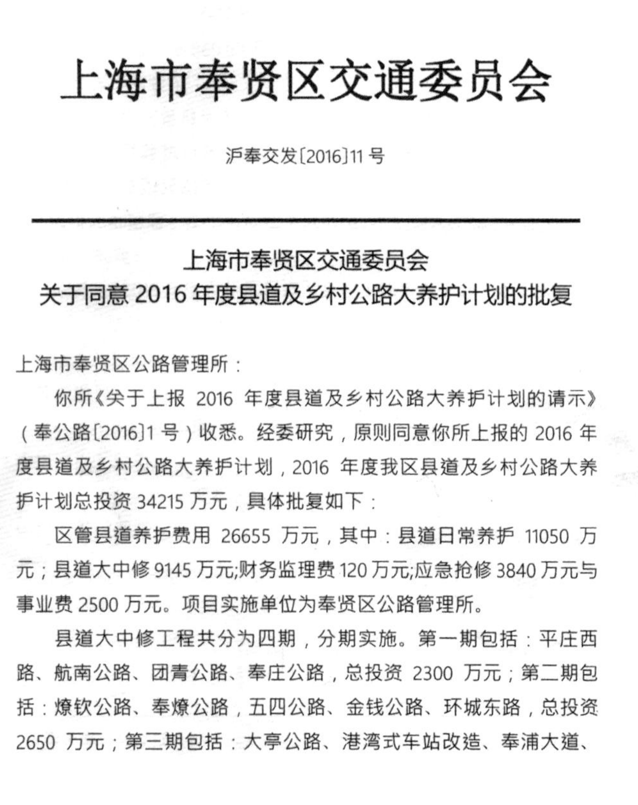

上海市奉贤区交通委员会

沪奉交发〔2016〕11号

上海市奉贤区交通委员会
关于同意2016年度县道及乡村公路大养护计划的批复

上海市奉贤区公路管理所：

你所《关于上报 2016 年度县道及乡村公路大养护计划的请示》（奉公路〔2016〕1号）收悉。经委研究，原则同意你所上报的2016年度县道及乡村公路大养护计划，2016 年度我区县道及乡村公路大养护计划总投资34215万元，具体批复如下：

区管县道养护费用 26655 万元，其中：县道日常养护 11050 万元；县道大中修9145万元;财务监理费120万元;应急抢修3840万元与事业费2500万元。项目实施单位为奉贤区公路管理所。

县道大中修工程共分为四期，分期实施。第一期包括：平庄西路、航南公路、团青公路、奉庄公路，总投资 2300 万元；第二期包括：燎钦公路、奉燎公路，五四公路、金钱公路、环城东路，总投资2650 万元；第三期包括：大亭公路、港湾式车站改造、奉浦大道、

奉贤区交通委员会关于同意2016年度县道及乡村公路大养护计划的批复部分内容

2001—2017年奉贤区区管公路养护经费计划表

表3-2-1

年份	合计		其中						
	项目（个）	投入经费（万元）	日常养护		大中修		其他		事业费（万元）
			项目（个）	经费（万元）	项目（个）	经费（万元）	项目（个）	经费（万元）	
合计	2907	305002	436	84464	190	80470	2281	109921	30147
2001	42	4396	13	1980	8	875	21	495	1046
2002	48	4653	13	1980	8	990	27	843	840
2003	67	6277	13	1980	7	865	47	2527	905
2004	83	7350	13	1980	7	1420	63	3220	730
2005	108	9580	16	2500	7	755	85	5365	960
2006	111	10380	17	2580	9	2020	85	4255	1525
2007	120	11380	18	2700	9	2520	93	4375	1785
2008	127	12120	18	2800	11	3160	98	4225	1935
2009	162	14274	25	3300	10	3200	127	6100	1674
2010	147	16544	27	4000	8	3900	112	7020	1624
2011	213	22580	35	5050	13	9570	165	6160	1800
2012	258	22588	36	6450	13	8800	209	5030	2228
2013	264	27875	37	6600	17	8620	210	9975	2680
2014	270	31572	40	8320	15	9000	215	11602	2650
2015	268	31280	44	9720	16	8530	206	10380	2650
2016	317	34215	36	11050	19	9145	262	11520	2500
2017	302	38018	35	11474	13	8400	254	15529	2615

2001—2017年奉贤区市政设施养护情况表

表3-2-2

年份	计划项目	日常养护(小修)		大中修项目		其他		市政管理事业费（万元）	投入总资金（万元）
		项目（个）	资金（万元）	项目（个）	资金（万元）	项目（个）	资金（万元）		
合计	347	220	7334.90	61	8117.30	66	5780.00	2485.500	23717.70
2001	21	16	400.20	5	393.30	0	0	101.50	895.00
2002	18	18	640.50	0	0	0	0	51.50	692.00
2003	16	16	742.00	0	0	0	0	51.50	793.50
2004	18	10	524.00	3	147.00	5	120.00	51.50	842.50
2005	30	16	199.00	7	120.00	7	231.00	51.50	601.50
2006	27	10	215.50	5	172.00	12	169.00	51.50	608.00
2007	24	15	324.50	7	650.00	2	320.00	251.50	1546.00
2008	24	15	322.10	6	820.00	3	345.00	251.50	1738.60
2009	23	17	362.10	3	650.00	3	370.00	411.50	1793.60

续表 3-2-2

年份	计划项目	日常养护(小修)		大中修项目		其他		市政管理事业费(万元)	投入总资金(万元)
		项目(个)	资金(万元)	项目(个)	资金(万元)	项目(个)	资金(万元)		
2010	22	16	500.00	3	1050.00	3	165.00	283.50	1998.50
2011	27	17	445.00	5	570.00	5	550.00	303.50	1868.50
2012	28	18	720.00	6	1000.00	4	500.00	370.00	2590.00
2013	22	12	620.00	4	1000.00	6	780.00	105.00	2505.00
2014	24	12	650.00	5	1200.00	7	1420.00	75.00	3345.00
2015	23	12	670.00	2	345.00	9	810.00	75.00	1900.00
2016	0	0	0	5	1008.00	0	0	75.00	1083.00
2017	0	0	0	5	1068.00	0	0	75.00	1143.00

二、招标　投标

1. 设计监理招投标

50—70年代，奉贤县工务所（养路工区）为管养一体的公路管理部门，管养公路的技术等级低，养护里程少，实行自行设计养护办法。1984年5月，上海市建设委员会发布《上海市建设工程招标、投标试行办法》，奉贤公路、市政工程的施工养护逐步实行招标、投标管理办法。1989年7月，县建设工程招标投标管理办公室成立后，公路、市政工程建设养护项目全部实行招标、投标制。2000年12月，公路、市政工程管理所实行管养分开，公路、市政项目设计、监理、养护，根据《上海市市政设施养护维修招标、投标管理规定》，按照公开、公平、公正、有序竞争的原则实行招标投标。其间，先后有10余家设计、监理单位成为公路、市政工程中标企业，通过签订协议，履行设计、监理职能。1985—2017年，共承接261个县道大中修项目、347个市政道路项目设计监理业务。

2. 养护施工招投标

80年代末，奉贤县公路、市政道路建设加快，养护范围扩大，公路、市政工程管理所管养任务重。根据市、县市政设施养护维修招标、投标有关规定，通过招标、投标把公路、市政道路养护工程承包给有养护资质的中标企业。2000年12月起，公路市政工程管理所（署）实行管养分开，县道养护由区（县）公路管理所（署）公开招标，上海奉贤公路建设发展有限公司、上海古越市政建筑工程有限公司等企业参加投标。养护项目的招投标每年进行1次，中标单位与管理部门签订协议书或承包合同，促使养护企业增强养护责任，提高养护水平。

三、养护总量

1. 道路养护量

奉贤公路、市政道路养护贯彻“建一条、管一条、养一条”的原则，工程养护实行统一领导、分级负责的办法。公路、市政道路实行管养分开之前，公路市政工程管理所实行管养一体化体制。分别承担公路、市政道路管理养护职能。2001年1月，公路市政工程管理署合署办公，统一管理养护公路、市政道路。2017年，除国道、省道由市统一管养外，奉贤区公路市政工程管理所招标养护全区县道、乡村道路、市政道路1363千米。区公路市政工程管理所每年对公路、市政道路养护企业的养护工作进行检查指导，每个工程竣工都进行严格验收、考核，保证养护总量和质量。

2．桥梁涵洞养护量

50年代末，奉贤养护公路、市政桥梁40余座。70年代至80年代中后期，建公路双曲拱式桥52座；市政钢筋混凝土桥梁10余座。1988年9月27日，五四公路中港双曲拱桥坍塌，双曲拱桥陆续改建。1992年，管养全县公路桥326座，涵洞22道，市政桥梁16座。随着全区（县）公路、市政道路建设加快，乡村公路迅速发展，公路、市政道路桥梁、涵洞不断增加。2017年，全区管养的公路桥梁1217座，公路涵洞124道；南桥新城市政桥梁57座，大居市政桥梁18座，涵洞4道；其他集镇市政桥梁86座。

3．配套（附属）设施养护量

60年代起，公路绿化、路名牌、里程桩、界限桩等配套设施列入养护范围。80年代公路、市政道路改扩建、新建始设排水管网、路灯、信号灯、道路标志和标线等设施。养护任务加重、范围扩大。2000年建设公路地道泵站。2001年1月，公路市政工程管理署合署办公，公路、市政道路配套（附属）设施实行统一养护。2017年，养护全区公路排水管网251.11千米，排水泵站10座，路名牌、界限桩、里程桩、百米桩2万余座，绿地1028.03万平方米，行道树4.69万株，绿化带1358.14千米，公路中心隔离栏252.42千米，公路、市政道路路灯4万余盏和信号灯451个。养护南桥新城市政道路窨井2379座，雨水管网81.92千米，护栏2.02万米，人行道39.81万平方米。全区公路、市政道路的标志标线、信号灯、路灯则由专业公司管理养护。

第三节　建设养护企业

60—70年代，县工务所主要承担公路、桥梁养护职能。70年代末80年代初，县公路市政工程管理所为道路建设、管理养护为一体的事业单位。2000年12月，公路市政工程管理署实行管养分开，建设、养护实行市场化管理。通过招投标由中标专业公司承担道路桥梁建设养护任务。2017年，区内主要建设、养护企业5家。

一、上海奉贤公路建设发展有限公司、上海弘路建设发展有限公司

2000年，上海市政（公路）行业实行“管养分开”的体制改革，奉贤县公路管理所析出人员成立的上海奉贤公路建设发展有限公司、上海弘路公路工程有限公

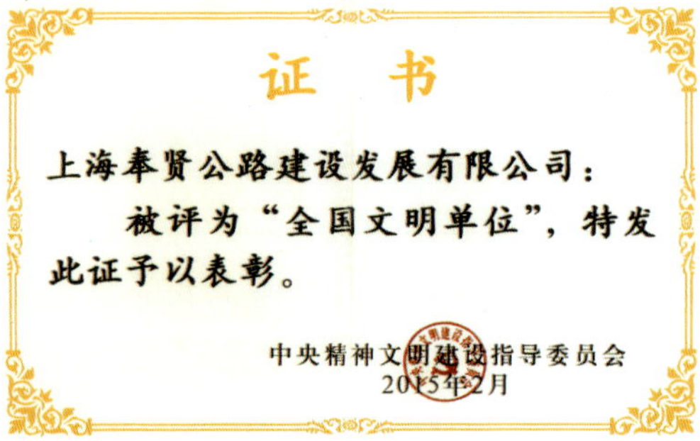

2015年2月，上海奉贤公路建设发展有限公司被中央精神文明建设指导委员会评为"全国文明单位"

2013年4月，上海奉贤公路建设发展有限公司沥青摊铺队被中华全国总工会命名为"工人先锋号"

司。2001年，转制为路桥建设和养护为一体的国有企业，实行两块牌子一套班子，隶属于上海奉贤建设发展（集团）有限公司。公司位于上海市奉贤区南桥镇南桥路563号。注册资金分别为7500万元和2000万元，总资产9.71亿元。职工330余名，其中中高级职称等技术人员235人。公司下设7部1室，5个工程项目部、6个养护道班及4家子公司、1家分公司，有安迈3000型沥青搅拌楼、配套热再生设备等282台套。

公司曾获上海市市政工程金奖、全国文明单位、上海市文明单位、上海市重点工程实事立功竞赛优秀公司。2013年，公司沥青摊铺队被中华全国总工会授予"工人先锋号"荣誉称号。该公司吴辉峻被交通运输部授予2017年"全国交通技术能手"称号。2017年承担县道为重点的改建、养护工程。

二、上海振奉公路建设有限公司

1999年12月14日上海振奉公路建设有限公司成立，2001年3月正式投入运营，为上海奉贤建设发展集团下属的子公司。公司地址奉贤南桥镇莘奉公路602号。经营范围为市政道路、桥梁、驳岸、排水工程、公路养护，具备公路养护一级资质和市政公用工程施工总承包三级资质。公司职工81人，建造师、经济师、工程师等专业技术人员占80%，下设10个职能部门和1个班组。2017年承接县道养护工程。

三、上海古越市政建筑工程有限公司、上海欣奉市政设施养护有限公司

1998年4月，上海古越市政建筑工程有限公司成立，为奉贤县市政工程管理所所属企业。1999年12月，上海欣奉市政设施养护有限公司成立，两家公司实行两块牌子一套班子，现公司地址奉贤区南奉公路6899号。职工122人，有中高级职称等技术人员72人。

公司注册资金分别为4000万元、1000万元。拥有大中型压路机、沥青摊铺机、路拌机、工程车、洒水车、养护车等设备30余台（件），主要承担以南桥镇为主的

市政工程建设和养护任务。2005—2012年，先后连续4次被评为上海市文明单位。获得上海市市政工程金奖、上海市重大工程立功竞赛优秀集体等荣誉。2015年，企业撤并。

四、上海奉祥公路工程养护有限公司

2003年，上海奉祥公路工程养护有限公司成立。具备市政工程项目总承包三级资质、养护一级资质。为上海市市政工程协会会员单位，上海市市政公路工程行业协会三星级诚信企业。公司地址西闸公路1036号，注册资金600万元。有中高级职称等技术人员53人。公司设行政部、财务部、经营部、工程部、养护部、质安部、材料设备部等7个管理部门。有路面多功能养护车、路面清扫车、汽车随吊车等施工设备。2017年，承接公路、市政道路部分养护工程。

五、上海奉贤交通能源集团工程建设管理有限公司

2016年8月，为上海奉贤交通能源（集团）有限公司出资成立的子公司。下设党政事务部、计划财务部、经营管理部、前置工作部、工程技术部、安全监督部等6个部门，职工编制81人，公司地址南桥镇运河北路环城西路口奉贤区燃气公司大楼。

公司建设设备、技术骨干齐全，坚持专业化、标准化、信息化的管理理念，严格控制工程质量和工程进度，以建设精品工程、民心工程为己任。2016—2017年，公司承接金海公路、大叶公路、浦卫公路拓宽改建，新林公路、六奉公路、金庄路、民乐路金汇港大桥新建工程，运河北路下穿S4地道综合改造工程等市区两级重大交通基础设施建设。建设道路里程80千米，完成工程经费74亿元。在市、区开展的重大工程立功竞赛中，公司被评为2017年奉贤区建设系统先进集体，赵育杭被评为2017年度上海市重大工程立功竞赛优秀建设者。

第四节　施工设备

一、道路施工设备

50年代，公路施工养护从路基到路面多系人工操作，用木夯、铁夯、石夯、滚筒打实地基基础，手推小铁车运料，钢凿、铁夹钳、榔头、尖镐掘路，铁钓浇油撒播表面处理。60—70年代，公路施工机械有手摇沥青洒播车、两轴两轮、两轴三轮静压式压路机，机动翻斗车、拌和机、手扶拖拉机、扫砂车、匀砂车、撒砂车及动力柴油机和汽油机，一般功率40马力～110马力之间，吨位6吨～15吨，还有石屑撒播机、电动夯、内燃式火力夯、凿岩机、手扶拖拉机改装的绿化药水喷洒车。70年代末，引进液压式挖土—挖掘多用机和汽车液压挖掘机。80年代初，引进东方

1960年手摇式沥青洒播车

1970年机动沥青洒播车

1970年渣油拌和机组

1970年五吨液压式压路机

1990年LB-1000型沥青混凝土拌和机

1990年公路施工压路机

1990年沥青混凝土摊铺机施工

2000 年路基施工挖泥机

2000 年公路养护压路机

2010 年公路运输设备

红 75 型履带推土机等设备。运输车辆有机动翻斗车、手扶拖拉机和大庆牌 2 吨汽车。1984 年起，从国外引进振动压路机。1988—1989 年，国产振动压路机逐步使用，同时引进沥青加温新技术设备，对原有沥青加温机械系统进行改造。1990 年，沥青路面施工已初步形成机械化施工条件。2000 年末，公路市政工程管理所实行“管养分开”，奉贤的公路市政道路施工、维修、养护设备逐步更新，运输车辆、拌和机械成为公路、桥梁施工的共用设备。2017 年，道路施工设备有沥青混合料冷再生搅拌设备等大型机械 600 余台（件）。

2017 年奉贤公路（弘路）建设发展有限公司主要设备情况表

表 3-4-1

设备名称	单位	数量	设备名称	单位	数量
沥青混合料冷再生搅拌设备	套	1	卡特比勒滑移车 246C	辆	1
沥青混凝土搅拌设备 AMP4000C	套	1	路面清扫车	辆	11
沥青搅拌楼安迈 3000 型 UG240	套	1	路面养护车（华通）	辆	3
沥青旧料破碎设备	套	1	陕汽东堡平板车	辆	1
水泥碎石混合拌和设备	套	1	平地机 PY165	套	1
注浆混合机 MZC-2	套	1	轻型普通货车、工程皮卡	辆	21
反击破碎石机	套	1	福龙马洒水车	辆	4

续表 3-4-1

设备名称	单位	数量	设备名称	单位	数量
灌缝机开槽机SS125D　M200	套	1	徐工随车起重运输车	辆	1
各类压路机（宝马牌）	辆	13	福格勒沥青摊铺机	套	4
江铃全顺工程车	辆	7	福格勒水稳摊铺机	套	1
金杯面包车	辆	2	维特根路面冷铣刨机	台	2
稳定土拌合机XL210	辆	2	本田4寸水泵B×40	台	5
小型轿车	辆	8	发电机组	台	8
淤泥抓斗车粤海YH506　ZWX01	辆	1	全站仪DTM452（R300）	套	3
中型普通2吨货车	辆	11	撒播机东风斯诺威SNO-3.8	套	1
装载机	辆	8			

二、桥梁施工设备

50年代，造桥设备简单，钢筋切断用铁钻、卡子和大锤，钢筋弯曲用人力手工操作，桥桩靠人力打桩、手推车运料、手工搅拌混凝土为主。60年代，购进手扶拖拉机、翻斗车运料，蒸汽打桩机开始使用。70—80年代，造桥预应力钢筋的张拉设备为60～90吨的千斤顶，混凝土的拌和采用灰浆拌和机，预制混凝土的浇筑大多采用插入式震动棒，桩基工程设备有轨道式桩架发展到步履式桩架。80年代中期引进柴油打桩机，桥梁的架设安装和运输改自制行车为龙门行车，或采用80吨重的大汽车吊直接起吊架设。90年代后，随着高等级公路桥梁建设，造桥设备不断更新。2015—2017年，在桥梁抢修施工中采用160吨浮吊船设备，对危桥进行拆卸安装。2017年，拥有路桥施工共用的中型20吨运输车30余辆，其他路桥施工机械设备500余台（件）。

60P-45A-35K 柴油打桩机

DD6 型柴油打桩机

DD18 型柴油打桩机

60—70年代造桥主要施工机械柴油打桩机

2015 年环城东路浦南运河桥梁施工设备

2006 年闵浦二桥施工打桩设备

第五节　“四新”技术

一、新技术

1．稀浆封层技术

该技术采用适当级配的石屑或砂、填料（水泥、石灰、粉煤灰、石粉等）与乳化沥青、外掺剂和水，通过封层摊铺机拌和成流动均匀的沥青混合物，并将其均匀铺到路面上，形成密实、坚固、耐磨的表面封层，具有封层凝固快、施工数小时后即可开放交通、降低综合成本和对病害进行初期控制、延迟路面各项运行指数的衰减等优点。2007 年起稀浆封层技术先后在大叶公路、星火公路、庄亭公路、沪杭公路等路段应用，由上海振奉公路建设有限公司、上海弘路公路建设有限公司实施，并逐步推广。

2．微表处技术

是在稀浆封层技术基础上发展起来的预防性养护技术。该技术用具有一定级配的石屑或砂、填料（水泥、石灰、粉煤灰、石粉等）与聚合物乳化沥青、外掺剂和水，按一定比例拌制成流动型混合料，再均匀洒布于路面上的封层，达到保养路面、延缓损坏、保持或改进路面功能状况，道路平整度明显改善目的。先后在环城西路、奉柘公路应用。

3．薄层罩面技术

是一种超薄沥青混凝磨耗层技术，主要用于高等级沥青或水泥路面的预防性养护和轻微病害的矫正性养护。该技术在施工过程中利用改装过的摊铺机，就可同步完成乳化沥青喷洒和热沥青混合料摊铺，再经过钢轮压路机碾压，早期病害路面焕然一新。应用该技术的路面使用寿命延长、增加车轮抗滑性、降噪性、渗水性好，减少雨天常见的水雾，提高能见度，有节能降耗实用价值等优点，在环城东路等道路应用。

4．快速混凝土和铰缝连续钢筋笼技术

该技术采用超快硬混凝土对桥梁桥面进行浇筑的新技术，能在2小时内达到初凝，3天内混凝土强度达到开放交通的要求，从封闭交通到开放交通，全部工期控制在10天之内。2007年4月，区公路市政管理署针对胡滨公路横泾桥桥龄长（1987年建）结构简单（三跨简支空心桥梁）、病害多、周边居民集聚的特点，采用该技术进行施工。后又在环城东路韩村路桥抢险中采用。桥梁抢修工期由原计划45天缩短至14天，有效降低行人车辆出行的影响。

5．沥青冷再生技术

该技术是在常温下使用冷再生专用机械，连续完成铣刨和破碎包括面层和部分基层在内的旧路面结构层，添加再生材料、拌和、摊铺、碾压等作业过程，重新形成具有一定承载能力的结构层的一种工艺。2011年在泰青公路（大叶公路—团青公路）、2012年在随塘河路（五四公路—燎钦公路）、胡滨公路（胡阮路—楚华路）大修工程中采用该技术。沥青路面再生与传统的沥青路面维修方式相比，能够节约大量的沥青、砂石等原材料，节省工程投资，同时有利于废料处理、保护环境，具有显著的经济效益和社会效益。2013年10—12月，先后在全区7条改建道路进行再生利用工程示范，通过废旧沥青路面材料再生利用，达到既节省成本又保证路面质量要求。区公路市政工程管理署参加研创人员有胡怀、杨文欢、谢祖平、夏平。

6．注浆加固新技术

该新技术根据公路修复的实践，以水泥及矿粉材料等为主研发的两种新型快硬性无机道路注浆材料，采用注浆加固新技术修复后的道路抗压强度提高明显，符合道路快速修复开放交通的需求，该新技术由上海市奉贤区公路管理署、上海弘路建设发展有限公司、上海市建筑科学研究院、同济大学共同完成。先后在大叶公路、团青公路修复工程中应用。2012年11月，上海市城乡建设和交通委员会对该技术进行验收。奉贤区公路管理署参加研发人员为胡怀、杨文欢、谢祖平、夏平。

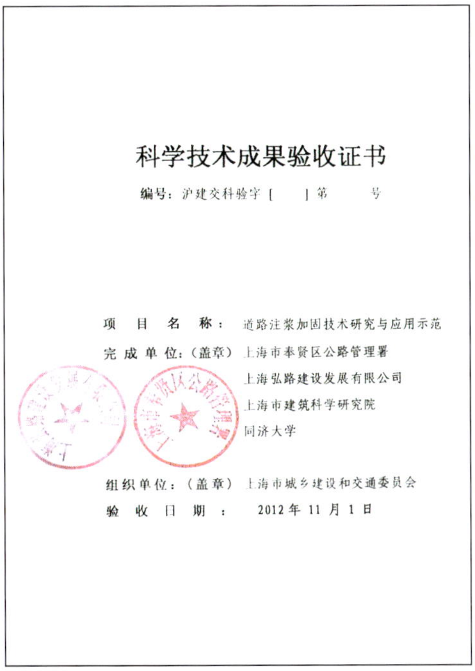

科学技术成果验收证书

编号：沪建交科验字 [　　] 第　　号

项　目　名　称：道路注浆加固技术研究与应用示范

完成单位：（盖章）上海市奉贤区公路管理署

上海弘路建设发展有限公司

上海市建筑科学研究院

同济大学

组织单位：（盖章）上海市城乡建设和交通委员会

验　收　日　期：2012 年 11 月 1 日

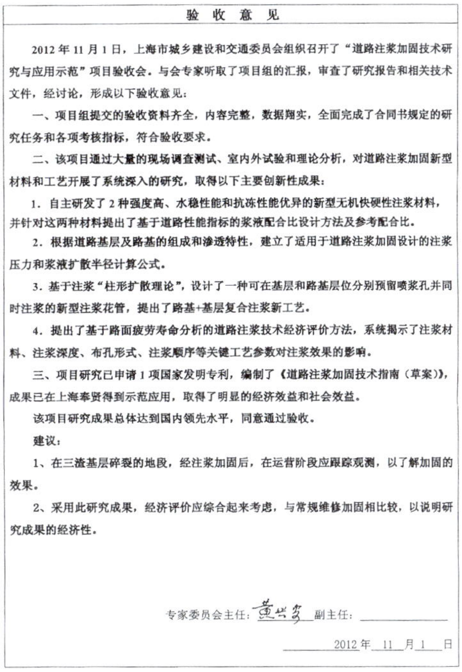

验　收　意　见

2012 年 11 月 1 日，上海市城乡建设和交通委员会组织召开了“道路注浆加固技术研究与应用示范”项目验收会。与会专家听取了项目组的汇报，审查了研究报告和相关技术文件，经讨论，形成以下验收意见：

一、项目组提交的验收资料齐全，内容完整，数据翔实，全面完成了合同书规定的研究任务和各项考核指标，符合验收要求。

二、该项目通过大量的现场调查测试、室内外试验和理论分析，对道路注浆加固新型材料和工艺开展了系统深入的研究，取得以下主要创新性成果：

1．自主研发了 2 种强度高、水稳性能和抗冻性能优异的新型无机快硬性注浆材料，并针对这两种材料提出了基于道路性能指标的浆液配合比设计方法及参考配合比。

2．根据道路基层及路基的组成和渗透特性，建立了适用于道路注浆加固设计的注浆压力和浆液扩散半径计算公式。

3．基于注浆“柱形扩散理论”，设计了一种可在基层和路基层位分别预留喷浆孔并同时注浆的新型注浆花管，提出了路基+基层复合注浆新工艺。

4．提出了基于路面疲劳寿命分析的道路注浆技术经济评价方法，系统揭示了注浆材料、注浆深度、布孔形式、注浆顺序等关键工艺参数对注浆效果的影响。

三、项目研究已申请 1 项国家发明专利，编制了《道路注浆加固技术指南（草案）》，成果已在上海奉贤得到示范应用，取得了明显的经济效益和社会效益。

该项目研究成果总体达到国内领先水平，同意通过验收。

建议：

1、在三渣基层碎裂的地段，经注浆加固后，在运营阶段应跟踪观测，以了解加固的效果。

2、采用此研究成果，经济评价应综合起来考虑，与常规维修加固相比较，以说明研究成果的经济性。

专家委员会主任：黄兴安　副主任：

2012 年 11 月 1 日

二、新工艺

1．橡胶沥青应力吸收层工艺

该工艺将单一粒径的石料均匀满铺在橡胶沥青层上，用胶轮压路机进行嵌挤碾压，橡胶沥青被挤压到石料高度的约四分之三，石料嵌锁形成后将构成结构性支撑，具有良好的柔韧性、粘结性、防水性和较强的抗变形能力，能起到防止和延缓裂缝产生、延长路面使用寿命的作用。2013 年环城东路（奉浦大道—大叶公路）、2014 年在环城南路（江海路—环城东路）中修工程中采用该工艺。

2．自动调节防沉降井盖工艺

该工艺通过利用井框的特殊结构，将井框与窨井座由原来的“墩座式”连接改为“承插式”连接，大边框座在沥青路面上，无外置铰链，通过井框侧面和上面承受压力，将窨井所承受的荷载大大减少，有效解决路面沉降及破损问题，并通过采用三点式弹簧臂锁定装置固定盖、框，防止井盖跳动，降低噪音。2015 年率先在高州路（航南公路—运河北路）采用该工艺。

3．钢管拱桥工艺

该技术采用桥梁钢管中填充混凝土而形成的一种构件的工艺，使钢管和混凝土两种材料相互影响，使强度、塑性、韧度明显提高。2005 年，在平庄西路金汇港大桥中应用。

4．钢桁架叠合桥梁工艺

该工艺是主桥上部结构采用连续组合钢桁架，引桥上部结构采用预应力空心板梁工艺技术。2002年，根据奉干公路浦南运河桥所处位置两岸密实，能满足大型起重设备作业特点而采用的工艺技术。

三、新材料

废旧橡胶人行道是利用废旧橡胶为主要原料研发成为人行道铺面材料，具有薄层柔性、抗滑耐久、美观舒适的特点，促进人行道铺面技术进步和废旧橡胶资源化利用。该材料在2010年上海世博会世博大道上应用，在南奉公路、古华路、秀龙路、秀南路人行道上推广。2009年12月31日，上海市城乡建设和交通委员会对此新材料进行验收，认定该新材料为国内首例。2010年12月，该研发项目获第二届上海发明创新大赛“上海发明创新奖”二等奖，参与研发的单位为上海市奉贤区公路管理署、上海杰唯时新材料技术发展有限公司。奉贤区公路管理署参与研发人员为胡怀、杨文欢、夏平、谢祖平、吴文华、王建萍(女)、杨佳鑫。

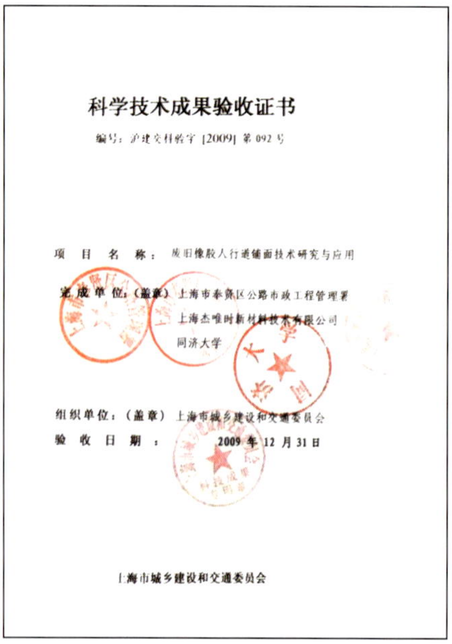

科学技术成果验收证书

编号：沪建交科验字［2009］第092号

项目名称：废旧橡胶人行道铺面技术研究与应用

完成单位：（盖章）上海市奉贤区公路市政工程管理署

上海杰唯时新材料技术有限公司

同济大学

组织单位：（盖章）上海市城乡建设和交通委员会

验收日期：2009年12月31日

上海市城乡建设和交通委员会

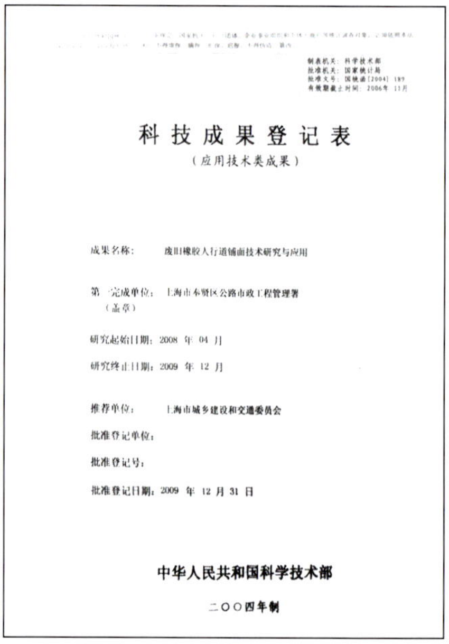

制表机关：科学技术部

批准机关：国家统计局

批准文号：国统函［2004］189

有效期截止时间：2006年11月

科技成果登记表

（应用技术类成果）

成果名称：废旧橡胶人行道铺面技术研究与应用

第一完成单位：上海市奉贤区公路市政工程管理署

（盖章）

研究起始日期：2008年04月

研究终止日期：2009年12月

推荐单位：上海市城乡建设和交通委员会

批准登记单位：

批准登记号：

批准登记日期：2009年12月31日

中华人民共和国科学技术部

二〇〇四年制

奉贤区公路管理所等单位研发的《废旧橡胶人行道铺面技术研究与应用》通过上海市城乡建设和交通委员会验收，在科学技术部登记

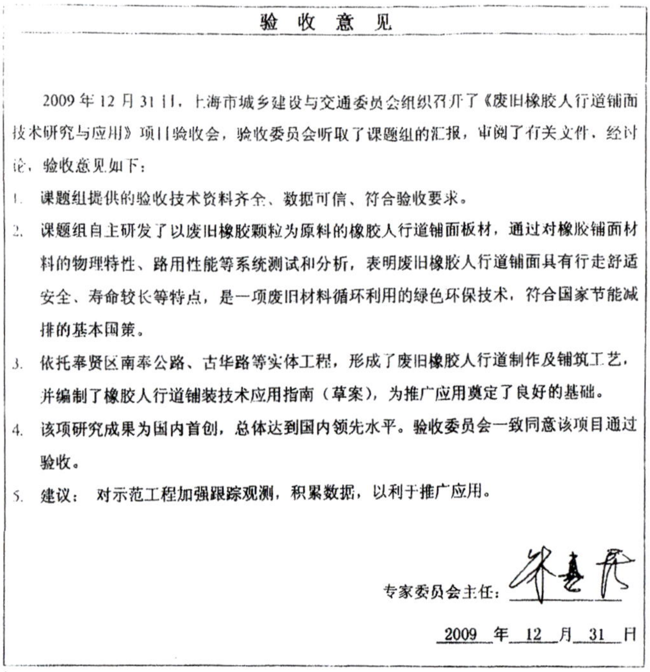

验收意见

2009年12月31日，上海市城乡建设与交通委员会组织召开了《废旧橡胶人行道铺面技术研究与应用》项目验收会，验收委员会听取了课题组的汇报，审阅了有关文件，经讨论，验收意见如下：

1. 课题组提供的验收技术资料齐全、数据可信、符合验收要求。
2. 课题组自主研发了以废旧橡胶颗粒为原料的橡胶人行道铺面板材，通过对橡胶铺面材料的物理特性、路用性能等系统测试和分析，表明废旧橡胶人行道铺面具有行走舒适安全、寿命较长等特点，是一项废旧材料循环利用的绿色环保技术，符合国家节能减排的基本国策。
3. 依托奉贤区南奉公路、古华路等实体工程，形成了废旧橡胶人行道制作及铺筑工艺，并编制了橡胶人行道铺装技术应用指南（草案），为推广应用奠定了良好的基础。
4. 该项研究成果为国内首创，总体达到国内领先水平。验收委员会一致同意该项目通过验收。
5. 建议：对示范工程加强跟踪观测，积累数据，以利于推广应用。

专家委员会主任：

2009年12月31日

四、新设备

1．“全球眼”设备

2012年，奉贤区公路路政管理中队路政执法车辆安装“全球眼”设备，该设备具有宽带网的图像远程监控、传输、存储、管理的功能，实现精确、快捷、高效、全时段监控、全方位覆盖，提高路政执法效率。

2．桥梁健康监测系统

2012年，区公路管理署与同济大学等单位研发桥梁安全监控系统，对部分桥梁安装光栅位移及沉降传感器，实现对老桥桥梁沉降、跨中主梁绕度变形、桥梁体应力应变、温度分布等进行远程实时监控，为桥梁养护提供依据与指导。

3．LED路灯

LED路灯是用半导体照明新技术生产的路灯，取代传统的高压钠灯。该灯具有节能明显、质量好以及由于节能而减少二氧化碳的排放，减缓气候变化等优点。2017年，奉贤区公路管理所在县道南庄路试点应用，被国际半导体照明联盟授予2017年“全球半导体照明示范工程100佳”称号。

第六节　道路管养

奉贤公路养护工作始于50年代。1957年设立养路工区，为奉贤首家公路养护单位。1962年成立县工务所，逐步建立养护道班，实行分路段负责养护制。1977年12月，为加强南桥镇市政道路的养护，成立南桥镇维修养护工程队。1981年划归县建设局，成立奉贤县市政工程管理所。80年代起，县公路管理所、县市政工程管理所分别承担全县公路、市政设施的养护管理职能。2000年12月，公路、市政实行管养分开，建立奉贤县公路管理署、奉贤县市政工程管理署，并合署办公，行使全区（县）公路、市政设施管理职能，从公路管理所、市政工程管理所析出成立的公路、市政设施养护专业公司，各有侧重负责全区（县）公路、市政设施养护工作。2009年7月，为加强乡村公路的养护管理，全区8个建制镇、5个开发区成立乡村公路管理站。区公路管理所设乡村公路管理科，并配备专职人员，形成乡村公路管理养护网络。是年，奉贤区人民政府办公室转发区建交委制定的《奉贤区农村公路管理养护体制改革方案》，落实农村道路管养措施。2017年，通过招投标，调整乡村公路养护企业，探索道路管养市场化改革，提高养护质量。

一、公路养护

1．养护经费

1950年，全国始征养路费作为公路养护费的主要来源。1952年，上海市人民政府工务局提出"一般养护，重点建设"方针。是年8月，实行公路分路段负责养护制，奉贤境内沪杭、奉金公路路段由闵行养护站养护。1957年6月，奉贤养路工区成立后，负责全县公路养护，养护经费由地方财政支出。1962年，上海市颁布征收养路费的有关规定，是年7月始收养路费。1963年起，公路养护经费主要来自向有车单位和个人征收的规费，是专用于普通公路养护、修理、技术改造及改善管理的专项行政专业性经费。1985年，开征车辆购置附加费，为公路建设的一项专用资金，公路养护费实行"以路养路、专款专用"的原则。1997年，按照《中华人民共和国公路法》第四章第三十六条"公路养路费采取征收燃油附加费的办法"的规定，奉贤县公路养路费根据国家规定在收取的专项经费中拨付。2001年，全区县道养护维护费3295万元，其中日常公路养护费2420万元，占全年拨付的养护费的73.44%，大中修工程875万元，占26.56%。2008年，公路养护费征收改革，奉贤区制定农村公路管理养护体制改革方案，2009年5月，奉贤区人民政府办公室转发区建设交通委员会《关于奉贤区农村公路管理养护体制改革实施方案》的通知。是年7月，成立镇、开发区共13个乡村公路管理站。乡村公路管养经费由市、区和各镇按5∶3∶2比例分担的办法，是年区财政安排乡村公路养路费1575万元，镇承担1050.36万元，全年支出养路费5251.80万元，1985—2017年，全区（县）养路费总投入逐年增加。至2017年，累计投入养护费29.63亿元，其中1985—2000年县道大中修经费8746.57万元。2001—2017年，公路养护工程总经费28.76亿元。

1985—2017年奉贤区（县）部分年份养路总经费情况表

表3-6-1　　单位：万元

年份	养路总经费	年份	养路总经费	年份	养路总经费	年份	养路总经费
1985	60.26	1995	281.71	2003	7014.42	2011	24184.92
1986	121.48	1996	284.00	2004	8918.53	2012	22469.27
1987	75.99	1997	1281.25	2005	10065.06	2013	21670.70
1988	90.71	1998	555.24	2006	10825.82	2014	23146.04
1989	64.53	1999	2050.00	2007	11943.72	2015	32527.80
1991	57.47	2000	2680.19	2008	13549.35	2016	28467.26
1993	249.39	2001	4195.71	2009	16518.23	2017	30857.66
1994	894.35	2002	4523.00	2010	16683.88		

说明：1985—2000年为计划规划科提供的县道养路工程费。2001—2017年为财务科提供的养路总经费

2. 日常养护

国、省道管理养护　奉贤境内国、省道由上海市路政局直接管理、组织养护。

县道管理养护　解放初，奉贤境内通行的沪杭、奉金（南亭）公路日常养护由闵行养护站负责。50—60年代，县道陆续建设，奉贤养路工区（工务所）承担日常养护职能。1962年12月起，根据郊区公路养护工作实行分级管理制的精神，县工务所主要养护县道。为加强公路管理，县工务所逐渐在全县设点成立养护道班。首批养护道班为奉城、青村、庄行、柘林，后又增加星火、齐贤、南桥道班（90年代增加陈桥道班）。各个道班设班长、副班长。配备养护工人10人。随着养护任务增加，养护道班养护工人增加到20余人，每个道班除正副班长外，还设义务路政员（班长兼任）、防治虫害植保员、安全员、统计员等“五大员”，“五大员”每年参加市公路处组织的培训，并持资格证和上岗证上岗，实行专业分工，提高公路日常养护能力。1986年，市公路处与县公路所签订“一定”（定奖励基金提取比例）“四保”（保证完成和超额完成局下达考核的计划工作量、成本降低率、工程和养护质量、安全生产）的协议，养护工作成绩显著。至1989年，全县公路日常养护费仅350万元。1990年后，随着公路车流量增大，日常养护任务日益加重。1997年，公路养经费投入超过千万元。2000年12月，公路市政工程管理署实行管养分开后，养护道班由公路养护专业公司根据养护任务设立。2001—2004年，投入3750万元对南亭、川南奉、大叶、航塘、航南等27条骨干道路的部分路段进行大中修保养。2008年，区公路管理署根据日常养护情况，对133座公路桥梁进行年度检测，针对不同情况采取不同养护措施，改建、加固沙港二号桥等6座桥梁。2009年，全区3家公路养护公司对全区公路实行分片负责养护，上海弘路公司负责省道和中东片、奉祥公司负责北中片、振奉公司负责西南片的公路养护，公司下面又建立分级负责养护制度，建立绿化、交通设施养护专业公司，加强公路配套设施的日常养护工作。区公路市政工程管理署制定《奉贤区公路市政工程管理署修建工程管理办法》《奉贤区公路管理署桥梁养护管理办法》，坚持桥梁、涵洞常态化巡查和预防为主、防治结合方针，建立桥梁、涵洞、泵站基本状况卡片，通过定期检查、特殊检查，掌握桥梁结构缺损、承载能力、防灾能力信息，及时处置隐患。把桥梁、涵洞

奉贤60—70年代养护道班房

信息输入信息库，建立档案。

修订《奉贤区区管公路养护质量考核办法》等，对日常养护公路工作提出10个方面86条细则，加强和规范公路、桥梁的养护管理。2017年，公路市政工程管理所管理养护纳入设施管理的县、乡、村道549条1263.91千米，南桥镇、奉贤新城市政道路127条100.31千米。

60年代，在建立公路养护道班同时，建立养护道班房，道班房一般选择在城乡结合部靠近公交车站，以方便养护工人上下班凭证免费乘公交车（2010年取消）。道班房初建时为平瓦房，建筑面积100平方米左右。随着公路的修建和养护任务加重，养护设备不断增加。80年代起，陆续改建道班房，一般为二层楼房（陈桥道班房为平房），分别设办公室、工具室、厨房、工人宿舍及养路材料堆场。90年代后，又建停车场和车库，建筑面积250平方米～900平方米不等。2000年后，办公室又配备电脑等设施，方便道班与社会沟通联系。2017年，属奉贤区公路市政管理所道班房7家，占地总面积1.28万平方米，建筑面积3630平方米。全区72条县道400余千米全部纳入养护范围。

2015年奉城道班房

乡村公路管理养护 奉贤县的乡村公路建设始于80年代，管养工作贯彻“谁建谁管养的原则”。90年代起，乡村公路发展迅速，普遍存在重建轻管、重数量轻质量状况。2009年5月，根据乡村公路管理养护的实际情况，奉贤区人民政府办公室转发区建交委关于《奉贤区农村公路管理养护体制改革实施方案》的通知，坚持实行建设一条，管养一条的方针。是年6月，奉贤区建设和交通委员会制订《奉贤区农村公路管理养护实施细则》。同年7月15日，全区8个建制镇、2个社区、3个经济开发区建立13个乡村公路管理站，配备管理人员58人。区公路管理署相应设立乡村公路管理科，在路政科增加乡村公路路政专管员1人。2015年，区公路管理所乡村公路管理科编制人员7人，其中科长、副科长各1人。全区乡村公路管理站管理人员79人。是年，各镇（街道、社区、开发区）落实乡村公路养护企业9家，配备管理人员25人，实行分片分路段养护管理办法。其中，上海盛拓市政建筑有限公司承担庄行镇、南桥镇、青村镇、海湾镇区域乡村公路养护任务，上海阔晶建筑工程有限公司承担柘林镇乡村公路养护职能，上海海奉建设工程有限公司担负海湾旅游区范围内乡村道路的养护工作，上海奉浦经济发展实业总公司所属的市政工程公司负责奉浦街道乡村公路的养护。做到规范养护，不漏路段。乡村公路管理养护工作由区公路管理署负责监管，进行养护业务指导，并每年进行检查考核。各乡村公路管理站根据乡村公路管理养护实施细则有关规定，落实管理养护工作，管理养护全区461条乡村公路800余千米，桥梁645座。是年，区公路管理所开展农村公路管养年活动，从"四个到位"（管理责任到位、机构人员配备到位、制度制定执行到位、资金筹措管理到位）和"四个提高"（提高管养能力、提高路况水平、提高服务质量、提高群众满意度），先后解决金山区欢兴村与庄行镇烟墩村"最后1公里"道路连接及四团长堰村南大港桥、奉城服民路、青村张弄中心路改造。2009—2015年，每年补贴乡村公路管理站经费平均3780万元。随着乡村公路陆续由区公路管理所接管，乡村公路养护经费逐年增加。2011—2016年，仅乡村公路养护费4亿多元。2017年，乡村公路的管理养护围绕"巡查率、发现率、处理率"，加大养护考核力度，并探索与开展日常养护第三方监管机制，提升养护水准。全区乡村公路养护企业12家，职工535人。养护乡村公路477余条里程828千米。

2017年奉贤区基层乡村道路管理站情况表

表3-6-2　　单位：人

名称	管理人员	名称	管理人员
庄行镇乡村公路管理站	8	海湾镇乡村公路管理站	5
南桥镇乡村公路管理站	6	海湾旅游区乡村管理站	4
柘林镇乡村公路管理站	8	奉浦社区乡村公路管理站	4
金汇镇乡村公路管理站	8	金海社区乡村公路管理站	5
青村镇乡村公路管理站	7	化学工业区奉贤分区乡村公路管理站	5
奉城镇乡村公路管理站	8	上海海港综合经济开发区乡村公路管理站	5
四团镇乡村公路管理站	6		

说明：2009年7月15日，全区13个镇（开发区）乡村公路管理站成立。管理人员中含各镇（开发区）分管领导1人，13个管理站管理人员79人

2017年奉贤区乡村公路养护企业情况表

表3-6-3

企业名称	养护范围	地址	养护里程（千米）	企业人员组成（人）			
				合计	专业技术人员	专业技术工人	其他
上海智远建筑工程有限公司	金汇镇、西渡街道	大叶公路6758号	140.77	26	4	2	20
上海华青建筑工程有限公司	青村镇	青村镇南奉公路3459号	91.39	115	18	75	22
上海文怡建筑工程有限公司	上海杭州湾经济开发区	望园路2165弄17号217室	28.99	17	2	5	10
上海盛拓市政建筑有限公司	庄行、南桥、海湾镇	庄良公路683号	194.44	45	7	31	7
上海海奉建设工程有限公司	海湾旅游区	奉炮公路87号	21.58	11	1	5	5
上海奉浦经济发展实业总公司市政工程公司	奉浦街道	环城西路2828号	25.49	11	1	5	5
上海荧锋市政工程有限公司	金海社区	民乐路345号6幢	37.13	61	6	25	30
上海阔品建筑工程有限公司	柘林镇	柘林镇新北路96弄28号	83.99	33	8	20	5
上海红达建筑工程有限公司	柘林镇	柘林镇前胜940号		17	1	11	5
上海坎赛水利市政有限公司	奉城镇	金海公路5885号3095室	109.96	25	5	10	10
上海鼎港建筑工程有限公司	四团镇	沪发路250号	59.52	24	10	4	10
上海港通市政建筑工程有限公司	海港开发区	平安镇海港路68号4-135室	35.09	150	16	66	68
合计			828.35	535	79	259	197

附：

奉贤区区管公路养护质量考核办法

（2009年修订）

为加强对我区区管公路的行业管理，贯彻交通部“三十二字”公路工作方针，完善竞争机制和淘汰机制，创造一个良好的公路养护市场竞争环境；提高公路养护工程质量，提升行业管理水平，促进公路养护管理逐步走上科学化、制度化的轨道，特制订本考核办法。

第一条 适用范围：凡在奉贤区公路管理署管养范围内的区管公路日常养护工程。

第二条 考核组织：考核单位为奉贤区公路管理署；考核业务主管部门为署公路设施管理科。

第三条 考核依据：根据本办法制定的评分标准进行考核，公路设施养护维修技术标准参照《公路养护技术规范》(JTJ073-96)、《公路沥青路面养护技术规程》(SZ-21-2002)、《公路水泥混凝土路面养护技术规范》(JTJ07317-2001)、《公路桥涵养护规范》(JTGH11-2004)、《公路技术状况评定标准》(JTGH20-2007)、《上海公路绿化养护技术规程》(SZ-36-2004)、上海市《园林植物养护技术规程》(DBJ08-19-91)、上海市公路处（沪路管养〔2003〕317号文《关于印发〈上海市公路养护管理工作制度（试行）〉的通知》及其他有关标准、规定、施工承包合同、招投标文件。

第四条 考核范围和内容

中标单位养护的各标段区管公路及其附属设施。包括：路面、路基、防护设施、桥涵、排水设施、公路附属设施、绿化、基础管理、安全生产及文明施工、路政管理、防汛防台抗灾等社会职能。

第五条 考核方法：公路养护管理检查考核采取日常抽查（日常巡查）、每月定期检查考核、每季度检查考核和上级检查考核相结合的方法。

1．日常抽查（日常巡查）由署设施管理科负责。署设施管理科将署日常抽查（日常巡查）情况，分类汇总后随时反馈相关养护管理单位，并将本月日常抽查（日常巡查）结果按1∶1比例计入当月考核总分。

2．每月定期检查考核由署设施管理负责。每月组织一次，并根据附表《奉贤区区管公路养护质量考核评分标准》进行打分，每月公布检查结果。每月定期检查考核的结果按1∶1比例计入当月考评总分。月度（含一、三季度）检查工作定于每月25～28日进行（逢双休日，时间向后推迟）。

3．每季末定期检查考核由署设施管理科组织一次由署和养护单位各有关部门参加的检查，对养护管理的公路进行考核。检查工作采取全面检查与重点抽查相结合的方式进行，原则上由被查单位进行自查情况汇报并由检查组确定抽查的路段。检查评分满分1000分，折算成百分制。月度评分占季度评分30%、季度末检查评分占季度评分的40%。每季度通报检查结果。

4. 标段年度考核综合得分＝标段第一季度考核得分×15%+标段第二季度考核得分×30%+标段第三季度考核得分×15%+标段第四季度考核得分×40%。其中标段第二、四季度考核得分应包括市公路处考核分（属甲方的内业、路政、信息化考核的分数除外）×40%+甲方季度考核得分×60%（千分考核折为百分考核）。

5. 上级检查考核是由署上级主管机构（交通部、市公路处）实施的各类检查，包含全国公路大检查、市公路大检查等。上级检查考核（属甲方的内业、路政、信息化考核的分数除外）结果按40%比例计入当季度该标段考评总分。

6. 采用多媒体等方式予以辅助考核，每次考核后的照片等资料由公路管理署负责全部整理存档以便查询核对。

第六条　检查内容与要求：围绕“畅、洁、绿、美、平、安全”及“养护精细化、管理精深化、服务人性化”的工作目标进行考核，使公路经常保持良好的使用状态。

1. 养护作业单位应每月向甲方提供公路养护与管理状况自查材料，其中应包括：养护工程量、养护质量、小修工程状况、养护计划与完成情况及有关的内业资料管理等。

2. 检查考核中发现的问题，由署设施管理科发出养护整改通知单督促各养护单位进行整改，养护公司应在限期内进行整改，并在整改完毕后通知管理署复查。整改后仍未达标的，将予以通报批评。

3. 检查考核内容详见附表《奉贤区区管公路养护质量检查考核评分标准》。

第七条　考核等级标准：公路养护检查考核采取季度、年终考核不合格淘汰办法。月、季度、年度考核合格分为80分（千分制折算成百分制）。

1. 年终考核综合评分（即年度合格分）80分（含80分）以上，同时全年月评分有10个月（包括10个月）在80分以上者，为合格。否则为不合格。

2. 年终综合评分不合格者，根据合同约定，自动终止其合同。

3. 季度综合评分不合格者，根据合同约定，自动终止其合同。

4. 若月评分低于合格分者，当月提出警告；当年有两个月评分低于合格分者，予以暂停发放工程款；当年有三个月评分低于合格分者，将中止合同。

第八条　考分公布：每月、每季度及年度考评由管理署通报相关养护单位。对考核结果产生重大疑义的被考核养护作业单位，可在七个工作日内申请复议。

第九条　奖惩方法

1. 署每月对养护单位完成的工作量进行考核，每季度末进行季度总结，年终进行汇总。未完成养护维修任务的，根据其工作项目，核扣相应部分的经费。

2．日常养护承包总价的支付依据总价合同价分季度进行支付。日常养护经费的支付由管理署设施管理科在每季度末根据养护标段设施量增、减情况及承包单位在该季度完成的实际工作量和该季度实得分，开出审定结算单。

3．按各标段年终考核名次设一、二、三等奖，一等奖奖励五万元，二等奖奖励三万元，三等奖奖励一万元。

4．公路技术状况指数MQI值必须达到业主下达的年度指标，达不到时，每少一分，养护经费均应扣除年度合同总价的2%。该部分费用在年终第四季度支付中调整。

5．署对养护单位奖罚的实绩，将作为今后养护招投标的依据。

第十条　合同的终止

1．如养护单位破产或无力偿还债务，管理署无需对养护单位进行补偿，可在任何时间内书面通知养护单位终止合同。

2．合同期内，由于养护单位没有遵守国家的有关法规，引起政府职能部门处罚或停工整改；或由于养护单位安全生产措施不力，违反安全操作规程而导致工伤事故；管理署有权终止或部分终止合同，并由养护单位承担相应的损失和费用及法律责任。

3．养护单位承包养护的公路路段，在实施拓宽改建或者大中修工程期间以及结构质量保修期内，养护合同自然终止。具体涉及终止的路段、时限、内容按管理署书面通知为准。

4．根据养护检查评分标准，养护单位承包养护的标段在甲方组织的每季度考核、上半年度养护考核和年终养护大检查中，评分不合格的，合同终止，重新进行招标。

5．养护单位对甲方的整改通知单在7日内未采取整改行为或在规定的日期内未整改完成的，合同终止，重新进行招标。

6．养护单位承包养护的标段在署组织的养护质量考核中一年中有3个月考核低于合格分的，合同终止，重新进行招标。

7．养护单位对保护路产、路权不力导致路容、路貌急剧下降的，或不支持、不配合路政执法工作的，合同终止，重新进行招标。

8．养护单位不按照招标文件日常养护工作量清单的规定进行养护管理或者违背投标承诺，合同终止，重新进行招标。

9．因考核不合格而终止合同，由此产生的损失均由养护单位负责，同时应按照合同有关条款追究养护单位的相应责任。被淘汰的养护单位不得参加本标段的再次报价。

第十一条　附则

（一）本办法自发布之日起实施。

（二）本办法由奉贤区公路管理署负责解释。

上海市奉贤区公路管理署
二〇〇九年三月十六日

3．大中修、小修、抢修工程

50年代初，公路养护以中、小修为主。1957—1959年，全县县道公路总长度47.14千米，桥梁44座，大中修任务逐渐加重。60年代，县工务所设大修队、中修队，专门负责公路翻修和养护，并在全县建立道班负责小修工程。70年代末改革开放后，随着经济发展和运输量的增加，公路、桥梁的负荷也日趋加重，公路养护维修成为奉贤公路管理的主要工作。1985—2000年，县道大中修工程养护经费8746.57万元。2001—2017年，公路大中修工程费8.05亿元。小修工程费8.45亿元，其他工程费10.99亿元。合计工程经费总额27.49亿元。

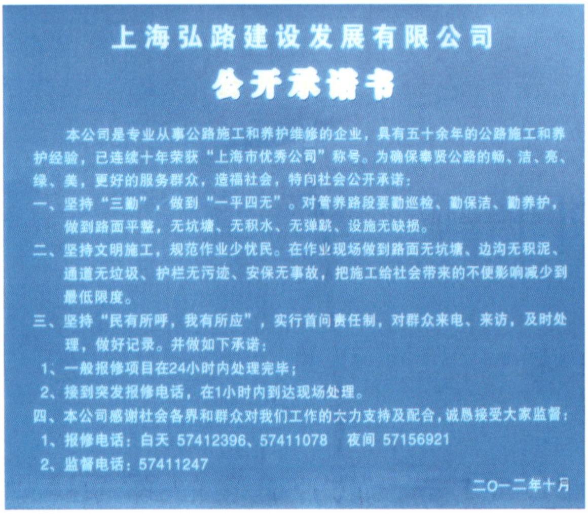

2012年10月，上海弘路建设发展有限公司公开承诺书

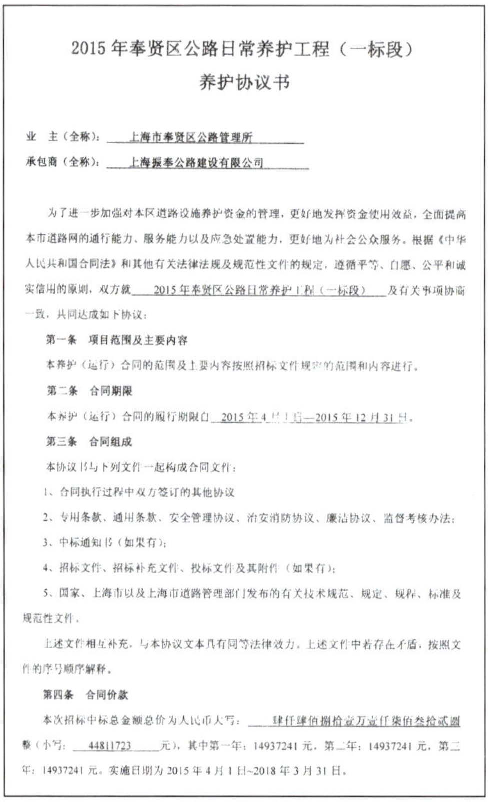

2015年奉贤区公路日常养护工程（一标段）
养护协议书

业　主（全称）：上海市奉贤区公路管理所
承包商（全称）：上海振奉公路建设有限公司

为了进一步加强对本区道路设施养护资金的管理，更好地发挥资金使用效益，全面提高本市道路网的通行能力、服务能力以及应急处置能力，更好地为社会公众服务。根据《中华人民共和国合同法》和其他有关法律法规及规范性文件的规定，遵循平等、自愿、公平和诚实信用的原则，双方就2015年奉贤区公路日常养护工程（一标段）及有关事项协商一致，共同达成如下协议：

第一条　项目范围及主要内容

本养护（运行）合同的范围及主要内容按照招标文件规定的范围和内容进行。

第二条　合同期限

本养护（运行）合同的履行期限自2015年4月1日—2015年12月31日。

第三条　合同组成

本协议书与下列文件一起构成合同文件：

1、合同执行过程中双方签订的其他协议

2、专用条款、通用条款、安全管理协议、治安消防协议、廉洁协议、监督考核办法；

3、中标通知书（如果有）；

4、招标文件、招标补充文件、投标文件及其附件（如果有）；

5、国家、上海市以及上海市道路管理部门发布的有关技术规范、规定、规程、标准及规范性文件。

上述文件相互补充，与本协议文本具有同等法律效力。上述文件中若存在矛盾，按照文件的序号顺序解释。

第四条　合同价款

本次招标中标总金额总价为人民币大写：肆仟肆佰捌拾壹万壹仟柒佰叁拾贰圆整（小写：44811723元），其中第一年：14937241元，第二年：14937241元，第三年：14937241元。实施日期为2015年4月1日~2018年3月31日。

2015年奉贤区公路日常养护工程（一标段）养护协议书

1985—2017 年部分年份奉贤区（县）县道部分养护工程计划表

表 3-6-4　　单位：万元

年份	主要大中修道路（桥梁）名称、地段	计划投入资金	全年计划投资合计
1985	奉新公路（中修）	7.06	60.26
	四平公路（中修）	16.19	
	南桥桥（中修）	1.54	
	南亭公路加固（大修）	35.47	
1986	光钱公路拓宽	41.68	121.48
	庄胡公路路肩拓宽	21.48	
	四平公路 3K—4K（中修）	9.64	
	燎钦公路 4K—4K+990（中修）	7.51	
	10 公里优良路建设	38.78	
	人行道铺设	2.39	
1987	奉炮公路 0K—2K（中修）	20.26	75.99
	航南公路 0K—1K+320（中修）	21.46	
	10 千米优良路建设	34.27	
1988	五四公路（中修）	21.48	90.71
	燎钦公路（中修）	4.03	
	航南公路优良路段建设	42.04	
	萧郧公路（中修）	23.16	
1989	四平公路 K0+000—K2+000	27.13	64.53
	五四公路 K7+000—K5+000	27.4	
	星火公路 K4+000—K5+000	10.00	
1991	光钱公路 1K+230—2K+780	57.47	57.47
1993	闸钦公路 0K—2K（中修）	169.39	249.39
	GBM 工程	80.00	
1994	沪杭公路 53K+000—56K+000（中修）	243.16	894.45
	沪杭公路 42K+100—42K+900（中修）	80.85	
	奉柘公路 0K—3K（中修）	206.37	
	沿浦公路（闵行区界—航南路）（中修）	136.72	
	奉柘公路钦公塘桥顶#（中修）	58.15	
	萧郧公路竹港桥档墙工程（中修）	55.11	
	南亭公路李家港桥改涵洞（中修）	42.09	
	川南奉公路 GBM 工程（中修）	72.00	
1995	航南公路 8K—10K+500（中修）	179.55	281.11
	齐金公路 3K+400—4K+400（中修）	68.17	
	齐金公路潭港桥改涵（中修）	33.39	
1996	沪杭公路（广电厂—人民桥）（中修）	149.00	284.00
	四平公路（中修）	135.00	

续表 3-6-4 单位：万元

年份	主要大中修道路（桥梁）名称、地段	计划投入资金	全年计划投资合计
1997	南奉公路（环城东路—菜场路）（中修）	90.00	1159.55
	川南奉公路（四平公路—三团港）（中修）	149.55	
	航南公路（菜场路—人民桥）（大修）	300.00	
	南亭公路（菜场路—沪杭公路）（大修）	620.00	
1998	川南奉公路（南门港—洪庙墙）（中修）	146.03	555.24
	沪杭公路慢车道桥坡（中修）	133.78	
	大叶公路慢车道（中修）	154.04	
	航南公路（4K—8K）桥坡工程（中修）	60.75	
	大亭公路桥坡维修（莘奉公路—沪杭公路）（中修）	60.64	
2001	大叶公路收费站口、沪杭公路（38K+000—48K+500）	105.00	875.00
	光钱公路（0K+000—2K+730）金闸公路（大叶公路—县界）（中修）	160.00	
	新寺、青村镇区人行道板（中修）	75.00	
	星火公路（0K+000—1K+800）航塘公路（3K+900—11K+200）（中修）	305.00	
	泰青公路（0K+900—7K+000）（中修）	180.00	
	4 号线南段过路涵抢修工程（中修）	50.00	
2002	南亭公路（南桥路—沪杭公路）（中修）	130.00	990.00
	燎钦公路（0K+100—5K+100）（中修）	185.00	
	奉炮公路（0K+000—2K+200）（中修）	100.00	
	大叶公路（11K+100—15K+100）（中修）	240.00	
	航南公路（6K+100—7K+440）（中修）	110.00	
	航塘公路（1K+830—4K+100）（中修）	100.00	
	南桥路（0K+100—1K+100）（中修）	90.00	
	川南奉公路（52K+800—53K+100）（中修）	35.00	
2003	五四公路（老四平公路—五四支路）（中修）	120.00	865.00
	西闸公路东段（沪杭公路—沿江路）（中修）	160.00	
	新杨公路（浦东运河—五四农场）（中修）	105.00	
	闸钦公路（长浜桥—浦星公路）（中修）	100.00	
	洪朱公路（大亭公路—五四公路）（中修）	220.00	
	胡滨公路（庄胡公路—沪杭公路）（中修）	160.00	
2004	五四公路（洪朱公路—奉干公路）（中修）	110.00	1420.00
	奉炮公路镇区段（中修）	60.00	
	航南公路（11K—13K）（中修）	80.00	
	齐金公路（金汇镇区—大叶公路）（中修）	110.00	
	洪朱公路（川南奉公路—大亭公路跨线）（中修）	250.00	
	胡滨路（庄胡路—跨线桥）（中修）	110.00	
	南桥路（0K—2.09K）（中修）	300.00	
	川南奉公路（三团港桥—洪庙桥）（中修）	400.00	

续表 3-6-4　　　　单位：万元

年份	主要大中修道路（桥梁）名称、地段	计划投入资金	全年计划投资合计
2005	南奉公路（金海路—金汇港）、大叶公路（金海路—浦星公路）	755.00	755.00
2006	川南奉公路（三团港桥—南门港桥）（中修）	750.00	2020.00
	川南奉公路（南门港桥—新奉公路）（中修）	150.00	
	五四公路（沿塘河桥—红卫港桥）（中修）	130.00	
	航南公路（航南公路—金钱公路）（中修）	60.00	
	金钱公路（大叶公路—航南公路）（中修）	180.00	
	奉柘公路（沿钱公路—南横河桥）（中修）	300.00	
	奉柘公路（金海路—沪杭公路）（中修）	350.00	
	五四公路（中港水闸—五四公路）（中修）	100.00	
2007	大叶公路（大叶支路—A2 跨线桥）（中修）	330.00	2520.00
	金钱公路（团南公路—南奉公路）（中修）	140.00	
	金闸公路（汇中路—大叶公路）（中修）	300.00	
2008	金钱公路（浦星公路—奉柘公路）（中修）	150.00	3160.00
	金闸公路（闵行区界—汇中路）（中修）	90.00	
2009	五四公路（新四平公路—中港场部桥）（中修）	250.00	3200.00
	环城西路（程河浜桥—3K+740）（中修）	350.00	
	金海公路（航南公路—浦南运河桥）（中修）	200.00	
	庄良公路东高麻泾桥拓宽工程（中修）	200.00	
2010	新四平公路（G1501 南出口—东横河桥）（中修）	550.00	3900.00
	新四平公路（G1501 南出口—浦东铁路）（中修）	650.00	
	新四平公路（南芦公路—川南奉公路）（中修）	450.00	
	庄郧公路（大叶公路—航南公路）（中修）	600.00	
	西闸公路（4K+380—5K+540）（中修）	300.00	
	新林公路（竹港桥—金海公路）（中修）	750.00	
	环城西路（大叶公路—程河浜桥）（中修）	300.00	
	芦五公路（区界—五四公路）（中修）	300.00	
2011	燎钦公路（窑厂桥—燎原大桥）（中修）	200.00	9570.00
	平庄西路（沿钱公路—元通村桥）（中修）	250.00	
	庄良公路（北新河桥—东高麻泾桥）（中修）	250.00	
	洪朱公路（G1501 地道—五四公路）（中修）	500.00	
	奉柘公路（海湾路—沪杭公路）（中修）	500.00	
	金钱公路（路头—东长浜桥）（中修）	250.00	
	金钱公路（G1501—平庄西路）（中修）	300.00	
	泰青公路（大叶公路—团青公路）（中修）	750.00	
	南桥路（航南公路—人民桥）（中修）	250.00	
	沪杭公路（浦南运河路—南亭公路）（中修）	500.00	

续表 3-6-4　　　　　单位：万元

年份	主要大中修道路（桥梁）名称、地段	计划投入资金	全年计划投资合计
2011	环城东路（奉浦大道—航南公路）（中修）	700.00	
	奉柘公路（金汇港桥—金海公路）（中修）	300.00	
	沪杭公路中横港桥（中修）	250.00	
	航塘公路（奉柘公路—平庄东路）（中修）	200.00	
	洪朱南路（五四公路—随塘河桥）（中修）	350.00	
	五四中心路（平洪路—平庄东路）（中修）	200.00	
	新奉公路（大叶公路交叉口）（中修）	300.00	
	奉柘公路（航塘公路—朱墩桥）预防养护	90.00	
	金钱公路（东长浜桥—大叶公路）预防养护	30.00	
	平庄西路（沿钱公路—浦星公路）预防养护	140.00	
	五四公路（沿塘河桥—洪卫港桥）预防养护	70.00	
	瓦洪公路（G1501—平庄东路　团青公路—川南奉公路）预防养护	140.00	
	五四公路（场部桥—场中路）GBM 工程	250.00	
	团青公路（航塘公路—南奉公路）文明路创建	300.00	
	海农公路（星火公路—海兴路）交通整治	200.00	
	金大公路（浦星公路—金钱公路）交通整治	100.00	
	应急抢修公路	800.00	
	公路桥梁检侧抢修	600.00	
	县道标志标线护栏工程	500.00	
	奉柘公路（金汇港桥—金海公路）	300.00	
2012	泰青公路（航南公路—大叶公路）（大修）	700.00	8880.00
	奉柘公路（金海公路—海湾路）（中修）	250.00	
	沪杭公路（南庄路—新寺社区）（中修）	350.00	
	胡滨公路（胡阮路—楚华路）（中修）	350.00	
	六团公路（大叶公路—三团港路）（中修）	300.00	
	沿钱公路（南奉公路—奉柘公路）（中修）	150.00	
	扶港路（西闸公路—华松路）（中修）	550.00	
	大亭公路（庄良公路—龙泉港桥）（中修）	200.00	
	航南公路（环城东路—南桥路）（中修）	80.00	
	随塘河路（五四公路—燎钦公路）（中修）	750.00	
	庄邬公路（航南公路—南亭公路）（中修）	250.00	
	海湾路（S4 出口—奉柘公路）（中修）	300.00	
	奉干公路安保工程（路头—五四公路）（中修）	200.00	
	五四公路安保工程（旅专北侧）（中修）	20.00	
	绿化整治	400.00	
	标志标线护栏	600.00	

续表 3-6-4　　单位：万元

年份	主要大中修道路（桥梁）名称、地段	计划投入资金	全年计划投资合计
2012	新奉公路（人潮河桥—蔡建河桥）（中修）	500.00	
	其他县道整治、应急抢险抢修	1930.00	
2013	四平公路（川南奉公路—平庄东路）（中修）	750.00	8620.00
	海湾路（奉柘公路—金汇塘路）（中修）	800.00	
	奉柘公路（浦星公路—钦公塘桥）（中修）	180.00	
	航南公路（沪杭公路—S4）（中修）	550.00	
	南桥路（人民桥—新建西路）（中修）	100.00	
	南海公路（奉柘公路—海思路）（中修）	300.00	
	奉柘公路钦公塘桥（钦公塘桥）（中修）	800.00	
	航南公路齐贤大桥（齐贤大桥）（中修）	1000.00	
	奉浦大道（沪杭公路—环城西路）（中修）	800.00	
	奉庄公路（环城西路—浦卫公路）（中修）	300.00	
	大亭公路（庄良公路—龙泉港桥）（中修）	240.00	
	公交港湾式改造（中修）	500.00	
	扶港路（华松路—大叶公路）（中修）	600.00	
	新杨公路（海杰路—浦东铁路地道南）（中修）	300.00	
	金海公路（G1501 跨线桥—平庄西路）（中修）	550.00	
	南庄路（吴塘港桥—沙港桥）（中修）	350.00	
	五四支路（四平公路—五四公路）（中修）	500.00	
2014	四平公路（平禄路—五四支路）（中修）	160.00	9000.00
	平庄西路（沿钱公路—浦星公路）上行（中修）	620.00	
	平庄西路（元通村桥—浦星公路）下行（中修）	380.00	
	团青公路（北唐路—沿钱公路）上下行（中修）	1120.00	
	奉柘公路（海农公路—南横河桥）（中修）	360.00	
	环城东路（奉浦大道—大叶公路）（中修）	1520.00	
	沿钱公路（南奉公路南—奉柘公路）（中修）	1030.00	
	海思路（奉炮公路—南海公路）（中修）	650.00	
	新林公路（金海公路—S4 跨线桥东堍）（中修）	310.00	
	观工路（沪杭公路—沙港桥）（中修）	400.00	
	奉浦大道（S4 跨线桥西堍—沪杭公路）（中修）	1030.00	
	公交港湾式改造（中修）	500.00	
	沪杭公路（奉柘公路—金山区界）（中修）	600.00	
	平庄西路（老横泾桥—贝港桥）（中修）	320.00	

续表 3-6-4 单位：万元

年份	主要大中修道路（桥梁）名称、地段	计划投入资金	全年计划投资合计
2015	西闸公路（金汇港水闸—4K+400）（中修）	800.00	8530.00
	西闸支路（西闸公路—扶港路）（中修）	200.00	
	西闸公路（沪杭公路—扶港路）（中修）	500.00	
	港湾式公交站改造工程（部分道路）（中修）	500.00	
	海思路（奉炮公路—海湾路）（中修）	400.00	
	海思路（海湾路—南海公路）（中修）	800.00	
	南海公路（奉柘公路—海思路）（中修）	480.00	
	环城西路（航南公路—上海汇缘公司）（中修）	420.00	
	南庄路（S4—环城东路）（中修）	350.00	
	团青公路（新奉公路—北唐路）上行（中修）	560.00	
	团青公路（新奉公路—北唐路）下行（中修）	560.00	
	平庄西路（金海公路—金汇港西堍）上行（中修）	200.00	
	平庄西路（金海公路—金汇港西堍）下行（中修）	200.00	
	平庄西路（沿钱公路—元通村桥）下行（中修）	320.00	
	航南公路（齐贤大桥—金海公路）（中修）	600.00	
	五四公路（沿塘河桥）（中修）	340.00	
	桥梁应急抢修（航塘公路浦现运河桥等）	800.00	
	交通安全设施改造完善工程	500.00	
2016	平庄西路（浦星公路—金汇港桥上行）	200.00	9145.00
	平庄西路（浦星公路—金汇港桥下行）	200.00	
	航南公路（环城西路—沪杭公路）	800.00	
	团青公路（沿钱公路—南奉公路上行）	300.00	
	团青公路（沿钱公路—南奉公路下行）	300.00	
	奉庄公路（竹港桥—环城西路）	500.00	
	燎钦公路（奉柘公路—燎原公路）	800.00	
	奉燎公路（新奉公路—燎钦公路）	350.00	
	五四公路（瓦洪公路—奉朱公路）	300.00	
	金钱公路（长浜河桥—平庄西路）	350.00	
	环城东路（大叶公路—奉浦大道）	850.00	
	大亭公路（龙泉港桥接坡）	150.00	
	全区公交港湾式车站改造	350.00	
	奉浦大道（S4—沪杭公路）	350.00	
	西闸公路（5K+500—6K+100）	250.00	
	环城西路（西闸公路—大叶公路）	915.00	
	奉柘公路（G1501—平庄东路）	500.00	
	奉柘公路（钦公塘桥—南海公路）	1280.00	
	庄胡公路（前进中心河桥—6K+300）	400.00	

续表 3-6-4　　单位：万元

年份	主要大中修道路（桥梁）名称、地段	计划投入资金	全年计划投资合计
2017	平庄西路（环城东路—江海南路下行）	350.00	8400.00
	平庄西路（金海公路—环城东路下行）	750.00	
	奉柘公路（平庄东路—沿钱公路）	1100.00	
	航南公路（林海公路—小闸港桥）	350.00	
	航南公路（S4—南桥路）	700.00	
	团青公路（瓦洪公路—新奉公路上行）	850.00	
	平庄东路（良民河—4K+100下行）	500.00	
	奉柘公路（南横河桥—钦公塘桥）	450.00	
	海农公路（奉柘公路—星火公路）	150.00	
	奉干公路（奉海公路—五四公路）	700.00	
	沪杭公路（南亭公路—南庄公路）	750.00	
	新奉公路（蔡建河桥—新利河桥）	1050.00	
	随塘河路（四海路—燎钦公路）	450.00	

1985—2000年奉贤县公路大中修工程费实际投入情况表

表 3-6-5　　单位：万元

年份	养路工程经费	年份	养路工程经费
1985	60.26	1994	894.35
1986	121.48	1995	281.71
1987	75.99	1996	284.00
1988	90.71	1997	1281.25
1989	64.53	1998	555.24
1991	57.47	1999	2050.00
1993	249.39	2000	2680.19

说明：本表数据仅为县道养路工程费支出

2001—2017年奉贤区公路养护工程费实际投入情况表

表 3-6-6　　单位：万元

年份	合计	其中			
		小修	中修	抢修	区、镇补贴
合计	258189.53	99045.75	66046.13	51877.46	41220.19
2001	3298.13	2287.40	817.76	62.25	130.72
2002	3562.86	2666.64	800.20	69.98	26.02
2003	5046.28	2835.43	737.48	173.38	1300.00
2004	7942.87	3924.77	1549.31	1315.28	1153.52
2005	8985.58	5234.61	822.89	1576.61	1351.46
2006	9114.40	4212.55	1254.08	2313.14	1334.62
2007	10112.64	3534.06	761.12	3807.82	2009.63

续表 3-6-6 单位：万元

年份	合计	其中			
		小修	中修	抢修	区、镇补贴
2008	11407.51	4006.35	400.07	5857.46	1143.63
2009	14889.12	4700.78	1326.69	6131.26	2730.39
2010	15071.20	5013.98	4644.36	1912.15	3500.71
2011	22308.76	7130.63	4784.82	4334.82	6058.50
2012	20311.58	6609.11	8855.63	1476.84	3370.00
2013	19204.97	7308.68	7158.54	2000.36	2737.38
2014	20856.46	7986.95	7978.82	1907.42	2983.27
2015	30212.08	9964.07	10871.81	5152.90	4223.29
2016	26156.24	10242.85	8445.00	3385.36	4083.02
2017	29708.86	11386.87	4837.55	10400.42	3084.01

说明：本表数据由财务科提供，为全区区管公路实际投入养路工程费

附：

奉贤区公路大中小修加固标准

大修工程 对公路及沿线设施较大损坏的进行全面综合修理，以恢复原设计标准，或在原技术等级范围内局部改善或个别提高，以提高公路通行能力的工程。

中修工程 对公路及沿线设施一般性磨损和局部损坏部分进行修理加固、更换和局部改善，以恢复公路原有技术状况的工程。

小修保养 对公路及沿线设施经常进行维护保养和修补其轻微损坏部分的作业。

加固 当构造物局部损坏或承载力不足时而进行的修复和局部补强工程。

4．危桥改造

解放初，抢修被溃逃国民党军炸毁的沪杭公路桥梁18座。50年代，改造南桥镇古桥危桥5座。1962年，沪杭公路木质桥梁全部改为钢筋混凝土桥梁。1965年，南航公路13座桥梁全部改造。70年代，改造南亭、南奉、川南奉公路等干道危桥26座，改建南桥市政桥梁10座。1988年9月，五四公路中港双曲拱桥突然倒塌，引起有关部门重视。次年，对公路桥梁进行全面检查，改造危桥。1993—1997年，奉贤计征危桥

2014年，青村镇花角村老金汇港拆除危桥，在大桥南侧新建新林公路金汇港大桥

维修费2400余万元，维修县管河道桥梁、市政道路桥梁（危桥）219座。1999年，先后改造道路危桥54座。2001年，检查乡村道路桥梁426座。其中危桥375座（特危桥59座），陆续组织改造。2007年，县政府按照昆山会议精神，制定以路桥建设为重点的新农村建设三年行动纲领，成立乡村道路建设和危桥改造管理办公室。是年改造各类危桥337座。其中区级河道桥梁26座，乡村道路桥梁89座。2009年，奉贤各镇、开发区成立乡村道路管理站，加大公路、市政桥梁管理养护、改造力度。至2011年，全区累计改造各类桥梁1478座。2015年，区公路市政工程管理所制定《奉贤区公路市政桥梁突发事件应急处置预案》，对桥下堆物、乱搭建、船舶违章停泊等进行集中整治，健全对大型桥梁的定期检查制度。通过招投标形式委托专业桥梁检测单位对区管公路、市政桥梁进行定期检测。是年，改造农村道路危桥69座。“十二五”期间，全区改造农村危桥446座。2017年，完成技术状况较差的环城南路竹港桥、沿浦路苗港桥、西闸公路大溇港桥抢修改造。

二、市政设施养护管理

1．养护经费

解放后，南桥镇市政设施不断建设和发展。70年代初，奉贤市政设施养护经费是养护管理的焦点，由于市政设施养护经费有限，养护管理困难。1977年12月，南桥镇维修养护工程队成立后，市政设施养护经费由南桥镇安排。1981年，建立市政工程管理所。80—90年代初，南桥镇市政道路养护经费由市建委投资处安排。1991年《上海市市政设施养护定额》发布，但与不断开发的市政设施的管理养护要求相比，经费定额仍不相适应。90年代中期起，南桥镇市政设施养护经费采用财政预算拨付方式，江海及其他集镇设施养护经费以乡镇自筹为主，县财政视情况适当补贴。2000年，市政定额站负责主编、市管处和排水处参编《上海市市政设施养护维修经费定额》文件，于2002年发布执行，为测算养护经费提供依据。是年起，奉贤区每年上报道路设施、下水道设施、防洪墙驳岸设施、桥梁

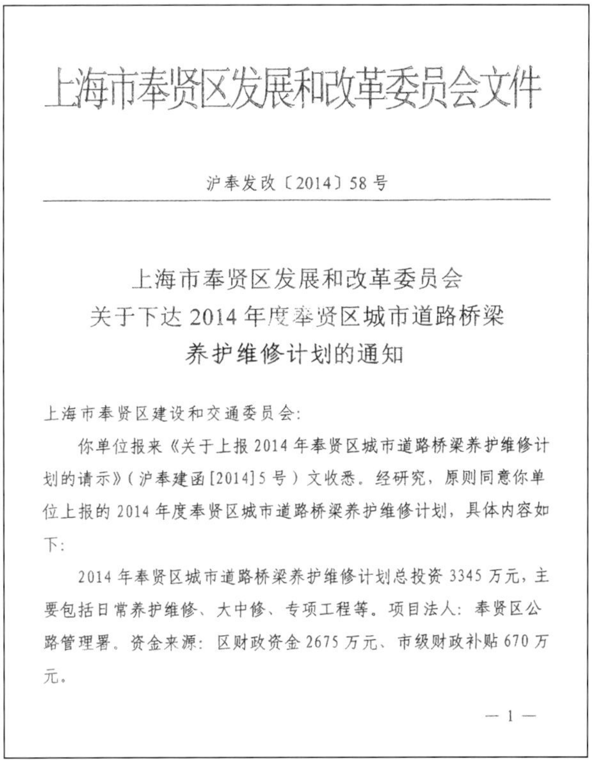
上海市奉贤区发展和改革委员会文件

沪奉发改〔2014〕58号

上海市奉贤区发展和改革委员会
关于下达2014年度奉贤区城市道路桥梁
养护维修计划的通知

上海市奉贤区建设和交通委员会：

你单位报来《关于上报2014年奉贤区城市道路桥梁养护维修计划的请示》（沪奉建函[2014]5号）文收悉。经研究，原则同意你单位上报的2014年度奉贤区城市道路桥梁养护维修计划，具体内容如下：

2014年奉贤区城市道路桥梁养护维修计划总投资3345万元，主要包括日常养护维修、大中修、专项工程等。项目法人：奉贤区公路管理署。资金来源：区财政资金2675万元、市级财政补贴670万元。

— 1 —

2014年奉贤区城市道路、桥梁养护维修计划

及地道市政设施养护维修经费定额，根据设施项目经费定额，由市政管理部门提交计划报告，分别列入区各年度社会发展财政预算计划，养护经费使用管理逐渐规范。2006年为迎奥运、迎世博，以南桥为重点的市政道路设施养护经费投资增加。2010年，市政道路养护经费超过1900万元。2015年市政道路实际投入养护经费为2034万元，其中：日常养护696万元，大中修工程355万元，单项工程360万元，预留项目196万元，事业管理费427万元。1999—2015年，全区市政道路养护经费投入累计为2.30亿元。2016—2017年，加大奉贤新城为重点的市政道路养护经费投资，合计9425万元。

1999—2017年奉贤区市政道路养护经费投入情况表

表3-6-7　　单位：万元

年份	金额	年份	金额	年份	金额
1999	292.00	2006	1119.00	2013	2600.00
2000	206.00	2007	1546.00	2014	3345.00
2001	280.00	2008	1678.00	2015	2034.00
2002	250.00	2009	1793.60	2016	4805.00
2003	334.00	2010	1929.41	2017	4620.00
2004	500.00	2011	1993.50		
2005	550.00	2012	2590.00		

2. 日常养护

50—70年代初，南桥镇市政设施没有建立专门养护机构，处于各单位分散各自养护状态，养护程度不一。70年代末，建立南桥镇维修养护工程队，日常养护逐步形成制度。80—90年代，道路日常养护属于经常性和预防性的工作，工程包括路面、路肩、路边、人行道、桥梁和交通服务设施等的养护。路面养护随着等级的提高、交通量增加和材料价格的增长，养护费用多数用于路面上，因此路面养护占重要地位。养护工作内容随路面的种类不同而异：对于低级的砂砾、碎石路面，主要是平整度和路拱的维持、磨耗层的刮扫和材料的补充；对于低级沥青路面如沥青表面处治等，主要是补坑、封面、松散材料的重拌或重铺等；对于高级路面如沥青路面则有坑洞裂缝的挖补、表面的封层及防滑措施等；水泥路面，主要是接缝的填封、板底淘空的填实和局部板体的更换等。路面养护工作的特点是量小而分散，所需材料的加工和处理方便，施工工具小巧灵活，施工方法快速安全不影响或少影响交通，施工标志昼夜鲜明，防护周到，有效预防交通事故。

90年代末，奉贤区市政道路设施管养体制先后出台“事权下放”“管养分开”“事企分开”“政企分开”等一系列改革措施，逐步将道路设施管理与养护作业分开，原公路所、市政所所辖的事业性质的养护作业单位转制为企业性质的养护公司。

奉贤区市政道路设施养护按照财政和国家法律法规要求，进行政府采购或公开招投标。镇（开发区、社区）管市政设施，养护作业由镇（开发区、社区）组织公开招标。

2001年起，奉贤区道路养护全面实现管养分开。区属道路养护企业与区（县）行政主管部门不存在隶属关系，成为自主经营、自负盈亏、自我发展的市场主体。道路管理机构加快推进事业单位体制改革，实行定岗位、定职能、定编制，提高管理部门及全体职工的积极性。各镇（开发区、社区）市政道路设施管理部门理顺管理体制，落实管理人员编制。镇（开发区、社区）的市政道路日常养护发挥民营企业的作用，通过激活竞争机制，推动养护工作规范化，培育大型综合性养护企业和中小型专业化养护企业，提升专业化、机械化水平。针对大修和日常养护项目特点，规范养护作业市场，实施分类管理，促进企业转型发展。加强日常养护各项考核，促进管养水平全面提升。完善养护作业招投标及合同管理，探索建立有利于形成竞争机制的日常养护作业市场环境和养护企业诚信评价机制，加强绩效管理和成本评估，提升道路设施安全和服务保障水平。

2007年，日常养护完成55千米市政道路及管网、辅助设施小修保养、707座防盗井盖改换工作；南桥镇区28座桥梁日常保养工作。

2008年，配合迎奥运、迎世博，以南桥为重点，维修水泥路面1613平方米，维修沥青路面2480平方米，翻修侧平2932米，翻修彩色人行道2.3万平方米，隔离设施油漆养护1339米，累积全年完成日常养护经费237.10万元。排水管道养护累计疏通管道85.89千米，疏理窨井7215座，积水点改造2处，维修雨水口324座，下水道185米。

2009年，围绕奉贤创建国家卫生城区及世博会保障工作要求，加大日常养护管理工作，坚持不断狠抓路面卫生保洁工作，不断加强路面清扫力度。主要道路清扫1天2次、一般道路1天1次的机械清扫，确保路容路貌整洁。认真做好道路路肩整理工作，对存在缺土路肩及时进行培填土、路肩两侧砂尘堆积及时进行铲锄、保持路肩坡度顺适、排水顺畅。进行实地检查整修，确保路名牌、护栏等附属设施无污染、无损坏；标志标牌结构牢固、醒目、无倾斜、无缺损。加强对道路两侧绿化的日常养护，上半年集中对养护路段绿化安排人工除虫，做好对所有养护路段路肩、边坡的定期打草保洁，树木的防病除虫、喷洒农药。

2010年，针对市政设施存在的不足，全年日常养护完成70千米市政道路及管网、辅助设施小修保养、解决100座窨井井框差的状况、解决运河北路环城东路易买得、区政府所在地区、环城南路等12个积水点；解决运河北路老横泾桥、环城南路竹港桥等5座桥头跳车，南桥镇区39座桥梁日常保养工作。

2011年，日常养护完成78千米市政道路及管网、辅助设施小修保养、解决远东路种福桥、新建中路老横泾桥、解放东路种福桥等47座桥梁日常性保养工作。道路路面维修42平方米，维修沥青路面2201平方米，维修侧平石947米，维修人行道彩色道板、同质砖2150平方米，清掏城区雨水口7545只、检查井4181座，检查窨井、雨水井盖170座，疏通排水管道、连管16.74万米，改造积水点4处，埋设雨水管道24米。二类结构养护完成环城西路、建贤路、江南路，锦绣路人行道整治6600平方米和南桥镇区47座桥梁日常性保养工作、解决110座窨井井框差、解决运河北路贝港桥、远东路种福桥、环城东路运河桥等8座桥头跳车、伸缩缝改造工作。是年6月28日，区公路市政工程管理署配合创建文明城区，组织35名党员干部对南桥老城区35条主次干道、商业街进行一人一路步行巡查活动，发现市政设施路牌歪斜、字迹不清、绿化缺损、路灯不亮等问题10多处，及时转告有关部门进行维修保养。

2012年，维修市政道路水泥路面1291平方米，维修沥青路面2608平方米，翻修侧平石165米，翻修彩色人行道1.4万平方米，隔离设施油漆养护6452米，桥栏杆涂料油漆养护1968米，累积全年完成日常养护经费237.10万元。辅助设施小修保养和南桥镇区47座桥梁日常性保养工作、解决菜场路、解放西路等110座窨井响声，总计投入养护经费400余万元。排水管道养护：累计疏通管道16.62万千米，清捞窨井5656座，清理雨水口8712只，维修雨水口169只，下水道131米。镇区积水点改造：排管720米，投入经费120万元。市政日常养护二类养护结构工程：育秀路、运河路、远东路等道路快车道、人行道修复，共计人行道修复面积5200平方米，道路路面修复面积2200平方米，投入费用200万元。

2013年，奉贤区营造有序、规范、稳定、开放、高效的道路养护作业市场，提升道路设施管理养护水平。结合区、镇（开发区、社区）管理现状，以点带面，分步实施，深化政企分开，开放大修市场，提升养护标准，加强行业监管。提高养护资金的综合使用效率，建立健全各项行业管理制度，推进道路养护科研项目的研究和新技术标准的制定；进一步提高养护作业的市场化竞争水平，增强企业活力，保持队伍稳定。是年，市政道路养护经费为2600万元，其中日常养护620万元，消防栓养护160万元，积水点改造、桥梁检测维修等经费共计820万元。

2015年，在环城东路、环城南路等养护工作中采用沥青透水路面技术，明显提高路面排水能力，达到降噪作用，市政道路养护质量不断提高，道路综合完好率达到96.03%。

2016年，完成16项两类工程（南桥新城5项两类工程）养护工作。修复沥青路面1.57万平方米、水泥路面269平方米，修复人行道8397平方米。2017年，完成日常养护人行道9070平方米，其中同质砖人行道5915平方米，花岗岩、大理石840平方米，砼人行道1835平方米，橡胶人行道840平方米，修复沥青路面4737平方米，修复水泥路面667平方米，沥青灌缝17.5千米。

3．人行道改造

50年代，南桥镇区道路狭窄，路(弄)即为人行道。60—70年代，市政道路加宽，始设人行道、车行道，人行道为砖头铺设。80年代末，南桥城区人行道大多是混凝土、石板、砖石路面，全县各集镇主要道路规划时增加设计人行道。90年代起，随着县城规模扩大，县、镇两级加大投资，对镇区人行道进行全面改造。1997年，南桥镇解放路、人民路等主要路段改铺彩色道板4.89万平方米。1998—2007年，南桥城区翻修、新铺设人行道8.63万平方米，翻修人行道6.46万平方米。

2003年南桥镇古华小区人行道改建工地

2008年，根据市政道路“迎世博600天”行动计划，完成24条路段的人行道整治，更换同质砖道板28.40万平方米。2009年，奉贤区公路市政工程管理署会同同济大学、上海杰唯时新材料技术有限公司联合研发，以废旧橡胶为主要原料加工制成人行道板，先后在奉贤区南奉公路、古华路、秀南路等市政道路人行道上铺设，总面积2.61万平方米。是年，翻修彩色人行道、改铺同质砖2.21万平方米。2010—2013年，翻修彩色人行道5.07万平方米。2015年，南桥城区人行道总面积56.51万平方米，大居人行道总面积9.21万平方米。2017年，公路市政道路建设和人行道同步铺设。完成南桥城区2772平方米人行道铺设。

1997—2017年南桥城区人行道翻修铺设情况表

表3-6-8　　单位：平方米

年份	数量	年份	数量	年份	数量
1997	48900	2004	1731	2011	8750
1998	43023	2005	6543	2012	7000
1999	8601	2006	13568	2013	8400
2000	9684	2007	42700	2014	74946
2001	3696	2008	28400	2015	92054
2002	18960	2009	48231	2016	12277
2003	4405	2010	26561	2017	9320

4．大、中修工程

50—60年代，由于南桥镇区域范围不大，市政设施大中修任务不多。70年代，随着改革开放，镇区市政设施增加，线路工程设施的改建和道路大、中修工程量增多。1985年起，线路及工程设施的改建对原有技术标准的路线、构筑物及设施进行改建或扩建，提高道路的使用性能。道路大、中修是指一般养护手段不能解决的道路及设施进行维修的工程。通过大中修改善路面平整度，延长道路寿命，提高路面抗滑摩擦系数，基层不良路段的翻修加固，改善排水等。大中修主要内容有：路基处理、基层翻修、面层洗刨加罩、设置排水设施等。1986 年，完成市政工程投资 425 万元，竣工道路面积 4 万平方米，完成环城路、古华路、曙光路的施工任务，加快环城北路西段工程建设。1986 — 1989 年，共完成投资 1272.79 万元，其中 1988 年、1989 年，分别超局下达年计划指标的 30% 和 24.3%。

1990 年，由于路面养护日趋重要，创立路面管理系统，用系统管理的方法收集路况情报，确定路面损坏的原因，选择养护和大修的最有效方案，以达到少花钱养好路的目的。是年，完成环城北路东段 1081 米碎石基础，古华、运河、江海小区配套工程，南中路勤俭桥大修工程。1993 — 1996 年，修建市政道路 2.49 万米。其中，1996 年施工量最大，面积达 19 万平方米，年内竣工的市政道路有古华南路、解放东路、环城东路北段、立新路、沪杭路共 6 条。1997 — 1998 年，修建道路 16 条，改建桥梁 3 座，修筑驳岸 750 米，完成投资 7481 万元。

2002 年，完成专项大、中修项目 2 个，计 160 万元。2004 年，大、中修工程投资 108 万元，完成道路维修水泥路面 4307 平方米，沥青路面 5396 平方米。2005 年，大、中修工程投资 108 万元，道路整治投资 110 万元。2006 年起，充分开放大、中修市场。以市场化运作为导向，将道路设施大、中修作业与日常养护分离，明确大、中修与一般日常养护维修的界面划分，以现有道路大修养护的市场化运行机制为基础，按照建设工程招投标模式，实现公正、公平的市场竞争。全面开放区管设施大、中修工程，积极引导、鼓励全市符合条件的相关企业参与竞标，工程所在路段的日常养护企业作为养护主体，优先参与该路段大、中修项目的工程竞标。总投资超过 3000 万元的主要道路大修工程在市级招标平台上进行招标，采取市区（县）平台共同发布信息，积极引导有实力的施工企业参与竞标，逐步打破行政区域界限。按照建设工程管理模式，制定和完善大修工程管理办法，加强大修工程监管，同时兼顾大、中修工程相对作业时间短、内容比较单一的特点，简化相应流程和审批程序。适应道路设施养护维修特点，加大作业安全、文明施工和交通组织投入力度。严格大、中修工程质量管理和竣工验收管理，加大处置违规分包力度，加强大、中修资金监管。2006 年，完成维修水泥路面 2666 平方米，维修沥青路面 1492 平方米，翻修侧平石 2801 米，翻修彩色人行道 1.14 万平方米，累积完成日常养护经费 333.7 万元。排水管道养护共计疏通管道 71.2 千米，清捞疏通窨井、井水口 7433 只，改造管道 122 米，修理增设雨水口 314 座。2007 年，大、中修工程维修水泥路面 1890 平方米，维修沥青路面 3874 平方米。2008 年，完成新建路、南中路、菜场路、古华路的改造；中修秀龙路、轿行路及育秀路人行道。是年，完成市政道路大、中修 5.46 万平方米，投入大、中修工程费 770 万元，完成新建西路、环城东路、古华园路（塘南路）及曙光路大中修。2009年，完成新建东路、解放西路（新成路—贝港路）、古华路（南奉公路—环城南路）等大、中修工程综合整治，整治车行道2.24万平方米，人行道1.44万平方米；维修水泥路面532平方米，维修沥青路面1633平方米。2010年，完成环城东路（航南公路—运河北路）、奉秀路（解放东路至中横河桥）、育秀路（环城东路—江海路）大、中修工程，维修水泥路面613平方米，维修沥青路面2610平方米。整治车行道5.27万平方米，人行道1.03万平方米。

2011年，奉贤市政管理署市政大中修工程共2项，总投资约570万元；完成市政中修工程（秀龙路、轿行路、育秀路、菜场路）路面及人行道维修；环城南路贝港桥东至江海路工程改造。为进一步提高道路养护维修质量，延长道路使用寿命，确保大中修及GBM工程安全、文明施工符合规范要求，奉贤区公路管理署开展"2011年度公路市政大中修及GBM工程立功竞赛活动"，形成抢时间、促进度、保质量、誓立功的竞赛氛围。2012年，完成望园南路、人民路、解放东路、菜场二支路、远东路5条中修工程，维修沥青路面4.3万平方米、人行道7000平方米，大中修投入经费1000万元。2013年，贯彻、落实各项改革工作要求，完善相关配套政策和行业标准，细化各项改革方案，按重点、有步骤启动各项改革工作。全面开放所有道路设施大、中修养护市场，区管新增设施和存量到期设施的养护按照市场化要求实行招标。是年，完成市政道路大、中修工程1.6千米，包括人民中路、人民南路、解放东路、环城东路。市政道路中修工程520万元，大修工程480万元，消防栓养护160万元，积水点改造、桥梁检测维修等经费共计820万元。2014年，完成环城南路、人民路、解放西路、通阳路，秀南路车行道维修工程，共投入资金1200万元。2015年，对高州路车行道局部翻挖补强、华苑路车行道维修，共投入资金345万元。2016—2017年，完成环城南路、环城西路、秀南路、新建路、江南路、育秀西路、通阳路、菜场路、陈桥路等10条市政道路整修、维修里程5.75千米，投入资金2076万元。

第七节　养护管理事项

一、组织管理

解放初期，奉贤未建立公路管理部门，公路由闵行养路站管理。1957年6月，建立奉贤养路工区，始有养护组织。1962年成立奉贤工务所，内设大修队、中修队、小修队，并陆续建立公路养护道班，配备专业管理养护人员。1978年，成立奉贤县公路管理所，不断完善内部管理部门设置，时设道路桥梁工程队、桥梁养护队、运输队、机修车间、养护道班等专业分工的管理组织。

1985年，奉贤县公路管理所下设道路桥梁工程队、运输队、养路费征收站等职能部门及奉城、星火、柘林、庄行、金汇、青村、四团7个养护道班，分别承担路桥建设养护、规费征收、路政管理工作。建立项目施工管理组织，配备技术质量、安全保卫等专业人员，对新建、扩建、改建等大中修项目的施工质量和安全措施进行监督管理。1992年，奉贤县成立“大亭公路筑路指挥部”，公路管理所主要负责人作为指挥部主要成员，坚持参与大亭公路全线施工和组织管理。2000年12月，公路市政实行管养分开，建立公路市政工程管理署，并合署办公，内部设置规划计划、工程管理、路政管理、规费征收等管理部门，明确职能，各司其职。2007年，成立奉贤区乡村公路建设和危桥改造管理办公室，区建交委主任兼任办公室主任。下设的3个项目管理部组织，均由区公路管理署3名副署长负责带班，具体分工负责全区范围内的乡村公路建设和危桥改造工程。是年，针对全区路桥建设工程量大的特点，聘请上海精达监理公司等5家单位组成工程施工监管机构，承担100多个工程全过程监管工作。每个工程配备1名现场监理，总监最多主管就近工程3个~5个。全区形成改造管理办公室、项目管理部和施工企业三级管理组织体系。2009年7月，全区8个建制镇、5个开发区成立乡村公路管理站，区公路市政工程管理署增设乡村公路管理科，形成乡村公路管理组织网络。

2010年，区建交委及区公路管理署建立2个督查组对海湾海振路、南桥新奉路大中修工程养护质量进行全过程督查，召开工程验收现场会，推动施工现场管理。2012年，奉贤区公路市政工程管理署结合区建设交通委大联动中心筹建，建立信息管理组织，进一步加快网络监控与应急处置平台体系建设，路网监控平台粗具规模。是年，区公路管理署安排2个工作小组，深入各个工程工地，对公路建设和桥梁改建进行全面督查，按时完成75.04千米公路大中修和19.03千米达标公路创建任务。2013年，公路管理署以严密的组织管理为基础，建立创建工作岗位责任制，完成浦卫公路、江海南路、环城东路、南海公路等公路18千米创建区级文明样板路工程任务。2014年，公路市政工程管理署正式建立“文华热线”，配备专职人员，加强与社会联系协调。2015年，公路市政工程管理所设专业管理部门12个，区级主要养护公司7家，民营养护企业10余家，形成路桥养护组织体系。2017年，奉贤境内公路继续实行分级管理，县道由区公路管理所、乡村道路以镇（街道）管理为主的管理体系。全区13个乡村道路管理站有管理人员79人。12家乡村道路养护企业有职工535人。奉贤区公路市政工程管理所职能管理部门13个，编制管理人员70人。

二、制度管理

50—60年代，县工务所（养路工区）根据中共中央、国务院《关于加强公路养护和管理工作的指示》精神，逐步建立管理养护制度。“文化大革命”中，公路养护管理制度遭到干扰破坏。1978年，县公路管理所成立后逐步拨乱反正，公路各项管理制度逐步制定完善。

1985年，奉贤县公路市政工程管理所，坚持公路建设谁施工谁负责质量、安全的管理制度。1986—1995年，建设沿浦公路、大亭公路、大叶公路等重大项目，建立和完善项目建设质量、进度、安全和文明施工的例会检查和考评制度，确保工程项目按质按量完成。2000年后，公路建设和大中修项目逐步推行“四制”（招投标制度、合同管理制度、工程监管制度、项目法人负责制）管理机制（以下简称“四制”），成为施工项目建设常态化管理制度。按照《中华人民共和国招标投标法》，扩大公告范围，重视对中标单位的资质实力、诚信相符度的考察，体现公开、公平、公正和择优、诚信的原则，把好招标关。施工阶段，公路市政工程管理所的职能部门重点抓工程监管、质量监督，严格按照国家关于工程质量、安全、技术、工艺的各项规定进行检查，把好监管关。工程项目竣工后，按照项目设计规范要求组织验收，对不合格的项目，追究施工单位、监理、监督人员的责任，明确质量和应承担责任、义务的界定标准，责成履行承诺，不符合要求的及时整改，把好验收交接关。是年，区公路市政工程管理所根据施工养护单位人力、技术、设备等实际，对养护工作进行分类，建立规范、标准、详细的台账制度，制定养护计划工作日志和记录的管理制度。2006年6月，区公路市政工程管理署制定《奉贤区公路大中修工程监督管理制度》（试行），施工项目管理制度逐步完善。2007年，根据区政府《关于乡村路桥工程建设实施办法》的精神，把管理制度落实到基层。庄行、奉城两镇在乡村公路施工前聘请招标代理公司。在乡道危桥工程进行招标代理基础上，对全区各镇100多条乡道和危桥全面实施招投标，择优选择施工队伍，确保施工顺利进行。2008年，全区需改造拆建119千米道路和415座危桥，区公路市政工程管理署特邀请上海市政工程设计院等5家设计单位参与设计方案招投标，经过严格比对和论证，最后报价合理并符合招标综合要求的单位中标。是年，全区改造拆建工程分4个区域，成立项目管理部，区公路管理署署长牵头，4名副署长带班，每个项目部配备3名项目监管，对建设工程项目实行制度化管理。根据市公路处《农村公路建设质量年活动总体方案》和《关于开展2008年农村公路建设质量年检查的通知》精神，以“四制”要求，对公路施工质量进行全面自查、自纠，成为制度。2009年4—5月，按照“四制”要求，选择上海弘路建设发展有限公司等9家企业，承担全区800千米公路里程及600多座桥梁的养护工作。对投资200万元以上路桥工程，在上海建筑建材网上公开招标；200万元以下的工程，在奉贤建交委网上公开招标，健全完善建设程序和建筑市场的行为规范。是年9月，制定《奉贤区公路管理署乡村公路管理养护考核办法》，建立和完善对责任人的奖惩制度。2011年起，连续5年对13家乡村公路管理站进行考核，考核平均分从81.5分提高到90.67分。2015年，制度化管理的加强，全区优良公路里程679.26千米，占公路总里程的84.45%。2017年，坚持道路桥梁管理制度化，全年17个公路、市政道路养护工程项目的立项、设计、方案评审、招投标、工程建设和监管制度进一步规范。

三、质量管理

60年代，公路建设数量增长较快，但修建工程质量意识不强，养护管理水平不高，规章制度不健全，公路失修失养，养护质量受到影响。1963年，根据中共中央、国务院关于公路养护管理的工作要求和交通部关于《公路养护40条》精神，调整养护体制，逐步建立养护道班，实行定线路、定人员、定材料、定经费、定工具的“五定”和分线、分段的道班负责养护制度。1964年，推广道路复土加砂、级配磨耗层，在实践中积累养路经验，道路质量得到提升。70年代，随着养护技术的改进，养护设备更新，道路养护质量有了提高。1985年，县公路市政工程管理所注重质量管理，是年建成的县道庄胡公路首次获得上海市建委系统优良工程称号。

80年代末，县公路市政工程管理所加强公路市政道路建设质量管理，及时消除质量隐患，确保养护质量。1989年起，县公路市政工程管理所以奖惩手段与各班(队)、各分包单位签订承包工程质量合同，明确质量目标管理条款。1990年，为加强道路质量管理，县公路市政工程管理所严把工程项目原材料质量关，对混凝土预制构件的侧平石、路缘石、雨水管道进行回弹检测，经检查合格后准许使用。加强工程质量全过程监管，尤其对重点部位、重点工艺、关键工序、隐蔽工程进行严格检查，对不符合要求的坚决整改。经常检查施工现场的管理、监理人员的到岗率，确保工程项目施工质量的可控和安全、文明施工。

2000年，县公路市政工程管理所为确保施工工程的质量，施工前坚持召开第一次工程例会、监理例会、专题会议，并形成制度，确保工程有序施工。规定每周召开工程例会、每二周召开监理例会，用详细数据及内容各自书面汇报，及时控制进度，使工程质量处于可控状态，消除养护质量隐患。同时召开交通组织、管线交底、新工艺交底等专题会议，推进工程施工。2001年1月起，工程管理科把工程建设、养护质量作为重点工作，深入每个工地，按照质量标准进行工程质量管理。

2002年，公路市政工程管理署把“争创文明工地”作为工程质量管理重要内容，提出凡符合申报创建条件的项目都必须申报文明工地创建，未达到申报条件的项目也要按照文明工地的标准组织施工，严格按设计图纸、规范、标准施工，推进规范化、标准化管理。大中修工程质量经考核验收坚持有奖有罚，对不合格的项目经理、总监实行淘汰制。2006年10月，按照建设部《城镇道路养护规范》，区公路市政工程管理署编制和落实施工的工艺流程，细化施工作业的每个环节，提高质量管理水平。2008年，区路桥建设办公室编辑《奉贤乡村路桥建设专刊》，通报各施工项目质量管理和进度，交流质量管理经验，做到取长补短。2009年，制定《奉贤区公路、市政管理署修建工程管理办法》，加强工程全过程质量管理。在大中修工程中，对桥梁下部结构、道路基层、雨水管道铺管后，均组织施工单位、监理单位及相关人员进行中间验收，经验收质量合格后再进行下一部工程施工。对道路结构层厚度、压实度检测组织相关人员随机抽取。道路建设和大中修工程都进行全过程的监督。

2013 年，区公路市政工程管理署对公路、市政中修工程的 8 个标段（市政 3 个标段、公路 5 个标段）计 21 个单位工程，进行质量考核验收，严把工程质量关。是年，有 4 个单位工程被评为市级文明工地，6 个单位工程被评为市行业级文明工地，全年共淘汰 3 个项目经理、2 个总监，使施工企业从技术管理、施工管理、材料管理、测试与试验、资料管理、竣工验收、关键项目 7 个大类计 23 个小类，到安全、质量、文明施工、进度等方面管理意识及执行力度得到提高。

2015 年，奉贤公路市政工程管理所，为加强路桥施工质量管理，建立工程项目"事前、事中、事后"监管力度，保证在建和养护项目的质量。围绕创建全国文明城区工作为重点，对测评点位及相关路段等多次认真排查，对存在的问题全面落实整治措施，做到及时发现、及时处置，确保路面平整畅通，附属设施完好无损。在新奉公路等大中修工程中，采用路口监控探头、车载"全球眼"移动摄像头等监控措施，实时掌握工程质量、进度、文明施工等情况，加强工程监管。2005—2016 年，工程管理科 4 次被评为市公路行业先进集体。2017 年，坚持道路、桥梁建设和养护施工的质量管理，年内 45 个公路、市政中修工程养护管理质量经验收全部合格。

四、文明安全管理

50—60 年代，施工安全管理逐渐重视。70 年代，工务所设安全保卫科。各施工工地设兼职安全员。80 年代，公路市政工程管理所加强安全教育宣传，贯彻落实《奉贤县消防宣传工作意见》，制定公路市政工程管理所《消防宣传工作实施方案》，并纳入行业年度安全考核内容。开展平安建设宣传月、安全生产月等活动，落实防灾减灾、安全生产警示等措施；运用悬挂横幅，张贴宣传画、标语，发放《班组安全操作规范》等各类宣传资料进行安全宣传教育，做到平安宣传进工地、文明安全施工进班组。

1990 年，公路市政工程管理所落实安全管理责任，实行层层签约。公路管理所与县建交委、市路政局签订安全责任书。是年，所领导与所的各部门签订安全责任书 10 余份，与职工签订文明施工、安全生产、安全驾驶责任书 120 余份。1991 年起，公路市政工程管理所建立日常安全巡查与专项检查相结合的安全保卫制度，以在建工地、桥孔、地道泵站、单位内部为重点，开展安全隐患排查整治工作。坚持每年每月 1 次桥孔设施安全检查；每年 3 月至 9 月期间每月 1 次地道泵站、雨水管网防汛安全检查；区管公路道路设施每周覆盖巡查 1 次，市政道路设施每周覆盖两次巡查。工程监管人员、施工单位质量安全人员每周至少 1 次安全巡查，重要施工节点、工程安全员必须到场。在单位内部每月进行安全检查 1 次，并与相关行业、管辖单位签订安全责任书。每年 7 月至 9 月组织开展安全生产大检查专项行动。在防汛防台工作期间，根据设施量调整以及实际情况，修订完善各项防汛防台应急预案,制定完善地道泵站排水应急预案，做到一泵站一预案。完成地道泵站维修大保养工作，按计划推进雨水管道疏通。2006年起，区公路市政工程管理署制定年度工作考核，把文明安全管理列为考核的主要内容，明确奖惩措施。每年3月至9月每月开展一次防汛安全检查，及时掌握各养护单位防汛防台工作落实情况，排查防汛防台安全隐患。对发现的隐患，督促养护单位限期整改。2009年，区公路管理署把文明施工列为公路养护考核的重要内容，达到“养护精细化、管理精深化、服务人性化”的工作目标。

2013年，先后制定《奉贤区区管公路创建“畅、安、舒、美”养护示范路实施方案》，下发《2013年度安全管理考核办法》和《安全工作计划表》，把文明安全作为常规工作。是年，成立署安全生产大检查领导小组，由署长任组长，先后组织21个检查组，出动86人次，对区管施工现场、地道泵站、跨线桥孔等76处重点设施进行安全生产（消防）大检查，排查隐患36条（其中火灾隐患14条），开具整改通知书5份，并督促整改完毕。是年，举办公路市政行业安全文明施工培训班，施工、养护、监理单位及乡镇的一线施工、管理人员130多名受训。组织施工企业管理人员参加市路政局安全文明施工宣传贯彻会，组织施工企业的一线作业、管理人员168名进行《公路养护安全作业规程》培训。每个施工工地设文明施工铭牌，配备文明施工专管员，提出为民、利民、不扰民的具体措施。

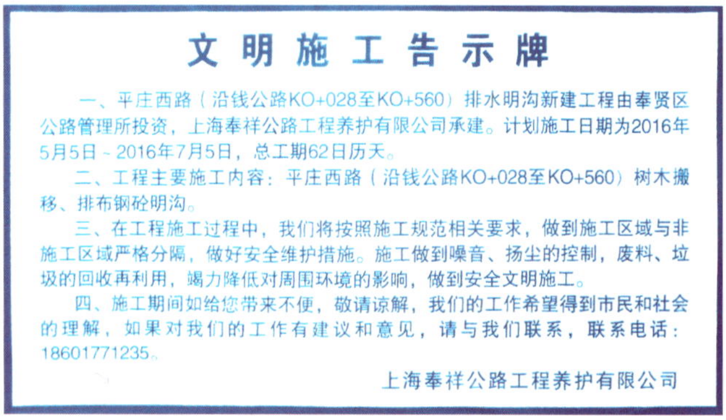

2016年上海奉祥公路工程养护有限公司文明施工告示牌

2015年，奉贤区公路管理所制定《关于进一步加强本区地下空间安全管理的指导意见》《2015年度地下空间安全管理工作责任书》和《关于进一步做好本区地下空间安全大检查的紧急通知》。2011—2017年，环城东路、沿钱公路、奉柘公路、新林公路等57个工地被评为市级（行业级）文明工地。2014—2015年，奉贤区公路管理所被交通运输部授予全国交通运输行业精神文明建设先进集体称号。2017年，组织全休职工学习交通运输部《公路水运工程安全生产监督管理办法》，提高安全防范意识，落实文明安全管理措施。

五、工程验收

60—70年代，县工务所（养路工区）对养护工程质量以自查自验为主。80年代，奉贤区公路管理所重视道路施工的监管和竣工后的验收。1997年7月，县公路市政工程管理所严格按照《中华人民共和国公路法》（以下简称《公路法》）第三十三条“公路建设项目和公路修复竣工后，应当按照国家有关规定进行验收”的要求，坚持道路桥梁项目施工监管和竣工验收相结合，道路桥梁施工与创建GBM公路、文明样板路、文明工地相结合，把施工监管作为项目验收前的基础工作。是年，由公路建设和管理部门牵头，组织施工、监理等部门对大叶公路进行全面验收，道路合格率100%，优良率80%。2006年7月，奉贤区公路管理署根据《公路法》有关规定，制定《奉贤区公路大中修工程监督管理制度》，对工程施工的监管和验收提出明确的规定，加强道路项目监管。2009年9月，针对乡村公路接管后大、中修工程面广量大的实际，制定《奉贤区公路市政工程管理署修建工程管理办法》，把工程竣工后验收部门的组成、验收的时间、地点、验收实测实量、验收评分、验收中需要整改的问题一一作出规定。克服乡村公路重视建设疏于验收的情况，坚持执行修建一批工程，依法验收一批工程制度。2013年，全区GBM公路达标的省、县道占89.6%。2015年，区公路管理所坚持“社会事业社会管、群众利益群众管、公益工程公开管”的原则，加强修建工程验收公开化，保证每个项目验收规范、科学，记录存档。2017年，继续严格执行工程项目验收制度，把好施工单位自验、监管单位评定、管理部门验收、设计单位评定的每个顺序，做好验收资料装订存档工作。

六、管线监察管理

奉贤公路、市政道路地下管线主要是雨水排水管网、污水排水管网、天然气供给管网、自来水管网、电话和电视架空的通信及电力线管网等。为加强公路、市政道路地下管线的安全保护，减少地下管线因施工等外力因素造成的损伤，坚持道路监察管理严格管线交底制度。工程建设开工前，召开道路地下管线保护专题会议，向相关管线权属单位办理“道路地下管线监护交底卡”。对于发生的管线事故，抓好应接抢修工作，降低管线外损事故造成的负面影响。按照《上海市城市道路和地下管线施工管理暂行办法》，对肇事单位进行行政处罚。2001年，建立奉贤区管线监察办公室，日常工作由公路市政工程管理所负责。区道路监察办加强对公路、市政道路架空线状况的检查监察，严格按照架空线要求进行整治。全区乡村公路、农村集镇市政道路违规架空线状况明显改善。2015—2017年，配合轨道交通5号线延伸，快速公交道路建设及金海、大叶、浦卫公路等改建，做好管线监管和搬迁工作。

七、档案管理

50—60年代，县工务所（养路工区）只承担公路维修养护任务，除人事档案资料外，养护施工仅作工作记录。70年代，公路管理所（工务所）开始重视路桥建设项目档案资料搜集整理，并由各科室自行保存。后因单位迁移，部分档案散失。

2009年9月，为规范奉贤区公路、市政道路大中修工程竣工档案资料的编制、验收和报送工作，根据《建设项目（工程）竣工档案编制技术规范》(DG/TJ08-2046-2008)、《公路大中修工程质量检验评定标准》(SZ-24-2006)、《公路工程质量检验评定标准（第一册土建工程）》(JTGF80/1-2004)、《城市道路工程施工质量验收规范》(DGJ08-118-2005)、《城市桥梁工程施工质量验收规范》(DGJ08-117-05)、《城镇排水管道工程施工质量验收规范》(DGJ08-2110-2012）及其他相关规范，奉贤区公路市政工程管理署制定《奉贤区公路、市政大中修工程竣工档案资料编制办法》。公路工程采用《公路工程质量竣工资料表式》、市政工程采用《上海市市政工程质量管理资料统一表式》。公路、市政大中修工程竣工资料按《公路大中修工程质量检验评定标准》要求进行分册装订。工程竣工资料的组卷：除中桥、大桥独立组卷外，其他工程项目按路段进行组卷。竣工资料档案盒、案卷封面、施工日记统一由公路市政工程管理署制作，各施工单位开工前领取。每套竣工档案编制索引目录卷，为零零卷，不列入总卷数内。索引目录卷有编制说明、案卷目录及各卷卷内目录组成。竣工资料用棉线装订，不得出现金属类的装订材料。竣工图的修改、注记采用杠改法、叉改法或圈改法，具体参照《建设项目（工程）竣工档案编制技术规范》(DG/TJ08-2046-2008）中示范图例。上交署的资料为原件。工程项目竣工通过后，15天内移交1套完整的竣工资料。

2010年，区公路市政工程管理署建立档案室，并配备专职人员负责档案管理。2014年，根据市、区档案部门要求，借用1名退休人员协助整理档案。2015年，区公路市政工程管理所档案室面积170平方米，有档案箱柜37只，有各类施工项目设计、技术、施工档案万余件，人事档案300余件，档案室电脑、监控等设施齐全。2017年，各类档案管理进一步制度化、常态化、规范化。

第八节　创建工作

一、文明路创建

2006年，奉贤公路市政工程管理署结合社会主义精神文明建设，开展文明样板路创建工作。是年，海湾路首创成功。2017年，全区境内航南公路、金大公路、浦卫公路等12条县道的部分路段创建成市文明样板路段，全长58.1千米。

2006—2016 年奉贤区市文明路情况表

表 3-8-1

公路路名	创建年份	里程总长（千米）	文明路里程（千米）	路名	创建年份	里程总长（千米）	文明路里程（千米）
海湾路	2006	5.47	5.47	平庄西路	2015	16.86	8.26
团南公路	2006	7.27	7.27	南海公路	2015	5.01	5.01
航南公路	2008	17.44	5.92	环城东路	2015	4.47	4.47
金大公路	2008	1.23	1.23	江海南路	2015	3.21	2.41
航塘公路	2008	12.21	6.12	观工路	2015	5.30	5.30
环城西路	2015	6.83	4.56	随塘河路	2016	17.53	2.08

2006 年 3 月，海湾路评为上海市文明样板路

二、GBM 创建

1996 年，新奉公路首创公路标准化美化工程（简称 GBM）。2001 年，奉贤区公路市政工程管理署在“建、管、养”公路中进一步开展 GBM 公路创建工作。2017 年，奉贤县道 72 条，全长 407.9 千米。达到 GBM 标准的县道里程为 377.9 千米，占养护公路的 92.65%。县道航南公路、航塘公路等 56 条公路全部达到 GBM 标准。

2017 年奉贤区县道公路标准化美化工程情况表

表 3-8-2　　单位：千米

路线编码	路名	起讫地	GBM 里程	路线编码	路名	起讫地	GBM 里程
X007	沿浦公路	闵行区界—大叶公路	0.89	X402	金大公路	林海公路—金钱公路	6.30
X011	航南公路	浦东新区界—浦卫公路	14.54	X403	四平公路	川南奉公路—五四公路	6.83
X013	新奉公路	浦东新区界—奉燎公路	8.51	X404	洪朱公路	川南奉公路—随塘河路	6.10
X014	芦五公路	浦东新区界—五四公路	2.97	X405	奉干公路	跨线桥南侧—五四公路	3.97
X016	沪杭公路	闵浦二桥南堍—漴缺	20.99	X406	燎钦公路	奉柘公路—燎原大桥	5.01
X025	新四平公路	9K+050—五四公路	0.93	X407	海思路	奉炮公路—海航路	3.45
X026	航塘公路	浦东新区界—平庄东路	10.42	X408	泰青公路	航南公路—团青公路	6.22
X034	大亭公路	庄良路—龙泉港	4.16	X409	沿钱公路	大叶公路—奉柘公路	11.33
X401	新杨公路	浦南运河—沧海路	8.30	X410	两港西大道	浦东区界—新四平公路	3.19

续表 3-8-2

单位：千米

路线编码	路名	起讫地	GBM里程	路线编码	路名	起讫地	GBM里程
X411	金闸公路	闵行区界—大叶公路	2.85	X439	平庄西路	沿钱公路—叶良公路	16.86
X412	金钱公路	金汇—奉柘公路	12.38	X440	海农公路	奉柘公路—人民塘东路	2.03
X413	奉海公路	团青公路—平庄东路	3.18	X441	海兴路	青年桥—海农公路	4.13
X414	环城西路	西闸公路—航南公路	6.83	X443	海泉路	奉炮公路—海湾路	1.45
X415	奉炮公路	奉柘公路—海马路	1.00	X444	南海公路	新林路—海思路	5.01
X416	沪杭支路	南桥路—运河路	0.81	X445	平庄东路	浦东新区界—沿钱公路	21.12
X417	南桥路	沪杭改线段—南亭公路	2.09	X446	环城东路	大叶公路—航南公路	4.47
X418	庄胡公路	南亭公路—胡桥	5.53	X447	江海南路	G1501 高速公路地道出口	3.21
X419	胡滨公路	庄胡公路—楚华北路	2.31	X448	奉浦大道	S4—浦卫公路	6.58
X420	奉苗公路	奉干公路—随塘河桥	0	X449	金齐路	汇丰东路—S4	3.21
X421	西闸公路	金汇港—光辉港	10.1	X450	浦卫公路	胡阮路—区界	0.97
X422	六团公路	大叶支路—S2 跨线桥	4.05	X831	新林路	浦星公路—金山区界	7.91
X423	泰西路	航南公路—大叶公路	0.59	X832	观工路	南海公路—庄胡公路	5.3
X425	奉燎公路	新奉公路—燎钦公路	0	X833	燎星路	燎钦公路—青年桥	2.44
X426	奉柘公路	G1501—沪杭公路	17.97	X834	南庄路	杨牌路—庄良公路	8.78
X427	五四公路	五四老场部—奉干公路	9.1	X835	北沪杭公路	西渡—闵浦二桥南堍	0.70
X428	五四支路	五四场部—变电所	1.2	X836	叶良公路	平庄西路—新林路	2.42
X429	星火公路	奉柘公路—海农公路	0.71	X837	庄亭公路	奉亭线—大亭公路	0.39
X430	西闸支路	西闸公路—环城东路	0.65	X838	团汇公路	浦星公路—汇丰东路	2.20
X431	海湾路	S4 出口—海鸥路	5.47	X839	南行港路	金钱公路—金海公路	2.02
X432	庄邬公路	大叶公路—南亭公路	0	X841	神州路	路口村—G1501	2.30
X433	庄良公路	南亭公路—南庄路	1.02	X842	金汇塘路	水闸桥—海乐路	1.20
X434	扶港路	西闸公路—大叶公路	2.69	X843	金汇塘东路	堆场—金汇港东侧	3.91
X435	（南桥）环	环城南路—新林路	4.56	X844	海航路	海思路—海光路	1.55
X436	瓦洪公路	浦东新区界—随塘河路	8.94	X845	目华北路	S4—沪杭公路	1.67
X437	金海公路	西闸公路—奉柘公路	13.07	X846	民乐路	海农公路—金汇港	4.12
X438	团青公路	川南奉公路—于庄	18.77	X847	秀竹路	浦星公路—金钱公路	1.30

三、文明工地创建

2011—2016年，由奉贤区公路管理署管理，上海奉贤弘路建设发展有限公司、上海古越市政建筑工程有限公司施工的泰青公路、环城东路、奉柘公路、新林路等57个工程，分别被评为市级、路政行业级文明工地。

2011—2016年奉贤区获市文明工地情况表

表3-8-3　　　　单位：万元

工程名称	施工范围	工程造价	施工年份	施工单位	管理单位
泰青公路中修工程	大叶公路—G1501	750.0	2011	上海弘路建设发展有限公司	奉贤区公路管理署
金海公路中修工程	G1501—平庄西路	550.0	2013	上海弘路建设发展有限公司	奉贤区公路管理署
奉浦大道中修工程	沪杭公路—环城西路	765.0	2013	上海弘路建设发展有限公司	奉贤区公路管理署
航南公路排水管道改建工程	环城东路—S4公路	589.0	2013	上海弘路建设发展有限公司	奉贤区公路管理署
平庄西路中修工程	沿钱公路—浦星公路	1000.0	2014	上海弘路建设发展有限公司	奉贤区公路管理所
环城东路中修工程	大叶公路—奉浦大道	1520.0	2014	上海弘路建设发展有限公司	奉贤区公路管理所
环城南路中修工程	江海路—环城东路	593.0	2014	上海古越市政建筑工程有限公司	奉贤区市政工程管理所
沿钱公路中修工程	南奉公路—奉柘公路	1020.0	2014	上海弘路建设发展有限公司	奉贤区公路管理所
海航路、海思路中修工程	海龙路—海思路 海航路—南海公路	957.0	2015	奉贤建设发展（集团）有限公司	奉贤区公路管理所
西闸公路中修工程	金汇港水闸—沪杭公路	1500.0	2015	上海弘路建设发展有限公司	奉贤区公路管理所
海思路中修工程	奉炮公路—南海公路	984.0	2015	上海弘路建设发展有限公司	奉贤区公路管理所
奉燎、燎钦公路中修工程	新奉公路—燎钦、奉柘公路	642.0	2016	上海弘路建设发展有限公司	奉贤区公路管理所
奉柘公路中修工程	南海公路—钦公塘桥	1156.0	2016	上海弘路建设发展有限公司	奉贤区公路管理所
环城西路中修工程	西闸公路—大叶公路	691.9	2016	上海弘路建设发展有限公司	奉贤区公路管理所

2011—2016年奉贤区获市路政行业级文明工地情况表

表3-8-4　　单位：万元

工程名称	施工范围	工程造价	施工年份	施工单位	管理单位
泰青公路中修工程	大叶公路—团青公路	750	2011	上海弘路建设发展有限公司	奉贤区公路管理署
奉柘公路道路整治工程	海湾路—沪杭公路 金汇港桥—金海公路	500	2011	上海弘路建设发展有限公司	奉贤区公路管理署
南桥路中修工程	航南公路—人民桥	250	2011	上海弘路建设发展有限公司	奉贤区公路管理署
沪杭公路白改黑工程	浦南运河—南亭公路	250	2011	上海弘路建设发展有限公司	奉贤区公路管理署
洪朱公路中修工程	G1501—五四公路	500	2011	上海弘路建设发展有限公司	奉贤区公路管理署
金钱公路整治工程	路头—东长浜桥 G1501—平庄西路	250	2011	上海弘路建设发展有限公司	奉贤区公路管理署
五四公路GBM工程	场部桥—场中路	250	2011	上海弘路建设发展有限公司	奉贤区公路管理署
燎钦公路整治工程	窑厂桥—燎原大桥	200	2011	上海弘路建设发展有限公司	奉贤区公路管理署
望园南路、远东路、解放东路中修工程	有关路段	600	2012	上海弘路建设发展有限公司	奉贤区市政工程管理署
海湾路中修工程	S4出口—奉柘公路	300	2012	上海弘路建设发展有限公司	奉贤区公路管理署
扶港路中修工程	西闸公路—华松路	500	2012	上海弘路建设发展有限公司	奉贤区公路管理署
随塘河路中修工程	五四公路—燎钦公路	750	2012	上海弘路建设发展有限公司	奉贤区公路管理署
奉柘公路中修工程	金海公路—海湾路	250	2012	上海弘路建设发展有限公司	奉贤区公路管理署
沪杭公路中修工程	南庄路—新寺社区	250	2012	上海弘路建设发展有限公司	奉贤区公路管理署
六团公路中修工程	大叶公路—三团港桥	300	2012	上海弘路建设发展有限公司	奉贤区公路管理署
泰青公路中修工程	航南公路—大叶公路	700	2012	上海弘路建设发展有限公司	奉贤区公路管理署
胡滨公路中修工程	胡阮路—楚华路	350	2012	上海弘路建设发展有限公司	奉贤区公路管理署
庄郊公路中修工程	航南公路—南亭公路	250	2012	上海弘路建设发展有限公司	奉贤区公路管理署

续表 3-8-4　　　　单位：万元

工程名称	施工范围	工程造价	施工年份	施工单位	管理单位
望园南路	解放东路—育秀东路	401	2012	上海古越市政建筑工程有限公司	奉贤区市政工程管理署
金海公路中修工程	G1501—平庄西路	550	2013	上海弘路建设发展有限公司	奉贤区公路管理署
奉浦大道中修工程	沪杭公路—环城西路	765	2013	上海弘路建设发展有限公司	奉贤区公路管理署
海湾路中修工程	奉柘公路—金汇港路	800	2013	上海弘路建设发展有限公司	奉贤区公路管理署
航南公路排水管道改建	环城东路—S4	589	2013	上海弘路建设发展有限公司	奉贤区公路管理署
大亭公路中修工程	庄良公路—龙泉港桥	240	2013	上海弘路建设发展有限公司	奉贤区公路管理署
奉庄公路中修工程	环城西路—浦卫公路	300	2013	上海弘路建设发展有限公司	奉贤区公路管理署
四平公路中修工程	川南奉公路—平庄公路	750	2013	上海弘路建设发展有限公司	奉贤区公路管理署
扶港路白改黑工程	华松路—北横港路	600	2013	上海弘路建设发展有限公司	奉贤区市政工程管理署
环城东路白改黑工程	南奉公路—中横河桥	462	2013	上海古越市政建筑工程有限公司	奉贤区公路管理署
新杨公路中修工程	海杰路—浦铁地道	300	2013	上海弘路建设发展有限公司	奉贤区公路管理署
道路桥梁养护维修工程—环城东路大修	中横河桥—南奉公路	462	2013	上海弘路建设发展有限公司	奉贤区公路管理署
平庄西路中修工程	老横泾桥—贝港桥	380	2014	上海弘路建设发展有限公司	奉贤区公路管理署
环城东路中修工程	奉浦大道—大叶公路	1520	2014	上海弘路建设发展有限公司	奉贤区公路管理署
沿钱公路中修工程	南奉公路—奉柘公路	1030	2014	上海弘路建设发展有限公司	奉贤区公路管理署
环城西路中修	汇缘公司—航南公路	376	2015	上海弘路建设发展有限公司	奉贤区公路管理所
南庄路中修	S4—环城支路	274	2015	上海弘路建设发展有限公司	奉贤区公路管理所

续表 3-8-4 单位：万元

工程名称	施工范围	工程造价	施工年份	施工单位	管理单位
奉庄公路中修	竹港桥—环城西路	438	2016	上海弘路建设发展有限公司	奉贤区公路管理所
奉浦大道中修	S4—沪杭公路	220	2016	上海弘路建设发展有限公司	奉贤区公路管理所
大亭公路龙泉港桥	引道中修	218	2016	上海弘路建设发展有限公司	奉贤区公路管理所
五四公路中修	瓦洪公路—洪朱公路	267	2016	上海弘路建设发展有限公司	奉贤区公路管理所
奉柘公路中修	G1501—平庄东路	334	2016	上海弘路建设发展有限公司	奉贤区公路管理所
环城西路中修	大叶公路—奉浦大道	325	2016	上海弘路建设发展有限公司	奉贤区公路管理所
平庄西路中修	浦星公路—金汇港桥	223	2016	上海弘路建设发展有限公司	奉贤区公路管理所

2012 年，上海弘路建设发展有限公司施工的沪杭公路（南庄路—新寺镇）路段被评为市路政行业文明工地

第四章　综合管理

奉贤区（县）公路市政工程管理所（署）不断加强各项管理，提高管理水平。1979 年 8 月，成立县公路路政管理组。1998 年 5 月设公路路政管理中队。2001 年 1 月，建立城市路政管理中队、奉贤县公路市政管理署设路政管理科。依法行使公路巡查、环境整治、治理车辆超限、行政许可审批职能。

1980 年 3 月，成立县公路管理所养路费征收站，依法征收养路费、通行费。

2000—2017 年，奉贤区（县）公路市政工程管理所（署）加强信息化管理，健全电子监控网络、车辆规费征收网络、“文华热线”，推行网络信息应用；加强路桥监控设施和交通状况监控，开展交通流量调查，落实改善路况的有效措施；加强国防交通储备器材和劳动人事、财务、资产管理，坚持公开、公平的用人制度；严格执行财务会计制度，建立阳光账户平台，各项管理规范化、常态化。

第一节　路政管理

一、管理机构

1．路政管理科

2001 年 1 月，奉贤县公路市政工程管理署始设路政管理科，由科长等人组成，2017 年有科长在编人员 4 人。

2．公路路政管理中队

1977 年，奉贤县成立“三整顿”（整顿马路、市容、交通）办公室，进行路政管理。1979 年 8 月，奉贤县公路管理所成立路政组。1991 年 1 月，路政组改为路政管理站，由分管副所长兼任站长。1998 年 5 月，路政管理站转为公路路政管理中队（以下简称公路中队）。2001 年 1 月，独立法人奉贤县城市路政管理中队由公路、市政工程管理署署长兼任中队长，下设的城市路政中队，和公路中队设队长 1 人。2005 年，上海市路政总队下发“上海市奉贤区公路路政管理大队”印章，对外挂路政大队牌子，启用路政大队印章，对内公路中队建制不变。2007 年 5 月，奉贤区城市路政管理中队撤销，城市路政管理职能归口区城市管理监察

2016 年奉贤区路政大队政务公开细则

大队，人员编制归口区公路管理署。2017年，公路中队名称沿用，在编人员12人，设中队长1人，副中队长2人。

二、权限 装备

1. 管理权限

1979年，路政管理依照《上海郊区公路路政管理细则》行使职权。1990年，执行交通部颁布的《公路路政管理规定》行使管理权力。1997年7月，《中华人民共和国公路法》(以下简称《公路法》) 规定，对违反《公路法》规定的行为，路政管理机构依法行使行政处罚、行政强制、公路赔补偿、行政许可审批的权限。

2. 装备 服装

1979年，公路管理所路政组始配路政管理用车、专职驾驶员。1991年路政车统一设置路政巡查标志，车辆配备必要的测量仪器，路政人员开始统一着装。2001年公路市政实行管养分开，路政装备陆续增加、服装更新。2013年，奉贤区路政管理部门严格执行《上海市路政执法人员执法着装管理办法》，规范路政执法人员着装行为，树立路政队伍良好形象。2015年，配备装有“全球眼”路政车5辆，有超限运输检测仪、摄像机、照相机、车辆移动电话、对讲机等设备。2017年，更新路政执法车辆5辆及其他设备。

三、内务管理

奉贤区（县）公路路政管理机构加强内务管理，提高路政管理水平。1979—1990年，按照《上海郊区公路路政管理细则》《交通部公路路政管理规定》进行内务管理。2009年9月，奉贤区公路市政管理署根据2003年交通部修订的《路政内务管理》8条的要求，制

奉贤区路政大队工作职责

1.宣传和执行有关公路及公路桥梁管理的法律、法规、规章，公开、公正执行路政管理制度；
2.负责所管辖的公路、公路桥梁的检查和巡查，发现情况及时处理或者通报相关养护企业；
3.依据公路及桥梁管理的法律、法规、规章，保护公路、桥梁及公路附属设施，公开、公正处理路政管理中的违法、违章行为；
4.负责区域内的公路治超工作。
5.协助做好各类占路、掘路、道口开设、管线埋设等许可事项的全过程管理工作。
6.定期向区公路管理部门和市路政总队报告路政管理情况；
7.法定授权的其他路政管理职责。

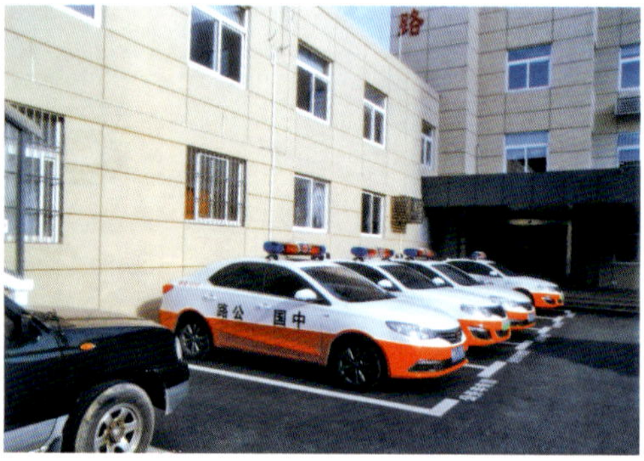

2015年奉贤区公路管理所路政执法车辆

一、五个必须

1、必须严格按规定着装、佩带有效资格证件上岗，做到文明执法，热情服务。

2、必须严格遵守两人以上(包括两人)同时执法的规定。

3、必须严格执行行政检查“三告知”制度。

4、必须严格按照法定程序和法定期限实施行政行为，做到程序合法，裁量准确，公正透明。

5、必须严格执行廉政规定，做到廉洁自律。

二、九个严禁

1. 严禁超越或者滥用职权。

2. 严禁推诿、拖延、放弃、拒绝履行检查、处罚职责的行为。

3. 严禁对检查中发现的违法行为隐瞒、包庇、袒护、纵容。

4. 严禁利用职权为他人说情、打招呼、开后门。

5. 严禁窗口接待、执法态度粗暴、冷漠。

6. 严禁接受或向管理对象索取礼金、礼品、有价证券和安排的宴请、旅游、休闲活动。

7. 严禁利用工作之便借用管理对象的交通、通讯工具和非公务期间使用行政执法车辆。

8. 严禁利用咨询、辅导等名义收受行政管理相对人支付的各类酬金。

9. 严禁利用职权、职务之便为本人、亲属和好友谋取私利。

2009年9月，奉贤区公路市政工程管理署制定的路政人员行为规范

订《奉贤区公路管理署路政内务管理制度》，对路政巡查、装备器材管理、档案管理、考核管理、路政行为规范等作出7条规定。提出“五个必须”“九个严禁”，提高内务管理水平。

四、管理工作

1．道路巡查

70年代末，奉贤县公路管理所设路政管理组，对公路巡查成为路政管理的重要工作之一。1991年1月，路政组改为路政站，公路巡查工作逐渐制度化、规范化。1997年7月，根据《公路法》规定，主要巡查各种侵占、损坏公路、公路用地、公路附属设施及其他违反《公路法》规定的行为。1998年5月，路政站转为路政中队，巡查人员增加。2000年12月，单独建置的奉贤县城市路政管理中队成立，编制人员由8人增至10人，开始分组分片对道路进行巡查，全年平均巡查日数200余天。2007年6月，5辆路政管理车辆配备“全球眼”装置，扩大巡查视觉和听觉范围，提高巡查效率。至2013年，全区500余条公路每周巡查1次，100多条市政道路每天有人巡查成为常规制度。日平均巡查里程100千米，每次巡查均记好具体的巡查日记。对违章违法方面案例及时提交并依法处理。2015年，路政大队道路巡查出动车辆965辆次2914人次。查实违规违章案例100余件，及时通过路政执法处理，保障路产路权安全。2017年，结合“绿化百日整治”和文明城区复验，路政执法巡查，共出动车辆871辆次2654人次，通过巡查执法，提高公民路政法律意识。

2．行政处罚

80年代，奉贤县公路管理所路政组对损坏路产的行为依法进行行政处罚。1990年9月，按照交通部《公路路政管理规定（试行）》，对违反公路路政管理的案件实行行政处罚。1997年，《中华人民共和国公路法》颁布，依法行政处罚进一步规范。2000—2001年，全区（县）立案行政处罚7起，共处罚金2960元。2003年4月，执行交通部修订的《公路路政管理规定》，对违反《公路法》规定的6条违法行为（擅自占用、挖掘公路的；未经同意或者未按照公路工程技术标准要求修建跨越、穿越公路的桥梁、渡槽或者架设、埋设管线、电缆等设施的；未经批准从事危害公路安全作业的；铁轮车、履带车和其他可能损害路面的机具擅自在公路上超限行驶的；车辆超限使用汽车渡船或者在公路上擅自超限行驶的；损坏、移动、涂改公路附属设施或者损坏、挪动建筑控制区的标桩、界桩，可能危及公路安全的）责令停止违法行为，并实施行政处罚。2009年9月，制定《奉贤区公路管理所关于公路设施损坏赔（补）偿管理和管理执行联动的工作制度》，细化行政处罚的规范和程序。2012—2015年，对违反《公路法》的112起案件，分别实行行政处罚。2017年，进一步坚持行政处罚，年内办结处罚案件4起、罚款1.9万元。

3. **公路环境整治**

1979年8月，成立县公路管理所路政组，公路路政组按上级有关规定，开展路政管理工作。1985年，县公路管理所坚持组织人员对公路进行巡查。1991年，随着道路两旁农村各种经济和多元化商品经营的发展，占路损路等情况不断出现，路政执法遇到新的课题。县公路管理所先后在全区公路两侧竖路政管理宣传牌260余块。1997年，根据《公路法》规定的“任何单位与个人不得在公路上及公路用地范围内摆摊设点、倾倒垃圾、设置障碍、挖沟引水、利用公路边沟排放污物或者进行其他损坏、污染公路和影响公路畅通的行为”精神，依法开展公路环境整治。运用电视、媒体等多种形式，宣传贯彻《公路法》《路政管理规定》《上海市公路管理条例》，整治公路环境。根据公路环境整治有关规定，重点处置车辆载物刮拖路面、道路范围内构筑物；隧道堆物、设摊；占用道路堆物；在路面拌和混凝土等有损道路的各种作业。1999—2002年，巡查公路违章441次，当场纠正违章379次，对有关人员发谈话通知988份，警告处理58份，强制整改146份。1999—2013年，累计清理公路两侧违章设摊5377处，5772.5平方米，拆除临时建筑物271间，清除公路旁堆物面积10.63万平方米，清除堆物23761吨，拆除违章广告、标牌6922块，店牌19块，恢复公路面积1.74万平方米。2015年，区公路路政大队出动车辆965辆次，清除违章堆物274.6吨，拆除违法标志203块，清除违章设摊98处，拆除违章搭建124平方米，坚持依法行政，加强路政管理。2017年，坚持开展公路环境整治，全年清除公路堆物1322.8吨2496平方米，拆除简易棚10间110平方米，拆除违章广告175块，清除违章设摊291处，保障路况畅通安全整洁。

2013年奉贤区路政执法人员在清除道路违建

4. **治理车辆超限**

70年代，由于交通运输量不大，车辆超限情况较少。80年代中期起，随着道路交通条件改善和运输业务量的增加，超限运输车辆时有发生。1990年后，公路路政管理部门根据“规范行为、依法严管、标本兼治、立足源头、科学治超”方针，采用固定（每周1次）和流动（不定期）相结合的执法方式，辅之宣传相关法律、法规，治理超限车辆。1997年，按照《公路法》制定的“超过公路、公路桥梁、公路隧道或汽车渡船的限载、限高、限宽、限长标准的车辆，不得在有限定标准的公路、公路桥梁或者公路隧道内行驶”的规定，依法治理车辆超限。2006—2013年，奉贤区路政管理中队根据《上海市超重车通过公路桥梁管理暂行规定》，先后出动路政执法车6757辆次，22480人次，查处超限车695辆，对超限车辆处罚款46.11万元。2012年12月，鲁H70288、苏CP9727车辆擅自超限（车货总长31.4米，车货宽8.2米）造成大叶公路（望园路—浦星公路）中央隔离栏设置的3700块防眩板损坏，路产损失18.5万元，区路政管理大队即对案件进行赔补偿处理。2015年，在南海公路跨线桥下设公路超限检测站。根据《上海市公路路产损坏赔（补）偿管理规定》和自动称重系统、视频监控系统等信息处理设备，查处超限车辆99辆，简易程序处理51件，一般程序处理48件，卸载2394.1吨，降低交通事故风险。2017年，加大治理车辆超限运输力度，处罚超限车辆84辆、罚款39.7万元。

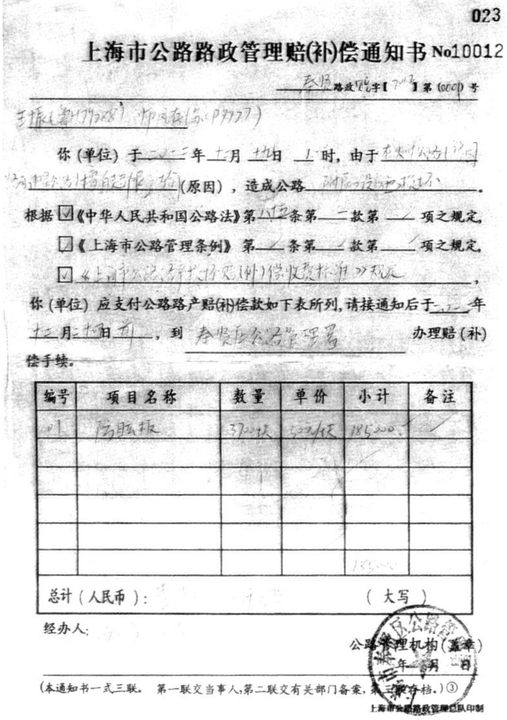
023

上海市公路路政管理赔(补)偿通知书 No10012

奉贤路政赔字【　】第　号

你（单位）于　年　月　日　时，由于　(原因)，造成公路　。

根据 ☑《中华人民共和国公路法》第　条第　款第　项之规定，

☑《上海市公路管理条例》第　条第　款第　项之规定，

☑　，

你（单位）应支付公路路产赔(补)偿款如下表所列，请接通知后于　年　月　日前，到 奉贤区公路管理署 办理赔（补）偿手续。

编号	项目名称	数量	单价	小计	备注
01	防眩板	3700块	50元/块	185200	

总计（人民币）：　（大写）

经办人：

公路管理机构（盖章）
　年　月　日

（本通知书一式三联。第一联交当事人，第二联交有关部门备案，第三联存档。）③

2012年12月，奉贤区公路管理署对超限运输损坏路产开出的赔（补）偿通知书

5．行政许可审批

80年代，由于工农业生产发展、城镇开发建设，行政许可审批逐渐增加。90年代中期起，随着交通物流和多元化商品流通，非法占用公路、损坏公路设施的情况日趋增多。奉贤县公路路政部门根据《公路法》《上海市公路管理条例（草案）》及《上海市临时占用公路管理暂行规定》《上海市挖掘公路暂行规定》精神，向社会公示公路路政管理部门的主要职责，临时占路、掘路的审批程序和审批期限等主要事项，让群众知晓，接受社会监督。1997年，根据《公路法》作出的“任何单位与个人不得擅自占用、挖掘公路”“对公路造成损失的，应当按照损失程度给予补偿”的规定，坚持执行行政许可审批制度。2009年9月，制定《奉贤区公路管理署路政许可业务管理制度》，设立路政业务受理窗口，制定路政政务公开细则。2006—2012年，先后为有关部门和企业因建设发展需要的路政许可审批779项。其中，办结赔补偿一般程序案54件，办结赔补偿简易程序案725件，2008—2011年赔补偿额81.42万元。2012年，行政许可审批由区建交委执行。2013年，全区受理行政许可审批56项（公路34项，城市22项），抢修备案95项（公路66项，城市29项），掘路修复、道口施工、设施和绿化赔补偿费2094.29万元。2015年，坚持依法行政，为基层企业服务，全年受理行政许可项目38项，抢修备案64项，收取赔补偿费597万元。2017年，完成路政审批事项76项，收取赔补偿及修复费470.15万元，办理

公路抢修、市政抢修备案44项，收取赔补偿金、修复费39.68万元。

6．事中事后监管

80年代，随着改革开放的深入与城乡经济多元化发展，公路市政道路建设为发展经济创造有利条件。整治公路环境、治理车辆超限、行政审批许可等工作为路政管理、保障道路安全畅通、保护路产的主要任务。根据1990年交通部《公路路政管理规定》，1998年5月，路政管理站改为路政管理中队，事中事后监管力量得到加强。1999年，按照《公路法》第七章关于监督检查的规定，依法对有关公路管理的法律、法规、规章执行情况进行常态化的事中、事后监管。事中监管内容：施工现场必须悬挂统一制作的有掘路项目许可证，开、竣工日期，扬尘控制，渣土处理及监督电话的告知牌，掘路项目许可后在路政执法部门办公室墙上登记占路、掘路一览表，监管施工许可规定的范围、文明施工措施、交通组织措施的落实情况。事后监管主要抓好施工完毕后，监管施工单位回填沟槽、清除余土杂物，做到工完料尽场地清，坚持事后现场验收和道路修复工作，对临时占路也作出事后管理监督验收规定。2009年，制定《奉贤区公路管理署路政内务管理制度》，路政监管工作进一步规范。路政人员通过参加培训与自我学习的方法、提高依法行政与监管水平。公路管理署陆续购置车辆、添置监管设备、提高监管效率。是年，各镇开发区乡村道路站配备兼职路政人员，协助区路政管理部门，加强路政监管力度。2013年，公路路政管理人员通过全天候巡查，与市路政总队实行联勤共建与事中事后监管，有效控制道路违章违法案件的发生。2015年，坚持路政监管，清除公路违章堆物274.6吨，拆除非法标志203块，清除违章设摊98处，办理行政赔偿简易程序案件等153件，处罚款24.1万元，整治桥25座79孔。2017年，针对施工范围广、工作量大的特点，坚持定期、不定期对路政管理工作进行监管，保障路产安全。

第二节 规费征稽管理

1950年7月，交通部颁布中华人民共和国第一个《养路费征收办法》，因故未能实施。1962年7月1日，上海市正式开始征收养路费。1980年3月，奉贤县公路管理所设养路费征收站，由所长兼任站长。是年7月29日，市人民政府转发市财政局和城市建设局制定的《上海市公路养路费征收实施办法》，征收站改称养路费征收稽查站，配备专职征管人员，依法对机动车辆征收规费。1995年，设立奉浦大桥通行费征收站。1997年7月始征大叶公路通行费，2000年5月大叶公路、奉浦大桥通行费停收。2010年1月实行税费改革，停收养路费。1998—2011年，奉贤征收机动车规费15.58亿元。2012年，公路管理所养路费征收站撤销，高速公路收费由市统一管理。

一、征收范围

解放初，养路费征收范围为大中小型运输车辆，各地执行时间不一。1962年6月，上海市人民委员会颁发养路费征收的第一个法规《关于上海市公路养路费征收和使用暂行办法》，规定凡在公路上行驶的汽车均应缴纳养路费。1962年7月，上海市征收养路费范围为交通运输企业和企事业单位参加营业的客货运汽车。1985年，全县列入公路养路费征收范围内的机动车5130辆。1991年5月，养路费征收范围明确为客车、货车、拖拉机挂车、大小型手扶拖拉机及临时车牌的车辆。1993年，全市出租（租赁）牌照小客车桑塔纳、夏利、奥拓轿车等2.55万辆列入征收范围。1996年7月，二轮、三轮摩托车开始征收养路费。1997年，对改挂地方牌照、进行生产性经营的军队车辆实行适当征收（1997年按3个月征收，1998年起每年定额按8个月征收），达到“应征不漏，应免不征”的征收管理目标。

由于市场经济发展，人民生活水平的提高，奉贤区（县）征收规费的车辆数量增多，车辆结构也发生较大变化。1990年起，摩托车在机动车中所占比例逐年增加。1994年，全县有牌照摩托车7000余辆，占全县机动车1.74万辆的40.2%。2004年，全区二轮、三轮、轻便摩托车9.83万辆，占全区机动车的69.26%。2007年起，全区摩托车呈逐年减少趋势，而家用小汽车不断增加。2010年，全区各类摩托车4.91万辆，比2004年减少4.67万辆，仅占全区机动车辆的38.23%。而家用等小型汽车明显增多，全区有6.3万辆，占全区机动车的49.23%。2016年，全区机动车20.91万辆，家用等中小型汽车17.73万辆，占全区机动车的84.99%。

1985—1995年奉贤县机动车情况表

表4-2-1　　单位：辆

年份	数量	年份	数量	年份	数量
1985	5130	1989	6171	1993	10573
1986	5340	1990	6242	1994	17422
1987	5540	1991	6253	1995	24213
1988	5947	1992	6807		

1996—2016年奉贤区（县）机动车情况表

表4-2-2　　单位：辆

年份	总数	大型汽车	挂车	小型汽车	教练车	农用车	二、三轮摩托车	轻便摩托车	其他
1996	37555	1980	6	6778	138		1268	27375	10
1997	38627	1864	2	7697	169		1474	27411	10
1998	51040	1789	4	8610	217	23	1634	38753	10
1999	53731	2011	3	10539	252	39	1565	39312	10

续表 4-2-2　　单位：辆

年份	总数	大型汽车	挂车	小型汽车	教练车	农用车	二、三轮摩托车	轻便摩托车	其他
2000	64879	2399	3	12263	274	84	1607	48239	10
2001	75716	3542	7	14621		174	1700	54656	1016
2002	86858	4546	50	17956	286	381	1684	60940	1015
2003	115882	5545	143	22102	317	724	1769	84320	962
2004	141981	7855	261	34152	463	911	2520	95819	
2005	93079	7667	364	32137	410	953	1510	50038	
2006	102911	8889	436	38021	420	1000	1523	52622	
2007	127269	9375	483	42015	437	1032	1129	72798	
2008	124539	10433	578	46073	457	1063	973	64962	
2009	129034	12170	749	53243	498	1072	908	60394	
2010	128386	13644	852	63205	519	1087	840	48239	
2011	123384			93071					30313
2012	134463			95603					38860
2013	136659			96402					40257
2014	147198			107179					
2015	184882			144141					
2016	209178			177270					

二、养路费

1．征收标准

1950年，交通部颁布的养路费征收办法，按运输车辆吨位大小征收粮食，即南方以大米、北方以小米结算，每月30公斤～200公斤不等。70年代初改为货币结算。1979年9月，国家计委等4部门颁发《关于公路养路费征收和使用的规定》，规范养路费收费标准。1985—1990年，奉贤县根据国家计委、交通部、财政部、中国人民银行联合发布的《颁发关于“公路养路费征收和使用的规定”的联合通知》和上海市人民政府制定的《上海市公路养路费征收实施办法》征收公路养路费。贯彻以路养路、专款专用原则。1991年4月，市计委、市物价局发布《关于调整公路养路费征收标准有关问题的通知》，同年5月1日起调整公路养路费征收标准。奉贤县执行市统一的收费标准。

奉贤县执行上海市养路费收费标准情况表

（1991年5月1日起执行）

表4-2-3

序号	收费对象	计算标准	原收费金额（元）	调整后收费金额（元）	备注
1	客车	每吨每月	105.00	140.00	费额
2	货车	每吨每月	105.00	140.00	费额
3	拖拉机挂车	每吨每月	35.00	45.00	费额
4	大型手扶拖拉机	每吨每月	20.00	26.50	费额
5	小型手扶拖拉机	每吨每月	13.50	17.70	费额
6	临时牌证的车辆	每吨每天	5.00		费额
7	按营运收入计征15%的，维持原来费率标准				

1993年5月16日，市政府根据1991年10月15日交通部、国家计委、财政部、国家物价局等4部、委、局联合颁布的《关于〈公路养路费征收管理规定〉的联合通知》，发布《上海市公路养路费征收管理办法》，于次月1日执行。并发布养路费征收的第34号令。是年6月1日起，公路养路费征收标准中拖拉机按挂车标准收费，由45元调整为70元。是年末，出租车公路养路费仍按运营收入总额的15%的标准收费。1994年3月，上海市市政局作出《关于对本市出租牌照按营收基数缴纳公路养路费的批复》，确定各类出租牌照小客车的月营收基数、个体出租牌照小客车暂以各类车型营收基数的50%为定额基数收取公路养路费。

奉贤县出租营运小客车营收基数及公路养路费收费标准情况表

（1994年2月1日起执行）

表4-2-4

序号	车型	月营收基数	费率	每月企业应缴	每月个体应缴
1	桑塔纳轿车	8000元/辆	营收基数×10%	800元/辆	400元/辆
2	夏利轿车	7000元/辆	营收基数×10%	700元/辆	350元/辆
3	奥拓轿车	5000元/辆	营收基数×10%	500元/辆	250元/辆

1996年7月31日，市政府同意市计委、市建委、市物价局和市市政局提出的调整公路养路费征收标准的请示，是年9月1日起调整客车、拖拉机、摩托车公路养路费收费标准。

1996 年奉贤县公路养路费征收调整标准情况表

表 4-2-5

序号	收费对象	计算标准	原收费金额（元）	调整后收费金额（元）	备注
1	客车	每吨每月	140	200	费额
2	货车	每吨每月	140	190	费额
3	拖拉机挂车	每吨每月	70	100	费额
4	手扶拖拉机	每吨每月	30	40	费额
5	三轮摩托车	每吨每月	30	40	费额
6	二轮摩托车	每吨每月	20	30	费额
7	按营运收入计征的，维持原来费率标准				

2. 征收稽查

1963—1980 年，由于全县机动车辆数量增加缓慢，征收数不多。1985 年，全县仅有机动车辆 5130 辆，养路费收费标准低，全年征收额不大。1993 年，全县机动车辆拥有数达到 1.06 万辆，养路费征收额大幅度增加。1998 年，全县有各类机动车 5.10 万辆，年养路费收缴额达到 3520 万元。1998—2008 年，全区（县）累计征收公路养路费 8.23 亿元。2009 年 9 月，制定《奉贤区公路管理署征收稽查管理规定》，2009—2011 年，补征公路养路费 264.99 万元。

三、通行费

1993 年 3 月，根据交通部、财政部、国家物价局《关于发布〈贷款修建高等级公路和大型公路桥梁、隧道收取车辆通行费规定〉的通知》精神，上海市人民政府颁布《上海市人民政府办公厅关于同意市建交委等五部门关于开征上海市贷款道路建设车辆通行费请示的通知》，于是月 1 日起正式开征。以后收费标准作过 3 次调整。1995 年 10 月 26 日，奉浦大桥通车，经市政府批准设立奉浦大桥收费站，由上海奉浦大桥建设有限公司负责通行费的征收管理，市物价局核定奉浦大桥通行费的收费标准。

1995 年奉浦大桥车辆通行费收费标准情况表

表 4-2-6

序号	票级	收费标准（元）
1	摩托车：轻骑	3.5
	摩托车：二、三轮	6.0
2	载重 2 吨（含 2 吨）以下（包括中小型客车）	13.0
3	载重 2 吨至 5 吨（含 5 吨，包括大型客车、大型拖拉机）	30.0
4	载重 5 吨至 10 吨（含 10 吨，包括铰接式客车）	55.0
5	载重超过 10 吨车辆，以每 10 吨（不足 10 吨以 10 吨计）为一级	+60.0/级
备注	1. 上述收费标准为单向收费标准；2. 预售票按 9.5 折优惠	

2000 年 5 月 1 日起奉浦大桥停止征收车辆通行费。高速公路通行费继续收取。

1995 年 10 月至 2000 年 4 月 30 日，奉浦大桥车辆通行费征收 1.51 亿元。

1995—2000 年奉浦大桥车辆通行费收费情况表

表 4-2-7

序号	年份	收费金额（万元）
	合计	15139.65
1	1995 年 10 月至 12 月 31 日	307.28
2	1996	2342.12
3	1997	2641.59
4	1998	3310.17
5	1999	4905.38
6	2000 年 1 月 1 日至 4 月 30 日	1633.11

1997 年大叶公路建成通车。根据市政府办公厅和市财政局、市物价局《关于同意奉贤县人民政府申请对大叶公路过往机动车辆收取通行费的复函》及市市政局《关于同意设置大叶公路收费站的函》，设立大叶公路收费站，由大叶公路建设有限公司负责车辆通行费的征收管理。是年 7 月始征。征收标准经市财政局、市物价局批准。

1997—2000 年大叶公路通行费收费标准情况表

表 4-2-8

序号	票级	收费标准（元）/ 次
1	载重 2 吨以下（包括 2 吨车及中小型客车）	10
2	载重 2 吨至 10 吨（含 10 吨车、大客车和铰接式客车）	20
3	载重超过 10 吨	40
备注	1. 正在执行任务的救护车、消防车、工程抢修车、警车、军车和其他经市政府批准执行特殊任务的车辆均不收费； 2. 摩托车不收费	

按照市政府通知，2000 年 5 月 1 日零时起取消黄浦江大桥和越江隧道收费，同时取消大叶公路车辆通行费征收。

1997 年 7 月至 2000 年 4 月 30 日，大叶公路车辆通行费征收 2604.44 万元。

1995—2000 年大叶公路车辆通行费收费情况表

表 4-2-9

序号	年份	收费金额（万元）
	合计	2604.44
1	1997 年 7 月至 12 月 31 日	478.75
2	1998	840.48
3	1999	735.63
4	2000 年 1 月 1 日至 4 月 30 日	549.58

2002—2005年，上海绕城高速公路、沪金高速公路、沪芦高速公路建成通车后，沿线分别设新四平、瓦洪、奉城、林海、浦星、大叶等公路匝道收费站。1999—2011年，奉贤区（县）收取公路通行费6.87亿元。

1998—2011年奉贤区（县）公路规费征收情况表

表4-2-10

年份	养路费（万元）	通行费（万元）	查扣欠费车（辆）	补缴滞纳金（万元）	追缴规费（万元）
1998	3520.00		0	0	
1999	4010.00	1332.00	0	0	
2000	4100.00	2450.00	387	18.50	135.00
2001	4476.20		275	48.00	160.00
2002	4799.00	4440.00	250	0	95.00
2003	7582.00	5989.00	271	0	50.00
2004	8497.00	6892.00	432	0	70.00
2005	9577.00	7837.00	959	0	340.00
2006	10629.00			0	
2007	11500.00	9627.00	1248	0	124.00
2008	11700.00	10100.00	629	0	570.00
2009	244.89	7762.88			
2010	12.60	7338.00			
2011	7.50	4927.53			

说明：2009—2011年养路费为补征数

四、税费改革

1985年4月2日，国务院颁发《关于发布〈车辆购置附加费征收办法〉的通知，车辆购置附加费作为专门用于公路建设的一项专用资金。1998年3月，国务院有关部门酝酿出台“公路养路费改燃油税初步方案”（简称费改税）。1999年10月31日，全国人大常委会通过《公路法》修正案，正式提出“国家采用依法征税的办法筹集公路养护资金，具体实施办法和步骤由国务院规定”。2000年3月4日，国务院批转财政部、国家计委等部门《交通和车辆税费改革实

1998年奉浦大桥收费站

施方案》的通知。是年，发布《中华人民共和国车辆购置税暂行条例》，2001年1月1日起开征车辆购置税。针对受费改税影响导致车主“拖、欠、漏、逃”公路养路费情况，养路费征收部门加强费改税政策宣传，强化抓欠堵漏。2004年5月8日起，开征轻便摩托车车购税。至年末受理7272辆，征税175万元。1999—2011年，奉贤区（县）公路养路费征收部门，先后查扣欠费车辆4018辆，追缴公路养路费和滞纳金1610.5万元，拍卖欠费车50余辆，成交额15万元。2010年，养路费改税正式实施，停止征收公路养路费。

第三节　信息化管理

一、网络化管理

1．管理组织网络

60年代初，县工务所设养护道班，从公路巡查施工中收集信息，是信息管理的最早形式。70年代起，养护道班增设路政信息管理人员，初步建立人工搜集信息的队伍。2000年12月，公路（市政）行业实行“管养分开”，明确管养单位的职能。2001年起，区（县）公路（市政）管理署设置计划规划、设施管理、路政管理、工程监管等部门，分别行使全区公路信息管理工作。并建立信息网络平台，实施信息化管理。2002年建立城市道路管理系统（CIMS）和桥梁管理系统（BMS）。公路市政工程管理署设专人负责系统数据的采集和维护，更新信息数据。2007年1月设信息管理科。2009年，全区以镇、社区、开发区为单位建立乡村公路管理站，配备路桥专管员和路政协管员，形成信息化管理网络。养护省、县道的养护公司专设养护部，下设养护道班，实行区域分工，形成管养网络。是年6月，制定《奉贤区市政工程管理署网格化管理处置单位考核办法》，落实网格化管理责任制，将网格化处置情况纳入养护企业诚信体系范围。2010年，实施奉贤区交通调查采集点的设置工作，依托奉贤建交委网站和区公路市政网络，发播路政审批信息，方便路政执法和社会了解。2013—2015年，巩固公路养护公司和属地化保洁单位联系制度，全区镇、街道、社区和开发区落实责任人18人，应急抢险负责人（联系人）19人，形成多层次网格化管理组织体系。2017年，启动奉贤区公路市政管养信息化网络建设，完善道路、桥梁、路灯、绿化、路政管理等17项管理职能信息化管理系统。

2．电子监控网络

2000年，奉贤始装公路电子监控设施。2007年，奉贤区公路市政工程管理署与同济大学等单位，开展桥梁安全监控系统研发和运用。通过对桥梁结构状况的监控和评估，使桥梁在特殊气候的条件下或桥梁运行发生异常情况时发出预警信号，为桥梁的维护维修和管理决策提供依据。是年，区公路市政工程管理署应用桥梁健康监测系统，对车流量压力大的环城东路浦南运河桥桥梁结构进行健康监测，掌握该桥健康状况的信息，采取应对措施，保持桥梁健康安全。2012年，奉贤区大联动建交委处置平台（路网监控中心）在区公路市政工程管理署建立，与公安部门配合，对全区公路进行网格化监控。路网监控中心配备4名专职工作人员，实行监控值班制度。把全区路桥网络化管理系统、公路保洁车辆监控系统、跨线桥及地道监控等多个管理系统，纳入路网中心平台。至2013年，全区公路电子警察监管点550余个，通过监控图象随时了解和掌握全区公路运行实况，提高应急处置力度。是年，9座地道泵站远程监控仪和视频监控摄像头纳入路网中心监控平台，实现24小时的实时监控，在应对"菲特"台风暴雨引发地道积水中发挥预警作用。通过公路电子监控网络，实时掌握车辆运行动态，协助排查公路交通安全隐患107处，协破公路交通逃逸事故64起，抢修与修缮各类交通设施1120余处。针对部分道路红线用地范围清晰度差的情况，整治公路两侧明沟，在县道两侧埋设公路路界桩2000余根。2015年，奉贤区公路管理所路网中心的网格化管理系统、公路保洁车辆GPS监控系统、跨线桥及地道监控系统与公安交警监控系统，为路网监测、发生事故指挥调度、公众出行和应急处理提供保障服务。2017年，通过增添电子监控设施，完善监控网络，全年处置公路市政网络案件5203件。

3．车辆规费征收网络

1997年，由档案管理、查询操作、统计报表处理、系统维护等组成的"上海公路车辆档案管理信息系统"在奉贤规费征收办建立。2000年，《养路费、通行费征收管理信息系统》申报立项。2003年3月正式上网。是年，区公路征收规费办车辆档案管理系统升级，年末实现"车辆按区域登记、规费跨区域征收、账户按区属清分"的建设目标。2004年，把公安车辆档案数据引入新版通行费管理信息系统。2007年12月，公路规费网上交费正式投入运用。2008年，根据公安部修改的《机动车登记规定》，车辆档案系统增加车辆历史变动情况模块，储存车辆历史信息。网络显示，2015年，奉贤区有各类机动车18.49万辆。2016年，全区机动车总数达20.91万辆。

4．网络信息应用

80年代，县公路市政工程管理所，重视群众对公路、市政道路的信访接待、收集、处理，成为路桥信息来源的重要途径。1999年，受理群众反映公路、市政建设和管理的来信、来访、来电80余件次。经现场查看，及时处理答复。2002—2003年，区公路市政管理署根据24件公路绿化管理信息，投入养护经费88.53万元，维修绿化护栏1.29万米，投入绿化配套资金99万元。其间，区公路市政工程管理署建立道路桥梁基础数据操作信息化管理系统，每年按排专人对全区纳入设备量的公路桥梁进行定期检查，分别对数据进行更新，把信息输入数据库，并根据路况报告和维修对策制订养护计划。2003年、2004年、2006年，根据检测采集的公路状况信息，及时对交通流量大的五四、洪朱、川南奉、金钱、奉柘等公路，先后投入资金3905

万元进行大中修。2007年，在南桥镇解放路口设置自动采集系统，把交叉路口采集点的车辆信息集中传输至署计划科电脑终端，进行各种统计数据处理。2008年，根据采集的信息，对全区路口路牌进行调查，更新570块。区公路市政工程管理署依托公路市政网站与《奉贤公路市政简报》发布掘路等项目信息54项，其中审批掘路46件，收取补赔偿费458.49万元。2013年，区公路市政工程管理署道路桥梁基础数据操作管理系统，先后存储与更新路桥及其配套设施方面信息万余条。

2015年，区公路市政工程管理所网格案件接单3219件，结案3195件，结案率99%；其中公路市政行业2705件，城建热线105件，“12345”市民热线638件，12122投诉热线14件，12319投诉热线307件，文华热线225件。如噪音扰民、工地电瓶车摔伤人、路灯损坏等意见均一一及时解决，奉城镇新奉公路2993号居民住宅逢下雨，倒灌水进屋问题等得到妥善处理。2017年，“路政文华热线”、大联动平台处置公路市政行业案件5780件，结案率100%。

二、路桥设施监控

路桥设施监控是养护的重要组成部分，50—70年代以人工监控为主。80年代前后，路桥设施监控形成制度，进行定期、不定期检查，实行分片负责、专人管理的监控办法。2000年，奉贤养护道班按线路划分监控区域，发现问题通过网络等渠道汇总到养护管理部门。2008年，为提高路桥设施监控管理水平，区公路管理所先后召开农村公路管理工作会议，对基层公路专（协）管人员进行《公路技术状况评定标准》培训，提高公路桥梁监控、处理的业务能力。2009年，全区8个镇、5个开发区分别成立乡村公路管理站，设置正副站长20人，路桥专管员10人，路政协管员18人，技术、统计员5人，对路桥设施进行常态化、规范化检查监控。2010年6—7月，进行全区范围公路、桥梁的全面检查、监控、整治，先后召开专题会议18次，向公路沿线村、企业下发护路护桥的宣传资料1600余份。在路桥设施存在隐患的地段，填补坑塘1412平方米，抢修路面1.66万平方米，路肩复工1.53万米，制止乱挖掘20余处。年末，根据监控信息，对积雪可能导致路桥受损和行车安全的路段，全区出动270人次铲雪，确保有隐患的19条乡村公路与69座桥梁畅通。2013年，继续对各镇（开发区）乡村公路管理站、养护单位进行考核，把路桥设施监控管理作为重要内容。是年，检测监控道路桥梁138座，其中优（A级）117座，良（B级）13座，对合格（C级）5座和不合格（D级）3座分别采取维修改造措施，使桥梁保持安全受控状况。2014年，在江海南路、环城东路G1501地道开发应用“下立交地道积水预警防控系统”，为次年汛期（雨季）积水抢险提供科学依据。全区投入870万元，完成道路积水点改造和其他公路桥梁应急抢修。2017年，进一步增强公路网中心监控力度，加强道路桥梁监控检查，与城管、交警、交通行政执法、运输管理、属地政府建立联动机制，提升路桥网络监控水平。

三、交通状况监控

70年代至90年代，公路交通监控靠交警人工监控。2000年6月，南桥镇南桥路、解放路路口安装奉贤境内第一套电子警察，主要用于拍摄交通违章。2001年10月，在南桥汽车站等重点部位设置图象监控点，对交通状况实行监控。2002年，浦星公路金汇东星村路段，安装区内第一套专门拍摄超速的固定电子警察。2005年，配备8套电子流动警察，用于对违法超速、违法变道等行为进行拍摄、查处。是年9月，8套流动电子警察进行更新，换成“云合式”第二代流动电子警察。2009年11月16日和2010年4月22日，通过公路电子监控录像，先后侦破南奉公路、浦星公路抢劫行人挎包案和庄行镇长堤村发生的杀人焚车焚尸案。2010年，为配合世博会安保工作，配备2套具有超速抓拍、牌照识别、夜间使用等多功能流动电子警察。在解放路、立新路口等安装12套非现场执法道路监控设施，全区19条道路、58个路口安装固定电子警察105套。至2011年，通过交通状况监控处理违法违章超限汽车1064辆，处以罚金8.52万元。2013年，公路有电子警察探头550只。至2013年，通过监控技术破获涉及公路上发生各类案件180起，查获交通事故肇事逃逸229起。2014—2015年，发挥路网监控系统作用，及时掌握各道路交通状况，为决策路桥建设提供科学信息。2017年，开展“春风行动”“平安交通”等重大活动，管控重大风险、消除重大隐患，保障交通安全。

四、交通流量调查

60—70年代，全县车辆少，虽然农村中型拖拉机与手扶拖拉机可进入市区，但流量不大。随着奉贤经济发展和社会事业进步，公路交通流量日益增加。1983年，经西渡去市区的摆渡车辆每昼夜1260辆次。1984年10月，川南奉公路交通流量实测，全线平均昼夜混合交通量7007辆，平均每小时291辆。1994年前后，奉贤县、乡二级工业开发区的建立和商业物流的发展，公路车流量逐年增加。为缓解公路交通压力，先后建设沿浦（浦星）、大亭、大叶等公路，扩（改）建部分骨干道路。1997年，大亭公路日平均车流量8714辆。2000年，大亭公路日平均车流量上升到1.07万辆。针对部分路段仍出现车辆拥挤和堵路状况，县交通、公路管理部门制订有关道路改扩计划，并陆续实施。2002年开始，莘奉金公路、大亭公路改建为高速公路。2003年，沪金高速公路车流量剧增，年车流量896万辆，每昼夜为2.45万辆。2004年6月，川南奉公路奉贤段改建工程动工，年末竣工，一定程度上缓解奉贤东部地区公路交通流量。2010年，沪金高速公路车年流量实测2594万辆，日昼夜平均7.11万辆，每分钟车流量为49.35辆。2013年，奉贤境内日流量最大的公路为沪金高速（奉浦大桥）7.7万辆，日均小时流量为3209辆，平均每分钟流量53.48辆；沪杭公路（闵浦二桥）平均日流量为2.08万辆，日均小时流量为868辆，每分钟流量14.47

辆，比2002年每分钟2.05辆增长6倍。2017年，随着境内经济社会发展，机动车辆突破20万辆的实际，交通流量明显增加。大叶、浦卫、平庄、航塘、金海、航南等10条公路日车流量也超过万辆。

2002年奉贤区部分公路日均车辆流量情况表

表4-3-1

等级	路名	日平均流量（辆）	饱和度%	等级	路名	日平均流量（辆）	饱和度%
省道	南奉公路	15640	104	县道	四平公路	1545	22
省道	莘奉公路	10110	46	县道	庄胡公路	1013	14
省道	大亭公路	9618	44	县道	奉柘公路	1596	23
省道	川南奉公路	8170	54	县道	航塘公路	1008	14
省道	南亭公路	5981	40	县道	新四平公路	2235	56
省道	沿浦公路	2604	65	县道	庄郛公路	1231	62
县道	沪杭公路	2956	20	乡道	胡阮路	830	42
县道	新奉公路	5946	40				

2013年奉贤区部分公路交通流量情况表

表4-3-2

路名	日自然车（辆）	日流量（辆）	高峰流量（辆/小时）	昼夜系数	拥挤度	服务水平（级）
奉浦大桥（沪金高速）	65469	77022	5793		1.38	
闵浦二桥（沪杭公路）	17640	20827	1431		0.51	
浦星公路	13203	15582	1098	0.76	0.41	B
大叶公路	5786	6589	520	0.76	0.37	A

1996年奉浦大桥的车流

第四节 国防交通储备器材管理

一、器材仓库

2002年，奉贤区公路管理所在奉贤某地选址，征地7323平方米，投资524.40万元，建设国防交通物资储备仓库1座，建筑面积2301.15平方米，其中仓库912.5平方米，维修车间530.2平方米，辅助用房858.45平方米。

二、组织管理

1985年以来，奉贤区公路管理署（所）设战备办公室，成立由署（所）长任队长的奉贤区（县）交通后备队伍，由分管副署（所）长担任国防交通物资仓库主任。2013年起，配备仓库工作人员7人，仓库主任全面负责仓库的日常管理工作；管理人员2人，1人负责内部业务资料，安全消防和台账，1人负责仓库现场管理；4名仓库值班人员负责仓库安保值班。

三、物资管理

制度建设 先后制定国防交通储备物资“综合维修和日常养护”“储备仓库安全防范”“仓库日常管理”“器材出入库”“值班员岗位职责”“仓库主任岗位职责”“安全消防员岗位职责”“保管员岗位职责”等10项制度。完善（仓库值班、物资维修保养、库房维修、物资出入库交接、年度物资维修保养、战备仓库季度检查情况、消防设施月度检查、库储物资数质量季度检查、库储物资数质量年度检查）9项记录。

物资检查 根据制定的仓库管理制度、工作职责、工作记录，做到台账物资数量与仓库实有库存数量账物一致。区公路管理所每季度对库存物资进行数量、质量检查，做好检查记录。

安全保卫 仓库值班人员坚持对库区、库房进行经常性巡查。2012年在仓库安装摄像监控设备和红外线报警设备，安装防盗门窗。对仓库管理人员进行安全教育，组织每月1次的消防设施检查，每年“119”消防日组织仓库人员开展消防演练。

物资保养 做好仓库维修是物资保养的前提。2011—2013年，投资11.7万元重新敷设自来水管道和新建零星仓库，按照物资堆放平面图、堆码定置图有序规范堆放。堆放整齐合理，严格按照物资保养“四步”（除锈、涮防锈漆、涮面漆、对主桁构件进行“国防交通”标识的喷涂）进行维护。

四、应急演练

奉贤区公路管理所制定防火、防盗、防破坏、防事故、应急出库预案。2011年组织62人次参加战备钢桥架设培训和战备钢桥应急出库培训。2003年，建立由25人

2014年奉贤区公路管理所举行战备钢桥架设

2014年奉贤区公路管理所举行战备钢桥演练现场

组成的国防交通道路应急保障大队钢桥架设区队，坚持“平时服务、急时应急、战时应战”的宗旨。2012—2017年，自行组织演练6次，参加上海市战备钢桥演练1次。

第五节　劳动人事　财务　资产管理

一、劳动人事管理

50年代中期，奉贤县养路工区人员由县人事科调配。60年代中期，县工务所从农村招收100多名长期临时工充实职工队伍，时设人事干部负责劳动人事管理。70年代初，长期临时工转为正式职工。80年代，公路管理所、市政工程管理所各设人事科，负责劳动人事工作。2001年1月，公路市政工程管理署实行“管养分开”的体制改革，公路市政工程管理署、城市路政管理中队合署办公，并设劳动人事科，统一负责劳动人事管理。是年5月，执行《奉贤县公路市政工程管理署工作人员考勤管理制度》《奉贤县公路市政工程管理署奖惩管理办法》，由劳动人事科协调有关科室加强对职工的考核、奖励管理，并按照事业单位用人制度，公开、公正、公平的招聘人员，签订劳动合同，管理人事档案、工资福利，组织职工培训、体检、疗休养、技术职称晋升、养老关系接转等工作。2009年，制定《奉贤区公路市政工程管理署工作人员教育培训管理办法》《奉贤区公路市政工程管理署工作人员考核管理办法》《奉贤区公路市政工程管理署专业技术人员职称及专业技术职务聘任暂行办法》，规范劳动人事管理。2015年，全所有在编人员58人，劳务派遣工19人，合计员工77人。其中，初级以上技术职称33人。2001—2017年，有414人次职工受到奖励，培训职工6260人次，劳动人事管理制度不断规范化、常态化。2017年，在编职工58人，劳务派遣人员17人。劳动人事科设科长1人，工作人员1人。

二、财务管理

50年代县养路工区成立后，有1名财务管理人员，经费由县财政拨给。1962年

7月征收养路费后，县工务所经费转为自收自支。70年代末至80年代初，县公路管理所、县市政工程管理所各设财务股，加强各自财务管理。2001年1月，公路、市政工程管理署、城市路政管理中队合署办公后，设财务科，统一管理财务，经费在养路费中列支。2006年，根据《中华人民共和国会计法》，区公路市政工程管理署制定《奉贤区公路市政工程管理署财务管理制度》《奉贤区公路市政工程管理署财务收支审批报销制度》，建立由署长全面负责的内部会计管理体系，严格财务收支审批制度、会计人员岗位责任制、稽查制度，规范财务管理。2007年5月，经奉贤区机构编制委员会批复，公路、市政工程管理署经费形式由原来的自收自支变更为全额拨款，按照事业单位财务管理制度实行财务管理。2009年，费改税政策出台后，公路管理所养路费资金改为燃油税返还资金，市政工程管理所资金由区财政拨款。2013年，建立财政阳光账户平台，进行资金运行管理。2017年，财务科共有财务管理人员3人，其中具有会计师职称2人、助理会计师职称1人，负责全所财务管理工作。

三、资产管理

1957年6月，成立奉贤县养路工区，房屋破旧，资产甚少。1962年，奉贤县工务所成立后，始建公路养护道班房，资产不断增加。1978年，奉贤县公路管理所成立后，逐步建立资产管理制度。80—90年代，公路、市政工程管理所资产有办公用房、道班房和路桥施工设备，并购置公务用车。2001年1月，公路市政工程管理所实行管养分开合署办公，原公路市政工程管理所资产由奉贤县建设交通委员会接收。2002年起，公路市政工程管理署逐渐积累资产。其中，公务车辆、计算机等办公设备逐年增加。2006年，根据《奉贤区公路市政工程管理署财务管理制度》的有关规定，成立由分管领导、财产物资管理人员组成的财产清查领导小组，每年进行资产清查，对财产物资一一查明，核实登记。2017年，全所房屋建筑面积4506.57平方米，其中，办公大楼2205.42平方米，国防交通器材储备仓库2301.15平方米。路政执法车5辆，公务车3辆，特种（吸污）车1辆，计算机84台，空调60台等办公用品，全所总资产1273.43万元。其中公路管理所1264.09万元，市政工程管理所9.34万元。根据国有资产管理的有关规定和2009年制定的《奉贤区公路市政工程管理署行政财产管理制度》，由办公室具体负责资产管理。

第五章　道路文化

从1957年奉贤县成立养护工区、1977年成立奉贤县南桥镇维修养护工程队起，奉贤公路、市政工程管理所在长期的路桥建设管理、养护中，逐步形成自己特色鲜明、丰富多彩的公路市政行业文化。2009年1月，上海市市政公路系统，开始建设公路文化“六个一”工程项目：一本书—《上海公路行业文化建设纲要》；一套手册—《上海公路行业文化手册》；一个路徽—公路路徽；一面旗帜—上海公路行业旗；一首歌—上海公路行业歌；一个展示馆—上海公路展示馆。奉贤区公路市政工程管理所根据市“六个一”工程项目要求，结合实际弘扬公路市政行业文化，开辟员工学习园地，编印《奉贤公路市政简报》，修改完善公路市政工程管理所誓言，撰写专业论文。践行“从业人员有规范、服务窗口有形象、教育展示有基地、行业精神有传诵”的道德规范，营造奉贤公路市政道路行业文化氛围。

第一节　旗　徽　歌　誓言

一、旗　帜

1．上海公路行业旗

上海公路行业旗制作于2009年，旗由红、蓝、白三原色构成，底色为白色，代表国家对公路的管理；下面中英文对照“上海公路”，中文“上海公路”字样居中间为红色；英文Shanghai Highway居底部，为蓝色，蓝色是公路的标志色，代表管理和服务，整体呈三角形图形。

2009年上海公路行业旗

2．上海路政旗

上海路政旗制作于2009年，旗的底色为白色，代表公路路政人员的纯结、质朴和依法行政的决心。中间图案为深绿与白色相交形成圆形，象征和谐和团结，又代表上海路政，“上海路政”4字为深绿色。

2009年上海路政旗

3．上海弘路公司旗

弘路公司旗制作于2010年，旗的底色为白色，代表养路工人的纯结、质朴，中间为两个三角形组成的“弘”字，左边字为深蓝色，右边字为浅蓝色，代表弘路公司为公路服务。下面“上海弘路”4字及拼音字母为黑色，代表“上海市弘路建设发展有限公司”。

2015年上海弘路建设发展有限公司旗

二、路　徽

1. 公路路徽

公路路徽制作于2009年，以中国红为底色，“公”字为核心，“人”字为主体，一个大圆象征着“和谐”和“团结”，构成一个内涵丰富、意境深远的图案，体现公路作为公共性社会产品和公益性行业的社会属性，为公众服务的宗旨目标，形象地展现“大道之行、公为天下”的公路行业核心价值观，也体现公路人的“一心为公、一路领先”的公路精神，实现公路文化与公路形象标志的有机结合和完美统一。

2009年制作的公路路徽

2. 市政道路路徽

市政道路路徽制作于2009年，为圆形，外圈为C字，代表中国，中间为两个S，代表上海市政的含义。CSS三字为金黄色。

2009年制作的市政道路路徽

三、上海公路人之歌

2008年开始收集上海公路人之歌，2009年在收集的32首歌基础上集体修改创作。此歌抒发公路人立足上海城郊道路建设，坚持在征途万里、路途万丈、高架为尺、大道千条的岗位上，为保障道路畅通、城市腾飞而辛勤劳动的情感，显示公路人为民造福的精神。上海公路人之歌歌词：踵海西上，无限风光，征途万里，由我启航，取光华明珠耀灼四方，此处有路远去，撒播芬芳；逐江而下，来迎朝阳，高架百尺，穿播时光，心系申城，交织成网，此处有路纵横，激情飞扬；前进中的公路人啊，我们用智慧浇铸力量，连成日夜前行的保障，为了城市的腾飞，号角吹响。踵海西上，无限希望，路途万丈，由我开创，迎宾世界，热情激昂，此处有路远去，撒播芬芳；逐江而下，在此激荡，大道千条，勾画小康，情系浦江，交融跌宕，此处有路纵横，激情飞扬；我们用激情浇铸热血，连成跨越江海的桥梁，为了城市的腾飞，插上翅膀。

四、展示室

2001年1月，奉贤县公路管理署、奉贤县市政工程管理署、奉贤县城市路政管理中队合署办公。2005年，为发扬公路市政行业的光荣传统，在办公楼四楼东侧设置奉贤公路市政工程管理署荣誉展示馆。展示馆建筑面积50平方米，设有陈列奖杯、奖品、奖状、奖牌的柜台。2017年，共陈列先进集体的各种奖励证书（件）224件，锦旗26面，奖杯15座，其他奖励证书（件）200余册。

五、誓　言

2001年1月，奉贤县公路市政工程管理署合署办公后，提出公路市政工程管理署誓言。2015年，奉贤区公路市政工程管理所对誓言作修改，把原誓言中第二句“使命必达”改为“依法行政”。

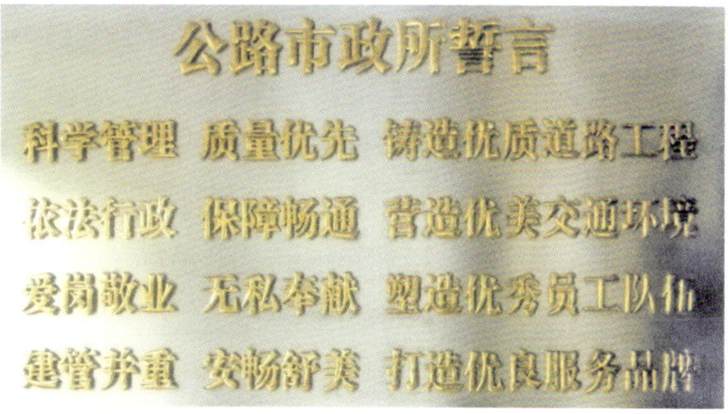

奉贤区公路市政工程管理所誓言

第二节　执法服装　标志

1979年8月，成立县公路管理所路政组。1988年，上海市区第一批路政员着装，以后着装范围扩大到各县。90年代，奉贤路政人员开始着统一执法装。2009年起，奉贤区公路市政工程管理署按照《上海公路行业文化手册》要求，统一行为规范和操作指南，坚持佩戴标志、着装上岗的制度。

一、服　装

帽子　男式大檐帽、中空式大檐帽，女式卷檐帽、中空式卷檐帽、冬帽。

2010年路政执法人员帽子

2015年路政执法人员帽子

2015年路政执法人员头盔

夏装　男女式短袖外穿衬衣、长袖外穿衬衣、短袖夹克，男女式夏裤、女式夏裙。

春秋装　男女式春秋常服、春秋夹克，男女式内穿长袖衬衣、男女式春秋裤。

冬装　男女式冬常服、冬夹克、防寒服，男女式内穿长袖衬衣、男女式冬裤，男女式毛衣裤（绒线裤）。

其他着装配套　男女式单（棉）黑色皮鞋，男女式手套，腰带、武装带、执勤包、领带、安全头盔、反光背心、反光内衣等。

2010 年路政管理人员服装（上装）

2015 年路政管理人员服装（上装）

二、标　志

上海公路路政执法人员的标志已多次更改。现介绍 2015 年标志：帽徽、肩章（软硬）、金属肩徽、金属背杠、金属胸章、软胸章、金属执法牌号、软执法牌号、金属领花、臂章、金属标志纽扣、领带夹。

帽徽

肩章

胸章

胸章

领花（冬用）

号牌（夏用）

臂章

领带夹

号牌

第三节 文化动态

一、公路市政简报

2011 年春始办《公路市政简报》，由奉贤区公路市政工程管理署主办、奉贤区公路（市政）行业协会协办。至 2015 年已办《公路市政简报》52 期。《公路市政简报》主要反映公路市政系统工作动态、经验交流、文明建设等内容。2016 年停办。

二、学习园地

2001 年，奉贤区（县）公路市政工程管理署在职工活动室开辟《学习园地》，《学习园地》成为干部职工思想政治学习、业务培训、学习体会和思研论文、主题实践活动的书面交流平台。

2014 年奉贤区公路市政工程管理署学习园地

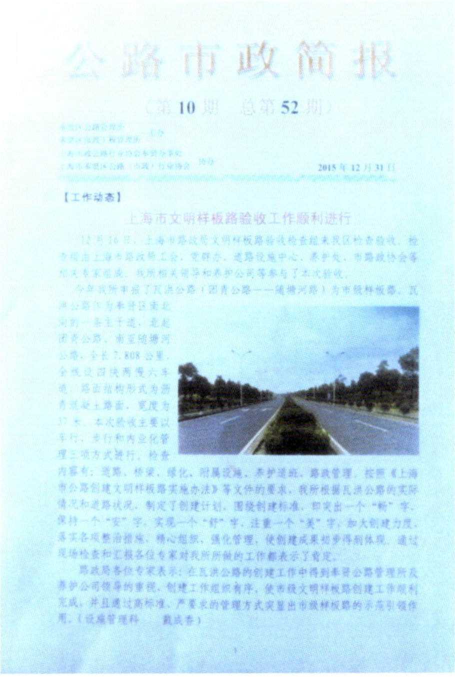
公路市政简报

（第 10 期 总第 52 期）

2015 年 12 月 31 日

【工作动态】

上海市文明样板路验收工作顺利进行

2015年奉贤区公路市政工程管理所印发的第 52 期《公路市政简报》

三、发表论文

2008—2012 年，奉贤区公路市政工程管理署有夏平、杨文欢、谢祖平等专业技术人员分别在《上海公路》《城市道桥和防洪》《上海建设科技》杂志上发表论文，共 7 篇。副所长周天、陶立还参与《农村公路建设》《养护技术规范》的编写和审稿，经上海市城乡建设和交通委员会批准施行。

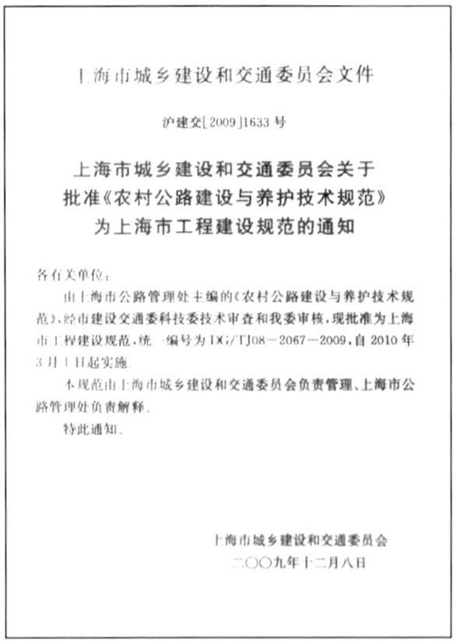

上海市城乡建设和交通委员会文件

沪建交[2009]1633号

上海市城乡建设和交通委员会关于
批准《农村公路建设与养护技术规范》
为上海市工程建设规范的通知

各有关单位：

由上海市公路管理处主编的《农村公路建设与养护技术规范》，经市建设交通委科技委技术审查和我委审核，现批准为上海市工程建设规范，统一编号为DG/TJ08—2067—2009，自2010年3月1日起实施。

本规范由上海市城乡建设和交通委员会负责管理、上海市公路管理处负责解释。

特此通知。

上海市城乡建设和交通委员会
二〇〇九年十二月八日

上海市工程建设规范

农村公路建设与养护技术规范

Technical standard for rural road
construction and maintenance

DG/TJ08－2067－2009
J11539－2010

2010　上海

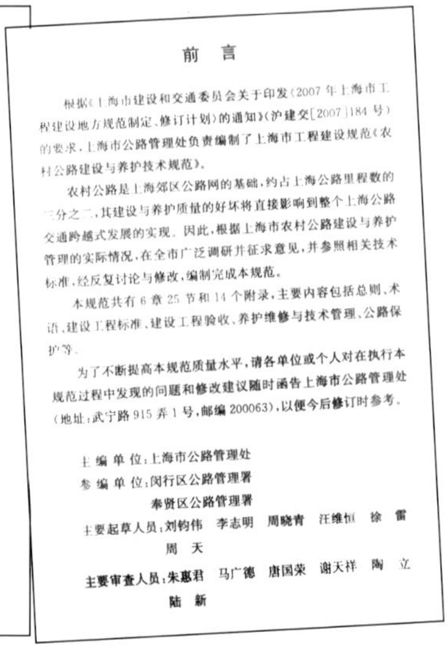

前　言

根据《上海市建设和交通委员会关于印发〈2007年上海市工程建设地方规范制定、修订计划〉的通知》(沪建交[2007]184号)的要求，上海市公路管理处负责编制了上海市工程建设规范《农村公路建设与养护技术规范》。

农村公路是上海郊区公路网的基础，约占上海公路里程数的三分之二，其建设与养护质量的好坏将直接影响到整个上海公路交通跨越式发展的实现。因此，根据上海市农村公路建设与养护管理的实际情况，在全市广泛调研并征求意见，并参照相关技术标准，经反复讨论与修改，编制完成本规范。

本规范共有6章25节和14个附录，主要内容包括总则、术语、建设工程标准、建设工程验收、养护维修与技术管理、公路保护等。

为了不断提高本规范质量水平，请各单位或个人对在执行本规范过程中发现的问题和修改建议随时函告上海市公路管理处(地址：武宁路915弄1号，邮编200063)，以便今后修订时参考。

主 编 单 位：上海市公路管理处
参 编 单 位：闵行区公路管理署
奉贤区公路管理署
主要起草人员：刘钧伟　李志明　周晓青　汪维恒　徐　雷　周　天
主要审查人员：朱惠君　马广德　唐国荣　谢天祥　陶　立　陆　新

2009年12月，由奉贤区公路管理署周天参与主要起草，陶立参与主要审查的《农村公路建设与养护技术规范》经市城乡建设和交通委员会批准施行

2008—2012年奉贤区公路市政工程管理署载出科技论文情况表

表5-3-1

姓名	作品目题	刊物名称	发表时间期数
谢祖平	玻璃钢材料及结构在桥梁工程中的应用	《上海公路》	2008年第3期
杨文欢	系杆拱桥的养护维修技术	《上海公路》	2008年第3期
杨文欢	废旧轮胎橡胶材料在道路人行道上的应用初探	《城市道桥与防洪》	2009年第2期
夏　平	废旧橡胶人行道铺设技术的研究与应用	《上海建设科技》	2011年第6期
周　天	道路窨井盖座高差的处理	《上海公路》	2012年第1期
夏　平	浅谈拉索结构桥梁索锚专项检查与维修方法	《上海公路》	2012年第2期
夏　平	透水沥青路面技术在水泥混凝土路面改造中的作用	《城市道桥与防洪》	2012年第7期

SHANGHAI HIGHWAYS

玻璃钢材料及结构在桥梁工程中的应用

奉贤区公路管理署谢祖平在《上海公路》杂志2008年第3期上发表的《玻璃钢材料及结构在桥梁工程中的应用》一文

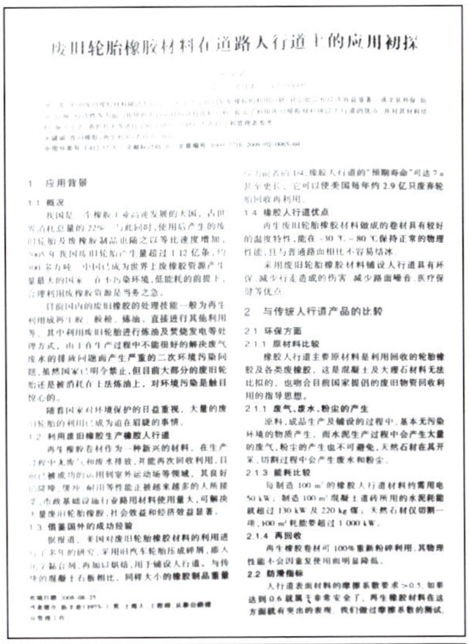

奉贤区公路管理署杨文欢在《城市道桥与防洪》杂志2009年第2期上发表的《废旧轮胎橡胶材料在道路人行道上的应用初探》一文

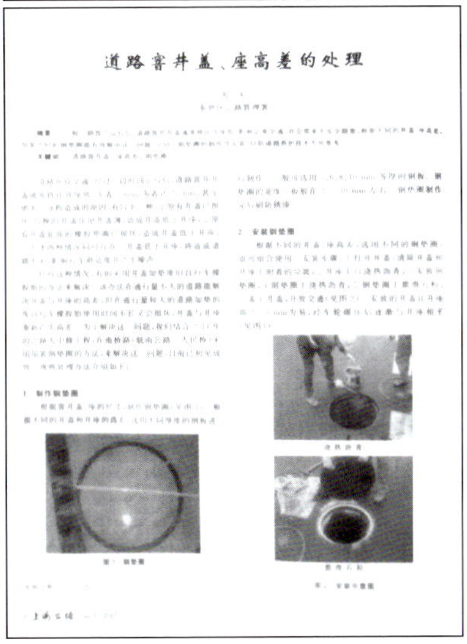

2012年《上海公路》第1期发表奉贤区公路管理署周天《道路窨井盖、座高差的处理》一文

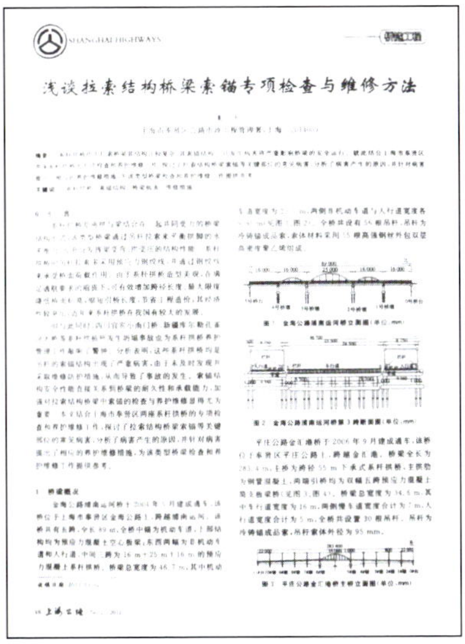

奉贤区公路管理署夏平在《上海公路》杂志2012年第2期上发表的《浅谈拉索结构桥梁索锚专项检查与维修方法》一文

四、路牌　广告

公路路牌　每条公路一般在交叉路口设指路牌，道路名称上面用中文，下部为英文字母，名称左右也用中英文注明道路走向。

2015 年县道沿钱公路路牌

2015 年乡道路牌

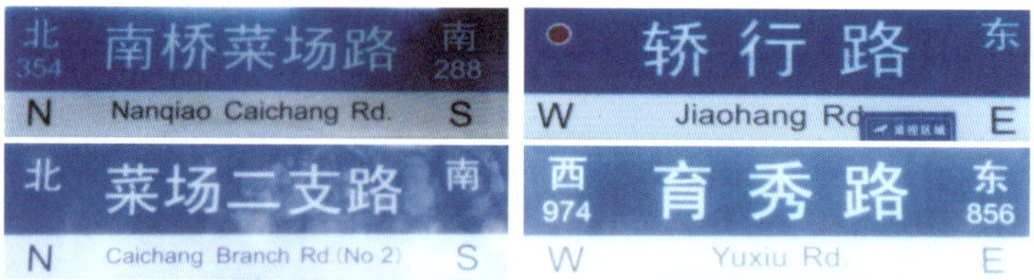

2015 年南桥镇市政道路牌

道路（桥梁）管养公示牌　注明养护范围、养护单位、管理（托管）单位电话号码，以便于联系管养。

公路市容环境责任管理公示牌　注明托管单位、管理范围、地段负责人姓名和联系电话、投诉电话。

公开承诺书　养护公司设养护道班，每个道班有公路养护公开承诺书，对养护工作必须遵循和做到的主要内容向外公开承诺，接受群众监督。为便于联系，注明报修和监督电话。

广告宣传牌　主要公路按一定间隔在路旁设护路广告宣传牌，宣传公路法规，注明投诉（联系）电话。

五、文华热线

2014 年 3 月，奉贤区公路市政工程管理所正式设立“文华热线”。至 2015 年末，

2015年位于江海南路的路政管理广告宣传牌

道路有问题“热线”来解决

“文华热线”一年接听283起 结案率100%

破瓶颈 解难题

聚焦基层创新工作

2016 年 2 月 8 日《奉贤报》关于奉贤区公路市政工程管理所“文华热线”报道

通过“文华热线”共收到涉及路桥施工、管理、养护的各种信息3219件，结案3195件，结案率99%。2015年，“文华热线”团队被上海市总工会评为上海工人先锋号。2016年，“文华热线”改为“路政文华热线”。2017年，“路政文华热线”处置公路、市政道路各类案件5700余件，处置满意率98%以上。

六、其他活动

奉贤区公路市政工程管理所（署）工会还开展“每月寿星”活动，为当月出生的员工送上生日祝福蛋糕。2015年起设图书室，建立借书阅读制度。每逢农历岁末，举办员工联欢娱乐活动。2017年，以金大公路为试点，围绕“贤文化”“桃文化”“剪纸文化”“滚灯文化”“水乡文化”等历史文化活动，创新公路文化建设。

第四节　教育培训

一、思想教育

50年代末，县养路工区对养护工人进行文化补习，并开展公路养护重要性的思想教育活动。“文化大革命”中，思想政治工作形式僵化，教育方式变为粗暴的政治运动。1979年，职工思想教育实行分级负责的办法。1981年起，根据上海市基本建设委员会《1981年至1985年职工教育工作规划》，在青年职工中开展政治轮训，公路市政工程管理所积极开展各种教育活动，安排职工参加市级培训班，提高职工思想政治觉悟。80年代，有18人次的干部职工因政治思想好、工作表现突出，被县级以上机关表彰记功。

加强职工思想教育和法制教育，是“八五”“九五”规划的重要任务之一。90年代以来，结合国家改革开放和两个文明建设的要求，依靠党政工团，坚持对职工进行“二五”普法、“三五”普法宣传教育，认真贯彻《爱国主义教育实施纲要》，组织职工学习《邓小平文选》、“三个代表”重要思想、十四届三中全会精神，学习《劳动法》《工会法》《公路法》《上海市公路管理条例》等法规文件，提高职工法制意识和遵章守法的自觉性。对征费、路政等执法人员，坚持定期送职工参加市公路处组织的路政法规、征费法规、《公路法》的培训，持证上岗，公正执法。

2012年，根据上级党委安排，公路市政工程管理署制定全年思想教育学习计划，完善学习制度，通过党政班子中心组学习、科室联组学习、上海基层党建网和党员现代教育远程平台、专家授课和实地参观等形式，实行集中与分散、专题与自主相结合的学习方法，开展中国特色社会主义理论学习，贯彻落实科学发展观和社会主义核心价值观，积极推进学习型组织建设。先后组织干部职工学习《人民的好儿女》、“德能勤绩廉”大考量活动，组织开展学习杨兆顺先进事迹、党的十八大会议精神等内容。区公路市政工程管理署思想政治工作研究会，积极探索新形势下思想政治工作的新思路、新方法。是年共提交思想政治工作研究论文 16 篇。

2013 年，全署建立单位、科室两级学习网络，组织学习党和国家重要文件、党的十八大报告和习近平总书记系列重要讲话等内容，撰写和交流学习体会、试卷问答、学习征文、听取建交委宣讲团宣讲等形式，提高学习效果；推行班子、中层干部、员工之间多层次谈心交心活动，了解干部职工的思想动态，凝心聚力推动各方和谐。署思研会围绕行业管理、学习型组织建设、思想道德建设和反腐倡廉建设等问题，全年撰写思研论文 13 篇。以宣传栏、版面、网络和会议等形式，加强“改、提、促”活动，开展反腐倡廉、“六五”普法和禁毒等工作的宣传。以《公路市政简报》为载体，加强行业工作宣传，做好动态信息上报；全年出版反映政治思想教育、工作经验交流、弘扬先进事迹等为主要内容的《公路市政简报》12 期。

2015 年，把学习贯彻党的十八届四中、五中全会精神作为全署的一项重要工作。按照上级提出的指导思想和目标要求，以定期集中学习、业余分散学习、远程教育平台学习、邀请党校老师授课等形式，先后学习“十八届四中全会决定”“中国共产党纪律处分条例”“十八届五中全会精神”等多个专题，全年学习 21 次，参加人数逾千人次。2017 年，组织学习习近平新时代中国特色社会主义思想和建设“四好农村路”讲话精神，参加 500 余人次。与弘路公司等结对交流，探索思想教育新思路。

二、职业教育

50 年代，道路建设、管理、养护成为新中国成立后公路建设行业一项新的社会职业。县养路工区成立后，加强对养护工人的职业教育成为养路工区的一项重要任务。60 年代至 70 年代，县养路工区、县工务所先后分期分批安排干部职工，到市参加系统的职业教育和培训。80 年代，奉贤县公路市政工程管理所把职工教育培训工作，开展职工政治思想、法律法规、岗位技能、管理业务等培训作为重要工作去落实。1991 年，根据《上海市职工教育条例》的精神，所党政班子将职工教育指标列入任期目标，成立教育培训领导小组（后易名为职工素质工程领导小组），配备专职教育干部，聘请业内人员任兼职教师，建立教育工作考核奖惩制度；在全面调查摸底的基础上，制订“八五”“九五”人才培养规划，建立“一人一档”的职工教育培训考核档案。做到年年培训有计划、有安排、有总结、有成果。为鼓励职工积极参加各类教育培训，坚持按规定给予报销相关费用，全面实行工人技术等级工资性补贴，实行奖金与学习态度、学习成绩挂钩，工资与技术等级挂钩的制度。在时间上，给予合理满足，帮助职工协调工学矛盾，确保职工安心培训。

2000 年，为适应社会发展、知识更新形势的需要，县公路市政工程管理所认真开展以专业技术人员为重点，以新理论、新知识、新技术、新规范、新方法为内容的职业教育。每两年一次组织相关人员参加行业主管部门举办的继续教育培训，分批安排外语和计算机操作培训、现代管理知识培训、高级课程进修等职业教育，组织工人技师参加“现代科技与上海”四新技术学习，扩大知识面。

2001年1月，公路市政工程行业实行管养分开后，管理体制从管养一体转向专业管理，职业分工趋向更细化、更专职，教育培训工作贯彻人才“外引、内培”双管齐下的教育方针，培养出一批一专多能、技术精湛、业务熟练的中高级管理人才。2001—2013年，奉贤公路市政工程管理署共投教育经费72.5万元，开展短期脱产职业教育72人次，法律法规培训325人次。2015年，公路市政工程管理所以提升业务理论水平为目标，推行单位全员职业教育，共举办11次，参加410人次。全所中级以上技术职称的管理人才占职工总数的40%以上。是年，职工教育培训工作纳入ISO 9001（2000版）国际质量标准体系，职业教育工作更趋规范、有序开展。2017年，组织200余人次参加会计制度、行业安全文明、路政执法培训，开展军事化锻炼和防汛防台应急处置演练。

三、技术培训

50年代末至60年代中期，县工务所（养路工区）先后向农村招收养路工人进行养护技术培训，并选派部分工人参加市组织的渣油路面、三渣基础施工培训班。“文化大革命”中技术培训中断。1980年起，公路管理所每年按排职工参加市公路处职工学校学习养护技术。1984年，在职工中开展文化补习，提高职工的文化素质。1985年，在公路桥梁管养、机修等工种中开展应知应会技术等级培训和考试。1991年，奉贤县公路市政工程管理所根据国家建设部、计委、人事部联合发布《建设企事业单位关键岗位持证上岗管理规定》，开展以关键岗位培训为重点，全方位开展管理人员岗位培训工作。并分批组织关键岗位管理人员参加行业主管部门举办的岗位培训班和岗位资格认定。1996年，领导干部、专业管理人员全部实现持证上岗，持证上岗率100%。同时，开展业务竞赛、举办技术讲座、各类短训班、班组长培训班和转岗培训班等日常培训活动，提高全体管理人员的岗位适应性和管理水平。

1997年，选送在现场施工的外来民工73人，参加县建设工人考工站培训，全部取得上海市建设工人上岗证；1998年，组织53名职工参加“建设工人上岗证”培训考证，保证企业二级资质年检合格。是年，根据市公路处“八五”“九五”人才培养规划，公路市政工程管理所以提升技术工人等级为重点，坚持产学结合，对所属单位职工分期分批进行相关工种的技术等级培训，高级工增加管理知识的培训，培养一专多能、一人多证的复合型人才。1998—2000年，根据国家关于技术等级证书“老八级转新三级”的要求，组织全体技工进行相应等级的“职业技能资格证书培训鉴定”。至2001年，技术工人参加正规的技术等级培训4次，93%的人获得中级以上等级证书，20%以上的人持有两种以上操作证书。

1991—2000年，县公路市政工程管理所组织职工参加各级、各类培训活动365次，培训职工2857人次，支付教育培训经费92.5万元。管理人员持证上岗率从1991年的10%提高到100%，中级以上技术工人从无到有，达到234人，占技术工人总数的93.2%，其中技师及高级工占技术工人总数的4%，技工平均技术等级达到中级，形成技师为龙头、高级工为骨干、中级工为主体的技工队伍结构。中级职称以上专业技术人员从6名增加到22名。

2001—2013年，奉贤公路市政工程管理署共开展技术培训735人次，其中，岗位培训701人次，职称培训34人（1人参加高级工培训）。2016—2017年，组织各种技术培训555人次。

四、学历教育

1979年，公路市政工程管理所开始重视职工学历教育。80年代末，奉贤县公路市政工程管理所积极贯彻上级要求，制定多项规定，鼓励职工参加成人中、高等学历教育，在时间和经费上给予照顾，对学有所成的进行奖励，符合条件的安排合适的工作岗位并兑现工资待遇。2001年，32名干部、工人参加学历教育，高中以上文化程度职工占全部职工的比率，从80年代初的12.6%提高到42.3%，职工平均文化程度从初中一年级提高到高中一年级。2001—2017年，奉贤公路市政工程管理所（署）参加学历教育72人次。

1991—2000年奉贤县公路管理所教育培训情况表

表5-4-1

年份	职工人数		自办或外送培训班次	全年培训人次	教育经费（万元）	管理人员持证上岗人数	管理人员持证上岗率%	中级以上技工人数	中级职称以上专技人员	高中以上学历人数	法制宣传培训人数
	总计	其中技术工人									
1991	286	233	30	176	2.6	0	0	0	6	36	—
1992	290	237	29	313	4.1	9	18	74	6	42	6
1993	315	252	29	158	3.7	18	30	150	3	51	—
1994	372	298	37	222	5.2	25	36	164	8	71	—
1995	359	298	42	432	9	29	50	215	12	108	—
1996	355	287	52	291	11.5	63	100	225	20	106	6
1997	354	272	49	255	6.1	—	100	226	22	110	—
1998	356	278	39	457	19.8	—	100	226	21	125	356
1999	355	274	22	328	16.4	—	100	235	20	132	—
2000	324	230	36	225	14.1	—	100	234	21	137	—

2001—2017年奉贤区公路市政工程管理所（署）教育培训情况表

表5-4-2

年份	职工人数				教育经费（元）	全年培训人次	职业教育				技术培训		
	总计	其中					岗位培训	继续教育	职称培训	学历	法律法规	高级工	中级工
		管理人员	专技人员	工人									
2001	53	4	33	16	13567	121	49	24	7	5	36	0	0
2002	55	4	34	17	11207	33	7	4	8	7	6	1	2
2003	51	4	33	14	17202	18	3	4	4	7	0	0	3
2004	54	5	36	13	13123	21	3	4	1	13	0	0	0
2005	64	8	41	15	41540	36	12	4	10	10	0	0	0
2006	64	8	40	16	14183.5	10	3	4	0	3	0	0	0
2007	66	14	42	10	10740	13	0	4	2	7	0	0	0
2008	65	13	42	10	17840	46	15	4	0	7	20	0	0
2009	64	13	42	9	105950	123	4	4	0	5	110	0	0
2010	61	14	38	9	10050	10	0	4	2	4	0	0	0
2011	60	12	39	9	147029	14	9	4	0	1	0	0	2
2012	60	19	37	4	174749	191	105	4	0	1	81	0	1
2013	62	20	39	3	147760	495	491	4	0	0	0	0	0
2014	57	17	38	2	116100	325	0	4	0	0	0	0	0
2015	58	18	38	2	33250	410	0	4	0	2	0	0	0
2016	56	22	33	1	21200	326	322	4	0	0	0	0	0
2017	58	23	34	1	7300	297	233	4	0	2	58	0	0

2012年，奉贤区公路市政工程管理署组织职工参加公路市政行业《上海市安全生产条例》宣贯讲座

第六章　组织机构

1950年，奉贤公路归闵行公路养护站管理。1957年6月，成立奉贤公路养路工区。1962年9月，县养护工区改称为县工务所。1978年10月，县工务所改名为县公路管理所。1977年12月，建立南桥镇维修养护工程队。1981年1月，南桥镇维修养护工程队划归为奉贤县建设局，并改名为县市政工程管理所。2000年12月，公路市政行业实行“管养分开”，分别建立奉贤县公路管理署、奉贤县市政工程管理署、奉贤县城市路政管理中队，实行三块牌子一套班子，次年1月合署办公。2001年8月，奉贤撤县设区后，更名为奉贤区公路管理署、奉贤区市政工程管理署、奉贤区城市路政管理中队。2007年5月，县城市路政管理中队撤销，人员编制归口公路管理署。2009年12月，奉贤区公路管理署、奉贤区市政管理署行政级别由事业单位正科级升格为副处级。2014年1月，奉贤区公路管理署、奉贤区市政工程管理署更名为奉贤区公路管理所、奉贤区市政工程管理所。

1962年，奉贤县工务所成立党支部、工会、共青团等党群组织。“文化大革命”初期，党群组织被迫停止活动。1969年，党支部、团支部、工会组织活动得以恢复。1978年10月，县工务所党支部改称奉贤县公路管理所党支部。1981年，县市政工程管理所党支部建立。2000年12月，建立奉贤县公路市政管理署党支部。2007年10月，建立奉贤区公路市政管理署党总支部，下设2个党支部。2017年，有党员64人。

奉贤区（县）公路市政工程管理所（署）党总支（支部），坚持党的思想建设，运用“三会一课”（党员大会、支委会、小组会、上党课）制度和党员活动室等形式，开展党员教育活动。1978年，在党员中进行党的方针政策、基本路线、改革开放的教育；1985年，组织党员进行整党教育、评议党员活动；2000年开展“三讲”（讲学习、讲政治、讲正气）活动；2001年，组织学习邓小平理论和“三个代表”（中国共产党始终代表中国先进生产力的发展、代表中国先进文化的前进方向、代表中国最广大人民的根本利益）重要思想，贯彻落实科学发展观；2017年，组织学习党的十九大文件和习近平新时代中国特色社会主义思想；坚持党要管党、从严治党的方针，加强党的纪律检查工作和党风廉政建设；积极开展评先创优活动，发挥党员先锋模范作用。党组织加强对工会、共青团等组织的领导，在路桥建设中充分发挥工人先锋号、团员青年突击队的作用。

奉贤区公路市政工程管理所（署）先后5次被授予奉贤区文明单位称号。2005年以来，区公路市政工程管理所（署）及其部门，受到区级以上领导机关表彰20余次。2011年，区公路市政工程管理署党总支被评为奉贤区先进基层党组织。

第一节　行政机构

一、奉贤区（县）公路管理机构

1949 年 5 月 14 日，奉贤全境解放，县内公路由闵行公路养护站管理。

1．奉贤县养路工区

1957 年 6 月，成立江苏省松江专区养护队奉贤县养路工区，傅长华任工区主任，办公地址为今上海鼎丰酿造食品有限公司河东杨家房子（原奉贤县委党校）。人员编制 20 人，其中干部 2～3 人，主要职能是公路养护。

2．奉贤县工务所

1962 年 9 月，奉贤县养路工区更名为奉贤县工务所，姚宝才任所长，唐永林、李志明任副所长，主要职能是公路路面养护及管理。1969 年，成立奉贤县工务所革命委员会，朱才兴任主任，所址迁入吉安公墓附近，人员编制增加到 40 人。

1962 年，奉贤县工务所

3．奉贤区（县）公路管理所（署）

1978 年 10 月，奉贤县工务所改名为奉贤县公路管理所，所址设在沪杭支路（南桥路人民桥北马铁厂隔壁），为副科级全民事业单位，下设办公室、道路桥梁工程队、桥梁养护队、运输队、机修车间、7 个养护道班、2 个苗圃。主要职责：负责全县道路、桥梁的建设养护，编制 200 余人，经费在养护费中列支。1987 年，所址搬至沪杭路 15 号（今南桥路 563 号）。是年 10 月，升格为正科级单位，内设办公室、养护股、工程股、机械材料股、安全质量股、财务股、人事股、养路费征收站、运输队、工程队及 7 个道班，编制 300 余人，主要职能是公路管理养护、路政执法管理、公路规费征收。1992 年，编制 392 人，工作职能不变。2000 年 6 月，奉贤县编制委员会批复同意成立奉贤县公路管理署。2000 年 12 月，根据上海市市政（公路）行业实行“管养分开”的体制要求和县编制委员会批复，撤销奉贤县公路管理所，正式成立奉贤县公路管理署，正科级全民事业单位，编制 40 人，经费从养护费中列支。主要职责：全县公路、桥梁、路政管理和养护费征收。署址移至南桥镇沿江路 18 号，公路管理署和市政工程管理署、县城市路政管理中队实行三块牌子一套班子，次年 1 月合署办公，内设办公室、财务科、劳动人事科、计划规划科、设施管理科、工程监管科、路政管理科、养路费征收稽查站、战备办等部门。2001 年 8 月，奉贤撤县建区，改称为奉贤区公路管理署。2007 年 1 月，增设信息管理科。是年 5 月，奉贤区城市路政管理中队撤销，公路路政职能、人员编制归口奉贤区公路管理署，公路管理署人员编制增加至50人。2009年7月，增设乡村公路管理科。2009年12月，奉贤区公路管理署升格为副处级事业单位。2012年1月，养路费税费改革，征收站撤销。2017年，公路管理所编制44人。

1980年起，历任署（所）长名录：

姚伯新（1980年2月—1984年9月）
张生发（1984年9月—1987年7月）
马治平（1987年7月—1991年12月）
邱建明（1991年12月—1993年11月）
郭继周（1993年11月—1995年11月）
张黎光（1995年11月—2000年11月）
张永飞（2000年12月—2004年4月）
焦家林（2004年4月—2007年10月）
胡　怀（2007年10月—2017年1月）
于光新（2017年1月—2018年1月代理所长）
张　移（2018年1月—　　　）

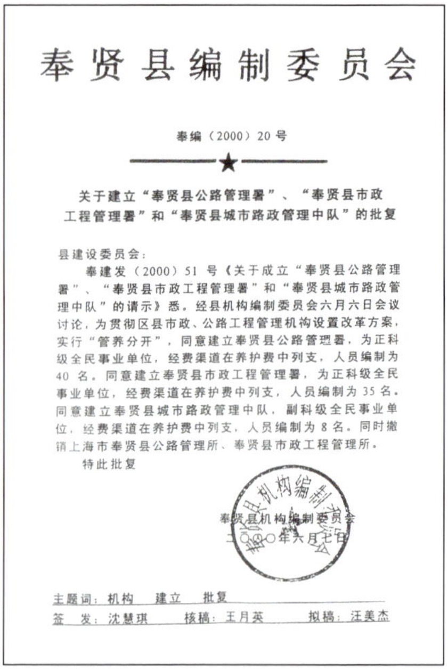

奉贤县编制委员会

奉编（2000）20号

关于建立“奉贤县公路管理署”、“奉贤县市政工程管理署”和“奉贤县城市路政管理中队”的批复

县建设委员会：

奉建发（2000）51号《关于成立“奉贤县公路管理署”、“奉贤县市政工程管理署”和“奉贤县城市路政管理中队”的请示》悉。经县机构编制委员会六月六日会议讨论，为贯彻区县市政、公路工程管理机构设置改革方案，实行“管养分开”，同意建立奉贤县公路管理署，为正科级全民事业单位，经费渠道在养护费中列支，人员编制为40名。同意建立奉贤县市政工程管理署，为正科级全民事业单位，经费渠道在养护费中列支，人员编制为35名。同意建立奉贤县城市路政管理中队，副科级全民事业单位，经费渠道在养护费中列支，人员编制为8名。同时撤销上海市奉贤县公路管理所、奉贤县市政工程管理所。

特此批复

奉贤县机构编制委员会
二〇〇〇年六月七日

主题词：机构　建立　批复
签　发：沈慧琪　　核稿：王月英　　拟稿：汪美杰

2000年6月7日，奉贤县机构编制委员会关于建奉贤县公路管理署、奉贤县市政工程管理署、奉贤县城市路政管理中队的批复。2000年12月正式组建。2001年1月实行三块牌子一套班子，合署办公

1978年奉贤县公路管理所办公地点

2017年奉贤区公路市政工程管理所、奉贤区道路管线监察办公室驻地

二、奉贤区（县）市政工程管理机构

1. 南桥镇维修养护工程队

1977年12月，成立南桥镇维修养护工程队，有职工4人，队长鞠志文。主要职能是市政道路、下水道、城镇环境绿化管理工作。队址今解放西路115号。

2. 奉贤区（县）市政工程管理所（署）

1981年1月，南桥镇维修养护工程队划归奉贤县建设局管理，改称奉贤县市政工程管理所，所址南桥镇解放西路115号。1984年有职工40人，行使南桥镇区的市政建设、管理和养护职能。1986年12月31日，县市政工程管理所由集体所有制单位改为副科级全民所有制事业单位，主要承担市政道路、桥梁、下水道、驳岸、城镇绿化等设施建设和管理，所址迁至南桥镇贝港桥东堍。1987年10月，行政级别为正科级。1992年，全所编制人员55人，内设办公室、财务科、材料科、经营科、质量科、绿化养护科、工程科、运输科、养护一队、养护二队。2000年11月，全所有人员81人（含临时工）。是年12月，根据上海市市政（公路）行业“管养分开”的体制要求和县编制委员会批复，撤销县市政工程管理所，成立奉贤县市政工程管理署，为正科级全民事业单位，人员编制35人，经费在养护费中列支，署址迁至南桥镇沿江路18号。主要职能是市政道路、桥梁的设施管理。2000年12月，市政工程管理署和公路管理署、县城市路政管理中队实行三块牌子一套班子，次年1月合署办公。2001年8月，奉贤撤县建区，改称为奉贤区市政工程管理署。2009年12月，奉贤区市政工程管理署升格为副处级事业单位。2017年，人员编制增至42人。

2000年6月奉贤县市政工程管理所办公楼

1985年起，历任所（署）长名录：

吴桂昌（1981年12月—1989年12月）

陆治平（1989年12月—1992年10月）

付志华（1992年10月—1994年1月）

戴寅生（1994年1月—1996年5月）

张永飞（1997年4月—2004年4月）

焦家林（2004年4月—2007年5月）

胡　怀（2007年5月—2017年1月）

于光新（2017年1月—2018年1月代理所长）

张　移（2018年1月—　　　　）

三、奉贤区（县）城市路政管理中队

2000年12月，根据县编制委员会批复建立奉贤县城市路政管理中队，为副科级全民事业单位，编制8人，经费在养护费中列支。主要职责是城市路政管理。2000年12月，奉贤县城市路政管理中队与县公路管理署、县市政工程管理署实行三块牌子一套班子，次年1月合署办公，中队址设于南桥镇沿江路18号。2005年6月，城市路政管理中队编制增加到10人。2007年5月，奉贤区城市路政管理中队撤销，城市路政管理职能归口区城市管理监察大队、人员编制归口奉贤区公路管理署。

2000年12月起历任队长名录：

张永飞（2000年12月—2004年4月）

焦家林（2004年4月—2007年5月）

四、奉贤区道路管线监察办公室

2006年12月，为加强全区道路管线的监督管理，区人民政府成立道路管线监察办公室，由区政府1名领导分管，奉贤区建设与交通委员会主任兼任办公室主任，牌子挂在奉贤区公路市政工程管理署，由公路市政工程管理署承担道路管线监察职能。

五、部门设置

1957年，奉贤养路工区未分设职能部门。1962年，建立奉贤县工务所，内设大修队，负责道路翻修；中修队，负责日常养护；小修队，负责小修小补。1978年，县公路管理所设道路桥梁工程队、桥梁养护队、运输队、机修车间以及7个养护道班、2个苗圃。1980年设养路费征收检查站。80年代后期至90年代，公路市政工程管理所职能部门变动较大，各科、股分别承担公路市政管理养护职能。2001年1月，公路管理署、市政工程管理署合署办公，下设办公室、财务科、劳动人事科、计划规划科、设施管理科、工程监管科、路政管理科、公路路政中队、养路费征收稽查站、战备办等部门。2007年1月，增设信息管理科。是年5月，奉贤区城市路政管理中队撤销，人员编制归口公路管理署。2009年7月，增设乡村公路管理科。2012年1月，养路税费改革，养路费征收站撤销。2017年8月，增设城市综合管理科。是年末，奉贤区公路市政工程管理所下设办公室等科（室、队）职能部门13个。

1．办公室

2001年1月设立，2017年在编人员4人，其中经济师、馆员各1人。主要职能：负责公文处理、文档及工程档案的管理和信访接待工作。负责所内卫生、车辆管理、会务组织、单位固定资产的管理、办公用品的购买等后勤保障工作。

主　任：李飞成（2001年1月—2003年4月）

蔡凯意（2003年4月—2010年12月）

姚　莘（2010 年 12 月—2016 年 1 月）
宋月超（2016 年 8 月—　　　　　）
副主任：李建强（2004 年 5 月—2012 年 9 月）

2．计划规划科

2001 年 1 月设立，2017 年在编人员 4 人，其中高级工程师、工程师各 1 人。主要职能：负责编制县道公路、乡村公路及市政道路年度大养护计划，监督计划的正常实施，对计划实施过程中的各种反馈信息进行整理，及时调整年度计划。根据上海公路建设总体目标和奉贤区总体规划，履行对奉贤区公路、市政道路区域网的规划职能。负责对公路、市政道路修建工程项目设计委托、项目招投标、养护合同签订等。负责区管公路交通流量的调查工作，做好计划统计月报、年报的编制工作，及时报上级有关职能部门。参加公路、市政新改建工程设计方案的评审、竣工验收和设施量的增减调整工作。

科　长：陶　立（2001 年 1 月—2002 年 10 月）
陈永星（2002 年 11 月—2006 年 3 月）
谢祖平（2007 年 1 月—2018 年 3 月）
副科长：谢祖平（2006 年 4 月—2006 年 12 月）

3．工程监管科

2001 年 1 月设立，2017 年在编人员 6 人，其中工程师 1 人。主要职能：负责公路、市政工程项目建设，包括前期及有关各方的协调工作，参与工程招投标及负责工程预决算的审核。组织施工图会审、技术交底工作，审核施工组织设计、开工报告，办理工程变更手续，组织竣工验收。负责建设工程安全生产、文明施工检查、监督及安全合同签订管理工作。

科　长：诸文浩（2001 年 1 月—2004 年 5 月）
王永兴（2004 年 5 月—2013 年 3 月）
石　诚（2016 年 8 月—　　　　　）
副科长：王永兴（2001 年 1 月—2004 年 5 月）
赵育杭（2005 年 1 月—2012 年 8 月）
石　诚（2012 年 9 月—2016 年 7 月）
宋月超（2012 年 9 月—2016 年 7 月）
陈　涛（2016 年 8 月—　　　　　）

2011 年 9 月，奉贤区市政工程管理署在市政行业庆祝建党九十周年知识竞赛中获一等奖

2012 年 9 月，奉贤区公路管理署工程监管科被评为 2011—2012 年度上海市城乡建设和交通系统青年文明号

4．设施管理科

2001年1月设立，2017年在编人员6人，其中高级工程师1人，工程师1人，经济师1人。主要职能：负责管辖公路、市政道路及其附属设施（包括桥梁、涵洞、雨水管、挡土墙、绿化、路灯、标志标牌、四类设施等）日常养护的管理工作及小修、抢修、绿化、桥梁改造等工程的施工管理工作。配合计划规划科做好区管公路、市政道路设施及其附属设施年度养护计划编制，做好各类养护工程招投标管理工作。负责区管公路、市政道路各类养护工程的决算编制和审核工作，区级河道的危桥改造管理工作，区管公路交通流量的调查工作。配合市路政局做好道路信息化数据采集工作，负责管养道路、桥梁工程技术档案的收集、整理、归档工作。组织抗洪救灾、防汛防台及道路突发事件的抢修抢险，参加公路、市政工程的验收、接管和设备量的增减调整工作。

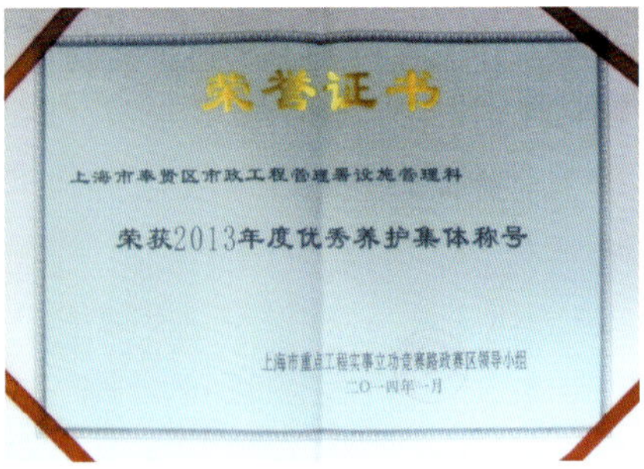

2014年1月，奉贤区市政工程管理署设施管理科荣获2013年上海市优秀养护集体称号

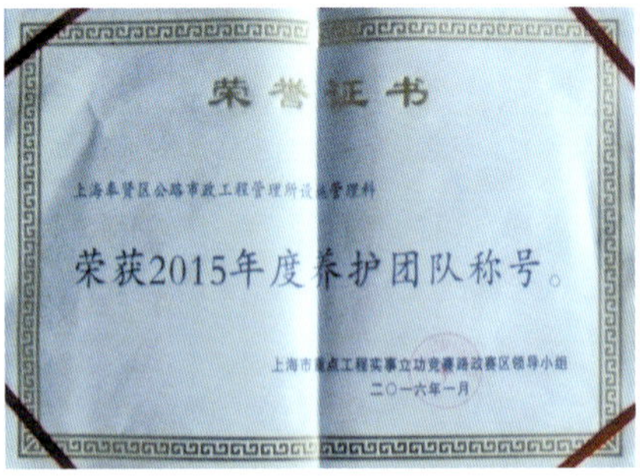

2016年1月，奉贤区公路市政工程管理所设施管理科荣获2015年度养护团队称号

科　长：周　天（2001年1月—2004年5月）
　　　　杨文欢（2004年5月—2012年3月）
　　　　夏　平（2012年9月—　　　　　）

副科长：杨文欢（2001年1月—2004年5月）
　　　　谢祖平（2005年1月—2006年4月）
　　　　王建萍（女，2005年3月—2012年9月）
　　　　夏　平（2009年2月—2012年8月）
　　　　宋卫忠（2012年9月—2016年7月）

5．路政管理科

2001年1月设立，2017年在编人员4人，其中工程师1人。主要职能：负责综合协调，统筹全年的道路管线掘路计划，编制月度的管线掘路计划。负责道路管线掘路计划实施的检查、督促和协调推进工作。负责区道路范围内管线方案的讨论评审，对行政许可前的施工方案进行预审，提出合理化建议，并确认行政许可前的绿化权属。配合做好行政许可案件现场踏勘，计量相关工作量及赔（补）偿金额。监管审批后的施工现场，落实审批

2012年4月，奉贤区公路市政工程管理署路政管理科受理窗口被评为2010—2011年度奉贤区文明窗口

后施工单位各项安全防护与文明施工工作。配合设施科对施工质量进行监管，协调施工期间各类问题。参与施工项目验收、移交等工作，与管线单位签订无偿搬迁协议，与施工单位、第三方签订施工合同。

科　长：鞠　华（女，2001 年 1 月—2003 年 4 月；2005 年 8 月—2012 年 8 月）
　　　　何　文（2005 年 1 月—2005 年 7 月）
　　　　赵育杭（2012 年 9 月—2016 年 1 月）
　　　　宋卫忠（2016 年 8 月—　　　　）

副科长：何　文（2003 年 4 月—2004 年 12 月）
　　　　姚　莘（2007 年 6 月—2008 年 1 月）
　　　　顾　军（2008 年 9 月—　　　　）
　　　　鞠　华（女，2012 年 9 月—2016 年 7 月）

6．**公路路政管理中队**

公路路政管理中队（详见第四章第一节第一目第二子目）。主要职能：宣传和执行公路和公路桥梁管理的法律、法规、规章，公开、公正执行路政法规。负责公路、桥梁日常巡查，及时制止和查处公路及公路用地范围内擅自占用、挖掘和其他违法行为。负责区管公路超限运输车辆行使的检测检查工作，协助做好各类占路、掘路、道口开设、管线埋设等许可事项的全过程管理。负责路政管理资料归档，编制和上报路政执法报表，做好动态分析和信息传递工作，定期向区公路管理所和市路政总队报告路政管理情况。抓好路政车辆的管理，确保路政车辆的行车安全，依法做好路产、路权的保护工作。

队　长：蔡凯意（2001 年 1 月—2003 年 4 月）
　　　　鞠　华（女，2003 年 4 月—2005 年 7 月）
　　　　何　文（2005 年 8 月—2006 年 12 月）
　　　　李飞成（2008 年 2 月—　　　　）

副队长：赵根兴（2001 年 1 月—2012 年 9 月）
　　　　徐国斌（2005 年 8 月—2006 年 12 月）
　　　　庄　严（2012 年 9 月—　　　　）
　　　　陈　涛（2012 年 9 月—2016 年 7 月）
　　　　汤宝强（2016 年 8 月—　　　　）

7．**劳动人事科**

2001 年 1 月设立，2017 年在编人员 2 人。主要职能：贯彻执行劳动人事政策法规，遵守各项规章制度。负责劳动人事管理，包括人员的招聘录用、劳动合同、人事档案的整理工作，年度考核、各类先进备案管理工作。负责工资福利管理，工资、津贴、绩效工资等的核定、调整、发放等事项。社会保险管理，进行基数的调整，养老关系的接收、转出等工作，组织职工体检和疗休养工作。负责职工教育培训及职称管理工作，做好职称晋升的上报审核、聘任、教育培训的计划安排、备案登记等。做好离退休人员和退管会工作，如退休手续办理、互助保障投报、理赔、养老关系终止手续及体检等。负责各类年报统计工作、法人年检、实名制信息的维护，季度报表及平时各类报表的上报工作。

科　长：杨跃芬（女，2001年1月—2011年12月）

　　　　邹建妹（女，2012年9月—2018年3月，2018年3月副所长兼科长）

8．财务科

2001年1月设立，2017年在编人员4人，其中会计师1人。主要职能：贯彻执行《会计法》和国家有关法律，法规及财务制度。负责制定单位财务管理制度，健全会计核算制度、财务内部管理制度。做好单位的财务管理和会计核算工作，落实财务管理工作规范，岗位职责并组织实施。负责财务收支预算、部门预算的编制，并对预算执行情况进行监督。组织编制财务决算报告，分析评价部门财务收支计划完成及资产变动情况。负责事业性收费及罚没收入、预算外收入的汇缴工作以及罚没收入统一票据和财务收款收据等各类票据的管理工作，配合有关部门做好财务收支检查和审计工作。负责会计基础工作规范化、会计专业知识培训及会计信息管理工作，承办领导及上级有关部门交办的其他工作。

科　长：江　枫（女，2005年1月—2016年7月）

　　　　马军英（女，2016年8月—　　　　）

副科长：江　枫（女，2001年1月—2004年12月）

　　　　马军英（女，2013年5月—2016年7月）

9．信息管理科

2007年1月设立，2017年在编人员2人，其中工程师、经济师各1人。主要职能：主持信息化建设的规划工作，制定并执行信息化管理各项规章制度，负责署各系统软件的推广、技术支持工作，保障内部局域网络系统的正常运行、管理维护和安全管理。负责信息化各类培训工作及相关信息系统建设使用的技术指导和资料保管工作，协同配合各类应用软件的安装、调试、运行维护等技术工作及相关工作。做好所公路网站的正常运营、内容更新、回复网上投诉、网上咨询等工作，收集、汇总、审核所内部信息，及时向上级部门报送相关信息。

科　长：胡建花（女，2008年2月—2016年7月）

副科长：胡建花（女，2007年1月—2008年1月）

　　　　王佳丽（女，2016年8月—　　　　）

10．乡村公路管理科

2008年2月设立，2017年年末，在编人员5人，其中工程师3人。主要职能：积极宣传、贯彻执行乡村公路管理的法律、法规和规程。负责指导、服务、协调、监管各乡村公路管理站抓好乡村公路和乡村公路桥梁的管养工作，指导辖区内乡村公路建设、桥梁改造和管理养护计划方案编制的初审、汇总，上报区建管委审定并立项。指导和监管经济薄弱村村道改造，对农村公路建设项目施工设计文件提出指导意见。

科　长：刘国良（2008 年 2 月—2012 年 9 月）
　　　　唐勤荣（2012 年 9 月—　　　　）
副科长：唐勤荣（2010 年 4 月—2012 年 9 月）
　　　　顾　强（2012 年 9 月—　　　　）

11．奉贤区大联动建交委分中心

2012 年 3 月成立，中心所属建交委职能部门，委托公路所日常管理操作。2017 年在编人员 2 人，其中经济师 1 人。主要职能：贯彻执行区建管委系统城市综合管理和应急的指挥、协调、检查、考核等工作，遵守各项规章制度。负责区建管委大联动日常管理工作和年度考核，做好信息版报平台管理、城市网络化管理工作。处置各项来电来访投诉、运行道路 GPS 监控系统清扫记录及数据的统计，负责监控系统运行管理。

分中心副主任：宋恒彬（2015 年 7 月—　）

12．养路费征收站

1980 年 3 月设立，站长由历任公路管理署（所）长兼任，配备 1 名副站长主持工作。2010 年，规费征收改革，养路费停收。2012 年，征收站撤销。收费期间主要职能：宣传并严格执行国家和市的征费政策、法规、规章，依法征收养路费、通行费，稽查、保障公路养护和路况改善的资金来源。

2006年4月，奉贤区养路费征收所被评为 2004—2005 年度奉贤区文明窗口

2007 年 5 月，奉贤区公路管理署规费征稽突击队被共青团上海市市政工程管理局委员会评为优秀青年突击队

副站长：赵伟雄（2001 年 1 月—2003 年 4 月）
　　　　李飞成（2003 年 4 月—2008 年 1 月）
　　　　姚　莘（2008 年 2 月—2010 年 12 月）
　　　　蔡凯意（2011 年 1 月—2012 年 9 月）

公路规费稽查大队第十中队队长：庄　严（2007 年 1 月—2010 年 1 月）

13．规费管理科

2001 年 1 月设立，在编人员 2 人，2004 年 3 月撤销。主要职能：依法进行养路费的征收和管理。

科　长：李飞成（2003年4月—2004年3月）

副科长：庄　严（2001年1月—2003年4月）

14．**质量安全科**

2001年1月设立，在编人员3人，2003年撤销。主要职能：路桥施工项目的质量、安全监督管理。

科　长：陈永星（2001年1月—2002年10月）

2015年11月，奉贤区公路管理所被南京军区交通战备办公室评为国防交通储备物资管理工作先进单位

15．**战备办**

2001年1月设立，2017年在编人员1人，由1名副署长分管。主要职能：负责国防交通储备器材的管理、维修、养护，下设器材仓库。另聘人员值班管理。

负责人：孙水才（2001年1月—2011年6月）

　　　　朱　峰（2012年1月—　　　　）

16．**城市综合管理科**

2017年8月，奉贤区市政工程管理所增设城市综合管理科，编制12人。其职能为：依托奉贤区城市网格化综合管理平台，承担建设交通系统城市综合管理和应急联动日常工作；参与编制道路照明规划并组织实施，承担道路照明设施建设、运行和维护管理；承担地下管线、管廊建设运行安全监察事务，负责道路管线掘路施工计划的综合平衡及执行情况监察；承担地下空间安全使用的综合协调事务管理。

第二节　中共组织

一、中共奉贤县公路管理所（工务所）支部委员会

1．**中共奉贤县工务所支部委员会**

1962年，成立中共奉贤县工务所支部委员会，李光银任党支部书记。“文化大革命”中，党组织一度瘫痪。1969年恢复建立中共奉贤县工务所支部委员会，朱才兴、姚伯新先后任党支部书记。

2．**中共奉贤县公路管理所支部委员会**

1978年10月，中共奉贤县工务所支部委员会改名为中共奉贤县公路管理所支部委员会。2000年12月，建立中共奉贤县公路市政管理署支部委员会，中共奉贤县公路管理所支部委员会撤销。

历任中共奉贤县公路管理所支部委员会书记名录：

姚伯新（1978年10月—1982年11月）

马治平（1982年11月—1992年10月）

张永飞（1992年10月—1995年10月）

唐耀兴（1995年10月—1997年4月）
张胜康（1997年4月—2000年12月）

二、中共奉贤县市政工程管理所支部委员会

1981年1月，南桥镇维修养护队划归县建设局，成立中共奉贤县市政工程管理所支部委员会。2000年12月，建立中共奉贤县公路市政管理署支部委员会，中共奉贤县市政工程管理所支部委员会撤销。

历任中共奉贤县市政工程管理所支部委员会书记名录：
吴桂昌（1981年12月—1985年5月）
蒋寿昌（1985年6月—1987年6月）
张敬中（1987年6月—1989年12月）
陆治平（1989年12月—1992年10月）
何火英（女，1992年10月—1995年9月）
张永飞（1995年9月—1997年4月）
魏裕庆（1997年4月—1998年11月）
金晓珠（女，1998年11月—2000年12月）

三、中共奉贤区（县）公路市政管理署支部委员会

2000年12月，建立中共奉贤县公路市政管理署支部委员会；2001年8月，奉贤撤县建区，中共奉贤县公路市政管理署支部委员会更名为中共奉贤区公路市政管理署支部委员会。

历任中共奉贤区（县）公路市政管理署支部委员会书记名录：
程丛桂（女，2001年1月—2004年12月）
郭国华（2004年12月—2007年10月）

四、中共上海市奉贤区公路市政管理所（署）总支部委员会

2007年10月，撤销中共奉贤区公路市政管理署支部委员会，建立中共奉贤区公路市政管理署总支部委员会，有党员64人，其中预备党员2人。党总支下设第一、第二2个党支部。2014年1月改名为中共奉贤区公路市政管理所总支部委员会。2017年有党员62人。

中共上海市奉贤区公路市政管理所（署）总支部委员会历任书记名录：
焦家林（2007年10月—2009年12月）
于光新（2010年1月—　　　　　）

奉贤区公路市政管理所（署）党总支第一支部

焦家林（2007年10月—2009年12月）

于光新（2010 年 1 月— ）

奉贤区公路市政管理署党总支第二支部

陈永星（2007 年 10 月—2011 年 6 月）

朱国平（2011 年 6 月—2018 年 3 月）

邹建妹（女，2018 年 3 月— ）

第三节 党建工作

一、组织建设

1. 党员发展

1962 年，奉贤县工务所成立党支部后，严格按照党章有关规定，认真做好党员发展工作，为党的组织补充新鲜血液。1967—1968 年“文化大革命”初期，党组织瘫痪，党员发展工作停止。1970 年起，县工务所党支部按“坚持标准、保证质量、改善结构、慎重发展”的 16 字方针，积极稳妥的发展新党员，每年有发展计划、培训计划。1988 年起，建立发展党员“三级台账”（当年发展、近期发展、远期发展计划）。1995 年起，注重在优秀青年中发展党员。1998 年，按照“一线、一流、青年”的要求，做好党员发展工作，党支部每年不定期地举办建党积极分子培训班。2001 年起，建党积极分子培训班由区委组织部统一举办，区公路市政工程管理所（署）党支部，每年选送建党积极分子参加培训。

2004 年起，按照奉贤区委组织部关于发展党员实施票决制、公示制的意见和要求，推行发展党员的两次票决制和公示制，用投票的方式发展预备党员和预备党员转正，并用告示的方式向群众进行公示。2010 年，按照奉贤区委组织部的要求，全面实行“确定入党积极分子公示制度”，注重对入党积极分子的培养教育和管理。

2002—2017 年，发展党员 18 人，大专以上学历占 100%，其中大学学历占 95%，年龄 40 岁以下技术骨干占 63%。

1966—2017 年部分年份奉贤区（县）公路、市政工程管理所（署）党员发展情况表

表 6-3-1 单位：人

年份	发展党员	年份	发展党员	年份	发展党员	年份	发展党员
1966	1	1986	1	2002	1	2012	1
1970	2	1987	3	2004	2	2015	2
1972	2	1988	3	2006	3	2016	1
1973	1	1989	1	2007	2	2017	1
1980	1	1993	1	2008	2		
1982	1	1996	2	2009	1		
1985	1	1998	1	2011	2		

2．支部换届选举

1962年，建立奉贤县工务所党支部，之后党支部严格按照党章有关规定，组建和改选支部。1966年下半年至1968年“文化大革命”初期，党组织停止活动，党的领导处于瘫痪。

1972年，党组织活动恢复。1973年起，奉贤县工务所党支部重视自身建设，加强组织建设和党员教育，健全党内民主生活，做好党支部改选工作，报上级党委任命。

1980—2011年，根据党章和《中国共产党基层组织选举工作暂行条例》的有关规定，每2～3年对党支部委员会进行换届选举，并认真做好换届选举前准备工作，严格候选人条件、产生程序、名额和差额比例，候选人预备人选确定以后，报区（县）建交委党委审批，最后党支部召开党员大会，采取无记名投票方式进行差额选举。

2012年，奉贤区公路市政管理署党总支以“公推直选”方式进行换届选举。通过民主推荐、资格初审、组织考察并报区建交委党委审查。建交委党委根据对候选人初步人选的考察情况，确定新一届所党总支部委员的初步候选人。之后再进行第二次民主推荐，根据党员推荐得票多少，参考群众意见，研究新一届党总支部书记（副书记）、委员候选人预备人选。委员候选人预备人选差额人数不少于应选人数的20%。候选人预备人选经党委批准后进行公示，最后由党委下发正式候选人的批复，并提交党员大会投票选举。书记（副书记）采用等额选举方式，委员采用差额选举方式。2016年1月，举行新一届党总支部委员会的换届选举。

2010年，奉贤区公路市政管理署党总支被评为“奉贤区创先争优、世博先锋行动”先进基层党组织。

3．支部工作考核

60年代初，县工务所组建党支部，支部成员由上级党委考察后配备。60年代中期，开始“文化大革命”，基层党组织遭到破坏，工作无法正常开展。

1969年，县工务所党支部恢复活动，党支部工作开始正常运转。1973年起，上级党委重视党支部考核工作；每年由基层党支部向党委作书面工作汇报，之后党委分组下基层听取支部班子成员及部分党员、行政管理人员对支部工作的意见，最后党委把意见反馈给各基层党支部；并针对各基层党支部工作情况，分别提出意见和要求。

80年代，党支部工作主要以百分考核为主，考核项目有组织建设、思想建设、党风廉政建设、精神文明建设、群团工作等，考核内容根据党委每年工作要点，作不断修改完善。

90年代，年度支部工作考核在支部进行述职报告的基础上进行百分考核，考核内容根据当年建交委党委工作的主要内容进行制定，考核方式采取自评、基层支部互评、党委考评相结合。

2009年起，根据建交委关于进一步加强基层支部党建工作的考核意见，在原来年度百分考核的基础上，完善支部党建工作考核机制，重申组织管理条例，提高支部组织生活和党员教育管理的质量，对支部考核的内容、形式、程序等作明确要求，推行党内民主。2017年，党总支把党风廉政建设作为班子和全体党员考核的重要内容，专辟党务信息公开室，完善公开目录和公开内容。33名在职党员在年度工作考核中全部合格。

二、思想建设

1. 加强党员学习

1962年，奉贤县工务所成立党支部，党员学习教育以短期培训为主。之后，党支部坚持用“三会一课”制度加强党员教育。1966年下半年至1968年由于受“文化大革命”干扰，党的各项学习教育活动无法正常开展。

1980年起，每逢党的生日党支部组织开展迎七一系列活动，为全体党员作形势报告、上党课；组织党员观看党建工作教育影片。1985年，县公路市政工程管理所党支部组织党员参加整党，对党员进行改革理论和政策、全心全意为人民服务、党风廉政建设、彻底否定“文化大革命”、科学文化、业务技术知识等方面教育。经过评议，公路市政工程管理所33名党员评议全部合格。1986年，开展新时期共产党员新形象大讨论。1988年起，每年进行一次民主评议党员工作，1995年以后每两年一次。

90年代，建立党员活动室，进行“三个代表”重要思想的教育，提高党员执行党的路线、方针、政策的自觉性。1997年6月，在党员中开展“庆七一、迎香港回归”为主题的爱国主义教育，进行政策宣传、组织生活、听报告、看录像等活动，不断提高党员政治素质。

2001年，公路市政管理署党支部组织主题鲜明、形式多样的建党80周年纪念活动：参加建交委举办的党建知识竞赛、为全体党员上党课、观看党史教育电影等。2003年起，党支部每年制定党员学习计划，注重抓好党员学习培训。2006年，根据共产党员先进性教育活动所取得的成果，利用党小组学习、自学、党员活动室宣传等形式开展党员学习教育活动。

奉贤区公路市政工程管理所（署）加强党风廉政建设教育

2011年，组织党员干部学

习党的十七届五中全会精神、胡锦涛总书记“七一”讲话、温家宝总理《政府工作报告》、中国共产党党史、杨善洲和李林森先进事迹报告会等。署领导班子集中学习11次，党员学习16次，收到各类学习心得30余篇；署思想政治工作研究会积极探索新形势下思想政治工作的新思路、新方法，共提交思研论文17篇。是年6月29日，组织党员进行党史知识竞赛活动，36人网上答题，67人参加有奖竞赛。区公路市政工程管理署党总支代表队，在上海市公路处和奉贤建设系统举办的建党90周年知识竞赛中，分别获得一等奖、二等奖。

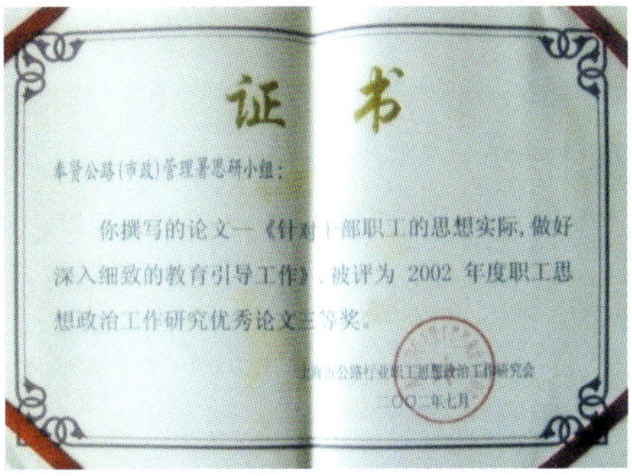

2002年7月，奉贤区公路市政工程管理署思研小组撰写的论文“针对干部职工的思想实际，做好深入细致的教育引导工作”被评为2002年上海市公路行业职工思想政治工作研究优秀论文三等奖

2013年，建立单位、科室两级党员为骨干的学习网络，把深入学习贯彻党的十八大会议精神作为党总支的首要政治任务，组织经常性学习活动，通过撰写和交流学习体会、试卷问答、学习征文、聆听委宣讲团宣讲等形式，提高学习效果。署组织党员围绕行业管理、学习型组织建设、思想道德建设和反腐倡廉建设等问题，开展专题调查研究，积极探索新形势下思想政治工作的新途径和新方法，全年共收到思研论文13篇。

2015年，加强党员干部队伍建设。严格执行“三会一课”制度，切实加强党员宗旨意识、党性意识教育。针对“三严三实”“四风问题”开展批评与自我批评，严守党的政治纪律和政治规矩，牢记党员宗旨、提升党员品质。广泛开展座谈交流活动，发动党员参与社区报到、义务劳动及道路巡查和保洁等突出活动，进一步拓宽党员联系和服务群众的渠道。2017年，坚持上创新型党课。10月，党总支部组织党员多次学习十九大会议精神，领会习近平新时代中国特色社会主义思想实质。充实志愿服务团队，参加扶贫帮困、爱心助学、清洁家园、文明乘车、治理河道等活动300多人次。

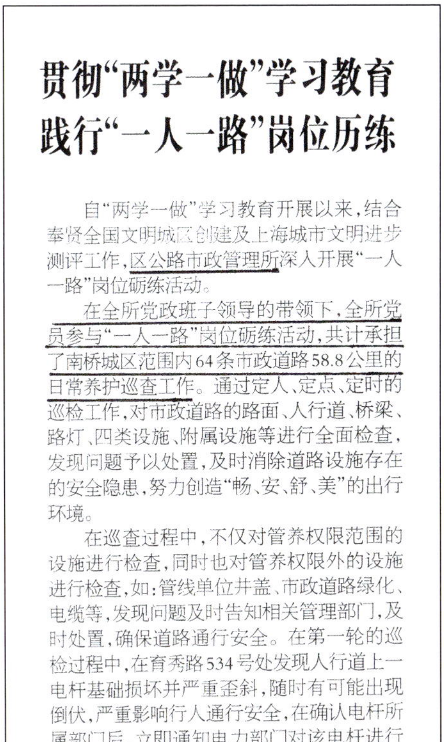

贯彻“两学一做”学习教育 践行“一人一路”岗位历练

自“两学一做”学习教育开展以来，结合奉贤全国文明城区创建及上海城市文明进步测评工作，区公路市政管理所深入开展“一人一路”岗位砺练活动。

在全所党政班子领导的带领下，全所党员参与“一人一路”岗位砺练活动，共计承担了南桥城区范围内64条市政道路58.8公里的日常养护巡查工作。通过定人、定点、定时的巡检工作，对市政道路的路面、人行道、桥梁、路灯、四类设施、附属设施等进行全面检查，发现问题予以处置，及时消除道路设施存在的安全隐患，努力创造“畅、安、舒、美”的出行环境。

在巡查过程中，不仅对管养权限范围的设施进行检查，同时也对管养权限外的设施进行检查，如：管线单位井盖、市政道路绿化、电缆等，发现问题及时告知相关管理部门，及时处置，确保道路通行安全。在第一轮的巡检过程中，在育秀路534号处发现人行道上一电杆基础损坏并严重歪斜，随时有可能出现倒伏，严重影响行人通行安全，在确认电杆所属部门后，立即通知电力部门对该电杆进行修复措施，避免安全事故的发生，及时消除了道路存在的安全隐患。

2016年9月6日，《奉贤报》关于奉贤区公路市政工程管理所的报道

2．发挥模范作用

1962年成立的县工务所党支部，加强党员教育，发挥党员在各个工作岗位上的先锋模范

作用。工务所食堂炊事班长谢爱珍，热爱本职、吃苦耐劳、坚持原则、关心集体，处处以共产党员标准严格要求自己，工作成绩突出，1964年被评为上海市“三八”红旗手。

1969年至70年代后期，县公路管理所党支部重视对党员的教育培训，以各种形式组织党员参加各类学习教育活动。柘林道班以党员为骨干，认真负责公路养护，工作措施有力，被中共奉贤县委授予1977年度先进集体。1980年，公路管理所运输组的共产党员，在公路建设、管理工作中成绩突出，该运输组被评为上海市1977—1978年度、1981—1982年度模范集体。

1990年，县公路管理所管理养护工作任务繁重、压力大。运输队长费雷锭、养护股股长陈基桃在各自岗位上任劳任怨，埋头苦干，在养护公路的运输和养护工作中取得显著成绩，分别被评为上海市劳动模范和全国绿化先进个人。1994年，唐达兴被调往燎原苗圃班任苗圃班班长，他刻苦钻研业务技术，精心培育公路绿化所需大批苗木，为公路绿化建设节约大量资金，被评为上海市劳动模范。

2008年，公路市政管理署党支部，开展“迎世博、争先锋”活动，教育党员争当勤学习、讲奉献、树模范标兵，充分发挥共产党员的模范带头作用。是年，为支援四川汶川大地震的灾后重建，全署党员交纳特殊党费2万余元。

2013年，在党员中开展“三严”（严以修身、严以用权、严以纪律）“三实”（谋事要实、创业要实、做人要实）教育，党总支书记、署长与党政班子成员签订党风廉政建设责任书7份，明确责任内容和责任追究。2017年，以共产党员吴文华为骨干命名的“奉贤路政文华热线”，坚持24小时全天候接听、处理市民的诉求、建议。全年处理路政诉求5000余件，被评为奉贤区优秀服务班组、上海市工人先锋号。

2010年6月，奉贤区公路市政工程管理署“文华热线”被奉贤区建交委党委授予党员先锋岗

1990—2017年，奉贤区（县）公路市政工程管理所（署）9名党员被评为市部级劳动模范和先进工作者。2000—2017年，受到各级表彰的300多人次先进人物中，共产党员占80%以上。

三、党风廉政建设

1962年，县工务所党支部加强党员队伍组织纪律性教育。70年代初，1名预备党员因犯贪污等经济错误，被取消预备党员资格。1982年12月，对犯经济错误的1名支部委员进行严肃处理。1991年，根据中共中央纪律检查委员会《关于共产党员在经济方面违法违反党纪处分若干规定（试行）》的意见，开展党纪党规教育。1991—1992年，公路市政工程管理所党支部认真贯彻落实中共奉贤县委《关于共产党员不准搓麻将的决议》和县纪委《关于共产党员犯赌博错误党纪处分的暂行规定》的精神，做到一级抓一级，层层抓落实，严禁共产党员参与赌博行为的发生。1993年3月，1名党员对直系亲属的经济犯罪进行窝藏，受到开除党籍的处分。是年9月，召开推进党风廉政建设大会，观看廉政教育宣传片，加强对党员干部的廉政建设教育。1994—2007年，在党员干部中先后开展“保持廉洁自律、发扬艰苦奋斗作风”“严格党的纪律，维护和坚持民主集中制”“立党为公、执政为民、接受监督，做人民的好公仆”“廉洁勤政、艰苦创业、拒腐防变”“牢记党的宗旨，接受人民监督”“坚定信念、从严治党、勤廉从政”等主题教育活动。其间，对犯生活作风错误的1名党员作出开除党籍处分决定。2009年，完善党总支中心组学习制度和干部党风廉政教育制度，筑牢领导干部拒腐防变思想防线。

2011年，进一步明确署领导班子责任分工，强化班子成员在党风廉政建设上的“一岗双责”；细化党风廉政建设工作任务，从署党政主要领导、分管领导到部门科室负责人层层落实党风廉政建设责任制，共签订党风廉政建设责任书21份；认真召开民主生活会，积极开展批评与自我批评，对照《廉政准则》52个不准，逐条进行对照检查；坚持开展警示教育活动，全面增强党员和领导干部的廉洁自律意识。

2012年，积极探索符合本单位特点的廉政风险预警防控机制，将廉政风险防控管理与党务公开、署务公开有机结合。严格执行《廉政准则》《廉洁规定》和住房和城乡建设部的有关规定，巩固深化专项治理成效。

2013年，区公路市政工程管理署巩固和完善廉政风险防控机制，针对公路、市政行业特点全面梳理权力事项，突出对重点项目和重点岗位的防控，明确非招标工程项目工作、施工过程质量安全管理、工程量计量及现场签证等管理，作为今年的廉政防控重点，建立限权、分权、监督的相应防控制度。引进第三方财务监理制度，对工程项目的招投标、预算执行和财务支付等过程严格把关，确保资金安全、规范、高效使用，最大限度地消除廉政风险；还通过单位宣传栏、网络、远程教育平台、实地参观等形式，加强对重点岗位、重点人员的党纪教育和岗位廉政教育；不定期组织观看警示宣传片，以案明纪，充分发挥正面宣传和警示教育作用；学习中央“八项规定”和领导同志有关重要讲话，切实做好公车管理等工作。

2014年，贯彻落实中央“八项规定”，继续开展“正风”行动，切实整治“庸懒散奢”等不良风气，加强岗位廉政教育，切实规范干部职工廉洁从政和从业行为。

2015年，明确所领导班子责任分工，从所党政主要领导、分管领导到部门科室负责人层层落实党风廉政建设责任制，严格执行党风廉政建设的“一岗双责”。全所签订《党风廉政建设责任书》27份。通过宣贯文件、观看警示片、宣传栏展示等方式，及时向党员传达廉洁自律相关规定，借助反面典型提醒干部职工时刻筑牢拒腐防线。班子成员带头执行中央“八项规定”和相关规范党员干部行为的文件要求，严格按照财经纪律实施财务管理和经费使用。2017年，党总支坚持“三重一大”（重大决定、重大事项安排、重要干部任免、大额度资金使用）集体决策原则。严格执行党风廉政建设“一岗双责”制度。

第四节 精神文明建设

一、文明创建

80年代，县公路市政工程管理所开展精神文明创建活动，坚持文明创建和路桥建设、管理养护工作相结合。1984—2000年，在物质文明和精神文明建设中，涌现出县（市局）级先进工作者、记大功等奖励的有57人次。2003—2004年，区公路市政工程管理署被授予奉贤区文明单位。2010年，署内女职工在全市巾帼建功竞赛活动中成绩突出，被授予巾帼文明岗。2011年，以“全国文明城区创建”“文明指数测评”为抓手，组织党员志愿者参加便民利民、清洁家园、文明路口、文明乘车等各类志愿服务活动；加强署宣传阵地建设，改版单位网站，出版署工作简报；加大文明单位创建工作力度，不断提高行业管理及服务水平。

2012年，加强精神文明宣传，引导干部职工积极投身到我区“全国文明城区创建”“国家环保模范城区创建”“上海市园林城区复验”活动中来，切实增强干部职工的参与积极性和自觉性。加大文明单位创建力度，顺利完成两年一次的区级文明单位考评任务。发挥行业优势，以捐资、捐物等形式，积极推进局村挂钩、社区结对、军民共建及爱心助学等活动，全年总计捐助金额24.8万余元。加强署宣传阵地建设，全年出版以文明创建为主要内容的工作简报12期。奉贤公路市政工程管理署投入双拥工作和未成年人帮助教育工作，先后评为“区拥军优属先进单位”“区未成年人思想道德建设工作先进单位”。

2013年，加强文明城区创建工作和文明指数测评中公路市政行业的文明建设力度。发挥行业优势，整合资源，继续加强与部队、居委和薄弱村的结对共建工作。做好“六五”普法学习和宣传，认真落实文明单位创建工作。

2014年，强化宣传，引导干部职工投身到奉贤区“全国文明城区创建”活动中来，不断充实志愿者团队，参与志愿服务。在巩固去年文明创建成果的基础上，根据创建标准，明确重点点位联络人，进一步完善巡查和应急机制，加强对相关道路及附属设施的巡查和修复。

继续加强区级文明单位的创建工作，做好相关资料的收集存档，积极迎接文明单位考评。发挥行业优势，整合资源，继续加强与部队、居委和薄弱村的结对共建工作。2014年，整修南桥镇江海新村第一居委会社区道路侧石200米；新增解放新村第三居委会社区道路两侧人行道700余平方米；修复江海新村第五居委会社区人行道300余平方米；为四团镇夏家村社区道路安装路灯15盏。

2015年，奉贤区公路市政工程管理所以捐资、捐物等形式，积极推进局村挂钩、社区结对、军民共建及爱心助学等活动。是年，以开展区域化大党建为契机，以“七彩家园”党建联盟为依托，和南桥镇江海一居推出“路政先锋情驻家园”公益项目。

2017年，全所职工坚持“一人一路”道路巡查制度，落实路长制，为奉贤全国文明城区复验，180人次参与文明巡查。

二、局村挂钩

2010年12月，奉贤公路市政工程管理署与青村镇钱桥社区南星村结对挂钩，并开展帮扶活动。署领导多次走访村委会，听取村委会和村民代表提出的想法，帮助村委会翻修村委会办公室、农家会所，改造危桥、道路硬化，清理大明沟、水沟。每年重阳节、春节对60岁以上老人、贫困户、长期有病、党员老干部、抗美援朝复退军人进行慰问。至2015年，共投入建设资金66余万元，慰问老、弱、病、残人员900余人次，发放慰问金49万元。

2016—2017年，为青村镇南星村3组抢修南横港桥，投入资金44万元。为四团镇夏家村改造道路等设施，投入资金13万元户，从而改善居民通行条件。

三、帮困结对

2012年，奉贤区公路市政工程管理署党总支书记于光新（右四）慰问结对扶贫助学学生吴佳莉家庭

2001年，建立对因灾、因病致困职工的帮困扶贫制度。2005—2013年，奉贤公路市政工程管理署与江海一居结对，确立吴佳莉为帮困助学对象。吴佳莉的父母离异，其跟随母亲生活。由于母亲失业下岗，身体状况欠佳，家庭经济条件比较困难。每年，署志愿者在署领导的带领下，定期前去看望，询问她的学习、生活以及各方面近况，帮助支付部分学费，鼓励吴佳莉保持开朗乐观、积极向上的心态，坚强地面对生活中的困难，认真学习，努力取得好成绩，直至她顺利考上大学。其间，共支助学费1.65万元。

2010年12月，奉贤公路市政工程管理署对四团夏家村开展帮扶活动。是年，投入105万元修复六团公路乡村联络道1.3千米。投入10.4万元先后新建村委仓库2间40平方米；修复车库顶棚72平方米；改造卫生间2间。帮助夏家村中心路安装路灯15只，计12.5万元。铺设水泥场地300平方米，计4万元。组织全体干部职工向村困难家庭进行捐款慰问，总计捐款金额3.7万元。向夏家村各层次干部群众征询意见，收集第一手资料，和村委开展联组学习。2014—2015年，帮助南桥镇第二街道开展整治环境、美化家园活动，对光钱路胡村大桥、安郏路萧塘港3号桥抢修工程进行施工监理，共支助资金7.5万元。2017年，全所党员捐款为四团镇2名家庭困难初中生购买“吉他”“百科全书”，圆了他们的梦。2016—2017年，资助困难学生3000元。

2012年2月6日，奉贤区公路市政工程管理署领导慰问遭火灾的退休职工杜东长家庭

四、志愿者服务

2007年，为配合文明城区创建工作，进一步促进“全民动手、清洁家园”专项整治活动的深入开展，志愿者们对育秀路（南星路—菜场路段）进行环境卫生突击整治，共出动12次，参加人员48人次。志愿者们从自己做起，从身边做起，尽己所能，为优化奉贤区城镇环境，提升城市面貌贡献自己的一份力量。

2010年，正值世博年，奉贤公路市政署在全署范围内开展“敬奉贤人、见贤思齐”迎世博主题活动。署领导班子亲自带队，组织志愿者到环城东路（G1501—新林路）两侧绿化带中捡垃圾，不论是烟蒂、果皮、塑料瓶还是再小不过的纸屑，志愿者们都不会放过。自2010年2月至2010年10月，共出动10次，参加人员110人次。

2009—2013年，开展“文明乘车”志愿者活动，公路市政署志愿者们根据安排，准时集中在南桥4、7、8路站点，统一佩戴志愿者袖章，两人一组登上公交车，在乘车高峰期帮助司机维持上下车秩序，引导乘客互相礼让、先下后上，号召乘客关爱老弱，对个别乘客的不文明行为进行劝阻。志愿者们的热心服务，引得市民纷纷投来关切目光，志愿者们以自己的实际行动将雷锋精神牢记于心，为改善南桥城区乘车秩序贡献自己的力量。2009—2013年，共出动18次，参加人员113人次。

2010—2011年，为倡导文明行路，给上海的志愿者工作增添一份力量，公路市政署志愿者们根据安排，准时到达指定路口，进行文明路口执勤服务。在执勤中，志愿者们积极宣传和引导行人不乱穿马路、不闯红灯、不抢道争道、不超出停车线、不骑车带人和不车抛垃圾等，配合交警和协管员维护交通路口安全秩序，出动20次，参加人员80人次。

2013年奉贤区公路市政工程管理署党员义务劳动，为江海一居建设的健身活动场地

2012年，每逢周六早晨，志愿者们到江海小区，共同参加创建国家卫生城镇志愿者服务活动。劳动内容主要包括清扫道路两旁垃圾，拾捡绿化带中的白色垃圾，清除小区内黑色广告，另外对小区蚊蝇孳生地也进行集中整治。是年，共出动20次，参加人员440人次。2000—2012年，每周四早晨，公路所志愿者们到小区，共同参加创建国家卫生城镇志愿者服务活动，共出动82次，参加950人次。2014—2015年，先后出动300余人次参加南桥镇区环境整治志愿者活动。2017年，不断充实志愿者服务团队，参加清洁家园、文明乘车、河道治理志愿者活动200余人次。

第五节　社会团体

一、工　会

1. 组织机构

1962年9月，奉贤养路工区改称县工务所后，始有1名负责工会工作人员。“文化大革命”时期，工会受冲击停止一切正常活动。1973年，奉贤县工务所召开会员大会恢复组建工会，有会员100余人，选举马治平为工会主席，石寿桃、金家淦为工会副主席。之后，工会根据上级要求和有关法律法规进行换届选举和开展各项工作。2000年12月，奉贤区公路市政工程管理署合署办公后，组建奉贤县公路、市政管理署联合工会。之后按工会章程规定，进行换届改选。

2001—2017年历任工会主席名录：

主　席：马治平（1973年2月—1984年6月）
　　　　周根妹（女，1984年6月—1993年4月）
　　　　孙水才（1995年7月—2006年7月）
　　　　曹永明（2006年7月—2007年8月）
　　　　陈永星（2008年5月—2011年5月）
　　　　朱国平（2011年6月—2017年5月）
　　　　周　天（2017年5月—2018年3月）

2．主要工作

关心职工生活 60年代，县工务所职工自愿参加工会组织，并成为工会会员。工会主要工作是关心职工的工作和生活，组织工会会员开展活动，反映工会会员的要求。《中华人民共和国工会法》颁布后，工会贯彻落实各项任务，开展各项工作，维护职工合法权益，定期组织开展学习教育、群众文体、保健体检等活动。2001年9月，成立职工技术协会，开展公路、市政工程“四技”（技术开发、技术转让、技术经营、技术服务）有偿服务，为职工谋福利。是年起，开展“每月寿星”活动，为职工送上生日礼物。2008年3月，会员吴文华、吕光泉、谢能受到市公路处记功奖励。2009年7—9月，李飞成、胡怀、杨文欢被上海市职工迎世博、加强市容环境建设和管理立功竞赛活动组织委员会，授予“五色杯”先进个人。

2011年，积极开展离退休职工的探望和慰问活动，全年共探望退休职工生病住院97人次，慰问支出1.95万元；对有重大疾病和80岁以上的47名退休职工分别在节日和高温期间进行上门慰问，慰问支出4.41万元；对家庭困难的退休职工补助8140元。是年10月23日为171名退休职工举办重阳聚会活动，慰问金8.55万元；年内为退休职工办理住院互助保障补充保险，支出2.32万元，协助理赔44人次，理赔金额2.62万元。同时，年内为9名逝世人员办理丧葬手续，一次性补贴共计30余万元。全年共探望在职生病住院职工4人次；给58名在职职工办理住院互助保障补充保险，支出2900元，协助理赔4人次，理赔金额2500.90元。同时组织在职职工参加健康体检和疗休养，并办理特种生病团体互助保障计划3480元和女职工团体互助医疗特种保障计划540元，为职工解除后顾之忧。

2013年，工会在署务公开栏和院内的公示栏定期公布署各类费用支出情况，做到涉及职工利益的事项即时公示。同时，在单位荣誉室里，不断更新各类团体和个人的荣誉获得情况，以集中展示，树立典型，表彰先进，激励广大职工爱岗敬业和奋发向上的精神。年内给60名在职职工办理住院互助保障补充保险，共计费用3000元；积极开展女职工教育、妇科病普查、女职工团体互助医疗特种保障计划，组织职工参加健康体检和疗休养；为重病女职工组织开展捐款活动，全署72名干部职工共计捐款金额2.28万元。全年共探望在职职工生病住院8人次，送上慰问金4000元。探望和慰问离退休职工生

2012年夏，奉贤区公路市政工程管理署署长胡怀（右二）慰问道班职工

病住院37人次，住院慰问支出1.03万元；为家庭困难的退休职工补助2100元；高温、重阳、春节为167名离退休职工购买慰问品，共计支出8.63万元，工会领导陪同署党政领导对有重大疾病和80岁以上的退休职工进行上门慰问，慰问金支出3.63万元；年内为退休职工办理了住院互助保障补充保险，支出2.79万元，协助理赔40人次，理赔金额2.46万元。同时，年内为5名退休死亡人员办理了丧葬、抚恤、给予一次性补贴，共计支出21.26万元；为离退休职工进行健康体检，支出金额5.16万元。

2014年，在开展党的群众路线教育实践活动中，工会想方设法为职工服务，提议创办职工食堂，先后征询各方面意见，克服种种困难，最终将车库2楼改造成食堂，并成立食堂自治小组。9月18日，食堂正式营业，切实解决职工午餐问题。

组织学习培训　50年代末至60年代初，县养路工区（工务所）针对工人文化低、技术差的状况，采取自训和向上送训的办法，提高职工文化技术水平。70年代起，市、县通过办培训班方式，分别培训养路、护绿、除虫、路政管理人员。90年代起，学习培训实行制度化。2001年起，分别组织职工实行专业化培训。2011年，根据区建交委五年素质工程建设规划要求，结合署制订的五年素质工程计划，公路市政工程管理署安排会员62人次参加各类培训，投入培训经费14.99万元。是年6月，开展全行业“安全生产月”劳动竞赛活动，工会与职能科室联合组织4个养护公司举办2011年奉贤区公路市政行业“安全生产月”安全用电知识、操作技能竞赛活动，有16名参赛队员参与，通过笔试和现场操作比武两个环节的考核，决出优胜队伍，达到本次比赛的目的。2011年3月，署长胡怀被区总工会授予职工技术创新精英称号。是年12月，奉贤区公路市政工程管理署工会组织表演的文艺节目“路政先锋”被上海市路政局工会评为舞台风采奖。

2012年，署工会利用远程教育平台先后组织全体干部职工学习《人民的好儿女》杨兆顺先进事迹，开展“德能勤绩廉”大考量活动。年内共组织全署干部职工集中学习8次，分组学习12次，开展学习交流6次，收到学习心得体会350多篇。

2014年，工会以深化素质工程建设为契机，10次组织80名干部职工参加各类技术培训（讲座）、报告会、展览等活动，2次组织60名职工参加节能减排普及宣传活动，提出节能减排技术革新、技术攻关项目1项，提节能减排合理化建议，其中1条被上级采纳并实施，创造经济效益34.14万元。积极开展岗位技能练兵、技术比武和立功竞赛，先后组织干部职工参加“上海市战备钢桥演练架设拆移”“2014年度公路市政行业防汛防台应急演练”和“119”消防安全演习等活动，全年培训经费总投入8.76万元。2014年，所工会积极参与建交委、兄弟单位和自行组织的各项体育活动赛事。11月举办“奉贤公路—兰德公司体育竞赛”，在篮球、乒乓、羽毛球运动项目中，公路市政工程管理所职工取得较好成绩。

2015年，工会先后组织开展行业安全文明施工培训、消防安全知识培训、宣传贯彻《公路工程技术标准》《市政设施养护维修技术及施工作业现场管理》《公路抢修专业保障知识》《市政公路工程风险管理》等业务培训，共计参加163人次。开展“上海市交通战备钢桥应急出库演练”“防汛防台应急处置演练”、消防安全演习和养护维修工程安全文明施工大比武等，参加110人次，朱峰在国防交通储备物资管理工作中，被南京军区交通战备办公室评为先进个人。组织干部职工107人次参观“同济大学教育部重点实验室（道路桥梁）”“环城西路中修工程现场观摩”“农村工作规范化建设观摩”“沪杭公路柘林段交通环境集中整治”等活动，提升干部职工从理论转化为实践的能力。是年，工会组织16次政治理论系列学习和专家学者讲座，参加658人次。2016—2017年，组织职工岗位技能及管理培训524人次。

参加志愿服务 2011年，是创建全国文明城区工作年，署工会全面动员、全员参与、全情投入、全力以赴地展开创建工作，共出动志愿者360人次，参与到清扫道路垃圾，清洁小区环境，维护车站公交秩序。在高温下，克服困难，想方设法与群众一道维护好交通路口的秩序，确保群众文明出行。

运用“文华热线”，引导干部职工树立“群众利益无小事”的理念，24小时接受社区居民的相关咨询、投诉和建议，受理结案率保持100%。年内，又开设“文华热线微信公众服务平台”，进一步拓宽服务渠道，提升服务质量。2015年12月，夏平被共青团上海市城乡建设和交通工作委员会、上海市建设交通青年人才协会提名为上海市建设交通行业“创新创优好青年”荣誉称号。2017年8月，工会组织54人次的志愿者队伍，参加全国文明城区复查道路整治志愿活动。

二、共青团

1. 组织机构

70年代，建立奉贤县公路（工务）管理所团支部，先后有唐洪飞、杨国建、王月君任团支部书记。80年代后，调配、招聘和引进的职工大部分是团员青年，内部发展团员数较少。2001年，县公路、市政工程管理署合署办公，组建新的团支部。2007年1月，成立奉贤区公路市政工程管理署青年联合会。2017年，全所有共青团员11人，青年联合会会员24人。

2001—2017年历任团支部书记名录：

书　记：姚　莘（2001年1月—2006年12月）
　　　　陶　颖（女，2007年1月—2009年1月）
　　　　张　玲（女，2009年2月—　　　　）

2007—2017年历任青年联合会会长：

会　长：陶　颖（女，2007年1月—2009年1月）
　　　　张　玲（女，2009年2月—　　　　）

2. 主要工作

70年代，奉贤县公路（工务）管理所团支部，大力倡导“学雷锋、做好事、树新风”活动，并成立青年服务队，围绕企业的中心工作，经常性为军属、孤老做好事，开展社会公益活动，倡导助人为乐和尊老敬老的社会新风。组织开展突击义务劳动，如为儿童、老人服务，参加植树、大扫除等突击性义务劳动。“学雷锋、做好事、树新风”活动是公路所团支部长年坚持的一项传统的特色工作。80年代中期，团支部在团员青年中开展“四有”（有理想、有道德、有文化、有纪律）新人教育，激励团员青年发扬岗位成才，岗位奉献精神，充分展现当代青年风貌。1997年，制定“青年文明岗管理办法”，开展“十佳合理化建议”“十佳双增双节”的“双十佳”活动，开展优质服务和岗位练兵活动，努力发挥团员青年生力军作用。2000年起，积极开展“百佳”青年竞赛活动和“青年文明岗”的建岗创号活动，在团员青年中形成学先进、争先进、赶先进的热潮，充分发挥共青团员先锋模范作用。2007年1月成立青年联合会，共青团和联合会共同组织开展活动。2011年，组织团员青年深入开展“我的网上团史纪念地寻访”等文化教育活动。开展创育型组织建设和志愿者服务活动，提高团员青年整体素质。2015年，乡村公路管理科团员青年，在各个岗位创新管理服务体系竞赛活动中，荣获“奉贤区青年文明号”；“文华热线”获奉贤区“贤青年”志愿服务品牌提名。薛怡获市交通委优秀团员称号。

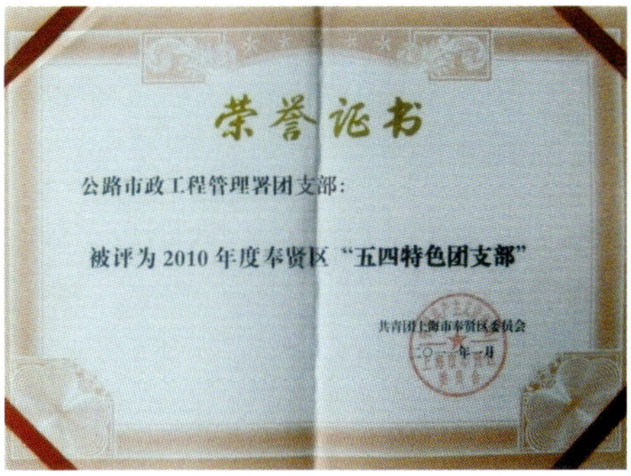

2011年1月，奉贤区公路市政工程管理署团支部评为奉贤区“五四特色团支部”

2014年5月，奉贤区公路市政工程管理所团支部、青年联合会被共青团奉贤区建设交通委员会评为2012—2013年奉贤区建交委系统“优秀团（青）组织”称号

2001—2015年，团支部9次、团员9人次受到上级表扬。其中2011年1月，团支部被共青团奉贤区委授予“五四特色团支部”，工程管理科被奉贤区团委授予“青年文明岗”称号，王佳丽(女)、杨佳鑫、陈笑鸣分别授予奉贤区“十佳青年岗位能手”“十佳团员”称号。2014年，乡村公路管理科评为奉贤区2013—2014年度青年文明号。2017年，夏平被共青团上海市城乡建设和交通工作委员会、上海市建设交通青年人才协会提名为“创新创优好青年”。

三、行业协会

1．奉贤区公路市政工程管理署工会职工技术协会

2001年9月，成立奉贤区公路市政工程管理署工会职工技术协会，会址南桥镇

沿江路 18 号。经营范围：公路、市政工程绿化“四技”服务，法人代表张胜龙，后因未年检而自然终止。

2005 年 3 月，奉贤区公路市政工程管理署职工技术协会成立，会址南桥镇沿江路 18 号。经营范围：公路、市政工程、绿化领域技术开发、技术转让、技术经营、技术服务，注册资金 3 万元，法人代表先后为程丛桂(女)、陶光寅、焦家林，2015 年 6 月 17 日注销登记。

2. 上海市奉贤区市政工程协会

1995 年 5 月 2 日成立上海市奉贤区市政工程协会，协会会员由奉贤区市政公路管理、养护、施工、规划、设计、监理、材料、设备等行业同业企业以及其他相关经济组织组成，会员单位有 16 家，会长由协会民主协商后选举产生。2015 年会员单位 38 家。

历任会长名录：

戴寅生（1995 年 5 月—2000 年 12 月）

张永飞（2001 年 1 月—2004 年 4 月）

焦家林（2004 年 4 月—2007 年 9 月）

胡　怀（2007 年 9 月—2016 年 12 月）

协会为全区市政工程单位自愿联合组成的行业组织，业务上接受奉贤区建交委的指导，挂靠单位是奉贤区市政工程管理所。协会参与市政工程建设和管理，开展和组织本行业的行业调研、信息服务、技术培训、学术研究和咨询、行业评优和合作交流活动，以及承担政府部门和会员单位委托的有关事项。

协会的主要任务：组织行业调查研究，反映会员单位诉求，协助奉贤区政府职能部门拟定行业的发展规划和相关规定，根据需要参加政府举办的有关听证会。依法制订本行业行规行约，建立行业自律机制，开展企业诚信建设，维护行业整体利益，促进行业健康发展。组织行业培训、技术咨询、信息交流，以及产品或服务的推介活动。开展有关行业检查和评比工作，提高行业质量和管理水平。组织技术攻关、课题研究、成果推广和项目评估等活动。开展法律、法规、规章和协会章程规定的其他活动。协会成立以来，和区市政管理所共同开展各类施工养护项目的检查评优管理和行业科研创新、新技术推广、职工技能培训、法规教育等活动，为区内道路养护行业会员单位提供信息平台和创优平台，提升企业的综合竞争能力。

第七章　人物　荣誉

本章记载奉贤区（县）公路市政工程管理所（署）历任部分党政正职干部35人次，部分副职干部32人次，离休干部4人，中高级技术职称人员24人，市部级以上先进集体7次，区（县）市局级先进集体31家（次），市部级劳模（先进个人）13人次，其他先进个人352人次。

第一节　人　物

一、人物传略

吴桂昌

吴桂昌（1941—1999）　闵行区鲁汇镇人，中共党员。1960年3月在上海县基建科、县房管所工作。1962年6月起任奉贤县泰日公社光辉大队会计、泰日砖瓦厂厂长、中共光耀大队党支部书记、中共泰日公社委员会委员。1976年6月起任中共奉贤县建筑公司党支部委员、市政工程管理所所长、城乡建设工程公司经理。1989年12月起任奉贤县建设局副局长、局长。1994年1月起任奉浦大桥建设有限公司董事长（兼总经理）。1995年8月兼任奉贤县人民政府调研员。1997年6月起任奉贤县建设委员会主任。担任县建设局局长后，针对奉贤交通基础设施与经济发展不相适应的矛盾，主抓路桥建设。在市、县领导支持下，多方筹集资金，仅用1年7个月时间建成奉浦大桥，同时初步形成“九纵六横”骨干公路网，改善了奉贤县交通和投资环境。1987年、1995年两次被评为上海市劳动模范。1996年获全国五一劳动奖章。1998年被授予上海市“人民满意的公务员”称号。1994年，县建设局与山西省左权县希望小学36个贫困孩子结对帮困，每人每学期50元，他一人与2个孩子结对，每学期提供给学习生活费300元，直至小学毕业。

李光银（1920—2006）　安徽省舒城县人，1920年7月8日生，1947年7月加入中国共产党。1944年8月参加革命，历任皖朝湖大队、新四军七师十九旅五十七团三营八连战士，华东军区通讯班副班长、军区后勤司令部班长，南下大队通讯排副排长，上海军管会物资接管处管理员，袁浦场务所助理员、副主任，青村场务所所长，柘林盐场场长，柘林浦液化工厂党支部书记，奉贤县计量所所长，奉贤县运输公司装卸站站长，奉贤县航运管理所所长、党支部书记，奉贤县公路管理所党支部副书记、书记。1979年3月退休，1982年10月改办离休，享受处级待遇。在解放战争涟水战役中，

李光银

荣立一等功 1 次，获奖章 1 枚。

二、离休人员

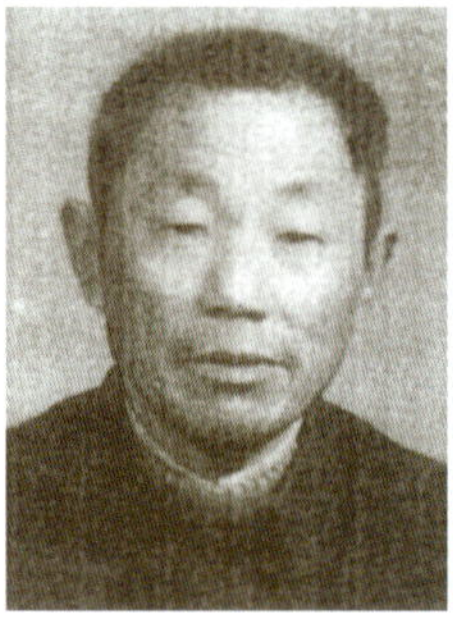

傅长华

傅长华 江苏省淮阴市人，1925 年 4 月生，1949 年 2 月加入中国共产党。1949 年 2 月参加革命，历任两淮市仁和镇财粮助理员，淮阴县清江区供给会计，涟水县联运站会计，松江专区联运公司统计、交通局总务，青浦县公路管理站监理员，松江专区交通局养路段政治协理室组织干事。1957 年调至奉贤县工作，历任县养路工区主任，奉城港监站站长，县交通建设局建设股股长，县公路管理所党支部委员，1985 年 4 月离休。

刘德明

刘德明 江苏省南京市人，1932 年 8 月生。1949 年 6 月参加中国人民解放军，历任第二野战军军政大学、第二野战军后勤学校会计班和江苏军区文化干校学员，西南军区后勤运输部审计，中国人民志愿军后勤二分部油库油料保管员。1954 年 11 月转业至奉贤县工作，历任县政府交通科科员，县公路管理所路政员，为主任科员。1992 年 10 月离休。

陈颖秀

陈颖秀 女，上海市奉贤县人，1934 年 6 月生，1949 年 9 月参加革命，1956 年 5 月加入中国共产党。历任奉贤县齐贤区委青年干事，松江地委团训班学员，奉贤县南桥区委青年干事、文书，南桥区、庄行区、南桥镇、江海公社团委副书记，共青团奉贤县一、二、三届团委委员，江海公社妇联副主任、公社党委委员、宣传部长兼党委秘书，南桥镇党委秘书、组织委员，县交通建设局党委组织委员、政治处副主任，县建设局党委组织委员、政工股股长，县公路所协理员，市政所协理员，县质监站党支部副书记，县建设局职校副校长。1989 年 8 月离休，享受处级待遇。

三、处级干部

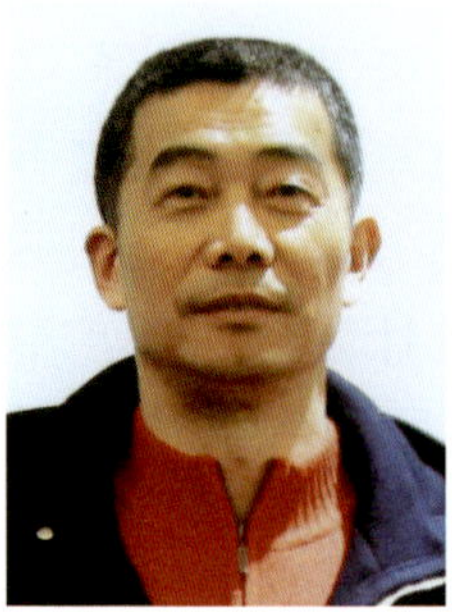

张　移

张　移 1965 年 4 月生，上海市嘉定区人，中共党员，上海城市建设学院城镇建设专业毕业，大学学历，专业技术八级。1987 年 8 月参加工作。1992 年 1 月为嘉定区市政园林管理所职工。1992 年 2 月至 1997 年 9 月，任奉贤区建筑企业管理所管理员、质监员、质监站站长助理。1997 年 10 月至 2012 年 12 月，任奉贤区建筑企业管理所副所长、所长。2012 年 12 月至 2014 年 4 月，任奉贤区建筑建材管理所所长、党支部书记。2014 年 4 月至 2018 年

1月，任奉贤区建筑建材管理所所长、党支部书记。2018年1月，任奉贤区公路市政工程管理所所长、党总支副书记。

于光新

于光新　1966年8月生，上海奉贤人，1986年7月参加工作，1991年5月加入中国共产党，在职教育本科。现任奉贤区公路、市政工程管理所党总支书记、副所长。1984年7月，泰日中学毕业。1984年9月至1986年7月，上海机械专科学校计算机应用专业毕业。1986年7月至1993年5月，中共奉贤县委办公室机要科工作，其中1991年5月至1993年5月任奉贤县直机关团总支书记。1993年5月至2001年12月，任奉贤区（县）建设局（建设委员会）科员、团委书记、纪检监察科副科长、纪委副书记、纪检监察科科长（其中1997年7月至1999年9月中央党校函授学院党政管理专业学习）。2001年10月至2010年1月，历任奉贤区建设和管理委员会纪委副书记、纪检监察科科长、党政办公室主任、奉贤区建设和交通委员会党政办公室主任、纪委副书记、组织人事科科长。2010年1月，调入奉贤区公路市政工程管理署任职至今。行政级别为事业单位副处级。2015年12月，被全国公路职工思想政治工作研究会评为2015年度全国公路系统优秀党务工作者。2017年1月至2018年1月主持所行政工作。

胡　怀

胡　怀　1969年4月生，上海奉贤人，1992年7月参加工作，1996年8月加入中国共产党，大学文化工学学士，高级工程师，高级经济师。1988年9月至1992年7月，同济大学工程力学专业学习，1992年7月至2000年10月，先后任奉贤县建筑企业管理所质监员，奉贤县建设局城建科科员、副科长。奉贤县建设委员会规划科科长。2000年11月至2007年10月，先后任奉贤区（县）建筑企业管理所副所长，奉贤区（县）建设工程招投标管理办公室主任，奉贤区建设工程资质和资格管理办公室主任，上海市建设工程交易中心奉贤中心主任，奉贤区建筑企业管理所所长、党支部副书记（正科）。2007年10月至今任奉贤区公路市政工程管理所（署）长、党总支副书记。行政级别为事业单位副处。2010年9月被中共上海市委、上海市人民政府评为“上海世博工作优秀个人”。2011年8月，被交通运输部评为“全国农村公路建设先进个人”。2017年1月调离。

四、党政正职干部名录

1957—2017年，奉贤区（县）公路市政工程管理所（署）历任党政正职干部32人次。

1957—2000年奉贤县公路管理所正职干部情况表

表7-1-1

姓名	性别	籍贯	职务	任职时间	政治面貌	说明
傅长华	男	江苏淮阴	养护工区主任	1957.6—1962.9	中共党员	
姚宝才	男	上海奉贤	县工务所所长	1962.9—1969	中共党员	
朱才兴	男	上海奉贤	县工务所革委会主任	1969—1978.10	中共党员	
姚伯新	男	上海奉贤	县工务所、公路所党支部书记	1973.2—1984.9	中共党员	1980.2兼所长
张生发	男	上海金山	所长	1984.9—1987.7	中共党员	
马治平	男	上海奉贤	所长、党支部书记	1987.7—1991.12	中共党员	1984.9—1992.10任支书
邱建明	男	上海市区	所长	1991.12—1993.11	中共党员	
郭继周	男	上海奉贤	所长	1993.11—1995.11	中共党员	
张黎光	男	上海奉贤	所长	1995.11—2000.12	中共党员	
李光银	男	安徽舒城	党支部书记	1962.9—1969.10	中共党员	
张永飞	男	上海奉贤	党支部书记	1992.10—1994.10	中共党员	
唐耀兴	男	上海奉贤	党支部书记	1994.10—1997.4	中共党员	
张胜康	男	上海奉贤	党支部书记	1997.4—2000.12	中共党员	

1981—2000年奉贤县市政工程管理所正职干部情况表

表7-1-2

姓名	性别	籍贯	职务	任职时间	政治面貌	说明
吴桂昌	男	上海奉贤	所长	1981.1—1989.12	中共党员	1981.2—1985.5兼任党支部书记
陆治平	男	上海奉贤	所长	1989.12—1992.10	中共党员	1989.12—1992.10市政党支部书记
付志华	男	上海奉贤	所长	1992.10—1994.4	中共党员	
戴寅生	男	上海奉贤	所长	1994.1—1996.5	中共党员	
张永飞	男	上海奉贤	所长	1997.4—2000.12	中共党员	
蒋寿昌	男	上海奉贤	党支部书记	1985.6—1987.6	中共党员	
张敬中	男	上海奉贤	党支部书记	1987.6—1992.10	中共党员	
何火英	女	上海奉贤	党支部书记	1992.10—1995.9	中共党员	
张永飞	男	上海奉贤	党支部书记	1995.9—1997.4	中共党员	
魏裕庆	男	西安市	党支部书记	1997.4—1998.11	中共党员	
金晓珠	女	上海市	党支部书记	1998.11—2000.12	中共党员	

2001—2017奉贤区（县）公路市政工程管理所（署）正职干部情况表

表7-1-3

姓名	性别	籍贯	职务	任职时间	政治面貌	说明
张永飞	男	上海奉贤	公路市政署署长	2001.1—2004.4	中共党员	
焦家林	男	上海奉贤	公路市政署署长	2004.4—2007.4	中共党员	

续表 7-1-3

姓名	性别	籍贯	职务	任职时间	政治面貌	说明
胡　怀	男	上海奉贤	公路市政署署长	2007.4—2016.12	中共党员	
程丛桂	女	上海奉贤	公路市政署党支部书记	2001.1—2004.12	中共党员	2015 年 7 月去世
郭国华	男	上海奉贤	公路市政署党支部书记	2004.12—2007.10	中共党员	
陈永星	男	上海奉贤	公路市政署第二党支部书记	2007.10—2011.6	中共党员	
于光新	男	上海奉贤	公路市政所（署）党总支书记兼第一党支部书记	2010.1—	中共党员	2017.1—2018.1 主持行政工作
朱国平	男	上海奉贤	公路市政所（署）第二党支部书记	2011.6—2018.3	中共党员	

五、部分党政副职干部名录

1962—2017 年，奉贤区（县）公路市政工程管理所（署）历任副职干部 32 人次。

1962—2017 年奉贤区（县）公路市政工程管理所（署）部分党政副职干部情况表

表 7-1-4

姓名	性别	籍贯	职务	任职时间	政治面貌	说明
唐永林	男	上海南汇	工务所副所长	1962.9—1969.6	中共党员	
李志明	男	上海川沙	工务所副所长	1962.9—1969.6		
周根荣	男	浙江海宁	公路所副所长	1985.5—1992.12	中共党员	
石寿桃	男	上海奉贤	公路所党支部委员	1982.5—1989.12	中共党员	
朱耀飞	男	上海奉贤	市政所副所长	1987.6—1994.1		
陈寿林	男	上海奉贤	市政所副所长	1994.10—2000.12	中共党员	
金永华	男	上海奉贤	市政所党支部副书记、副所长	1993.12—1999.12	中共党员	
沈志军	男	上海奉贤	市政所副所长	1994.1—1996.5 1997.10—2000.12	中共党员	
陈　涛	男	上海奉贤	市政所副所长	1998.10—2000.12		
黄联锋	男	上海奉贤	公路所副所长	1995.10—2000.12	中共党员	常务副所长 1997.10—2000.12
胡永础	男	上海奉贤	公路所副所长	1997.10—1999.1		
金永华	男	上海奉贤	公路所副所长	1999.10—2000.11	中共党员	
姚伯新	男	上海奉贤	工务所党支部副书记	1972.3—1973.2	中共党员	
马治平	男	上海奉贤	公路所党支部副书记	1980.2—1982.11	中共党员	

续表 7-1-4

姓名	性别	籍贯	职务	任职时间	政治面貌	说明
曹永明	男	上海奉贤	公路所党支部副书记、工会主席	2006.3—2007.8	中共党员	
张生龙	男	上海奉贤	副署长	2001.1—2002.11		
陶光寅	男	上海奉贤	副署长	2001.1—2006.3	中共党员	
邹元坚	男	上海奉贤	副署长	2001.1—2006.3	中共党员	
陶　立	男	上海奉贤	副署长	2002.11—2007.4	中共党员	2004.12—2007.4 常务副署长
潘剑冲	男	上海奉贤	副署长	2005.1—2006.4	中共党员	
郭国华	男	上海奉贤	副署长	2006.3—2007.10	中共党员	
周　天	男	上海奉贤	副所（署）长	2006.3—2018.3		
陈永星	男	上海奉贤	副署长	2006.3—2013.7	中共党员	2007.10—2013.8 任党总支委员、第二支部书记
焦家林	男	上海奉贤	副署长	2007.10—2010.1	中共党员	
陈　涛	男	上海奉贤	副所（署）长	2007.4—		
朱国平	男	上海奉贤	副所（署）长	2009.11—2018.3	中共党员	党总支副书记、工会主席、第二支部书记
于光新	男	上海奉贤	副所（署）长	2010.1—	中共党员	党总支书记
杨文欢	男	上海奉贤	副所（署）长	2012.4—	中共党员	
张　雄	男	上海奉贤	副所（署）长	2013.7—	中共党员	
张永飞	男	上海奉贤	党支部副书记	2001.1—2004.4	中共党员	
张胜康	男	上海奉贤	党支部委员	2004.12—2006.3	中共党员	
方玉琴	女	上海奉贤	党总支副书记	2007.10—2008.7	中共党员	
邹建妹	女	上海奉贤	党总支委员	2012.12—	中共党员	

六、中高级技术职称人员名录

80 年代，奉贤县公路、市政工程管理所陆续引进和培养工程技术人员。90 年代起中级职称人员逐年增加。2002 年诸文浩评为高级工程师。2017 年，全所在职中高级技术职称人员 21 人，占全所人数的 36.21%，其中高级工程师 3 人，女性 8 人。

2017 年奉贤区公路市政工程管理所在职中高级技术人员情况表
（以出生年月排列）

表 7-1-5

姓名	性别	出生年月	籍贯	技术职称	政治面貌	评审时间
蔡凯意	男	1957.2	上海奉贤	工程师	中共党员	1994.11
吴文华	男	1961.4	上海奉贤	经济师	中共党员	2005.11
周　天	男	1965.2	上海奉贤	工程师		1995.12

续表 7-1-5

姓名	性别	出生年月	籍贯	技术职称	政治面貌	评审时间
张益东	男	1966.11	上海奉贤	工程师		2011.12
陈　涛	男	1967.7	上海奉贤	工程师		1996.1
胡建花	女	1972.1	上海奉贤	工程师	中共党员	2003.12
邹建妹	女	1972.7	上海奉贤	经济师	中共党员	2003.11
冯梅英	女	1972.7	上海奉贤	馆员	中共党员	2001.12
马军英	女	1972.10	上海奉贤	会计师	中共党员	2002.2
杨文欢	男	1973.1	上海奉贤	高级工程师	中共党员	2010.12
江　枫	女	1973.10	上海奉贤	会计师	中共党员	2003.9
张　雄	男	1974.10	上海奉贤	工程师	中共党员	2002.12
金　群	女	1975.1	上海奉贤	经济师	中共党员	2002.11
谢祖平	男	1975.1	上海奉贤	高级工程师	中共党员	2010.12
宋卫忠	男	1975.11	上海奉贤	工程师		2003.12
夏　平	男	1978.7	上海奉贤	高级工程师	中共党员	2012.12
唐勤荣	男	1979.4	上海奉贤	工程师	中共党员	2006.12
徐　英	女	1979.11	上海奉贤	工程师		2011.12
石　诚	男	1982.7	上海奉贤	工程师	中共党员	2012.12
杨佳鑫	男	1984.11	上海奉贤	工程师		2013.12
王佳丽	女	1985.2	上海奉贤	经济师	中共党员	2012.11

说明：2002—2003 年在公路管理署评为高级工程师的诸文浩、陶立已调离

七、在职职工名录

1. 编制人员

2017 年年末，奉贤区公路市政工程管理所编制在职人员 58 人，其中男 42 人，女 16 人。中共党员 32 人，大学以上学历 49 人。

2017 年奉贤区公路市政工程管理所在职职工情况表

（以出生年月排列）

表 7-1-6

部门	姓名	出生年月	工作年月	性别	籍贯	职务	文化	职称	政治面貌
乡村公路管理科	蔡凯意	1957.2	1974.6	男	奉贤		大专	工程师	中共党员
路政中队	谢　能	1957.10	1974.5	男	金山		大学		
副书记室	朱国平	1960.1	1978.11	男	奉贤	副书记、副所长	大学	政工师	中共党员
乡村公路管理科	赵志国	1960.3	1984.05	男	奉贤		大专		中共党员
设施管理科	吴文华	1961.4	1979.10	男	奉贤		大专	经济师	中共党员
路政中队	周　全	1961.11	1979.12	男	奉贤		大专		中共党员
路政管理科	鞠　华	1963.8	1980.12	女	奉贤		大学	助工师	中共党员

续表7-1-6

部门	姓名	出生年月	工作年月	性别	籍贯	职务	文化	职称	政治面貌
副所长室	周　天	1965.2	1984.8	男	奉贤	副所长、工会主席	大学	工程师	
路政中队	徐林峰	1965.10	1988.1	男	奉贤		大专		
书记室	于光新	1966.8	1986.7	男	奉贤	党总支书记	大学		中共党员
乡村公路管理科	张益东	1966.11	1988.1	男	奉贤		大学	工程师	
副所长室	陈　涛	1967.7	1989.7	男	奉贤	副所长	大学	工程师	
路政中队	庄　严	1968.2	1986.10	男	奉贤	副队长	大专		
路政中队	李飞成	1968.8	1989.8	男	奉贤	队长	大学	助政师	中共党员
战备办	朱　峰	1970.7	1988.9	男	奉贤		大专		
信息管理科	胡建花	1972.1	1992.8	女	奉贤		大学	工程师	中共党员
劳动人事科	邹建妹	1972.7	1992.7	女	奉贤	科长	大学	经济师	中共党员
办公室	冯梅英	1972.7	1996.8	女	奉贤		大学	馆员	中共党员
财务科	马军英	1972.10	1991.8	女	奉贤	科长	大学	会计师	中共党员
路政中队	汤宝强	1973.1	2007.9	男	奉贤	副队长	大学		
副所长室	杨文欢	1973.1	1994.8	男	奉贤	副所长	大学	高级工程师	中共党员
财务科	江　枫	1973.10	1992.3	女	奉贤		大学	会计师	中共党员
路政管理科	顾　军	1973.12	1990.12	男	奉贤	副科长	大学		
副所长室	张　雄	1974.10	1992.7	男	奉贤	副所长	大学	工程师	中共党员
办公室	金　群	1975.1	1996.7	女	奉贤		大学	经济师	中共党员
计划规划科	谢祖平	1975.10	1995.9	男	奉贤	科长	大学	高级工程师	中共党员
路政管理科	宋卫忠	1975.11	1998.9	男	奉贤	科长	大学	工程师	
路政中队	戴红薇	1978.6	2008.10	女	奉贤		大学		
设施管理科	夏　平	1978.7	2001.8	男	奉贤	科长	大学	高级工程师	中共党员
乡村公路管理科	唐勤荣	1979.4	2001.9	男	奉贤	科长	大学	工程师	中共党员
路政中队	袁春荣	1979.6	1999.12	男	奉贤		大学		中共党员
计划规划科	徐　英	1979.11	2002.12	女	奉贤		大学	工程师	
办公室	宋月超	1981.6	2004.4	男	奉贤	办公室主任	大学	助工师	中共党员
路政中队	刘　春	1981.7	2003.7	男	奉贤		大学		
工程监管科	陈　涛(小)	1981.7	2001.12	男	奉贤	副科长	大学		中共党员
路政中队	张　欢	1981.9	1999.12	男	奉贤		大学		中共党员
工程监管科	石　诚	1982.7	2004.8	男	奉贤	科长	大学	工程师	中共党员
乡村公路管理科	顾　强	1982.10	2006.8	男	奉贤	副科长	大学	助工师	预备党员
办公室	吴嘉斌	1982.11	2006.6	男	奉贤		大专		

续表 7-1-6

部门	姓名	出生年月	工作年月	性别	籍贯	职务	文化	职称	政治面貌
路政中队	季凌伟	1983.10	2010.5	男	奉贤		大学		
乡村公路管理科	王 涛	1984.11	2009.12	男	奉贤		大学	助工师	
设施管理科	杨佳鑫	1984.11	2007.9	男	奉贤		大学	工程师	共青团员
路政管理科	张 玲	1984.11	2005.7	女	奉贤	团支部书记	大学	技术员	中共党员
设施管理科	沈 斌	1984.12	2007.9	男	奉贤	副科长	大学	助工师	中共党员
信息管理科	王佳丽	1985.2	2007.9	女	奉贤	副科长	大学	助工师	中共党员
计划规划科	陈笑鸣	1985.7	2006.7	女	奉贤		大学	助工师	中共党员
工程监管科	龚静涛	1986.11	2011.3	男	奉贤		大学	助工师	共青团员
财务科	杨燕燕	1986.12	2011.7	女	奉贤		大学	助理会计师	
大联动分中心	宋恒彬	1988.2	2004.12	男	奉贤	大联动副主任	大学		中共党员
设施管理科	戴成香	1989.8	2010.7	女	奉贤		大学	助工师	共青团员
工程监管科	陶赟超	1990.11	2013.7	男	奉贤		大学	助工师	共青团员
工程监管科	俞雪伟	1991.12	2013.7	男	奉贤		大学	助工师	共青团员
劳动人事科	乔雨婷	1992.9	2014.7	女	奉贤		大学	助工师	共青团员
财务科	赵芬芬	1982.8	2008.8	女	奉贤		大学		
路政中队	俞 春	1986.5	2000.12	男	奉贤		大学		中共党员
路政中队	周佳贤	1989.3	2007.12	男	奉贤		大专		中共党员
设施管理科	明伟华	1990.10	2014.7	男	湖北		大学	助工师	中共党员
计划规划科	万佳辉	1991.5	2013.8	男	奉贤		大学	助工师	共青团员
工程监管科	卞浩权	1994.1	2017.1	男	江苏		大学	助工师	共青团员
城市综合管理科	汤青嵩	1995.3	2017.7	男	奉贤		大学	助工师	共青团员

2．劳务派遣人员

2017 年，奉贤区公路市政工程管理所编外劳务派遣人员 17 人，其中男 11 人，女 6 人，大专以上学历 8 人。

2017 年奉贤区公路市政工程管理所劳务派遣工情况表

表 7-1-7

序号	工作部门	姓名	性别	出生年月	学历	进所工作年月
1	路政中队	陈继忠	男	1968.7	大专	2003.4
2	路政中队	苏卫刚	男	1978.5	职高	2008.1
3	路政中队	王忠伟	男	1977.3	大专	2007.8
4	路政中队	周连君	男	1964.4	初中	2003.4
5	路政中队	刘海萍	男	1981.7	中专	2011.3
6	路政中队	陈国平	男	1963.5	初中	2011.5

续表 7-1-7

序号	工作部门	姓名	性别	出生年月	学历	进所工作年月
7	路政中队	严忠欢	男	1968.10	初中	2011.3
8	战备仓库	唐军辉	男	1968.10	初中	2017.4
9	大联动分中心	薛　怡	女	1988.3	中专	2010.7
10	大联动分中心	沈　瑛	女	1977.11	大专	2008.8
11	办公室	刘　英	女	1978.12	大学	2003.9
12	办公室	薛　源	男	1976.2	初中	2007.7
13	设施管理科	吴晓帆	男	1991.3	中专	2011.7
14	设施管理科	周　梅	女	1983.12	大专	2003.8
15	设施管理科	褚红丹	女	1981.8	大专	2004.8
16	战备仓库	郑国兴	男	1961.1	初中	2003.5
17	战备仓库	潘云根	男	1963.3	初中	2007.1

第二节　荣　誉

一、先进集体

1978—2017年，奉贤区（县）公路市政工程管理所（署）收集到获评为区（县）、市局级以上先进集体46次，其中市部级以上7次，区（县）市局级38次。

1985—2017年奉贤区（县）公路市政工程管理所（署）获市（部）级以上先进集体情况表

表 7-2-1

单位（部门）名称	荣誉称号	授评机关	授评时间
奉贤县公路管理所运输组	上海市模范集体	上海市革命委员会	1979
		上海市人民政府	1983
奉贤区公路市政工程管理署	全国交通系统国防交通储备器材管理工作先进集体	中华人民共和国交通部	2004
奉贤区公路市政工程管理所（署）战备仓库	全国先进战备仓库	中华人民共和国交通运输部	2008
	全国先进战备仓库		2014
奉贤区公路管理所	国防交通储备物资管理工作先进单位	南京军区	2015
奉贤区公路市政工程管理所	2014—2015年度全国交通运输行业精神文明建设先进集体	中华人民共和国交通运输部	2016

1978—2017年奉贤区（县）公路市政工程管理所（署）获区（县）市局先进集体情况表

表7-2-2

单位（部门）名称	荣誉称号	授评机关	授评时间
奉贤县工务所柘林道班	奉贤县先进集体	奉贤县委、奉贤县革命委员会	1978
奉贤县公路管理所	上海公路“平、畅、洁、美”评比第三名	上海市公路处	1991
奉贤区公路管理署	2004年上海市政公路行业先进集体	上海市市政工程管理局	2005
奉贤区公路市政工程管理署工程管理科	上海市公路行业先进集体	上海市市政工程管理局	2005
奉贤区公路市政工程管理署	2003—2004年度区文明单位	奉贤区人民政府	2005
奉贤区公路市政工程管理署	上海市2004年防汛排水立功竞赛活动先进集体	上海市水务局	2005
奉贤区市政工程管理署	上海市公路市政安全先进集体	上海市市政工程管理局	2006
奉贤区公路市工程管理署设施管理科	上海市公路市政安全先进集体	上海市市政工程管理局	2006
奉贤区公路市工程管理署工程管理科	上海市政公路行业先进集体	上海市市政工程管理局	2007
奉贤区公路市政工程管理署	上海市平安单位	上海市社会治安综治委	2007
奉贤区公路市政工程管理署工程管理科	上海市公路市政安全先进集体	上海市市政工程管理局	2007
奉贤区公路市政工程管理署	2005—2006年度区文明单位	奉贤区人民政府	2007
奉贤区公路市政工程管理署设施管理科	上海市公路质量管理先进集体	上海市市政工程管理局	2008
奉贤区公路市政工程管理署	上海市巾帼文明岗	上海市巾帼建功竞赛领导小组	2010
奉贤区公路市政工程管理署党总支	奉贤区先进基层党组织	中共奉贤区委员会	2011
奉贤区公路市政工程管理署	上海市交通战备先进集体	上海市交通战备办公室	2012
奉贤区公路市政工程管理署	上海市平安单位	上海市社会治安综治委	2012
奉贤区公路市政工程管理署	上海市防汛工作先进集体	上海市防汛指挥部	2013
奉贤区公路市政工程管理署	奉贤区2011—2012年文明单位	奉贤区人民政府	2013
奉贤区公路市政工程管理署	上海市交通战备先进集体	上海市交通战备办公室	2013
奉贤区公路市政工程管理署	上海市平安单位	上海市社会治安综治委	2013
奉贤区公路市政工程管理所设施管理科	上海市优秀养护集体	上海市重点工程立功竞赛领导小组	2014

续表 7-2-2

单位（部门）名称	荣誉称号	授评机关	授评时间
奉贤区公路市政工程管理所路政管理大队	上海市重点工程立功竞赛“文明执法岗”	上海市重点工程立功竞赛领导小组	2015
奉贤区公路管理所	奉贤区 2013—2014 年文明单位	奉贤区人民政府	2015
奉贤区公路管理所	奉贤区创建全国文明城区先进集体	奉贤区精神文明建设委员会	2015
奉贤区公路管理所	国防交通储备物资管理工作先进单位	南京军区交通战备办公室	2015
奉贤区公路管理所设施管理科	2014 年上海市团队创先特色班组	上海市总工会	2015
奉贤区公路管理所	国防交通储备物资管理先进单位	南京军区交通战备办	2015
奉贤区公路市政工程管理所工程管理科	上海市先进团队	上海市重点工程实事立功竞赛领导小组	2016
奉贤区公路市政工程管理所“文华热线”团队	2015 年上海市重点工程实事立功竞赛优秀团队	上海市重点工程实事立功竞赛领导小组	2016
奉贤区公路市政工程管理所路政管理大队	2015 年度上海公路行业特色团队	上海市重点工程实事立功竞赛领导小组	2016
奉贤区公路市政工程管理所“文华热线”团队	2015 年工人先锋号	上海市总工会	2016
奉贤区公路管理所工程监管科	2015 年度先进团队	上海市重点工程实事立功竞赛路政赛区领导小组	2016
奉贤区公路市政工程管理所党总支部委员会	纪念中国共产党成立 95 周年路政行业党员活动评比优胜奖	中共上海市路政局委员会	2016
上海奉贤“文华热线”	上海市政道路服务行业 2015—2016 年文明服务示范窗口	上海市路政局文明委	2016
奉贤区公路管理所	2016 年上海战备钢桥管理先进集体	上海市交通战备办	2017
奉贤区公路管理所	2016 年上海重大工程实事立功竞赛交通赛区先进团队	上海市交通委员会	2017
奉贤区公路管理所	2017 年全球半导体照明示范工程 100 佳	国际半导体照明联盟	2017

二、先进个人

1．市部级劳动模范　先进个人简介

1990—2015年，奉贤区（县）公路、市政工程管理所（署）在公路、市政道路建设、管理、养护工作中，被评为市部级劳模（先进）11人次。

陈基桃

吴桂昌　详见人物第一节人物传略。

陈基桃　1944年7月生，浙江省镇海人，中共党员，大专文化。1965年12月参加工作，先后担任奉贤县公路管理所职工、养护股长等职。他经常巡查全县公路，了解和掌握公路绿化管理养护情况，提出切实可行的绿化管理措施，实行公路绿化管理制度化。1990年被国家绿化委员会评为“全国绿化工作先进个人”，后调离公路管理所，2004年8月退休。

费雷锭

费雷锭　1944年8月生，上海市奉贤区人，中共党员，初中文化。1961年8月应征入伍，任中国人民解放军警备区守备第15师第80团战士、班长。1968年退伍后在奉贤县公路管理所工作，任运输队队长等职务。他坚持把完成运输任务与行车安全相结合，为公路桥梁施工顺利展开提供优良服务和安全环境。1990年5月，被上海市人民政府授予“1989年度上海市劳动模范”称号，2004年9月退休。

唐达兴

唐达兴　1949年9月生，上海市奉贤区人，中共党员，小学文化。1966年参加工作，先后担任奉贤区公路管理所（县工务所）职工、燎原苗圃班长、公路所桥梁队队长、县建设委员会副食品供应中心主任等职。几十年如一日奋战在各个岗位上，工作认真负责，兢兢业业，认真完成组织交给的各项任务，先后10次评为奉贤区（县）级先进工作者。1994年4月，被上海市人民政府授予“1993年度上海市劳动模范”称号，2002年10月退休。

王建萍

王建萍　女，1959年4月生，祖籍山东省淄博县，生于上海市长宁区，中共党员，中专文化，助理工程师。1976年参加工作，1976年至2000年担任奉贤县公路管理所（县工务所）养护管理科科员、交调站站长。2001年至2003年11月任奉贤区建设发展有限公司养护部副经理。2003年12月至2010年任奉贤区公路管理署设施管理科副科长。认真负责地完成公路设施管理等项工作，在农村公路通达情况专项调查中成绩突出。2007年6月，被

交通部评为“全国农村公路通达情况专项调查先进个人”。2014年4月退休。

于光新 详见人物第一节处级干部。

李飞成

李飞成 1968年8月生，上海市奉贤区人，中共党员。1987年9月至1989年7月上海市行政管理学校秘书专业毕业（中专），2001年9月至2004年7月，华东政法学院法学专业毕业（本科），1989年8月参加工作。历任奉贤区（县）公路管理所职工、团支部书记、办公室主任、养路费管理科科长兼养路费征收站常务副站长、路政中队队长、路政管理科科长等职。他在各个工作岗位上做到干一行爱一行，坚持依法开展路政管理，认真执法。2010年10月，被交通部授予“全国交通运输文明执法标兵”称号。

胡　怀 详见人物第一节处级干部。

朱　峰

朱　峰 1970年7月生，上海市奉贤区人，大专文化。1988年参加工作至2004年，奉贤区（县）人民政府机关车队驾驶员，2005年调入奉贤区公路管理署，是年至2012年，在公路管理署规费征收稽查站工作。2013年，公路管理署交通战备办科员，具体负责国防交通储备物资管理工作。至2015年，先后被上海市交通战备办、南京军区交通战备办评为国防交通储备物资管理工作先进个人3次。

杨文欢

杨文欢 1973年1月生，上海市奉贤区人，中共党员。1991年9月至1994年7月，武汉交通科技大学公路与城市道路专业毕业（大专），2005年10月至2008年3月，北京交通大学公路工程专业毕业（本科），高级工程师。1994年8月参加工作，先后担任奉贤县市政工程管理所工程科科长、奉贤区（县）公路市政工程管理署设施科副科长、科长、党总支委员，现任奉贤区公路市政工程管理所副所长。在公路、市政行业开展迎上海世博600天行动中，率先垂范，勤奋工作，热忱为世博服务。2010年9月，被上海市委、市人民政府授予“上海世博工作优秀个人”称号。2016年9月，被中国公路学会授予“全国公路优秀科技工作者”称号。

唐勤荣

唐勤荣 1979年4月生，上海市奉贤区人，中共党员，大学学历，工程师职称。1997年9月至2001年7月，上海市交通大学水利水电建筑工程专业毕业，大学工学学士。2009年1月进入奉贤区公路市政工程管理署工作。2010年4月至2015年12月，先后任区公路市政工程管理所（署）乡村公路管理科副科长、科长。

在完成奉贤“十二五”规划期间，对446座农村桥梁和经济薄弱村461千米村内道路改造中，由唐勤荣负责的项目管理团队，认真做好项目计划编制、施工、管理工作，积极探索农村公路管理长效机制，推动农村公路管理养护上一个新台阶。2015年2月，被交通运输部评为“全国农村公路养护与管理先进个人”。

2．区（县）市局级先进个人名录

1964—2017年，根据收集到资料，奉贤公路市政工程管理所（署）有区（县）市局级先进个人120人次。

1964—2017年奉贤区（县）公路市政工程管理所（署）获市局、区（县）级部分先进个人情况表

表7-2-4

姓名	性别	荣誉称号	授予机关	授予时间
谢爱珍	女	上海市三八红旗手	上海市妇女联合	1964、1982
袁小芳	男	奉贤县人防系统先进个人	中共奉贤县委员会	1978
张林根	男	奉贤县先进工作者	奉贤县委、县革会	1978
方玉琴	女	上海市三八红旗手	上海市妇女联合会	1979
唐达兴	男	奉贤县先进工作者	奉贤县人民政府	1984、1988、1990、1991
金家淦	男	奉贤县先进工作者	奉贤县人民政府	1986
唐达兴	男	记大功	奉贤县人民政府	1986、1997、1998、2000、2001
褚梅青	女	三等功	上海市公路管理处	1987
周根妹	女	上海市工会工作积极分子	上海市总工会	1987
李珍珠	女	三等功	上海市建设委员会	1987
阮庆云	女	奉贤县先进工作者	奉贤县人民政府	1988
孙水才	男	记功	上海市公路管理处	1988
费雷达	男	记功	上海市公路管理处	1988
唐达兴	男	奉贤县先进工作者	奉贤县人民政府	1988、1990、1991
石寿桃	男	记大功	奉贤县人民政府	1988、1991
卫建秋	男	记大功	奉贤县人民政府	1989、1990、1992、1995
吴德荣	男	奉贤县先进工作者	奉贤县人民政府	1989
吴德荣	男	记大功	奉贤县人民政府	1990
周根荣	男	奉贤县先进工作者	奉贤县人民政府	1990
马治平	男	记大功	奉贤县人民政府	1990
黄锦霞	女	记大功	奉贤县人民政府	1990、1993、1995
张秀英	女	记大功	奉贤县人民政府	1990
褚梅青	女	记大功	奉贤县人民政府	1990、1991
周根妹	女	上海市人民调解先进个人	上海市司法局	1990

续表7-2-4

姓名	性别	荣誉称号	授予机关	授予时间
陶光寅	男	记大功	奉贤县人民政府	1991
张胜康	男	奉贤县先进工作者	奉贤县人民政府	1991
管品莲	女	记大功	奉贤县人民政府	1991
鞠志文	男	记大功	奉贤县人民政府	1991
唐达兴	男	奉贤县优秀共产党员	中共奉贤县委员会	1991
唐达兴	男	荣誉称号	奉贤县人民政府	1992
孙水才	男	记大功	奉贤县人民政府	1993、1994
戴寅生	男	记大功	奉贤县人民政府	1994、1995
程丛桂	女	奉贤县先进工作者	奉贤县人民政府	1996
何令杰	男	奉贤县优秀共产党员	中共奉贤县委员会	1997
张胜康	男	记大功	奉贤县人民政府	1997、2000
张生龙	男	记大功	奉贤县人民政府	1997
张生龙	男	记大功	上海市重大工程立功竞赛领导小组	1997
程丛桂	女	记大功	奉贤县人民政府	1998
程丛桂	女	上海市三八红旗手	上海市妇女联合会	1999
程丛桂	女	记大功	奉贤县人民政府	2000
何令杰	男	记大功	奉贤县人民政府	2000
陶光寅	男	记大功	奉贤县人民政府	2000
陶光寅	男	记大功	奉贤区人民政府	2002
张永飞	男	荣誉称号	奉贤区人民政府	2003
张生龙	男	记大功	奉贤区人民政府	2003
李飞成	男	记大功	奉贤区人民政府	2004
程丛桂	女	荣誉称号	奉贤区人民政府	2005
陶光寅	男	记大功	奉贤区人民政府	2005
郭国华	男	先进个人	上海市重点工程实事立功竞赛领导小组	2005
费雷达	男	先进个人	上海市市政工程局	2005
焦家林	男	二等功	上海市市政工程局	2006
陶　立	男	记功	上海市重点工程实事立功竞赛领导小组	2006
刘国良	男	先进个人	上海市市政工程局	2006
王永兴	男	先进个人	上海市市政工程局	2006
庄　严	男	先进个人	上海市市政工程局	2006
焦家林	男	记功	上海市重点工程实事立功竞赛领导小组	2007
王永兴	男	记功	上海市重点工程实事立功竞赛领导小组	2007

续表7-2-4

姓名	性别	荣誉称号	授予机关	授予时间
杨文欢	男	记功	上海市重点工程实事立功竞赛领导小组	2007
费雷达	男	市公路市政安全生产先进个人	上海市市政工程管理局	2007
夏　平	男	市公路市政安全生产先进个人	上海市市政工程管理局	2007
杨文欢	男	市公路市政安全生产先进个人	上海市市政工程管理局	2007
徐　英	女	市公路市政安全生产先进个人	上海市市政工程管理局	2007
焦家林	男	奉贤区先进工作者	奉贤区人民政府	2007
陶　立	男	奉贤区先进工作者	奉贤区人民政府	2007
曹永明	男	上海市公路市政安全生产先进个人	上海市市政工程管理局	2007
陶　立	男	二等功	奉贤区人民政府	2007
夏　平	男	三等功	奉贤区人民政府	2007
刘国良	男	三等功	奉贤区人民政府	2008
焦家林	男	二等功	奉贤区人民政府	2008
焦家林	男	上海市重大工程立功竞赛活动优秀组织者	上海市重大工程立功竞赛领导小组	2008
费雷达	男	上海市公路市政安全生产先进个人	上海市市政工程管理局	2008
王永兴	男	上海市公路市政安全生产先进个人	上海市市政工程管理局	2008
谢祖平	男	上海市公路市政安全生产先进个人	上海市市政工程管理局	2008
陈永星	男	上海市公路市政安全生产先进个人	上海市市政工程管理局	2008
杨文欢	男	上海市市政道路设施迎世博立功竞赛赛区记功	上海市市政道路设施迎世博立功竞赛领导小组	2008
胡　怀	男	上海市重大工程立功竞赛建设功臣记功	上海市重点工程立功竞赛领导小组	2009
陈　涛	男	三等功	奉贤区人民政府	2010
王永兴	男	上海市重大工程立功竞赛记功	奉贤区人民政府	2010
陈　涛	男	上海市2010年重大工程立功竞赛建设功臣	上海市重大工程立功竞赛领导小组	2011
王永兴	男	奉贤区优秀共产党员	中共奉贤区委	2012
王建萍	女	文明服务示范标兵	上海市路政局党委	2012
朱　峰	男	上海市交通战备先进个人	上海市交通战备办公室	2013
周　天	男	上海市交通储备物资管理先进个人	上海市交通战备办公室	2015
朱　峰	男	上海市交通储备物资管理先进个人	上海市交通战备办公室	2015
朱　峰	男	国防交通储备物资管理先进个人	南京军区交通战备办公室	2015
于光新	男	全国公路系统优秀党务工作者	全国公路思想政治工作研究会	2015
吴文华	男	上海市重大工程实事立功竞赛“优秀养护个人”	上海市重大工程实事立功竞赛领导小组	2015
赵育杭	男	上海市重大工程实事立功竞赛“优秀养护个人”	上海市重大工程实事立功竞赛领导小组	2015

续表 7-2-4

姓名	性别	荣誉称号	授予机关	授予时间
夏　平	男	奉贤区创建全国文明城区先进个人	奉贤区精神文明建设委员会	2015
徐林峰	男	2015 年上海市重点工程立功竞赛路政服务明星	市重点工程立功竞赛路政赛区领导小组	2016
宋月超	男	上海市重大工程实事立功竞赛建设者	上海市重大工程实事立功竞赛领导小组	2016
吴文华	男	奉贤区 2015 年度优秀党员	中共奉贤区委员会	2016
于光新	男	2011—2014 年度奉贤区爱国拥军模范个人	奉贤区拥军优属拥政爱民领导小组	2016
杨文欢	男	全国公路优秀科技工作者	中国公路学会	2016
宋月超	男	2015 年上海市重点工程实事立功竞赛优秀建设者	上海市重点工程实事立功竞赛领导小组	2016
徐林峰	男	上海市路政赛区服务明星	上海市路政赛区领导小组	2016
金　群	女	2016 年上海重点工程优秀建设者	上海市重点工程实事立功竞赛领导小组	2017
朱　峰	男	2016 年上海战备钢桥管理先进个人	上海市交通战备办	2017
陶赟超	男	2016 年上海重点工程优秀建设者	上海市重点工程实事立功竞赛领导小组	2017
俞雪伟	男	2016 年上海市交通委优秀团员	共青团上海市交通委员会	2017
俞雪伟	男	2016—2017 年全国“安康”杯竞赛上海赛区先进人个	上海市总工会、市安全生产监督局	2018

3．区（县）条线先进个人名录

2002—2017 年，评为奉贤区公路市政工程管理所及区（县）条线先进个人 232 人次。

2002—2017 年奉贤公路市政工程管理所（署）其他获奖人员名录

表 7-2-5

年份	姓名
2002	邹建妹(女)、赵根兴、诸文浩、周　全
2003	杨跃芬(女)、王永兴、谢祖平
2004	傅朝辉、赵育杭、赵志国、周　全
2005	鞠　华(女)、马军英(女)、宋卫忠、陈永星
2006	潘剑冲、张　兰(女)、何　文、施　趁、霍亚君(女)、谢祖平、谢　能、赵育杭、李飞成
2007	庄　严、邹建妹(女)、周　全、朱　峰、郁燕琼(女)、陈永星、冯梅英(女)、郭国华、刘国良、何令杰、王建萍(女)、姚　莘、吴文华
2008	庄　严、赵根兴、费雷达、吴春宇(女)、刘　英(女)、吴文华、吕光泉、谢　能、胡　怀、杨文欢、焦家林、陈　涛

续表 7-2-5

年份	姓名
2009	李飞成、蔡凯意、邹建妹(女)、夏　平、周　天、宋月超、陈　静(女)、赵　俊(女)、鞠　华(女)、夏　平、王建萍(女)、胡建花(女)、陈　涛、胡　怀、费雷达、吴文华、李飞成、杨文欢、张　兰(女)
2010	刘国良、谢祖平、马军英(女)、陈永星、陈　涛、杨文欢、吴文华、金　群(女)、焦家林、谢　能、江　枫(女)、胡建花(女)、夏　平、王建萍(女)、胡　怀、王永兴
2011	胡　怀、谢祖平、姚　莘、马军英(女)、陈　涛、吴文华、夏　平、周　全、冯梅英(女)、邹建妹(女)、陈笑鸣(女)、王永兴、顾　强、李飞成、赵根兴、刘　春、庄　严、胡建花(女)、赵芬芬(女)、鞠　华(女)
2012	王建萍(女)、夏　平、唐勤荣、胡　怀、汤宝强、陈　涛、杨文欢、王佳丽(女)、杨佳鑫、陈笑鸣(女)、王永兴、褚红丹(女)、周　天、李飞成、吴文华、陈　涛、朱　峰、邹建妹(女)、于光新、宋卫忠、张　玲(女)、赵育杭、焦家林、徐　晓、戴成香(女)、沈　斌
2013	周连君、薛　源、王永兴、周　天、赵育杭、焦家林、沈　斌、陈　涛、李飞成、王建萍(女)、徐　晓、戴成香(女)、杨燕燕(女)、陈国平、苏卫刚、王忠伟、于光新、陶　颖(女)、谢祖平、夏　平、顾　强、宋月超、焦家林、朱国平、周　天
2014	冯梅英(女)、吴文华、沈　斌、王　涛、刘　春、陶　颖(女)、赵芬芬(女)、王忠伟、薛　怡(女)、刘　英(女)、张　淳、俞雪伟、陈　涛、顾　强、夏　平、杨文欢、于光新、庄　严、吴文华、刘　春、徐　晓、宋月超、周　天、朱　峰
2015	夏　平、石　诚、沈　斌、王　涛、袁春荣、金　群(女)、陈国平、赵芬芬(女)、王忠伟、薛　怡(女)、刘　英(女)、陶赟超、姚　莘、张　玲(女)、俞雪伟、乔雨婷(女)、陈笑鸣(女)、李飞成、邹建妹(女)、马军英(女)、吴文华、于光新
2016	于光新、吴文华、王　涛、宋月超、马军英(女)、宋卫忠、汤宝强、陶赟超、薛　怡(女)、刘　英(女)、王忠伟、周　梅(女)、郑国兴、陈笑鸣(女)、李飞成、夏　平、沈　斌、张　玲(女)、邹建妹(女)
2017	谢祖平、周　天、王　涛、宋月超、马军英(女)、宋卫忠、汤宝强、陶赟超、邹建妹(女)、王佳丽(女)、沈　斌、杨佳鑫

专　记

一、奉浦大桥建成前后

奉贤北枕黄浦江，北大门西渡与闵行隔江相望，因无大桥可通，历来人渡靠小舟，车辆无法过。民国21年（1932年），设置西渡—闵行客货轮渡，为贯通沪杭公路至上海市区之要津，之后人车过江长期靠摆渡。中华人民共和国成立后，特别是80年代以后，随着国民经济发展，城乡交往日益频繁，沪杭公路车流量逐年增加。据统计，西渡车辆渡运年平均日流量1983年1260辆次，1988年增至3322辆次。而西渡车渡轮仅3艘，车辆过江时常发生候渡现象，最长待渡时间长达3小时，形成奉贤交通枢纽的"瓶颈"，影响奉贤经济发展。

1986年6月25日，中共上海市委办公厅在《内参消息》上，刊登《奉贤县要求在西渡口建桥解决浦江车辆摆渡难》一文，供中共上海市委、市人民政府领导参阅。1987年，在市八届六次人代会期间，市人大代表、中共奉贤县委书记姜燮富、县人大常委会主任崔永进、县长沈效良，郑重提出在西渡口建造黄浦江大桥的议案。1988年3月，中共奉贤县委、县政府将建造黄浦江大桥列入工作议程，常务副县长袁以星召开有关方面人士参加的建造大桥征询会议，就架桥的必要性、资金来源和架什么样的桥三个问题展开讨论。与会人士一致认为，根据奉贤经济发展需要，应该在黄浦江上架桥；要发挥几个方面的积极性筹集资金，以市、县两级财政为主，企业和个人集资为辅，架设一座人和车共用的公路大桥。同年4月21日，在市九届一次人代会期间，奉贤县代表又一次提出建桥议案，并在会上介绍大桥集资方式：可发行建造大桥建设债券；在本县范围内以车集资，预收过桥费；向银行贷款；县财政拿出一部分，市财政支持一部分。是年5月28日，成立奉贤县西渡浦江大桥筹建指挥部，并委托上海市城市建设设计院、铁道部大桥工程局勘测设计院进行项目可行性研究，历时5个月完成。1989年7月，市投资咨询公司提供了专家评估报告，对建桥的必要性和桥位方案做出结论。此后，由于筹资困难等原因，大桥筹建工作停顿。

1992年春，在邓小平视察南方重要谈话发表后，奉贤探索发展经济的新思路，认为首先要抓住机遇加强基础设施建设，以路桥建设为重点，改善奉贤的投资环境，于是建造浦江大桥再次被提上中共奉贤县委、县政府的议事日程。其时全县群情振奋。建设局局长吴桂昌在县召开的建设工作会议上发言，要以邓小平讲话为动力，努力办好建桥这件事，请县里拨启动资金，用3年时间建成黄浦江大桥。8月，成立奉贤县人民政府路桥指挥部，朱荣昌任总指挥，吴桂昌任常务副总指挥。12月，市计划委员会发文同意奉浦大桥工程项目立项，建设资金由奉贤县负责筹措。

奉贤将利用境外资金造桥作为首选方案。1992年7月18日，奉贤工贸总公司与澳门利联国际投资有限公司（简称澳门利联公司）签订意向书，合资建造奉浦大桥（初称贵妃大桥）。12 月 30 日，奉贤工贸总公司（甲方）代表与澳门利联公司（乙方）代表李少铭，签订合资成立上海利联发展有限公司建造大桥的合同。合资公司经营期限 30 年，总投资 3000 万美元，其中甲方出资 20%，乙方出资 80%。

1993 年 2 月 16 日，市人民政府将建造奉浦大桥列入重大工程项目之一，计划于 1995 年建成通车。2 月 20 日，奉贤县总工会、共青团奉贤县委、县妇女联合会、县个体劳动者协会、县私营经济协会等 5 家单位，联合向全县人民发出倡议，为建设大桥开展社会捐资活动，共收到捐款 77.83 万元。上半年，大桥工程开始征地动迁。7 月中旬，黑龙江省路桥公司施工队伍进场，并在大桥墩位试桩。是年底，因澳方资金拖延一年未到位，县政府同意终止合资建桥的合同。

1993 年 12 月 7 日，上海市副市长夏克强在奉贤主持专题会议，研究奉浦大桥建设问题，市、县有关部门负责人参加会议。议定建立奉浦大桥建设有限公司，以股份制形式筹集资金，为市政建设开创一种新的机制。1994 年 1 月 27 日，奉浦大桥建设有限公司成立，由市城市建设投资开发总公司、市公路建设总公司、县建设实业公司、县城乡建设综合开发公司（后易名为奉贤城建集团）5 家单位联合组成，负责大桥的筹资、建设、经营和管理。首任董事长兼总经理吴桂昌。资金来源主要有 4 个：一是股份制合作公司，即奉浦大桥建设有限公司投资 1.15 亿元，其中市城市建设投资开发总公司出资 3000 万元，市公路建设总公司出资 4000 万元，奉贤 3 家公司各出资 1500 万元；二是向各银行借资，其中奉贤县建设银行 1.13 亿元，市工商银行信托投资公司 4000 万元，浦东发展银行南市区支行 3000 万元，市城市建设投资开发总公司 2000 万元；三是铁道部带资施工 5500 万元；四是由市建行信托投资公司于 1994 年 11 月 22 日发行奉浦大桥建设债券 6000 万元。加上社会捐资，共计资金 4.33 亿元。

1994 年 3 月 8 日，市建设委员会批准奉浦大桥初步设计，确定采用一次规划、分期实施的方案，即近期在规划道路中心线上游一侧先建 4 车道桥梁 1 座，远期在中心线下游一侧再建 1 座桥梁，两桥之间预留 5 米净距。奉浦大桥一期工程于 1994 年 3 月 18 日正式动工。大桥工程由上海市建设设计院设计，总设计师李坚。由国家铁道部第十二工程局总承包施工，国家交通部第三航务工程局第二工程公司承建主桥基墩，施工总指挥勖林。由上海城建学院工程建设监理公司执行施工质量监理，总监李国良。奉浦大桥建设有限公司刘新华任总工程师。1995 年 5 月 23 日，中共中央总书记、国家主席江泽民为奉浦大桥题写桥名。在奉浦大桥建设期间，中共上海市委、市政府及市有关单位的领导人多次到奉浦大桥建设工地视察。吴邦国在任中共上海市委书记期间两次视察奉浦大桥。7 月 28 日，举行奉浦大桥合龙庆典仪式。奉浦大桥位于萧塘西渡口以东 1500 米，全长 2201.8 米；其中主桥 545.3 米，南北引桥各为 715.25 米、941.25 米；主桥宽 18.6 米，引桥宽 18.1 米。结构上部连续箱梁，下部柱式墩台，桥面建筑面积4.01万平方米。

1995年10月26日，奉浦大桥建成通车，并举行了盛大的通车庆典活动。中共中央政治局委员、上海市委书记黄菊，市人大常委会主任叶公琦及市、县各界人士1000余人参加庆典活动。大桥建设功臣和各方代表为大桥通车剪彩，上海电视台八频道进行了现场直播。县内配合通车盛典，举行了“95奉贤桥乡文化艺术节”，10万以上群众参加欢庆活动，是奉贤历史上宏大的一次文化盛会。“一桥飞架南北，天堑变通途”，奉浦大桥的通车，改变了千百年来奉贤来往上海市区靠摆渡的历史。

1996年8月22日，县审计局对奉浦大桥工程项目竣工决算做出审计意见：奉浦大桥工程总概算4.46亿元，工程决算支出4.35亿元。是年9月20日，市工程质量监督部门核定奉浦大桥工程质量为优良级。是年10月26日，奉浦大桥经过一年试运行后正式通过竣工验收，并建立奉浦大桥工程项目档案计187卷。1997年，奉浦大桥获中国建筑企业学会“鲁班奖”。

根据交通部、财政部、国家物价局《贷款修建高等级公路和大型公路桥梁隧道收取车辆通行费规定》精神，1995年10月，奉浦大桥始收通行费。2000年5月，接上海市政府通知，通行费停收，期间收取通行费1.51亿元。奉浦大桥通车后，车流量逐年增加，日流量从2002年的1.01万辆与2003年的2.49万辆，增加到2013年的7.7万辆。

注：（根据《奉贤县续志》“奉浦大桥筹建始末”作修改补充）

二、快速公交系统

上海首条快速公交系统（简称BRT），规划首末站为奉贤区南桥汽车站、浦东新区东方体育中心站，路线全长31.2千米，全程覆盖奉贤区、闵行区、浦东新区，沿线设24个中途停靠站、1个区间首末站。2014年奉贤境内各路段全面进入施工，2017年道路完工。

BRT是介于快速轨道交通与常规公交之间的新型公交客运系统，是一种中运量的交通方式，有“地面地铁”之称。它利用现代化公交技术配合智能交通和运营管理（集成调度系统），开辟公交专用道路和建造新的公交车站，实行轨道交通模式的运营服务体系，达到轻轨服务水准的一种独特的城市客运系统。

BRT车道主要路段为专用车道，其他车辆都不得驶入。

BRT奉贤区境内路线全长14.44千米，设南桥汽车站、望园路站、金海路站、定康路站、贤浦路站、秀竹路站、清朗路站、金大公路站、齐贤站、南行港站、金汇镇站。路线走向分为4段，实行分段建设：浦星公路路段（闵行区界—南行港路），在浦星公路基础上改建，长4.62千米，由4快2慢车道改为6快2慢车道，路幅宽45米，一级公路，2015年竣工。南行港路段（浦星公路—贤浦路）长0.77千米，路幅宽40米，6快2慢车道，二级公路，2014年建设，2015年竣工。贤浦路路段（南行港路—南奉公路），为新建路段，穿越金汇、齐贤、光明3个大型居民社区，长5.2千米，路幅宽40米，6快2慢车道，城市次干道，2015年3月动工，2016年末竣工，贤浦路总投资5.19亿元。南奉公路路段（贤浦路—南桥汽车站）在南奉公路基础上改建，长3.85千米，路幅宽30～40米，6快2慢车道，二级公路，2017年建成。BRT途经的南行港路、贤浦路、南奉公路、浦星公路均设专用车道，紫红色沥青路面，其他普通公交车道为黑色沥青路面。2017年底，附属设施设备进入安装调试阶段。2018年5月南桥汽车站至沈杜公路通车运行。

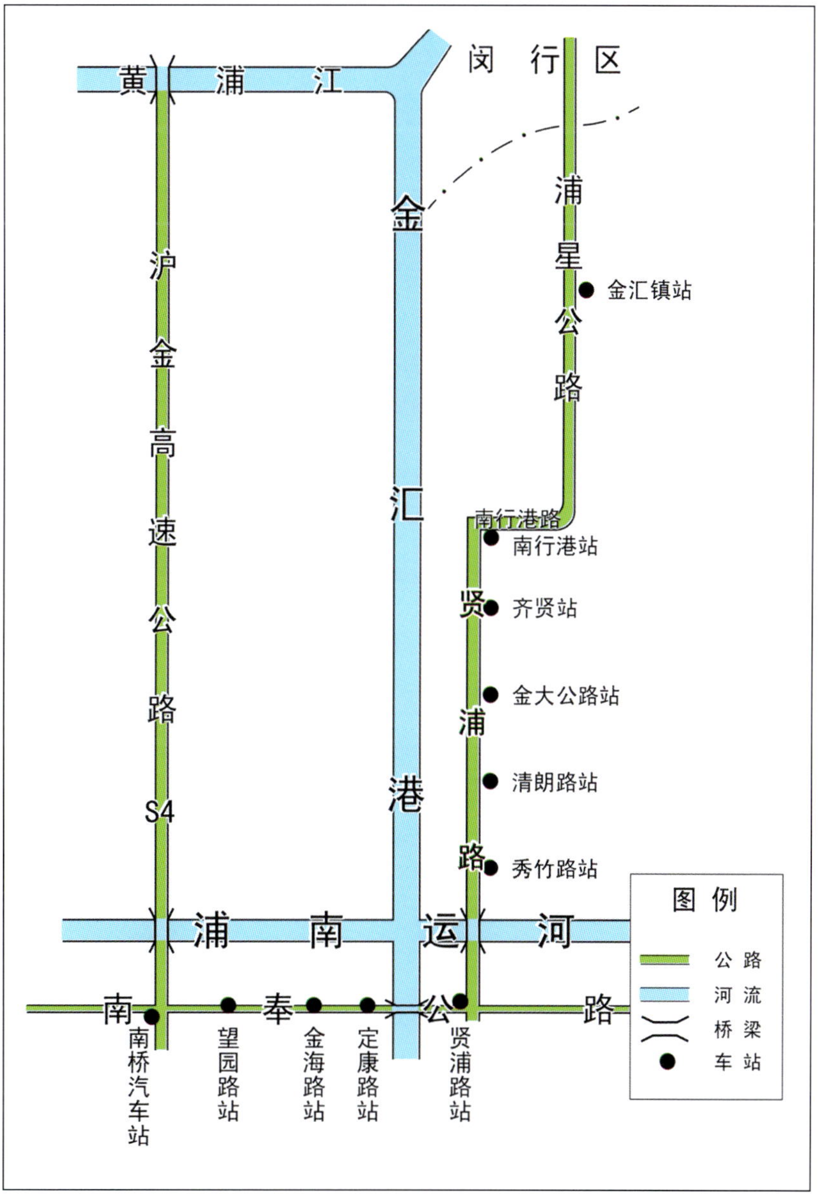

奉贤区快速公交系统（BRT）走向示意图

2015 年，建成的浦星公路 BRT 路段

2017 年，建成的南奉公路 BRT 路段

2017 年，快速公交奉浦快线南桥车站一角

三、"15 － 17"项目建设

随着上海城市空间格局的优化调整，国家沿海铁路大通道的实施，奉贤区作为"杭州湾北岸战略协同区"的重要节点城市，将与南汇新城联动发展，建设现代化滨海新城。"十三五"期间，将加快建设与长三角综合性节点城市地位相匹配的一体化综合交通体系，更好地与市级层面道路"十三五"发展规划相衔接，奉贤区制定并实施2015—2017年重大交通基础设施建设工程（简称15 － 17工程）14项。其中，市建项目4项，区建项目10项。15 － 17工程预算投资额为360.89亿元。至2017年底，已完成投资58.43亿元。其中，市建项目完成前期投资12.25亿元，区建项目完成投资46.18亿元。已开工12个项目。其中，完成1个项目，在建11个项目。合计完成15 － 17工程总量的38%。

（一）市建项目

在15 － 17工程中，属市建项目4项，分别为G228国道新改建工程，昆阳路（闵浦三桥）越江工程，S4奉浦东桥越江工程，S3沪奉高速公路新建工程。至2017年底，已开工G228国道工程、闵浦三桥越江工程、S4奉浦东桥越江工程前期。三大工程估算总投资103.82亿元，其中预算前期投资31.95亿元。至2017年底，完成前期投资12.25亿元。

1．G228国道新改建工程

G228国道是《国家公路网规划（2013—2030年）》新增的普通国道。G228国道上海段全长104千米，由浦东、奉贤、金山三段组成。其中，奉贤段长41.53千米，规划红线宽45米，双向6～8车道。G228国道在奉贤境内包括一纵一横2条道路，分别为新沪杭公路和新四平公路，新建金汇港大桥1座，新建S2和G1501跨线桥各1座，新建中小型桥梁36座，新建箱涵26座。新增建设用地170公顷。G228国道奉贤段工程投资估算73.85亿元。其中，工程费用47.14亿元，前期费用26.71亿元。

2015年，G228国道被列入上海市15 － 17重大交通基础设施建设工程。2016年

2017年，丹东线（G228原新四平公路）路段

2017年，丹东线（G228鳗鲤泾—海湾路）路段施工现场

6 月，奉贤段全面开展动迁腾地工作。沿线需动迁居民 262 户，动迁企业 69 家。至 2017 年底，已动迁居民 255 户，动迁企业 34 家，分别占应动迁居民、企业总数的 97% 和 49%。是年，开始实施 G228 国道（鳗鲤泾—海湾路以东）新建工程。该工程西起鳗鲤泾桥东，沿浦东铁路南侧向东上跨沪杭公路南竹港至海湾路以东止，全长 7.9 千米，为一级公路，双向 6 快 2 慢车道，规划红线宽 45 米。此工程投资估算 11.34 亿元。其中，工程建设及相关费用由市级财力安排；土地征收及拆迁补偿费由市级建设财力安排 90%，奉贤区承担 10%。至 2017 年底，G228 国道新改建工程完成投资 10.6 亿元，完成工程施工总量的 22.14%。

2．昆阳路（闵浦三桥）越江工程

2016 年 4 月，上海市发展和改革委员会批复，同意建设昆阳路（闵浦三桥）越江工程。该工程北起闵行区昆阳路东川路路口，沿昆阳路向南过江川路后偏向西南，在黄浦江巨潮港下游跨越黄浦江，在奉贤区浦卫公路西闸公路路口接地止西闸公路南侧。线路总长 3.5 千米。其中，闵浦三桥长 2.3 千米，西端接线道路 1.2 千米，奉贤境接线道路 405 米。工程执行二级公路标准，红线宽 50 米，双向 6 快 2 慢车道。工程投资估算 14.67 亿元。其中，工程费用 10.42 亿元，前期费用 4.25 亿元。奉贤段涉及征地拆迁费 1.26 亿余元，西闸公路以南估算投资 6570 万元。其中，市级建设财力按 75% 一次性定额补贴 4928 万元，奉贤自负 1642 万元。建设主体单位为上海城投（集团）有限公司。2016 年底，昆阳路（闵浦三桥）越江工程全面启动。2017 年 7 月，闵浦三桥打下第一根钢管桩。至年末，完成大桥主墩钢管桩打桩任务的 50%。至 2017 年 6 月，奉贤段全部完成动迁腾地工作，道路工程亦已启动建设。至 2017 年底，奉贤段完成工程总投资 1.15 亿元。其中，前期费用 7500 万元，工程费用 4000 万元。西闸路以内完成工程施工总量的 78%。

2017 年 7 月 25 日，昆阳路越江工程闵浦三桥打下第一根钢桩

昆阳路越江大桥（闵浦三桥）效果图

3．S4奉浦东桥越江工程

S4奉浦东桥位于现有S4奉浦大桥东侧，实施范围为剑川路—西闸公路。建成后将与现有的奉浦大桥共同形成双向6车道的车道规模，消除奉浦大桥仅有双向4车道且无紧急停车带、道路拥堵极为严重的S4高速公路交通瓶颈，改善周边环境。S4奉浦东桥越江工程全长4.6千米。工程估算总投资15亿元。其中，工程费用14.3亿元，前期费用7000万元。至2017年年底，实际完成工程前期费用5000万元；完成3户居民和12家企业的动迁工作。

4．S3沪奉高速公路新建工程

S3沪奉高速公路，北起奉贤区金汇镇墩头村与闵行区界，向南经金汇镇、奉城镇、青村镇、柘林镇，与S4沪金高速公路相接。S3高速公路奉贤境内道路总长24.2千米，奉贤段工程总投资75亿元。其中，工程费用33亿元，前期费用42亿元。2016年，启动S3沪奉高速公路沿线的动迁腾地工作。

（二）区建项目

在15－17工程中，属区建项目10项，分别为区管省道3条（金海公路、浦卫公路、大叶公路），打通断头路5条（运河北路—泽丰路、南港路、金庄公路、望园南路、民乐路），区区对接道路2条（六奉公路、新林公路）。至2017年底，已开工建设10个项目。其中，完成1个项目，在建9个项目。10个项目计划投资总额182.07亿元。至2017年年底，实际完成46.18亿元，占计划总投资额的25.36%。

1．金海公路（大叶公路—G228）改建工程

金海公路规划红线宽50米，大叶公路—平庄公路为8车道。地面道路双向6快2慢车道、地道双向4快车道。平庄公路—G228远期为双向6快2慢车道，近期实施双向4快2慢车道。金海公路改建工程估算总投资29.12亿元。其中，市级建设财政21.85亿元，区级财政5.59亿元。改建道路总长14.05千米，包括新建改建桥梁21座、立交桥2座、泵站1座。工程建设单位为奉贤区交通能源（集团）有限公司。至2017年11月，平庄公路—规划的G228路段竣工通车。至2017年底，完成工程总

2015年，建成的金海公路（西闸公路—虹梅南路隧道南出口）路段

2017年，金海公路（浦南运河—平庄西路）改建工程施工现场

投资9.73亿余元，完成工程施工总量的37%。

2．浦卫公路（大叶公路—湖滨公路）改建工程

浦卫公路位于奉贤西部地区，途经庄行、柘林两镇，北起闵浦三桥南端，南与金山区浦卫公路相接，全长15.04千米。浦卫公路改建工程规划红线宽40米~56米，全线按双向4快2慢车道改建。工程估算总投资23.63亿元（不含市建项目）。其中，市级建设财力18.03亿元，区级财力5.3亿元。奉贤段改建道路总长15.01千米。工程建设单位为奉贤区交通能源（集团）有限公司。至2017年年底，完成工程总投资6.65亿元，完成沿线动迁腾地工作，施工企业进入路基施工，合计完成施工总量的28%。

3．大叶公路（松江区界—浦东区界）改建工程

大叶公路现为2~4车道，已不适应持续增长的道路交通流量和道路周边地区的发展。2015年，大叶公路改建工程立项，由上海市发展和改革委员会批复同意改建。大叶公路改建工程，规划红线宽50米~63米，按一级公路6快2慢车道改建，全长32.93千米。工程建设单位为奉贤区交通能源（集团）有限公司。大叶公路改建工程估算总投资94.23亿元。其中，市级建设财力70.68亿元，区级财政23.55亿元。2016年，全面启动沿线动迁腾地签约工作。需要动迁居民250户、企业41家。2017年3月，基本完成签约工作。是年8月，大叶公路东段（新奉公路—浦东区界）开工建设。是年9月，完成大叶公路东段动迁腾地工作，中段、西段进入前期准备阶段。至2017年年底，完成工程总投资15亿元，完成工程总量的16%。

4．道路区区对接工程

15－17工程涉及道路区区对接工程2项，分别为六奉公路改建工程和新林公路新建工程。

六奉公路（大叶公路—团青公路）改建工程

2015年10月，市政府在奉贤区召开道路区区对接工程专题会议，旨在改善奉贤区与浦东新区的区间交通条件，将奉贤境内路基宽仅为15米、2快2慢车道的六团公路改建为与六奉公路浦东新区6快2慢道路相对接的双向4快2慢道路，并纳入15－17项目。改建工程北起大叶公路，南至四团镇小荡村中心路，全长5.3千米。工程建设单位为奉贤区交通能源（集团）有限公司。工程估算总投资9.59亿元。其中，市级建设财力7135万元，区级财力8.87亿元。2016年，完成动迁签约工作。2017年春，启动动迁工作。是年9月，施工企业入驻，启动区区对接道路建设工程。至2017年年底，累计投入资金2.3亿元，完成施工总量的24%。

新林公路（浦卫公路—金山区界）新建工程

新林公路（柘林镇永新中路—庄行镇庄良公路）路基仅为7米宽的四级公路。新建工程按双向4快2慢车道标准实施，并向西延伸，与金山区奉朱公路对接，全长3.38千米。工程建设单位为奉贤区交通能源（集团）有限公司。2016年，完成91

户居民、8家企业的动迁腾地工作。2017年9月，施工企业入驻，启动区区对接道路建设工程。该工程估算总投资8.36亿元。至2017年年底，市区两级累计投入资金2.1亿元，完成工程施工总量的25.5%。

5．打通断头路工程

15－17工程中，涉及打通断头路项目5项，分别为运河北路—泽丰路、南港路、金庄公路、望园南路和民乐路。

南港路金汇港大桥新建工程

南港路新建工程西起金海公路，东至金钱公路，全长1.74千米，红线宽35米～54.5米，金海公路—庙光路路段按双向6快2慢车道，庙光路—金钱公路按双向4快2慢道路标准实施。工程包括新建道路和金汇港大桥。工程投资估算3.48亿元。其中，市级建设财力1.97亿元，区级财力1.51亿元。工程建设单位为奉贤区南桥新城建设发展有限公司。2015年，启动沿线动迁腾地工作。2016年12月，金汇港大桥先行施工。至2017年10月，大桥竣工，2018年1月通车。

2017年，竣工通行的奉贤新城南港路金汇港桥

2017年，竣工通车的奉贤新城南港路路段

运河北路—泽丰路综合改造工程

运河北路—泽丰路存在道路断头状况，形成该地区沪金高速公路两侧的阻隔。综合改造工程实施运河北路—泽丰路之间S4高速公路的下穿地道工程，为双向4快2慢车道，全长755米。同时实施S4该处的立交桥改造及配套设施建设。工程建设单位为奉贤区交通能源（集团）有限公司。综合改造工程估算总投资3.16亿元。其中，市级建设财力1.58亿元，区级财力1.58亿元。2015年，工程改造启动。2016—2017年实施地道工程和道路连接。累计投入资金1.43亿元。至2017年底，S4高速公路下穿地道打通15个节段。2018年，实施S4立交桥改造及配套设施建设。

2017年，运河北路—泽丰路综合改造（下穿S4地道）工程（东侧）

2017年，运河北路—泽丰路下穿S4地道工程（西侧）

运河北路—泽丰路下穿S4地道工程总体效果图

望园路（南港路—光建路）新建工程

望园路为城市次干道。望园路新建工程北起南港路，南至光建路，路长1.2千米，其中含有下穿G1501高速公路地道工程。道路规划红线宽45米，4快2慢车道。工程建设单位为奉贤区南桥新城建设发展有限公司。工程估算总投资4.56亿元。其中，市级建设财力2.18亿元，区级财力2.38亿元。2016年，完成工程沿线动迁腾地工作。是年末，施工企业入驻施工。至2017年年末，累计投入资金2.09亿元，完成工程总量的46%。

金庄公路（金海公路—金钱公路）新建工程

金庄公路为二级公路，规划红线宽35米，按双向4快2慢车道标准实施，全长2.07千米，沿线需建设金汇港大桥等桥梁4座。工程建设单位为奉贤区交通能源（集团）有限公司。工程估算总投资5.74亿元。其中，市级建设财力2.87亿元，区级财

2017 年，金庄公路金汇港桥施工现场

在建金庄公路金汇港桥效果图

力 2.87 亿元。2016 年，完成动迁居民 13 户、企业 3 家。2017 年 3 月，施工企业入驻施工。至 2017 年年末，累计投入资金 2 亿元，完成工程总量的 34.9%。

民乐路新建工程

民乐路新建工程西起奉炮公路，东至浦星公路，全长 1.32 千米。道路规划红线宽 40 米～50 米，按双向 4 快 2 慢车道标准实施。工程主要为跨越金汇港的大桥。工程估算总投资 3.37 亿元。其中，市级建设财力 1.69 亿元，区级财力 1.67 亿元。2016 年，完成动迁企业 6 家。2017 年 3 月，施工企业入驻开始道路施工，是年 8 月，取得桥梁施工许可证。主要建造长 396 米、独塔高 73.5 米的斜拉桥。至 2017 年年底，

2017 年，民乐路金汇港桥施工现场

在建民乐路金汇港桥效果图

累计投入资金1.4亿元，完成工程总量的41.6%。

四、乡村道路、灯光连通工程

1. 乡村道路连通工程

2017年2月，奉贤区人民政府下发《奉贤区“四连通”工程项目建设的实施意见》。“四连通”工程中的道路连通工程是完善全区骨干网络，补乡村公路建设短板，缓解交通拥堵及奉贤新城、乡村道路断头路的重要举措。经各镇（街道、社区、开发区）调查排摸，报区建设交通等部门审批，全区共建设乡村断头路86条，总里程41.83千米。桥梁58座，总长1373延米。分布在7个镇、1个街道、1个社区、1个开发区。

2017年，乡村道路连通工程之一的奉城镇南街村南门港路（川南奉公路—兰博路）路段

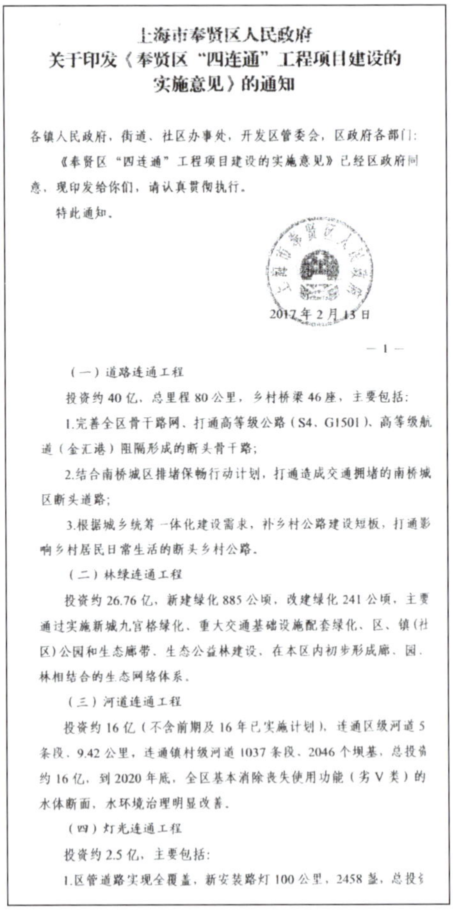

上海市奉贤区人民政府
关于印发《奉贤区“四连通”工程项目建设的实施意见》的通知

各镇人民政府，街道、社区办事处，开发区管委会，区政府各部门：

《奉贤区“四连通”工程项目建设的实施意见》已经区政府同意，现印发给你们，请认真贯彻执行。

特此通知。

2017年2月13日

— 1 —

（一）道路连通工程

投资约40亿，总里程80公里，乡村桥梁46座，主要包括：

1.完善全区骨干路网、打通高等级公路（S4、G1501）、高等级航道（金汇港）阻隔形成的断头骨干路；

2.结合南桥城区排堵保畅行动计划，打通造成交通拥堵的南桥城区断头道路；

3.根据城乡统筹一体化建设需求，补乡村公路建设短板，打通影响乡村居民日常生活的断头乡村公路。

（二）林绿连通工程

投资约26.76亿，新建绿化885公顷，改建绿化241公顷，主要通过实施新城九宫格绿化、重大交通基础设施配套绿化、区、镇(社区)公园和生态廊带、生态公益林建设，在本区内初步形成廊、园、林相结合的生态网络体系。

（三）河道连通工程

投资约16亿（不含前期及16年已实施计划），连通区级河道5条段、9.42公里，连通镇村级河道1037条段、2046个坝基，总投资约16亿，到2020年底，全区基本消除丧失使用功能（劣V类）的水体断面，水环境治理明显改善。

（四）灯光连通工程

投资约2.5亿，主要包括：

1.区管道路实现全覆盖，新安装路灯100公里，2458盏，总投资

乡村道路连通工程计划于2017年年内全部完成，总投资1.06亿元，其中区财政8391.1万元，镇级财政自筹2255.9万元，项目建设由区建交委牵头分别实施。区公路管理所具体负责项目推进工作。2017年3月，道路连通工程全面进入施工阶段，年末完成道路、桥梁项目工程量100%。

2017年奉贤区乡村道路连通工程建设情况表

表专-1

名称	道路				桥梁				投入资金（万元）		
	批建（条）	长度（米）	建成	已完成%	批建（座）	长度（米）	建成	已完成%	合计	区财政	单位自筹
合计	86	41829	86	100	58	1373	58	100	10647.0	8391.1	2255.9
四团镇	12	8297	12	100	13	306	13	100	1854.4	1298.3	556.1
金汇镇	2	1538	2	100	1	26	1	100	251.0	175.7	75.3

续表专-1

名称	道路				桥梁				投入资金（万元）		
	批建（条）	长度（米）	建成	已完成%	批建（座）	长度（米）	建成	已完成%	合计	区财政	单位自筹
庄行镇	4	4793	4	100	1	18	1	100	3119.0	3005.6	113.4
海湾镇	2	1125	2	100	2	79	2	100	376.0	263.0	112.8
南桥镇	13	5481	13	100	10	183	10	100	1041.0	728.7	312.3
青村镇	4	2877	4	100	4	76	4	100	765.0	535.5	229.5
奉城镇	41	13777	41	100	16	374	16	100	2522.0	1765.4	756.6
西渡街道	5	1862	5	100	3	65	3	100	386.0	386.0	0
金海社区	2	1924	2	100	1	26	1	100	278.0	194.6	83.4
海湾旅游区	1	155	1	100	0	0	0	0	55.0	38.5	16.5

2．乡村道路灯光连通工程

2017年，根据奉贤区人民政府道路灯光连通工程规划，在县道基本实现路灯全覆盖的基础上，对全区97条乡村道路安装路灯3457盏，投入资金4448万元，其中区级财政3113.6万元，镇（街道、开发区）自筹资金1334.6万元。

2017年，在实施乡村公路灯光连通工程中红星路安装的路灯

2017年奉贤区乡村道路灯光连通工程情况表

表专-2

名称	安装道路（条）	数量（盏）	总投资（万元）	区财政（万元）	镇自筹（万元）
合计	97	3457	4448	3113.6	1334.6
南桥镇	11	360	462	323.4	138.6
奉城镇	16	740	938	649.6	278.4
四团镇	15	413	531	371.7	159.3
柘林镇	7	507	705	493.5	211.5
庄行镇	8	210	263	184.1	78.9
金汇镇	12	309	407	284.9	122.1
青村镇	4	153	196	137.2	58.8
海湾镇	6	179	229	160.3	68.7
海湾旅游区	3	68	88	61.6	26.4
西渡街道	11	439	534	373.8	160.2
金海社区	4	79	105	73.5	31.5

附　录

一、关于进一步加强区管公路及市政道路养护和管理的意见

各有关单位：

为加强我区区管公路及市政道路养护管理工作，进一步提高道路养护质量，提升行业管理水平，实现养护管理科学化、规范化、制度化，确保管养设施巡查到位、处置及时，保证道路桥梁及附属设施良好、稳定的技术状况。根据相关规范标准及要求，并结合区管公路及市政道路实际情况，现就进一步做好养护管理工作提出如下意见：

（一）进一步建立和完善日常养护巡查机制

养护巡查是日常养护管理基础工作。要建立从管理所到养护单位的巡查网络。养护单位应建立养护专业巡查队伍、配备必要巡查车辆、制定具体巡查方案，满足所管养道路设施的养护巡查需求。

1．各养护单位对所管养的设施量巡查应做到每天全覆盖一次。

2．养护单位根据设施量实际情况，配备专用巡查车辆及专职人员。巡查车辆需统一安装GPS及巡查记录仪，每辆车的巡查线路报管理所备案。

3．巡查以车行为主，步行为辅。人行道及慢车道要做到全覆盖，人行道以步行巡查为主。

4．养护单位要做好每天巡查记录并报管理所设施科，巡查记录要做到统一规范，认真全面、如实反映实际情况。

5．对于巡查中发现的问题，应根据实际情况及相关要求分级进行整改处置，并将处置情况记录在案报管理所。

（二）进一步规范养护管理，及时处置设施损坏问题

各有关单位应进一步规范处置设施病害，根据设施病害对交通安全的危害程度分级进行处置，具体要求如下：

1．对于存在严重安全隐患、已影响交通安全的事项，如路面井盖缺失、交通隔离护栏严重损坏、行道树向路面方向倾倒、道路塌陷、路面拱起、道路严重积水、路面抛撒杂物等，应在自行发现后即刻或接报后2小时内进行处置或安全维护。

2．对于存在一定安全隐患、易造成交通安全事故的事项，如路面坑塘、严重拥包、路面积水、雨水口堵塞等、应在自行发现后即刻或接报后24小时内进行处置或安全维护。

3．对于暂时不影响行人及交通安全的一般道路病害，如人行道板局部破损、桥头跳车、路面局部沉陷等情况，属日常养护维修范畴的，应在一周内完成修复。需列入二类小修或抢修项目的，按照管理所相关规定执行。

4．处置完成后，养护单位应将处置后的情况报管理所复核。若因为计划等原因不能及时修复的，且在不影响行车、行人安全的前提下，需说明情况并作书面备案。

（三）进一步加强路政配合工作

路政管理和执法工作是保护路产路权的有力保障，养护单位应建立与管理所路政、设施等部门的协调配合机制。

1．养护单位在道路巡查过程中，一旦发现已审批的掘路、开设道口等工程存在扩大施工范围、随意破坏道路设施、施工质量差、文明安全措施不到位等问题，应及时向管理所设施科、路政科通报；管理所设施管理及路政部门应对施工单位及时提出整改意见。

2．养护单位发现公路及市政道路路产路权遭到侵占、破坏等违法行为时，养护巡查人员应立即予以制止、保护好现场，并立即向管理所相关部门通报，并协助处理。

3．建立定期道路环境整治机制，制定年度整治计划，报管理所设施管理及路政部门；各养护公司应每月落实一次管养路段环境整治，组织配备相关人员和设备，协同配合路政部门执法整治。

4．对于未审批的掘路占路或道口开设，养护单位在征得管理所同意后，应给予恢复原状。

（四）进一步加强公路清扫保洁工作

各养护单位应进一步加强公路清扫管理，按照合同要求，切实完成保洁工作量，确保公路清扫保洁每天全覆盖，确保保洁质量。

1．根据管养里程科学合理配置好机械设备及清扫人员，确保路面清洁无杂物、无扬尘、无抛物。

2．所有公路清扫保洁工作必须确保每天10点前结束，南桥及新城周边公路清扫保洁应在每天8点前完成。

3．各养护单位每天要对清扫机械进行清理、检查，定期检测、保养，保证保洁设备处于良好的工作状态和性能，严禁清扫车辆超速、漏扫、扬尘等现象发生。

4．管理所设施管理部门每天对所有清扫车的出勤情况、清扫线路、保洁里程、以及机械人工清扫保洁质量等进行记录。对于清扫不合格路段，当天发出整改通知单，24小时内对整改落实情况进行复查，整改不到位将按照合同要求扣除相应保洁费用。

（五）进一步明确和落实井盖应急处置及托底管理工作

根据路政局关于对道路检查井盖落实托底处置管理的要求，各养护单位要明确检查井盖管理职责，规范工作流程和程序，确保我区区管道路范围内检查井盖管理有序，安全受控。

1．养护单位应将道路检查井盖纳入日常巡查内容，在巡查中发现井盖缺失或破损情况，属于管养设施井盖应立即更换，消除安全隐患；属于其他管线单位的井盖，应立即告知管理所，由管理所通知相关权属单位进行处置。

2．12345、城建热线、阿华热线、网格化中心、社会投诉反映的井盖缺损情况，对于第一时间不能准确判别权属的井盖，管理所首先将通知相关养护单位2小时内对该井盖采取安全警示措施，再由管理所确定该井盖权属单位并要求对其进行更换维修。

3．对于废弃或无主井盖，由管理所通知养护单位采取修复、封存或填埋等处置措施。

4．井盖处置属应急抢险工作范畴，养护单位应确保井盖24小时应急处置队伍及车辆设备，同时根据养护路段范围内井盖情况，配备一定数量的通用井盖用于应急所需。

（六）进一步加强养护维修工程管理工作

对于公路及市政道路养护维修工程，各养护单位要进一步规范养护工程项目申报、立项、审批及验收流程。

1．根据年度养护计划并结合设施量运行情况，科学合理安排好二类项目、抢修、绿化等养护维修计划；

2．对于已批复的项目，各养护单位应认真编制施工方案及预算，按照计划及批复意见严格控制工程量及经费，每项工程量结算不得超过批复费用的10%。若涉及主要施工方案调整导致经费增加超出10%以上，需要重新申报。

3．加强工程施工管理，各养护单位要建立工程施工管理网络，明确工程质量、安全、文明施工责任人。科学合理安排施工工期、落实好安全文明施工措施，尽可能减少对道路交通影响。新材料或重要原材料的使用应征询管理所意见。

4．每项养护工程竣工后，养护单位须在一个月时间内完成好相关的竣工验收资料，管理所将及时组织验收及工程量确认等工作。

（七）进一步加强和提升公路绿化养护管理工作

进一步加强我区绿化管理水平，提高我区公路绿化整体面貌。

1．做好日常的巡查工作，结合公路路面巡查，每周应不少于2次对公路绿化进行专项巡视，对巡视中发现的树木倾斜、枯枝烂头、杂草、病虫害发展状况、人为破坏绿化等现象及时进行处置和上报。

2．高温天气控制好每天的浇水时间，应选在清晨和晚上进行，避开高温时段，确保苗木存活率。

3．病虫害防治需及时，针对各类病虫害危害时期，特别是夏季病虫害高发期，需做好各类苗木的病虫害防治记录及跟踪监测工作，每月5日前上报植物病虫害观测及防治记录表，同时在防治时不得使用对环境有污染的农药。

4．当年补种的乔木或名贵树种，应做好台账和现场标记，便于统计和养护管理，保证存活率。

5．提高绿化精细化养护管理，各养护单位应根据各苗木季节性特征，对各路段绿化现状进行分析，每月25日前根据季节性养护要求制定下月绿化养护工作计划，包括树木修剪、整形、剥芽、除草、施肥、浇水、松土、刷白、病虫害防治、灾害天气前后的预防及应急措施、调整、补种等养护工作内容。对于已建成的交叉口景观绿地植被应加强精细化养护。

（八）养护考核及处罚制度

为进一步加强公路及市政道路养护管理工作，按照相关养护维修项目招标文件及养护合同规定，对未达到养护标准或本意见要求的情况，将采取相应的处罚措施。

1．按照各养护单位管养里程，道路巡查要求每日全覆盖一次，未达到要求，每天扣2000元。

2．道路、桥梁及附属设施病害应按照相关规定及时予以修复，未及时修复或修复不规范，每次扣2000元。

3．养护单位要提高“发现率、整改率”。如业主发现或社会投诉曝光的道路桥梁及附属设施病害，养护单位未在巡查中发现或没有及时处置，每次扣2000元。

4．清扫车每天须按合同规定全覆盖清扫一次，清扫里程、车速、频率及保洁效果未达到要求，一天扣3000～8000元。

5．采取人工保洁的路段，各养护单位须按照合同规定进行保洁，并提供路段保洁人员配置清单，对于未清扫或清扫不干净的路段，一天扣2000元。

6．养护单位应确保养护维修工程质量，落实好安全文明施工措施，一旦发生工程质量问题、安全措施不到位及不文明施工行为，发现一次扣2000～10000元。

7．各养护单位负责的管养路段上如发生社会有责投诉，每次扣1000～5000元，发生新闻媒体曝光，经查实负有责任的每次扣5000～20000元。

8．各养护单位应认真落实好管理所发出的整改通知单，如在规定时间内未按照要求进行整改，每一张整改单扣除2000元，同时扣除相应的养护项目经费。

9．路政配合工作由区路政大队另行制定考核奖罚细则。

奉贤区公路管理所
奉贤区市政工程管理所
2014年3月

二、关于加强奉贤区乡村公路管理养护的实施意见

为进一步加强本区乡村公路管理，保障乡村公路完好畅通，促进城乡经济社会发展一体化，根据《中华人民共和国公路法》《公路安全保护条例》《上海市公路管理条例》《上海市农村公路管理办法》等有关法律、法规的规定，结合本区实际，制定本意见。

（一）管养职责和机构设置

1．区交通委员会（以下简称区交通委）是本区乡村公路管养的行政主管部门，负责全区乡村公路管养的协调推进工作；其所属的区公路管理所（以下简称区公路所）是本区乡村公路管养的监督管理机构，负责乡村公路管理养护的业务指导和监督检查，定期组织管理养护工作检查和考核。

2．各镇人民政府、街道办事处、社区办事处、开发区（以下简称各镇）是本辖区内乡村公路的管养责任主体，负责本辖区内乡村公路管理养护；其所属的乡村公路管理站（以下简称管理站）负责本辖区内乡村公路的具体管理工作；各镇落实办公场所、管理人员、巡查车辆。

3．各管理站须配备3～6名专职工作人员，包括站长、路桥专管员、计划统计员、路政协管员；其中乡村公路管养里程35公里（含）以下配备3人、35公里至60公里（含）配备4人、60公里至100公里（含）配备5人、100公里以上配备6人。管理站工作人员应具备一定的专业技能和工作经验，不得兼职。桥梁专管员学历须达到土木工程专业大专以上水平。其他人员须具备高中以上水平。所有人员应培训上岗。管理站人员应保持稳定，站内增减人员须报区公路所备案。

（二）管养资金及计划

1．乡村公路管养资金筹集和管理应遵循“政府财政投入为主、多渠道筹资、统筹安排、专款专用、强化监管”的原则。管养资金由区级财政承担70%，镇级财政承担30%。

2．乡村公路管养资金包括管理站经费、日常养护经费、大中修经费、桥梁检测（维修加固）经费、道路抢修经费、绿化补种经费、安保工程经费、附属设施补全经费等。

3．乡村公路年度管养计划由各管理站结合村庄规划和美丽乡村建设等需求，于上一年度10月前上报区公路所审核后形成，由区公路所统一上报区交通委审定后立项。

4．乡村公路管养补贴资金全年分两次拨付（7月前拨付补贴资金的40%，11月前拨付补贴资金的40%），剩余20%待审价完成后拨付。各管理站按审批投资额同比例配套镇级资金并及时支付，若存在配套不足或支付不到位的情况，将同比例核减区级补贴资金。

（三）日常养护

1．日常养护包括对路面、桥梁、涵洞及其附属设施（行道树、里程碑、百米桩、路名牌、限载牌、宣传牌等）进行经常性、及时性、周期性和预防性的养护；确保乡村公路畅、安、舒、美，设施完好；及时发现、反馈、解决公路损坏。

2．日常养护招标“一年一招”，养护企业应达到市政三级（包含）以上资质，日常养护招标由各管理站自行组织，并将招标结果报区公路所备案。

3．日常养护质量的基本要求：保持路面完好、横坡适度、整洁舒适；路肩饱满平整顺直、边坡稳定、排水畅通；桥涵、构造物完好；路名牌、限载牌、宣传牌、里程碑、百米桩等附属设施齐全整齐；绿化协调美观、环境优美。

4．日常养护建立三级路况巡查网络，分别由区公所、管理站、养护公司组成。

（1）区公路所不定期对各管理站的道路和巡查资料进行抽查，并及时将巡查的情况反馈给各管理站处置。

（2）各管理站对辖区内乡村公路道路情况进行巡查，检查频率每周不少于一次（全覆盖），并及时将巡查的情况反馈给养护公司处置。

（3）各养护公司对承担养护的路段进行巡查，检查频率每周不少于二次（全覆盖），做好巡查记录，并及时将问题进行处置。

（四）大中修工程

1．大中修工程的实施主体为各管理站。大中修工程项目应委托具备相应设计资质的单位进行设计，设计方案应经过专家及行业管理机构的评审。

2．大中修工程招标由各管理站组织实施，工程招标按照相关规定执行，招标结果应上报区公路所备案。

3．大中修工程须实行“项目法人制、工程招投标制、合同管理制、工程监理制”和项目“七公开”（公开建设计划、补助政策、招投标、施工管理、质量监管、资金使用、工程验收）制度，区公路所对工程质量、安全、进度进行行业指导和监督管理。

4．大中修工程须在当年度完成，竣工验收由各管理站负责组织，区交通委、区公路所派相关人员参与竣工验收工作。

5．大中修工程结算审价工作须在次年 6 月底前完成。

（五）路政管理

1．乡村公路管理站应配合区公路所路政中队，在辖区内开展路政管理工作。

2．各管理站应自行对本辖区内的乡村公路做到每周不少于一次的全覆盖巡查，及时发现问题，并上报区公路所路政中队。

3．对涉及乡村公路用地范围内的掘路、占路、道口开设、非公标志设置、管线铺设等事项，需由实施单位向各管理站报审，经各管理站审核同意后才能实施，审核结果应上报区公路所备案。在乡村公路用地范围内敷设各类管线，各管理站要与实施单位签订地下管线无偿搬迁协议。

4．对涉及私自掘路、占路、道口开设、非公标志设置、管线铺设等违法行为，由管理站负责协管，协管无效的报请区公路所路政大队进行执法处理。

5．区公路所定期对管理站人员配置、相关管理制度的建立及执行、日常巡查、内业资料等情况进行检查，检查情况将纳入年度考核内容。

（六）检查考核

1．管理站工作人员应按核定人员数上岗履职，若发现人员不足、履职不到位的情况将核减相应人员补贴经费。

2．管养工作实行日常考核和定期考核制度，日常考核每季度一次，由各管理站组织安排；定期考核为半年度和年终考核，由区公路所组织安排。半年度考核分数占全年总分的40%，年终考核占全年总分的60%。

3．内外业检查考核内容包括：路面保养、路基防护、桥梁结构、排水附属设施、公路行道树和绿化、文明及安全管理、管理站基础资料、设施养护管理资料、路政管理资料、管养资金配套及支付情况等10个方面的内容。

（七）新增（减）设施量

1．规划、土地手续完备，技术等级达到三级公路（含）以上标准、长度大于500米的道路，可按规定申请纳入公路县道设施量；规划、土地手续完备，技术等级达到四级公路（含）以上标准、长度大于500米的乡道和村道，可按规定申请纳入乡村公路设施量。

2．公路设施量包括道路、桥梁、涵洞以及路名牌、里程桩、百尺桩、限载牌、行道树等附属设施。

3．乡村公路新增（减）设施量由各管理站报区公路所初审，区公路所汇总后报区交通委审核，并转报市交通委等相关部门核准后予以确认。

（八）其他

1．本意见中的乡村公路是纳入市交通委统计年报里程的设施量。

2..其他相关设施管养工作由设施所在辖区的属地政府负责。

3．本实施意见有效期三年，自2016年4月1日起实施。

上海市奉贤区交通委员会

2016年3月30日

上海市奉贤区交通委员会

沪奉交发〔2016〕25号

上海市奉贤区交通委员会
关于印发《关于加强奉贤区乡村公路管理养护的实施意见》的通知

各镇、街道、社区、开发区:

为进一步加强本区乡村公路管理，保障乡村公路完好畅通，促进城乡经济社会发展一体化，我委制定了《关于加强奉贤区乡村公路管理养护的实施意见》，现印发给你们，望遵照执行。

特此通知

附件:《关于加强奉贤区乡村公路管理养护的实施意见》

上海市奉贤区交通委员会

2016年3月30日

上海市奉贤区交通委员会党政办公室　　2016年3月30日印发

奉贤区交通委员会2016年3月30日关于印发《关于加强奉贤区乡村公路管理养护的实施意见》的通知

三、《奉贤区道路“十三五”重点项目建设规划》摘要

“十三五”时期是奉贤区实现“奉贤美、奉贤强”战略目标的重要机遇期。公路和城市道路更是奉贤区建设现代化滨海新城的重要支撑。依据《上海市综合交通发展“十三五”规划》《上海市公路和城市道路“十三五”规划》《奉贤区国民经济和社会发展第十三个五年规划纲要》，围绕奉贤区“全力打造长三角城市群综合性节点城市、杭州湾北岸综合性服务型核心城市”的城市发展目标，进一步完善各层次路网布局和功能，打破主要道路交通瓶颈，打开奉贤区发展空间，契合市域相关规划，统筹考虑道路建设任务和综合交通发展要求，更好引导和支撑奉贤区经济和社会又好又快发展，制定《奉贤区道路“十三五”重点项目建设规划》。

（一）道路建设原则

1．坚持交通需求导向原则。根据交通需求合理安排道路建设规划，补足路网体系中的“短板”，完善路网体系，为区域发展提供综合交通支撑。

2．坚持区域协调和合理衔接原则。按照奉贤区“综合性节点城市”的定位，加强与周边地区通道连接，在衔接上更加紧密，加强中心城和浦东至浙江的过境通道建设。

3．坚持系统整合原则。道路交通必须和公共交通、轨道交通进行系统整合，发挥综合交通的整体效益，凸现“以人为本”的交通发展理念。

4．坚持建管并举原则。完善公路、城市道路和乡镇公路的管理体系，拓展管理手段和方法，提高行业管理水平，切实加强设施管理投入，健全常态长效管理机制。

（二）道路建设目标

到2020年，对外通道得到拓展和强化，内部各组团之间多通道格局基本形成，新城和城镇之间内部路网进一步完善，道路交通运行总体畅通，道路交通集约化程度和公共交通出行环境得到明显提升，多层次多方向、高保障高效率、一体化的路网体系基本形成，为奉贤区打造“长三角区域、杭州湾北岸重要节点城市、上海南部中心城市”提供有力的综合交通支撑。

1．国省干线建成率90%以上。

2．干道平均运行服务水平不低于二级服务水平。

（三）道路系统规划

1．路网总体布局

奉贤区规划远期形成“14横20纵”的骨干道路网格局。14条横向骨干道路总长共计385千米，其中新建223千米，改扩建77千米；20条纵向骨干道路总长共计304千米，其中新建84千米，改扩建112千米。

14条横向骨干道路由北向南分别为：西闸公路、大叶公路、奉庄公路—奉浦大

道—团汇公路、团南公路、南奉公路—团青公路、G1501 绕城高速、平庄公路、新林公路—奉柘公路、S3 沪奉高速、两港大道、新沪杭公路（G228）、海新路、随塘河路、滨海大道。

20 条纵向骨干道路由西向东分别为：叶庄公路、浦卫公路、沪杭公路改线、沪杭公路—南桥路、环城东路—南海公路、S4 沪金高速、金海公路、金钱公路、浦星公路、沿浦公路、林海公路、航塘公路、S3 沪奉高速、新奉公路、奉海公路、瓦洪公路、六奉公路南延、新四平公路（G228）、新杨公路、东海二桥登陆线。

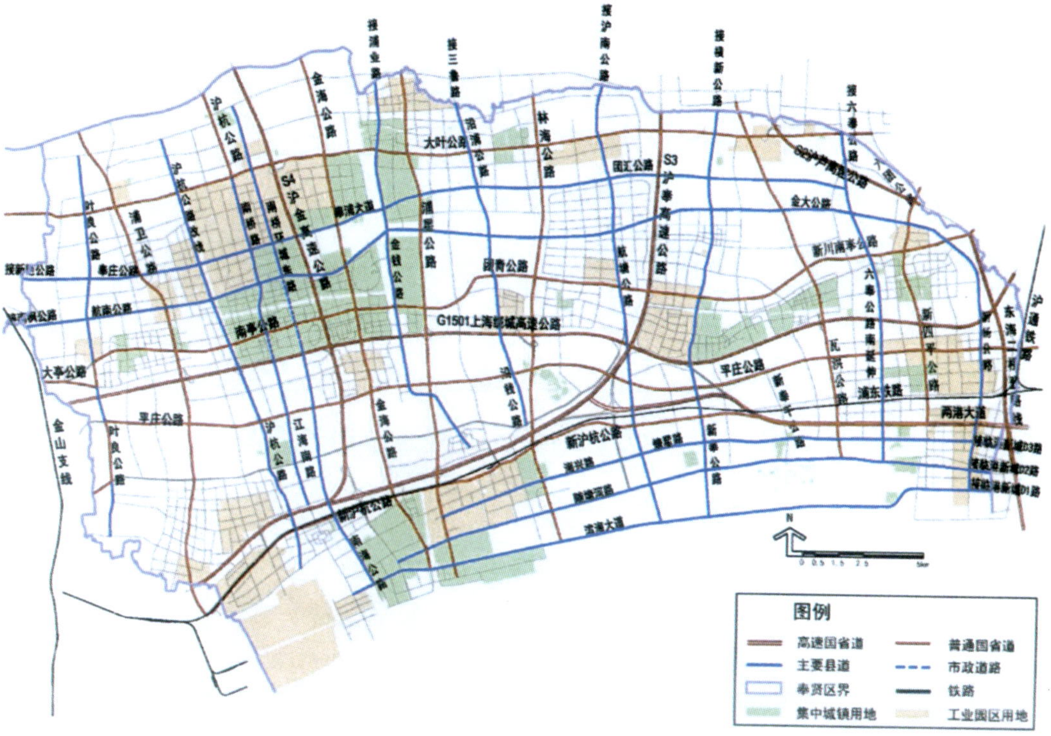

“十三五”奉贤区骨干道路网布局示意图

2．对外通道布局

向北连接的干线通道由 6 条增加至 18 条，其中越江通道由 2 条增加至 5 条；向西与松江、金山连接的干线通道由 5 条增加至 9 条；向东与浦东（临港）连接的干线由 3 条增加至 6 条；向南与杭州湾南岸联系的干线通道（跨海大桥）由 1 条增加至 2 条。

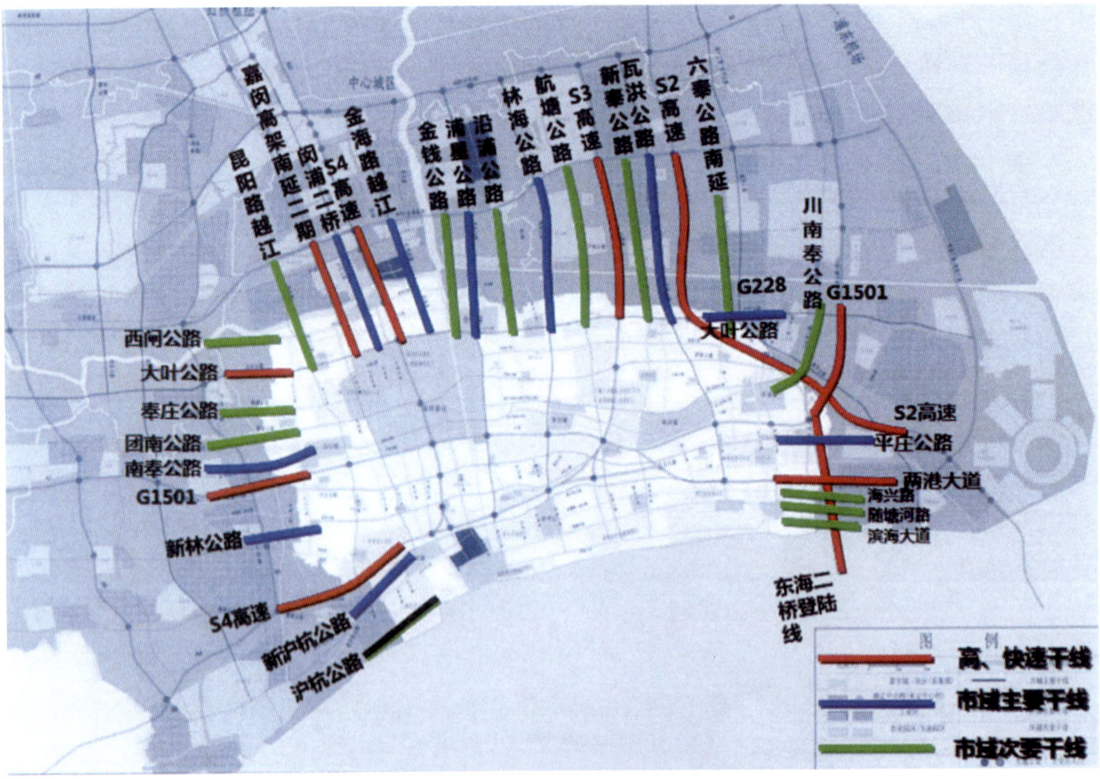

“十三五”奉贤区对外通道规划布局示意图

3．国省道布局

奉贤区境内规划涉及的高速公路有6条，其中1条为国家高速公路，G1501（金山区界—浦东区界），长40.1千米；5条省道高快速公路，分别为：S2沪芦高速，境内长8.6千米；S3沪奉高速（浦东—S4），长27千米；S4沪金高速（闵行区界—金山区界），长24.8千米；两港大道快速路，长17.5千米；东海二桥登陆线，长7千米。

规划新增的普通国道为华东路—南陆公路—南芦公路—新四平路—新沪杭公路(G228)，其中奉贤境内分别为浦东区界至两港大道段和两港大道段至金山区界段，长41.2千米。

奉贤区规划保留的普通省道5条，即昆阳路—浦卫公路（黄浦江—奉贤区界），长19.8千米；浦星公路（奉贤区界—金汇塘东路），长20.6千米；林海公路（奉贤区界—平庄公路），长16.9千米；大亭公路—川南奉公路（金山区界—浦东区界），长39.1千米；大叶公路（松江区界—浦东区界），长32.8千米。

奉贤区境内规划新增的普通省道4条，即虹梅南路—金海路（黄浦江—新沪杭公路G228），长18千米；申江南路—瓦洪公路（闵行区界—随塘河路），长14.7千米；朱漕公路—平庄公路（松江区界—浦东区界），长41.1千米；沪杭公路（黄浦江—大叶公路），长3.3千米。

“十三五”奉贤区国省干线公路规划示意图

（四）道路建设重点项目

“十三五”期间，共规划道路重点建设项目 24 项，涉及 23 条道路，其中确保实施项目 14 项，储备项目 10 项。

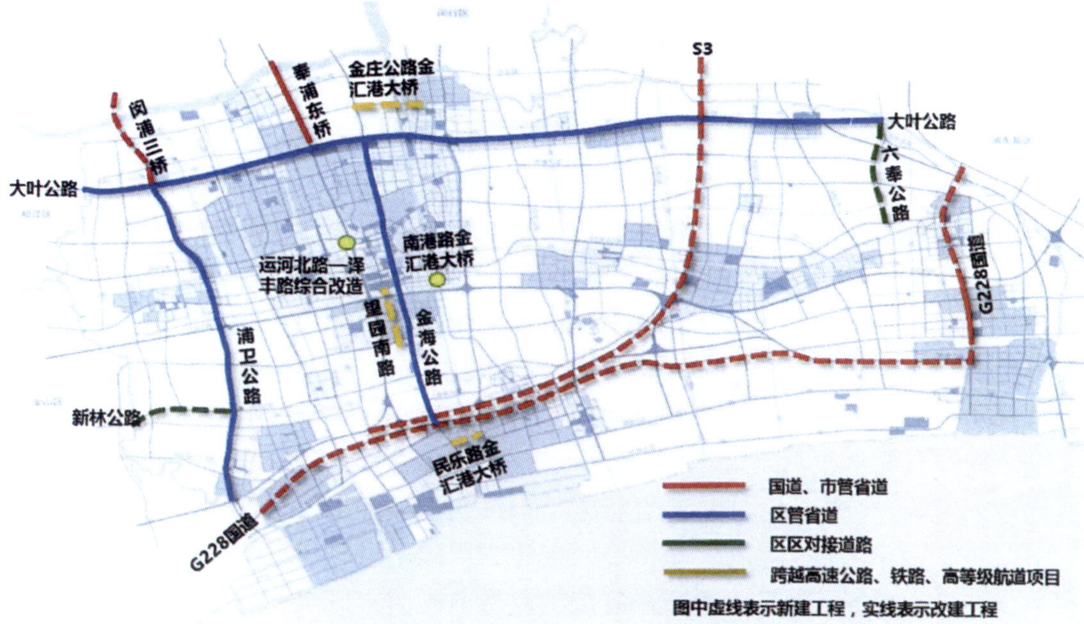

“十三五”奉贤区重大道路建设确保实施项目分布示意图

1．确保实施项目

（1）S3 沪奉高速公路（浦东区界—S4）新建工程

S3 高速公路为 S20 外环高速东段南向切线，北起外环罗山路立交，南端连接 S4，全长 42 千米，其中奉贤区境段 25.5 千米，规划红线宽 60 米。S3 高速公路是连接浦东新区、奉贤区、南汇新城及杭州湾沿海城市带的跨省快速通道，建成后将极大增强奉贤东部组团与浦东以及中心城之间快速联通，加快奉贤东部组团发展。

（2）G228 新沪杭公路国道（金山区界—浦东区界）改建工程

G228 是骨干路网规划中的市域次要干线，是国家公路网规划（2013—2030 年）新增的普通国道，其中上海段是国道网中南北纵线 G228 的重要组成部分。该国道北接崇明及江苏南通地区，南抵浙江嘉兴，是长三角地区长江入海口具有政治、经济、交通等重要的国家公路。G228 新沪杭公路上海段长 104 千米，由浦东—奉贤—金山 3 段组成。其中，奉贤段长 41.2 千米，规划红线宽 45 米。该国道在奉贤区内包括一纵一横两条道路，分别为新沪杭公路和新四平路，双向 4～8 车道。按市“十三五”相关规划，奉贤和金山境内段将全面实施，“十三五”期末上海段将全线贯通。

G228 新沪杭公路国道是上海市对外连接的新通道，将增强奉贤与浦东和金山两区的联系，又可增强奉贤东部组团和奉贤南部海湾组团之间的连接，加快两组团的经济社会发展。

（3）闵浦三桥越江工程

闵浦三桥北接闵行昆阳路，南接奉贤浦卫公路，是过黄浦江的越江工程。工程实施范围为东川路—大叶公路，奉贤区境内长 2.3 千米，双向 6 车道，规划红线宽 50 米。闵浦三桥建成后将明显改变该地区越江通道间距过大（松浦大桥和闵浦二桥之间间距达 11 千米）的问题，便捷两岸地区近距离越江交通，将成为周边区域客货运输交通越江的重要通道。

（4）S4 奉浦东桥越江工程

S4 奉浦东桥位于现有的 S4 奉浦大桥东侧，实施范围为剑川路—西闸公路，奉贤区境内长 4.62 千米。S4 奉浦东桥建成后将与 S4 奉浦大桥共同形成双向 6 车道的车道规模，消除 S4 高速公路交通瓶颈，改善周边环境。

（5）金海公路（大叶公路—G228 新沪杭公路）改建工程

金海公路在上海市新一轮省道规划中将其提升为省道，改建路段长 14 千米，规划红线宽 50 米。金海公路北接虹梅南路越江隧道及虹梅南路高架，与中环线西段相连，向南直至杭州湾北岸，是连接中心城、闵行紫竹园、以及南桥新城和海湾地区的重要通道。金海公路是规划的奉贤区 BRT 网络中重要的南北向客运走廊，将有“1 主 +1 支”BRT 贯穿南北。金海公路改建工程实施后，在大叶路—平庄西路之间将形成 6 快 2 慢车道、平庄西路—新沪杭公路为双向 4 快 2 慢车道，可以大幅提升南北向的快速机动能力，也将为 BRT 的设置提供基础条件。

（6）浦卫公路改建工程

浦卫公路在上海市骨干路网规划中为次要干线公路，改建路段长15千米，规划红线宽40米～56米，向北经规划的闵浦三桥连接闵行区昆阳路，是奉贤西部地区向北联系闵行区和中心城的主要通道。“十三五”期间，实施浦卫公路（闵浦三桥—南亭公路）、浦卫公路跨G1501桥以及浦卫公路（平庄西路—胡滨公路）等路段的改建工程。工程改建后全线达到双向6快2慢车道规模，将进一步增强奉贤西部地区向南向北的通联能力，同时，对南桥新城西侧沪杭公路的交通量起到分流作用。

（7）大叶公路（松江区界—浦东区界）改建工程

大叶公路在上海市骨干路网规划中为主要干线公路，改建路段长33千米，规划红线宽50米～63米，属区管省道，是上海市南部东西贯通联系临港新城、南桥新城以及松江南部地区的重要通道，也是闵浦三桥、奉浦东桥、虹梅路等越江重要的横向分流公路。大叶公路（松江区界—浦东区界）改建工程按双向6快2慢车道标准实施。该工程实施后不仅可以加强南桥新城东西向的客运能力，而且可以在南桥新城北侧边界构建一条重要的货运通道和过境通道，对南桥新城内部交通起到重要的保护壳作用。

（8）道路区区对接工程

六奉公路（大叶公路—团青公路）改建工程

六奉公路是奉贤区规划的“14横20纵”干路网体系中的1条南北向干线公路，为县道，改建路段长5千米，规划红线宽35米，向北可抵达迪士尼南出入口。六奉公路（大叶公路—团青公路）改建工程按双向4快2慢车道标准实施。该工程实施后，完善区区对接道路，同时又新增1条奉贤东部组团和上海国际旅游度假区之间的联系通道。

新林公路（浦卫公路—金山区界）改建工程

新林公路是奉贤区规划的“14横20纵”干路网体系中的1条东西向公路，为县道，新建路段长3.4千米，规划红线宽40米。新林公路（浦卫公路—金山区界）新建工程按双向4快2慢车道标准实施。该工程实施后，可与金山区奉朱公路对接，提供奉贤区胡桥地区与金山区朱行镇之间的1条便捷的联系通道，减少周边区域绕行距离4.5千米。

（9）打通断头路，增强路网贯通性工程

运河北路—泽丰路综合改造工程

运河北路—泽丰路是城市次干道，改建路段长755米，规划红线宽35米。运河北路与泽丰路之间实施下穿S4高速公路的地道工程，为双向4快2慢。工程实施后，可消除该地区沪金高速两侧的阻隔，增强南桥新老城区之间的联系，方便该区域居民慢行交通出行，减少绕行距离1.4千米，减轻南侧平行的解放东路的机动车交通压力。

南港路金汇港大桥新建工程

南港路是城市次干道，新建金汇港大桥，新建道路长1.74千米，规划红线宽度

35 米～54.5 米，按双向 4 快 2 慢车道标准实施。该道路建成后，可增加南桥大居南部地区和南桥新城金汇港以西区域的联系，减少绕行距离 1.3 千米，减轻南奉公路的机动车压力。

金庄公路（金海公路—金钱公路）新建工程

金庄公路为二级公路，新改建道路长 2.1 千米，规划红线宽 35 米，主要工程量为跨越金汇港的大桥。金庄公路是金汇镇以及金汇工业园区跨越金汇港至南桥新城和中心城西部的主要通道之一。道路建成后可加强金汇镇和金汇工业园区的对外联系，促进地区发展。

望园路（南港路—光建路）新建工程

望园路是城市次干道，新建道路长 1.36 千米，规划红线宽 45 米，中间预留有轨电车设施空间，近期按双向 4 快 2 慢车道标准实施，其中穿越 G1501 郊环高速处为下穿地道。工程实施后，可消除 G1501 郊环高速对两侧交通的阻隔，加强两侧区域之间联系，方便南桥新城南部 G1501 郊环两侧居民出行，减少绕行距离 1.2 千米。

民乐路（奉炮公路—浦星公路）新建工程

民乐路为县道，新建道路长 1.32 千米，规划红线宽 40 米～50 米，按城市次干道标准建设，车道为 4 快 2 慢。道路主要工程量为跨越金汇港的桥梁。工程实施后，可消除金汇港对两侧地区的阻隔，加强两侧地区之间的联系，方便海湾地区金汇港两侧居民出行，减少绕行距离 3 千米。

2．储备项目

“十三五”期间，奉贤区道路规划建设的储备项目（2018—2020）10 项。其中，完善国省干线公路 6 项，区区对接道路 3 项，打通断头路 1 项。

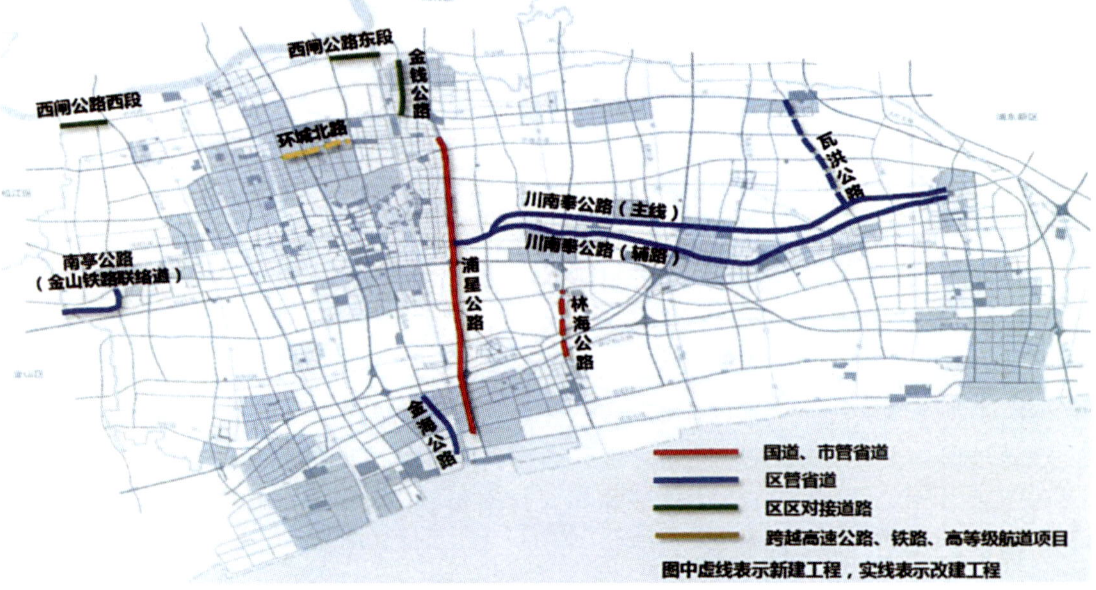

2018—2020 年奉贤区重大道路建设储备项目分布示意图

（1）林海公路（平庄公路—G228新沪杭公路）新建工程

林海公路在上海市骨干路网规划中是主要干线公路，为省道，规划红线宽50米。平庄公路以北按一级干线公路双向6车道标准实施，向南连接中心城区内的杨高中路，是上海南部、连接浦东、闵行和奉贤中部地区重要的南北向快速通道。林海公路（平庄公路—G228新沪杭公路）新建工程，长3.5千米，按双向6快2慢车道标准实施。工程实施后，将使林海公路和G228新沪杭公路两条重要通道得以连通，进一步完善奉贤区乃至市域范围的骨干路网体系，为奉贤区南部海湾组团的发展提供更好支撑。

（2）浦星公路（南行港路—G1501）、（G1501—人民塘路）改建工程

浦星公路在上海市骨干路网规划中是主要干线公路，为省道，改建道路长5.6千米，规划红线宽45米。浦星公路位于南桥新城东侧边界，向北与济阳路—卢浦大桥—南北高架连通，是奉贤区与市区之间联系的重要通道。浦星公路（丰南路—环城北路）也是规划BRT（南桥汽车站—东方体育中心）的主要走廊。随着南桥大型居住社区人口的持续导入，浦星公路沿线车流的持续快速增长，规划将浦星公路（环城北路—G1501）实施"4拓6改建"工程。浦星公路（G1501—人民塘路）改建工程，道路长9.4千米，规划红线宽45米。

（3）川南奉公路（浦星公路—G228新沪杭公路）改建工程

川南奉公路为省道，北起五洲大道，向南至浦东区界处转向西，与金山区的亭枫公路相连直至浙江省。川南奉公路为G1501上海绕城高速东段、南段的平行道路，在奉贤境内东西贯通，是奉贤区重要的对外通道，也是川南奉城镇带之间的主要客运走廊，交通地位十分重要。随着南桥新城、南汇新城城市功能的提升和联动发展，以及南亭公路（金山铁路联络线）的贯通，川南奉公路的交通需求还将有显著增长，现有的道路设施难以承担不断增长的交通需求。"十三五"期间，先期实施川南奉公路（浦星公路—G228新沪杭公路）段的道路改建工程，以团青公路为主线，按一级干线公路标准建设；改建道路长21千米，规划红线宽40米。老川南奉公路为辅道，按城市次干路标准建设。

（4）南亭公路（金山铁路联络线）改造工程

南亭公路也是川南奉公路的重要组成部分，规划向西接大亭公路，与亭枫公路相连直通浙江省。"十三五"期间，南亭公路按新调整线位4快2慢车道标准与大亭公路接顺，可进一步增强奉贤区向西的对外联系能力，又使川南奉公路发挥更为重要的功能。改建道路长4.6千米，规划红线宽40米。

（5）瓦洪公路（大叶公路—团青公路）改建工程

瓦洪公路在上海市骨干路网规划中为主要干线公路，上海市新一轮省道规划将其提升为省道，规划红线宽45米，向北通过申江南路与中环线东段地面道路连接。瓦洪公路（大叶公路—团青公路）改建工程按双向4快2慢车道标准实施，改建道路长 5.8 千米。工程实施后，形成 1 条自奉贤海湾地区直达中心城和国际旅游度假区的干线公路通道，与 S2 和 S3 一并构成奉贤东部组团与浦东新区及中心城联系的主要通道，将大幅改善奉贤区与浦东新区之间该区域纵向连接通道缺乏的现状。

（6）金海公路（G228 新沪杭公路—海马路）改建工程

金海公路在 G228 新沪杭公路以北规划为省道，金海公路（G228 新沪杭公路—海马路）为县道，改建道路长 3.4 千米，规划红线宽 35 米～40 米。金海公路是南桥新城—海湾大学城 BRT 支线的途经省道。该路段的建设是“十三五”实施该 BRT 支线基础条件，是必要的配套工程。该通道建成后将极大改善海湾大学城和南桥新城之间的交通条件。

（7）道路区区对接工程

西闸公路东段（金海公路—闵行区界）改建工程

西闸公路是奉贤规划的“14 横 20 纵”路网体系中最北侧的 1 条东西向道路，为县道，规划红线宽 35 米，在奉贤境内长 13 千米。西闸公路是奉贤区北部地区的重要东西向连接通道，也是该区域奉贤与闵行两区东西向联通的主要通道。通过与虹梅南路隧道的连接，还承担着重要的越江交通的集散功能。西闸公路（金海公路—闵行区界）改建工程，与闵行区拟建的永南路（闵行区界—浦星公路）改建工程相对接。对接道路长 1.8 千米，车道标准均为 4 快 2 慢。工程实施后，区区对接条件极大改善，同时，奉贤区的金汇镇、闵行区的鲁汇镇等周边可以便利利用虹梅南路隧道与市区的联系。

西闸公路西段（浦卫公路—松江区界）改建工程

西闸公路（浦卫公路—松江区界）改建工程，拟与松江区待建的江南公路相对接。对接道路长 2.1 千米，车道标准为 4 快 2 慢。工程实施后，可改善松江南部与奉贤北部的对外交通条件，可以便利利用闵浦三桥与闵行区和中心城区的联系。

金钱公路（南行港路—闵行区界）新建工程

金钱公路是奉贤规划的“14 横 20 纵”路网体系中的 1 条南北向道路，为县道，规划红线宽 35 米，奉贤境内长 16 千米。金钱公路（南行港路—闵行区界）新建工程，对接道路长 4 千米，可与闵行区拟实施的浦业公路（奉贤区界—丰南路）实现对接，改善奉贤区金汇镇与闵行区浦江镇拓展大居之间的联系。

（8）打通断头路（环城北路跨越 S4）工程

环城北路（环城西路—金海北路）位于南桥新城，为城市主干道，规划红线宽 40 米，是南桥新城北部重要的客运走廊。环城北路 S4 处为桥梁，打通断头路长 2.8 千米，按双向 4 快 2 慢车道标准实施。工程实施后，可加强 S4 两侧之间的联系，方便闵行工业区及南桥新城北部地区的对外通行。

到“十三五”期末，奉贤区境内国道将全部建成，省道除林海公路（新沪杭公路—随塘河路）外全部建成，国省道实施率达 95% 以上。奉贤区骨干路网结构将进一步完善，区域公路网总长度可达1500千米以上，公路网平均等级进一步提高，区域内部交通显著改善，各组团直接形成多通道相连的格局。

“十三五”期间，上海市公路建设和管理体制仍实行“市区分工”的原则，市域范围内（浦东除外）的高快速路以及所有国道、市管省道由市级部门负责投资建设。根据估算，奉贤区“十三五”重点道路建设项目总投资469.84亿元，如果所有项目按市政府“75号文”的标准得到市级财力的补贴，总补贴额可达365亿元左右。如果到2020年完成全部投资，则区政府“十三五”期间在道路重点建设项目方面的总投资约90亿元左右，约占区级财政收入17%左右，区级财力基本可以承担。

奉贤区道路“十三五”重点建设项目情况表

表附-1

序号	项目名称	起讫点	道路技术等级	道路地位	实施里程（千米）	红线宽度（米）	计划投资（亿元）	备注
合计					215.11		469.84	
1	S3	浦东区界—S4	高速公路	省道	25.50	60	75.00	
2	G228	金山区界—浦东区界	二级公路	国道	41.00	40～60	76.00	
3	闵浦三桥	闵行区界—大叶公路	二级公路	省道	2.30	50	17.50	
4	奉浦东桥	闵行区界—大叶公路	高速公路	省道	4.62	60	15.00	
5	金海公路	大叶公路—G228	一级公路	省道	14.00	50	30.00	
6	浦卫公路	大叶公路—湖滨公路	二级公路	省道	15.00	40～50	28.00	
7	大叶公路	松江区界—浦东区界	一级公路	省道	33.00	50	69.00	
8	六奉公路	浦东区界—川南奉公路	二级公路	县道	5.00	35	8.00	区区对接
9	新林公路	浦卫公路—金山区界	二级公路	县道	3.40	40	2.00	区区对接
10	运河北路—泽丰路综合改造（过S4节点）	远东路—展园路	次干路	县级	0.77	35	3.16	打通断头路
11	南港路（金汇港大桥）	金海公路—金钱公路	次干路	县级	1.74	35	3.48	打通断头路
12	金庄公路（金汇港大桥）	金海公路—金钱公路	二级公路	县道	2.10	35	7.60	打通断头路
13	望园南路过G1501地道	南港路—平庄公路	次干路	县级	1.36	45	8.60	打通断头路
14	民乐路（金汇港大桥）	金海公路—浦星公路	二级公路	县道	1.32	40	5.00	打通断头路
15	林海公路	平庄公路—G228	一级公路	省道	3.50	50	7.00	延伸
16	浦星公路	南行港路—G1501 G1501—人民塘路	一级公路	省道	5.60 9.40	45 50	12.00 21.00	改建

续表附-1

序号	项目名称	起讫点	道路技术等级	道路地位	实施里程（千米）	红线宽度（米）	计划投资（亿元）	备注
17	川南奉公路	浦星公路—G228	主线：一级公路 辅道：次干路	省道	21.00	40	40.00	
18	南亭公路	金山区界—叶良公路	二级公路	省道	4.60	40	2.00	
19	瓦洪公路	大叶公路—团青公路	二级公路	省道	5.80	45	8.00	省道延伸线
20	金海公路	G228 新沪杭公路—海马路	二级公路	县道	3.40	35～40	4.00	
21	西闸公路东段	金海公路—闵行区界	二级公路	县道	1.80	35	4.00	区区对接
22	西闸公路西段	浦卫公路—松江区界	二级公路	县道	2.10	35	5.00	区区对接
23	金钱公路	南行港路—闵行区界	二级公路	县道	4.00	35	12.00	区区对接
24	环城北路跨S4桥	环城西路—金海公路	主干路	县级	2.80	40	6.50	打通断头路

说明：县级为区市政道路

四、轨道交通5号线奉贤段

轨道交通5号线奉贤段是上海西部的一条南北方向线，承载闵行区、奉贤区交通联系，并通过网络中其他线路换乘进入市中心城区的一条重要线路。2006年1月，列为上海市重点工程之一的集公交、轨道交通为一体的双层（上层为公交线路，下层为轨道交通线路）闵浦二桥在奉贤区西渡口动工建设。2010年5月竣工，公交层线路通车，为轨道交通5号线向奉贤延伸奠定基础。2015年，轨道交通5号线向奉贤延伸工程正式启动。

奉贤区境内轨道交通5号线延伸段，北起奉贤区西渡闵浦二桥，南至金海公路平庄西路南800米，全长19.51千米。全线由北向南设西渡、萧塘、奉浦、环城东路、望园南路、金海湖、南桥新城、平庄西路等8个站。其中环城东路、望园南路、金海湖、南桥新城站为地下两层岛式车站，西渡、萧塘、奉浦、平庄西路站为高架两层、三层侧式站台车站。

轨道交通5号线在奉贤区境内的走向由闵浦二桥（西渡站）沿沪杭公路西侧向南至航南公路，再沿航南公路南侧至金海公路，又沿金海公路西侧向南跨平庄西路，全程分为高架路段（闵浦二桥至韩村路，杨跃路至平庄西路站）、地下路段（韩村路至杨跃路）两个部分，长度分别为10千米、9.51千米。2017年，列车上线调试。2018年通车运行，总投资约104亿元。

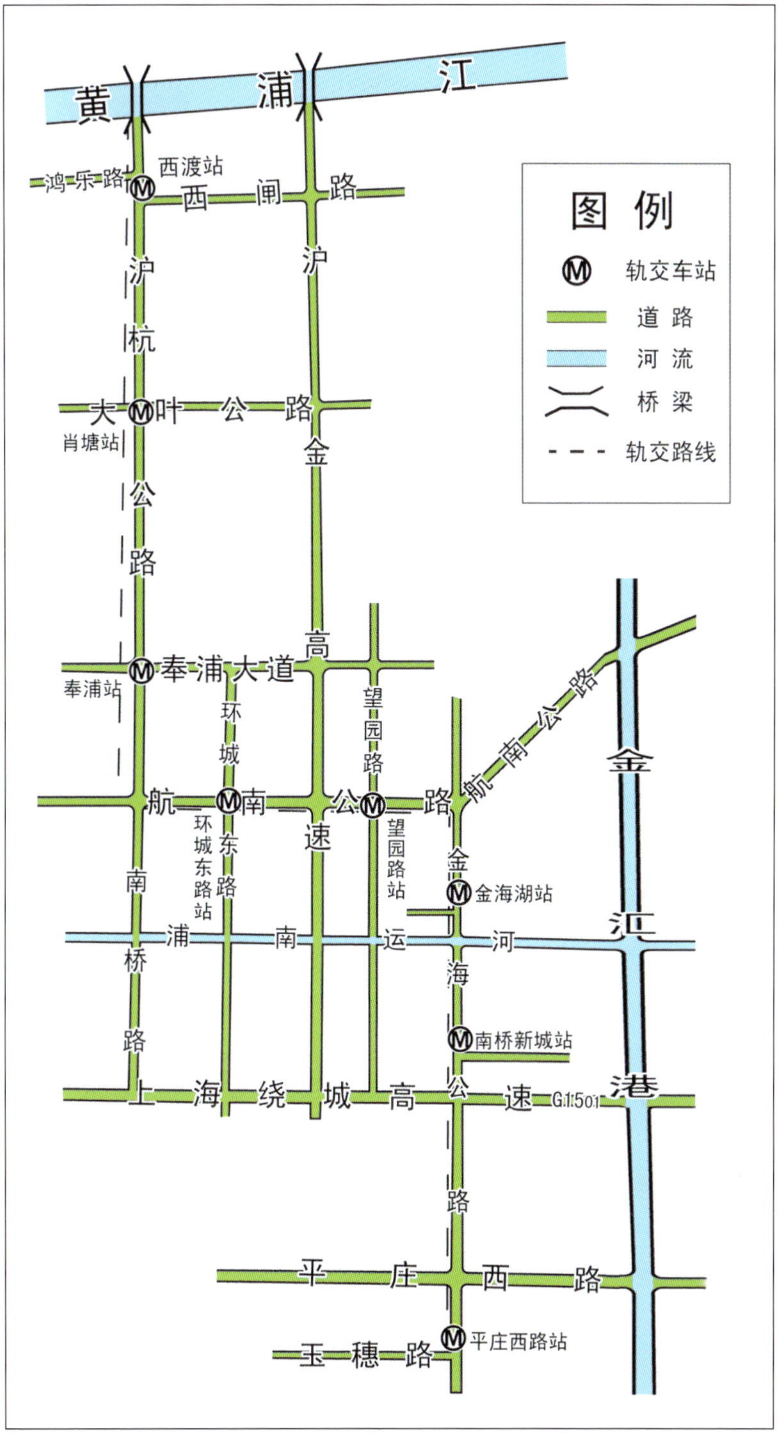

2017年奉贤区轨道交通5号线走向示意图

2017 年 12 月已上线调试的轨道交通列车

2017 年 9 月，建设中的轨道交通奉贤新城站

2017 年 9 月，建设中的轨道交通奉浦站

编后记

2015年1月，编者应奉贤区公路市政工程管理所之邀，收集编写《奉贤建设交通志（1985—2013)》关于公路市政工程方面资料和《上海市志·城乡建设分志·公路篇》奉贤公路资料，2016年1月初稿基本完成。通过对公路市政资料的编写，感到奉贤解放后公路市政工程建设在经济社会发展中已经发挥并将继续发挥重要作用。在上级编纂部门审改公路市政方面初稿的间隙，我们向所领导提议，在已有资料的基础上，收集补充1985年前公路市政道路的历史资料，合编成首部《奉贤区公路市政道路志》，得到所领导的全力支持。2016年2月15日，召开由各科室负责人参加的《奉贤区公路市政道路志》动员会，总支书记于光新、所长胡怀等所领导全部参加会议，并对编志工作提出明确要求，《奉贤区公路市政道路志》编写工作正式启动。是年5月，于光新又亲赴区地方志办公室，向新任区地方志办公室主任顾首育、副主任马莉苑通报编写《奉贤区公路市政道路志》情况，并请安排特约编审。经区地方志办研究，区地方志办原副主任周生明为特约编审。

奉贤县公路管理所和市政工程管理所的前身分别建立于1957年、1977年，已经分别走过60年、40年的历程，其间几经易名迁址分合，员工队伍分流变化，原始资料失散较多，加上我们对公路市政工程发展情况了解不深、业务不熟，增加许多编写难度。好在所领导和各科室的大力帮助，提供许多资料。我们还把公路市政所档案室的300余份人事档案逐一查阅，收集80年代前有价值历史资料100余份。编写人员还乘公交车和步行300余千米，在南桥镇区甚至全区各路段实地了解并拍摄路桥风貌。并从《奉贤县志》《奉贤县续志》，各镇志（续志）中摘录市政建设的历史和现状资料。老领导马治平及张贵祥为编写人员热情提供宝贵的口述资料。

在建设局工作多年的老干部陈奇，把珍藏20多年的两册《上海公路史》，存放在编者处供我们参考使用，并帮助查找有关历史资料，为我们编写公路市政建设养护管理早期历史提供资料依据。《江海续志》编辑徐志明特地把《南桥镇志》（前志）送上门，使南桥镇市政道路历史资料有材可选。全所各部门根据编写所需资料，积极收集、认真核实，他们为编写《奉贤区公路市政道路志》提供许多鲜为人知、难以觅到的资料和宝贵内容。“文华热线”团队吴文华帮助编写人员寻找、核实各种资料，认真负责、耐心细致、有始有终。

为保证志书资料的准确性、完整性，编纂委员会从2016年8月初起至10月中旬，9次召集所党政领导、有关业务部门的负责人100多人次参加的评稿会，进行修改补充。2017年4—5月，编委又对文字稿进行复审。5月底，志稿文字、照片送厂合成，分别交区地方志办公室、编委终审。7月，根据区建交委主要领导“《奉贤区公路市政道路志》下限从2015年延长至2017年”“把奉贤区道路‘十三五’重点项目建设规划”实施内容记入志书的要求，对志书内容进行全面收集，增设专记3篇，把轨道交通5号线延伸至奉贤的路段等内容作附录列入本志。2018年4月，增补志书内容后，全书重新排版，稿件送方志出版社审稿。全书有图照426幅，图表91张，印刷文字456千。在此，谨向所有关心支持帮助编写《奉贤区公路市政道路志》的领导和同志表示衷心的感谢。由于编写内容上下限跨度60余年，加上所址变动、体制变化等原因，许多资料已难以收集，再是编者专业水平有限，书中不可避免地出现错误、遗漏，请用者、读者予以谅解。

编者

2018年8月